新日下訪碑録

辛卯之冬 李鏖華

大兴卷
通州卷
顺义卷

北京石刻艺术博物馆 ◎ 编著

北京市哲学社会科学"十五"规划项目
北京市文物局科研出版经费资助
北京石刻艺术博物馆石刻文化系列丛书之二十二

北京燕山出版社
BEIJING YANSHAN PRESS

图书在版编目（CIP）数据

新日下访碑录. 大兴卷、通州卷、顺义卷/北京石刻艺术博物馆编著. —北京：北京燕山出版社，2015.12
ISBN 978-7-5402-4047-9

Ⅰ.①新… Ⅱ.①北… Ⅲ.①碑刻—汇编—大兴区②碑刻—汇编—通州区③碑刻—汇编—顺义区　Ⅳ.①K877.42

中国版本图书馆CIP数据核字（2015）第321064号

新日下访碑录（大兴卷、通州卷、顺义卷）

编　　著	北京石刻艺术博物馆
责任编辑	海　涵　王梦楠
责任校对	岳　欣
封面设计	仙　境
社　　址	北京市西城区陶然亭路53号（100054）
网　　站	http://www.bjyspress.com/
微　　博	http:// weibo.com/u/2526206071
电　　话	01065240430
传　　真	01063587071
印　　刷	三河市华东印刷有限公司
开　　本	710mm×1000mm　1/16
字　　数	520千字
印　　张	34
版　　次	2016年4月第1版
印　　次	2016年4月第1次印刷
定　　价	110.00元
出版发行	北京燕山出版社

版权所有　盗版必究

《新日下访碑录》

北京石刻艺术博物馆　编著

顾　　问：徐自强　吴梦麟　赵其昌　刘之光　孔祥星　施安昌
　　　　　韩　锐

编　委　会

主　　任：王　丹
执行主编、通纂：刘卫东
编　　委：韩　永　萧纪龙　高景春　王　丹
课题组成员（以姓氏笔画为序）：
　　　　　王苹苹　王晓静　刘卫东　李　巍　张振华　杨朝晖　贾瑞宏
　　　　　郭继华　谭　杰　滕艳玲　熊　鹰
本卷（大兴、通州、顺义区部分）：刘卫东　李　巍　周　良　王苹苹

序首（代前言）

关于《新日下访碑录》的名称，"日下"一词古已有之，并不陌生，如古籍所谓《日下旧闻考》《日下尊闻录》等。"日下"原意"太阳下面""太阳底下"，寓意"天子脚下"，引申之为"古都""首都""故都""旧都"的别称，则"长安""杭州""汴梁""临安"等皆可为"日下"。具体到本课题，则用其"北京"曾为封建故都之意。所以，"新日下访碑录"就是"新北京访碑录"，还可理解为"新一轮的北京地区访碑录"，假设古有"日下访碑录"的话，我们则体现在一个"新"字上了。大家的访碑，实际是多年来，在北京石刻艺术博物馆石刻普查小组项目成果的基础上进行的，前后无论是普查，还是复查，大家都是头顶烈日、身冒严寒地将第一手资料费尽千辛万苦地获取之后，从而进行的再创造、再整理、再挖掘、再利用、再深化的过程。至于"考"字，我们目前暂还不敢启用，但正朝着"考"的方向努力。我们石刻普查小组与本课题小组的成员们，在"太阳底下"对于"北京地区"现存的"古代石刻"所进行的"新一轮"的"调查研究"，其实也是很符合《新日下访碑录》的名称的。我们希望本书的问世，方家在指正之后，同样也喜欢我们的这项成果。因为本书毕竟是大家血汗的结晶，也是第一次披露了北京地区大量的石刻第一手资料，初步尝试了一把"考按"的研究形式。古语云"仁者见仁，智者见智"，希望对大家能有用！

在利用普查资料着手本课题的时候，我们事先已拟定了一个书籍编写的体例和计划，但是在过程中却多少会发生一些变化，甚至还有些会改变初衷，因而形成了本书的若干特点如下。第一，超常性的发挥，也就是说在遵循原体例的基础上，又发挥、深化和增容了一些。这主要体现在"按语"部分。第二，真实性的体现，"如实"体现在"解题"上，"忠实"体现在"录文"上，而功夫则体现在"注释"与"按语"上。第三，延续性的工作，本书的完成仅仅是第一步，按计划，之后还有同样大容量涉及原行政区域另外十二个区县两册书的出版工作要做。

由于我们是边摸索边前进的模式，所以现在的成书与原来制定的体例已经产生了一些不同。兹定《体例》如下：

一、本书系对北京地区现存及新出土、新发现的1995年来普查所能见到的石刻文物所作的著述、叙录、著录性质的专著。

二、所收录的内容包括：碑碣、墓志、摩崖、刻石、塔幢铭。

三、行文：一事一条。首列物名，下系解题、录文、注释、按语、拓照或碑影。

四、全书共分三册，每册约五十万字。

五、每册所含各区县的内容，各自独立成篇。

六、本书结构特点：以区县为基本单位，再以时间先后为序，同时兼顾类别。

需要说明的是：我们这次加进了"考按"；另外由于石刻普查、整理工作时间跨度较大，诸多年前的搜集资料已有部分散佚，此次出版暂省了"拓照"或"碑影"及"石刻文物分图"。

课题组还制定了撰写原则，如下：

1. 解题：现场调查表上的内容，统一按先后的次序记出。如石刻年代、规格形制、尺寸大小、额题、首题、首、身、座、侧、阴、阳、撰文、书丹、镌刻、立石、经理人情况、所在地点、现存状况等。

2. 按语：包含文物的三大价值、特点、传闻、记载、行款、字体、造型、位置、残损等值得说明的特殊情况。其中可以略有总结前人和说明自己不同看法的考证研究内容。

3. 为了照顾整体条目的均衡，注文与按语的撰写应充分考虑局部与整体的关系，应掌握"多者多写，少者少写"的原则，也即碑文篇幅大者可以简注、简按，篇幅小者则可适当多注、多按。

4. 录文：最主要和著名的不可不录，对于北京或该区县有特殊意义的要录文。此前从未著录过（第一手材料）的碑刻要录文。

录文力求准确无误，一依原碑格式、行款、字体加以誊录或标明，并加以新式标点以及特殊符号。如：

衍、夺、补、勘文规定如下：

（1）衍文：在按语或括弧中说明。

（2）夺文：以"□"号标明，如字数不确定，则以╱代替。

（3）补文：所补文字需外罩"□"框。然而推断过程可以在按语中具体说明。

（4）勘文：亦需在按语中说明。

5. 每个条目含名称、解题、录文、注释、按语，文字容量掌握在一千字左右。

6. 录文略：凡碑不必全录或不能全录者，择其关键数语或可以说明问题者抄录，并以分析总结性语言加以连缀。

7. 碑罩拓影：（包括拓影或碑影）全面均衡，择其典型、有价值、艺术性高或局部特写、形制特殊者，视具体情况而定。

但实操时也有些改变，碑文中的错讹字、白字没有采用录入原字后加括号注正字的形式，而是直接录入了正字。"录文略"的形式，偶尔在"按语"中使用，只是转引他书以作说明。

我们衷心地希望，本书能为我们的同行、同好们带来工作、爱好上的方便。期待着你们的反馈！更希望由于你们的反馈为我们后两册书籍的撰写带来指导与方向。

《新日下访碑录》课题组组长刘卫东于田庐归隐
2011年8月18日

序 一

"日下"一词，用为首都、京城或都城的比喻，首见于《晋书·陆云传》。传中有陆云与张华对语一节，其中有"云间陆士龙"，荀曰"日下荀鸣鹤"。荀名"隐"字"鸣鹤"，颍川人。颍川与当时西晋的首都洛阳近，故称"日下"。其后，唐初文学家王勃在名篇《滕王阁序》中，也有"望长安于日下"一语，以"日下"比喻都城长安。

清初学者朱彝尊在编辑京城历史、典故的著作中，也将其书名称为《日下旧闻》，这是以"日下"一词颜书名之开端。朱为清初康熙年间的大学者，博学多闻，以布衣入选康熙十八（1679）年"博学鸿儒科"，与时人姜宸英、严绳孙同称"海内三布衣"；又因编著有《经籍考》《词综》等古籍，又能工词、作诗，不仅与当时大儒查慎行齐名，而且于其时之顾贞观、陈维崧合称为"词家三绝"。这样的一个名家，在编辑京都史迹、纂成的有四十二卷体量的大书，也用"日下旧闻"命其书名，可见"日下"之意，系喻指北京帝都，应是毫无疑义的。其后，乾隆年间，由于已达"康乾盛世"顶峰，各方面都有很大变化，尤其是对京城的改造，园林的建设，更有翻天覆地的变化，文化事业也更趋繁荣，故乾隆下旨，重编京都史迹，将有关内容，析为星土、世纪、形胜、宫室、诚实、郊坰、京畿、侨治、边障、户版、风俗、物产、杂缀等十三门，分类纂辑，编成为一百六十卷的巨著。其与过去朱氏者相较，不仅门类有增，内容更丰富，文字更是大增了三倍多，形成数十百万言的大书。它系统、全面地反映了清代前、中期京城的全貌。但其书名仍袭用《日下旧闻》而不改，只是新加了一个"考"字和反映皇家尊严的"钦定"二字，而且乾隆皇帝所题的书之"缘起"诗中，还引用了西晋时之"日下荀鸣鹤"一句。由此可见,"日下"喻京城,过去是喻长安,当今是喻北京之意,已得到了皇家的赏识与共鸣。

嘉庆年间,由佚名氏编著的反映北京都城史迹的专题著作(主收清代宫廷及乾隆诗词等)数量也达五卷之多,其名亦沿用"日下"而加字为"尊闻录",可见,这一"日下"以喻京城之意,已普遍为学人之共识了。

今天,北京石刻艺术博物馆的同仁们,再以"新日下访碑录"为课题名称,立项探讨,使之能系统、全面地寻访北京地区现存碑石的存佚状况,编辑著录一部约三百多万字的九大册巨著,这不仅是继承了我国固有优良文化的传统,而且还以当今现存的文物考古实际出发,进行专项的收集整理,也可谓是一个创举!

21世纪以来,我国在30年来改革开放的基础上,经济大发展,人民安居乐业,并努力奔赴全面的小康;大力开展文化建设,力争复兴中华民族的新胜利。在这种形势下,他们进行"新日下访碑"这种带开创性的工作,值得大书特书,并予以肯定与弘扬。

他们在大量实际工作的基础上,现已编成的书稿,笔者初读一过,感慨良多,受益匪浅,略记数端,以示祝贺!

首先,该馆的同仁们,多系建国后出生,由新中国培养的一批新时代的文物工作者,他们能在各级领导和一些老专家的支持、指引下,能数年如一日地、辛辛苦苦地跋山涉水,不惧风吹日晒,不畏道路崎岖,走遍北京的山山水水,各个角落,寻访各个地区现存碑石,不漏掉一个线索,不错过一个机会,坚持亲访亲闻,以求其真,以力争得到原石原物的精神,应是当今学人应坚持和发扬的学风和具有的治学态度。只有如此,才能真正把神州大地上的文化遗产发掘出来并继续发扬下去,为振兴北京文化事业和光大中华传统文化做出贡献。

其次,他们在整理所得材料的过程中,严格遵循"亲见亲闻"有"原石原物"存在的"诂碑"原则,一一爬疏后,将其分为"正文"与"附录"两大部分,成文付梓,这更是一种实事求是的态度。列入正文者,为原刻保存较好,内容较丰富,价值较大者,详加整理揭示,以利学人使用,读者研读;列入"附录"者,虽各方面都比较一般,但也系现存之遗存,总在不同的方面具有一定的价值，一并公之于众，既使读者能知其北京现存碑刻状况，也可供学人、读者进一步的探索，也可能还能从中揭示出更多的新信息，产生新的意想不到的成果。

第三，他们刊布的"正文"，是整理研讨的重点。他们从"解题""录文""注释""按语"等四个不同的角度，揭示论述每一种碑刻的内涵。其所用方法，既继承了往昔先人整理碑刻文字的优良传统，也照顾到了当今年青学人，尤其青年读者古文献水平不高的实际，以利于他们的阅读、使用。在这四项工作中，最难的是录文、注释、按语三者。这也是该文整理中最见功底之处。"录文"难在辨字与断句标点，他们坚持泐残者不录，不清者不妄录的原则，以求能如实地反映原文；"注释"难在问题复杂，多种多样，涉及面广，没有广博的见闻和多种多方面的文献素养难以胜任其职；"按语"带有评价性质，对其石之相关方面，没有更多的了解，没有更为多方面的文化科学知识的沉淀，是做不好归纳综合、比较分析、科学地辩证地正确评判文物的价值。《新日下访碑录》的编著者们，尤其是总纂者，对这几方面的工作，虽不能说已做到尽善尽美，无一疏漏、无一可商之处，但从已有成果看，他们是下了功夫的，是有不少亮点的，读者阅之时会有很多收益的。

第四，该《访碑录》收录的正文约为1000—1200种，附录也约在1500—2000种左右，数量是可观的，内容是丰富的，加工是有一定水平的，我认为是一部值得推荐的好书，特予介绍。同时从另一方面看，它与1994年正式出版的《北京图书馆藏北京石刻目录》相较，其所收数量还有近一半的差距，该目收录有6340种，《访碑录》约为3000种。但《访碑录》是现存的石刻，都有原石原物存在，而《石刻目》只是历代以来曾有过者，现在可能有不少碑石已经散佚。两者在比较中使用，可为今后的访碑，继续探寻北京石刻文化遗产，提供若干新的线索。

总之，《新日下访碑录》的问世，是北京地区石刻文化遗产的保护与研究，弘扬与光大做出的一种新贡献。过去曾有学者对《北京图书馆藏中国历代石刻拓本汇编》百卷本的出版，做过一次评价，认为它是中国刻在石头上的一部"二十四史"，可与中国"浩如烟海"的古文献相媲美。现在，随着《新日下访碑录》陆续的问世，是否也可喻之为北京地区刻在石头上的一部北京的"二十四史",可与北京地区现存古文献媲美呢?!

  以上数端,只是笔者对北京石刻艺术博物馆的同仁们,对近年从事《新日下访碑录》工作情况的初步了解和其成果的肤浅感受,行于笔端,只为抛砖引玉。是为序。

徐自强

2011年孟冬草于京华蜀晋斋

序 二
北京不可移动石刻文物整理研究的硕果

当刘卫东先生将厚厚的三册《新日下访碑录》第一部样书交给我看时，往日如烟的记忆又重新浮现在我的脑海中。早在1987年，由五塔寺文物管理所发展为北京石刻艺术博物馆之时就开始了向博物馆方向发展的历程，那时任馆长的韩永和书记马法柱两位年轻人，努力探索这座北京唯一的专业性博物馆的性质、职能和工作任务，并期盼能承担起保护北京地区石刻文物的重任。首先了解经"文革"洗劫之后现有石刻文物的现状，掌握北京石刻的分布特点、类别的比例、重要石刻的安危，同时也可在实践中培养年轻的专业人员。保护传教士墓碑和摩诃庵明代三十二体《金刚经》等较大项目，就是当时的重要举措。之后就开始了北京地区石刻文物的普查工作，我和刘卫东同志先后调入该馆后也立即参加了工作。一开始勘查时，强调要做好填表、记录、拍照、捶拓必备项目，能查到的一定不怕艰难到现场，大家风餐露宿，掌握了大量的第一手材料，为日后编辑此书打下了良好的基础，也使我这个学考古的又爱上了石刻文物。韩永馆长特别重视发挥学术委员会的作用，要求以赵其昌为首的学委会对馆内的业务工作进行论证、指导，四位先生还分别担当专业人员论文的选定与辅导，重大课题更要深入研究。记得当时为此书的定名还进行过辩论，探究用此书名的利与弊，在召开有关专家的座谈会上定下了这一具有多重含义的书名。一方面表示"首善"之地，另外也记录了普查队员们的辛苦，今天看来这一书名既贴切、又能吸引人。北京石刻、方志类古籍有《雪屐寻碑录》《日下旧闻考》等书，又添《新日下访碑录》一书相对应，更重要的是可为发展北京文化事业增添新内容。普查只是第一步，进入室内整理则更是艰巨的任务，因为北京历史悠久，所存石刻文物居全国之首，涉及政治、经济、文化、民族、艺术诸多方面，将近四千件石刻文物要录文、注释、评介，文字量相当大。所以我们经过商量，决定分成三卷出版，每次收入六个区县，使众寡不平衡的现象在安排上做些调整，达到全书较为平衡。如房山区、门头沟区石刻文物特别丰富，就搭配上大兴、通州、石景山区、顺义区，按区集中排列，让三部书问世时既能全面又较合理地展示北京石刻的价值。主编者刘卫东已作了序，道出了编辑此书的意义及甘苦，廿多年的工作终于开花结果。2011年是我从事北京地区文物工作五十周年，曾转战过北京文博事业的诸多部门，但年轻时多以"文物救火队员"的身份在团队中做出自己应尽的一份力。那时"著书立说"离我们较远，政治学习第一，资料要归公，不像今天年轻人一参加工作就能有专题项目多么令我羡慕啊！

《新日下访碑录》的编纂属于石刻文献的整理与研究。石刻文物起着承载信息、传递情感、表达思想的作用。过去金石学多以录文考证为主，对石刻文物的形制很少涉及，我们这部书在开始编辑时就强调要从文物的角度入手，除了录文、考证外，还要泛谈碑刻特点的知识，形象直观的效果，起到宣传此类文物的历史、艺术、科学的三大价值，证明石刻文物为不可移动文物中的一类而引起广大群众的保护意识，但愿这种初衷能得到体现和回应。

编者让我先睹为快，并希望写写读后感，但内容多、文字量大，只能简单地浏览一下，归纳起来有以下几点：

一、该书是在普查基础上经过整理成册的，材料新，又是亲历亲为的，具有真实性；

二、北京石刻文物分布地域广，山林、水域、废址处往往走不到成为遗憾，所以每到一地都要访问老百姓，向基层文物干部请教，尽量做到广而全。比如在门头沟区王平口古道的石壁上有摩崖石刻，山上古道崎岖，山下为湍急的永定河，望而生畏。为了录文，只好用望远镜眺望和攀上只能容一足的绝壁前，一人念，一人记录，尽量做到录文不误的标准。在整理阶段又与区县文物工作者合作编纂，使他们掌握的信息和材料也能纳入。为了本书能有较多的信息量，本单位和相关区县的文物干部倾注的心血不能用言语表尽，今当任务完成时，苦尽甜来的滋味沁入心田，溢于言表。

三、成书经过多位同志认真的整理研究，最后由主编通纂，可能每人的角度不完全一样，虽有统一体例，但风格可能也稍有差异但不能影响整体效果。这里不能不表一下主编刘卫东先生，他始终参与了调查与编纂工作。整日坐在电脑前整理核对录文、形制描述，尤其在"按语"和评论上下功夫最笃，使全书从30万字扩充到百万字。翻阅了大量的文献，利用自己学习古典文献的专业功底，深化参与者的稿件，最后通纂，形成今日之巨著规模，如无心静、无利益追求的心态是完不成这一巨著的，这部著作是他和同仁们精诚合作的成果。

吴梦麟

2012年4月

序 三

刘卫东与《新日下访碑录》

刘卫东是我大学同学，又是研究北京历史文化的好友。我们经常聚在一起，讨论北京的城市历史文化、文物、书法、碑刻等。同时，我们又都是文博专家赵其昌先生的学生。刘卫东因为在北京市文博系统工作，与赵先生关系更为密切。记得赵先生编辑《明实录北京史料摘要》时，住在北京市西城区西四北大街路西胡同内，刘卫东经常出入那里，给赵先生做助手。还有文物专家于杰先生主持编辑、出版《北京市志稿》，这也是北京历史文献整理的大工程，刘卫东直接参加了校勘工作，非常辛苦，一直到巨著正式出版。

近日，又得知刘卫东新的科研成果《新日下访碑录》出版，非常高兴。

《新日下访碑录》是北京历史文化研究的新成果，也是北京历史文化学术研究的基础性工作。《新日下访碑录》是在北京石刻艺术博物馆大力支持下，由刘卫东为项目负责人，经过数年努力，特别是整个项目研究团队，多次奔赴在北京市房山区、门头沟区、石景山区、顺义区、通州区、大兴区等，几乎在北京周遍边转了个圈，寻找到300多件石刻，写下将近100万字。这是多么大的工程，项目组同志费了很大的精力和气力。其中，我阅读了房山区金代《大安山龙泉峪西石堂尼院第二代山主超师塔》、元代《大行禅师通圆懿公功德之碑》；门头沟区元代《重修通仙观碑铭并序》、明代《石窟崖修桥补路碑记》；石景山区明代《重修净土寺碑》《黑山会刚公护国寺记》；顺义区明代《明张寿墓志》《明曹应魁墓志》；通州区明代《宁母朱氏墓志》《明宁平墓志》；大兴区清代《钟音家族墓碑》等碑文、铭文，深刻感觉到，做好这项研究工作，不仅要有热情、激情，还要有感情；不仅要有体力、精力，还要有智力。也就是说，这不仅是一件费力的科研工作，还需要有对古文、文言文、历史知识的了解，甚至是修养。其中，每件碑录，不仅要拍有照片，还有碑文名称、录文、解题、注、按语等。作为学科带头人刘卫东来说，他就具备这样的身体和文化素质。常年在文博系统工作的刘卫东，不仅是古文献学佼佼者，而且是个石头迷。每当北京地面出土石料、石刻，尤其是碑刻，都会有刘卫东的身影。他不仅能鉴定石刻的年代、种类，还对铭文有研究。前几日走进北京石刻艺术博物馆，正赶上举办"百事如意"石狮子展陈，刘卫东负责接待我们，通过他的讲解，我们不难感觉到他对石刻文化的热爱、钻研、精通。尤其讲到元代石狮子的特点的时候，他用青蛙要跃起的姿态做比喻，把北京地区元代石狮子的特点——塌腰、细腰、小蛮腰说得十分形象，令人不能忘怀。

《新日下访碑录》也是众人拾柴火焰高的成果。这项研究首先得到北京市哲学社会科学规划办公室的支持，被正式列入北京市哲学社会科学规划研究项目。同时，研究工作得到北京市文物局，特别是北京石刻艺术博物馆党政领导的大力支持。没有他们的帮助和支持，刘卫东和他的科研团队也是完成不了这项艰巨、复杂、工程浩大的科研任务的。《新日下访碑录》的完成，还有一个特点，就是北京文博专家学者的大力支持，各区县文博工作者的帮助支持。其中，本书顾问、北京市文博系统研究员吴梦麟是这方面的顶尖专家，她对项目的科研工作给予了具体的关心、指导。从一个侧面，我们也可以看到，刘卫东和他的科研团队，对老科研专家的尊敬、倚赖，这实际上是对中华文化和知识的尊敬和倚赖。在科研团队组合中，刘卫东和他的科研团队注意老中青结合，尊敬老专家学者，发挥学科带头人的作用，注意调动和发挥青年人的创新精神，是非常值得肯定的，这也是我们做好大的科研项目的基本保证。

衷心期待刘卫东和他的科研团队有更多更好的研究成果呈现出来。

北京史研究会会长　李建平
2012 年 5 月 18 日

凡　例

一、一事一条，每条下系碑刻名称、解题、录文、注释、按语，但限于资料来源及碑文内容，或有空缺，以待将来完善；

二、石刻条目所涉及文物的收录范围限于历史上的北京地区，而非只今天北京的行政区划范围；

三、书中收录石刻的时间上限不限，下限则在1949年以前；

四、同类或同处的碑刻，视情况而定，或捆绑同条，或析居分立；

五、全书在数字的使用上，对碑刻描述的物理量统一用阿拉伯数字，而在文字的描写内容中，则尽量统一使用汉字数字。

六、碑刻所涉及的著名宗教场所及名山胜迹，于其首见条加以简介说明；

七、定名遵循综合、简化、典型、准确、无误、无疑义、无混淆的标准，力求做到言简意赅、名从主人，避免模糊、笼统概念；

八、"解题"中凡有缺项，应加以简单说明，即于括弧中标出，如"暂时缺乏资料"；

九、"录文"以力求准确为原则，尽量照顾原碑原字，而采用规范汉字加以誊录，但由于古代碑刻中即常出现文字的本字、后起字、错讹字、白字、别字、繁简字等，故不能一概统一为繁体字，本书以不错为原则处理录文录字；

十、"录文"中凡不能亲自校勘原碑原帖的，应加以简单说明，亦于括弧中标明，如"暂时无法核对原文"；

十一、录文辨别、确认碑文时若仍有疑问的，在其后以（？）或于括弧中写入疑误字加问号来表示；

十二、不能查核原文的录文中，怀疑录文有脱落错讹，难以准确标点者，不标不逗，或于疑难处不逗，亦无法按录文格式誊录；

十三、被注释词语在录文中以下划线标出，在"注释"部分依文中出现次序逐条作注，不标序号；

十四、"按语"部分尽量按照考证标准；但有些是作者随兴而发、即兴之作，仅具看法，不能堪称"考证"，故其引证亦未细较出处；

十五、按语中所转引的非第一手碑文，因未见实物或拓片，仅作标点，无法按录文格式誊录；

十六、每个区县部分后列"附录"，大多仅具解题，亦有少量录文者。

新日下访碑录·大兴卷

大兴地区石刻文物简述	3
金寂照大师实行碑	5
元高公信神道碑	10
元张公墓碑	16
重修镇国观音寺碑	18
恭勤夫人谢氏墓碑	24
德寿寺重修碑	26
双柳树昆仑碑	32
宁佑庙海子行碑	37
普济真君庙碑	41
永定河神祠碑	43
清钟音家族墓碑	45
团河行宫四面诗碑	48
永定河告示碑	52
西红门清真寺重修碑	54
清英亲王后裔墓刻石	56
薛营清真寺重修碑	60
民国闫国藩墓碑	62
江朝宗德政碑	63
辽张琪墓志	66

辽马直温妻张馆墓志 …………………………………… 69

明鲍淳墓志 …………………………………………… 73

明鲍校妻翟氏墓志 ……………………………………… 76

明鲍□墓志盖 …………………………………………… 79

明王守成墓志 …………………………………………… 81

孟氏墓志 ………………………………………………… 84

辽□□四代二亲特建陀罗尼经幢 ……………………… 85

辽师哲为父造千手千眼观自在菩萨摩诃萨广大圆满无碍大悲心
　陀罗尼经幢 ………………………………………… 88

辽佛顶尊胜陀罗尼经幢 ………………………………… 91

辽□陀罗尼经幢 ………………………………………… 92

辽佛顶尊胜陀罗尼塔幢 ………………………………… 93

辽比丘尼志惠为其师所建佛顶尊胜陀罗尼经幢 ……… 95

辽佛说般若波罗密多心经幢 …………………………… 98

辽青云店经幢 …………………………………………… 99

辽东店村经幢 …………………………………………… 100

金一切如来随心陀罗尼经幢 …………………………… 101

元无碍禅师塔铭 ………………………………………… 104

附录 ……………………………………………………… 106

新日下访碑录·通州卷

通州地区石刻文物简述	111
元赵温去思碑	112
新建通济桥碑	117
静安寺重修碑	120
重建广福寺碑	121
重修广福禅寺碑	122
燃灯佛舍利塔碑	124
明李卓吾墓碑	126
通运桥碑	130
敕建通运桥福德庙碑	134
朝真寺重修碑	138
明太监于朝墓碑	139
龙兴寺祝愿碑	141
通州重建儒学碑	143
清汪云章神道碑	148
重修三义庙碑	150
三义庙创立义园并施棺木碑	152
创建晋翼会馆碑	155
重建晋翼会馆碑	157
清徐元梦墓碑	160

清国柱谕祭碑	162
重修碧霞元君庙碑	164
重修马驹桥碑	167
山西会馆碑	171
曹氏重修先祠碑	174
关帝庙捐资重修碑	178
清王超凤修土桥题记刻石	179
吉祥庵香火地碑	180
传代碑	182
清敕谕福昆妻完颜氏碑	183
乾隆敕赐慈云寺石额	185
清祁马氏墓碑	186
为道捐躯者刻石	188
民国侯姜氏纪念碑	192
创建紫清宫始末刻石	194
金华捐助铺房碑	197
无名氏施地刻石	199
某君捐地助学刻石	200
重修胜教寺碑	202
通州事件棉花关系慰灵碑	205
"古迹复新"石额	207
兴修凉水河石桥碑	208
通县县政府迁还旧址碑	211
唐高行晖墓志	214
唐公孙封墓志	219
唐孙如玉墓志	222
辽郑颉墓志	225
辽□□墓志	228
金崔尚书小娘子史氏墓志	229

金石宗璧墓志	231
金李抟墓志	235
金仲良墓志	239
元耿完者秃墓志	241
明陈信母张氏(法妙)墓志	242
明岳正母刘氏(馥)墓志	245
明岳正妻宋夫人墓志	250
明岳正贰室周孺人墓志	254
明戚斌墓志	258
明戴芳墓志	262
明处士傅钦墓志	265
明刘贵墓志	267
明樊斌恭人张氏合葬墓志	271
明樊靖墓志	274
明张琏墓志	278
明宁母朱氏墓志	282
明宁平墓志	286
明汪获麟妻孟氏墓志	289
明汪获麟墓志	293
明封杨孺人卫氏墓志	297
明王刚墓志	299
明杨仁墓志	302
明诰封东宁伯(焦文燿)太夫人张氏墓志	305
明李国泰墓志	309
明杭琮墓志	314
明杨近斋墓志盖	317
清雷应禹墓志	318
清张母杜太夫人墓志	322
清张士甄墓志	324

清李若桂曹氏夫妇买地砖 …… 327
清程衡墓莂 …… 328
清敕封太安人高(鑛)母汤太君墓志 …… 331
清诰封宜人翰林院侍读渭师高公原配林夫人墓志 …… 334
前清李直轩先生墓志 …… 335
金延庆院圆照塔幢 …… 337
金行贵塔幢 …… 340
金宗主大师塔幢 …… 342
佛顶尊胜陀罗尼幢 …… 344
残经幢 …… 345
清强翁老和尚塔铭 …… 346
附录 …… 347

新日下访碑录·顺义卷

顺义地区石刻文物简述	359
元曹宣徽善行碑	360
顺州孔子庙神门记碑	365
新修白云观碑	370
重修庙学碑	374
顺州官吏士庶衔名碑	378
明李泰墓志	382
明张寿墓志	386
真武庙重修碑	390
明宪宗遣官谕祭李宾碑明宪宗加赠李宾制命碑	393
重修宝峰禅寺碑	398
（东）普济寺重修碑	401
重修真武庙碑	404
明曹应魁墓志	406
重修关帝祠碑	411
清阿世图诰封碑	414
（西）普济寺重修碑	416
重修崇庆寺碑	419
广泉禅寺碑	423
杨氏先茔碑	425

灵迹院河神殿碑	428
重修佛殿玉帝殿功成记载序碑	431
清诰赠班第曾祖父海色曾祖母敖尼特氏碑	434
清谕祭福建提督马负书碑	437
清和硕和勤亲王碑	441
清晋赠太子太保原任刑部尚书杨廷璋碑	443
朝阳庵戏楼碑	447
重修元圣宫后殿东配殿碑	450
重修玉皇殿碑	452
重修龙王庙碑	455
药王庙碑	459
新修石道序碑	463
重修娘娘宫碑	466
施立义地碑	469
关帝庙残碑　关圣帝君庙碑　关帝庙庙产四至碑	472
民国顺义县知事汤啸秋德政碑	476
窦燕山先生故里碑	479
邵康节先生故里碑	482
民国顺义县知事唐保森德政碑	485
重修牛栏山元圣宫大佛殿真武殿钟楼禅堂碑	489
慈善会缘起碑	493
城隍庙香火地碑	495
辽广大圆满无碍大悲心陀罗尼经幢	496
元回光信公灵塔幢	498
清善友为御马监监丞张胜所建幢	501
附录	504
跋尾	513

新日下访碑录·大兴卷

大兴地区石刻文物简述

大兴区位于北京市南部。东与通州区相邻，南与河北省廊坊市、固安县、涿州市接壤，西隔永定河与房山区相望，北连丰台、朝阳二区。

大兴地区自秦置蓟县，隶广阳郡，县治蓟城（今北京城区西南），王莽时期改为伐戎。东汉至隋唐五代，沿用蓟县之名。契丹会同元年（938）改为蓟北县，隶属幽都府。辽开泰元年（1012），改为析津县，属燕京析津府。金迁都燕京后，于贞元二年（1154）改析津县为大兴县。历元明清，至民国一直沿用。但原来的大兴县区划范围与今不同，大致是在北京中轴线以东之地。建国后，北京行政区县分为十八个行政区划之后，大兴区的范围缩减并南移。2001年北京市撤大兴县，设大兴区。

大兴区历史悠久，史书上记载有广阳镇，1949年在该处沙丘之间，地面曾发现夹沙陶片、碎砖瓦等。1982年又出土了金代右班殿直广阳镇商酒兼烟火都监李之问为其亡母所造坟幢，为推断广阳镇遗址提供了有价值的实证。旧时的大兴地区不论从地理位置，还是从区域面积，重要程度，以及历史悠久方面，与北京各区县相比堪称"天下首邑"。然而现今的大兴区历史文物相对来说却比较少，不仅是因为辖区的变更，更重要的是大兴区位于永定河的下游，由于泥沙的淤积，河水时常泛滥、改道，故永定河旧曾有"无定河"之称。明初期才引外省之民于此开垦屯住，清朝初期治理、疏浚河水，康熙皇帝赐名"永定河"。南海子，为元明清时期的皇家苑囿、狩猎之地。至今仍然保留着一些碑刻，有明代镇国观音寺重修碑、清代团河行宫四面诗碑、宁佑庙海子行碑、昆仑碑等，均可见当时繁盛之一斑。周围村庄，大多为清末南苑荒废之后所建。其常住居民，除外来户尚有部分"屯户"。附近有建于顺治十五年（1658）的德寿寺遗址，是迎接五世达赖喇嘛进京之所，现德寿寺双碑仍然耸立。清代官民共同治理永定河后也留下了一些有价值的碑刻，如永定河神祠碑、告示碑等。这些都为我们研究大兴区的历史文化提供了参考。

金寂照大师实行碑

解题：

金明昌二年（1191）。原址采育镇下黎城村西南辽金村落遗址，现存大兴区文物管理所。碑完好，螭首佚座。碑高194厘米，宽72厘米，厚15厘米。碑阳圭形额篆"寂照大师行碑"，首题"大金中都大兴府安次县崇福乡采魏广教院长老寂照大师实行碑记"。"中都右街崇孝寺外三学律□□大师赐紫沙门蕴惠"撰文，"中都左街寳集寺廣济大师赐紫沙门、当院／沙门圆琛、通法寺义学讲经沙门即溥"篆额，张建碌书丹，田晖刻。碑阴上半部分联额刻大定十七年（1177）皇子判秘书监豳王给寂照大师的疏文，下半部分刻立碑捐资僧俗二众姓名。

录文：

大金中都大兴府安次县崇福乡采魏广教院长老寂照大师实行碑记　中都右街崇孝寺外三学律□□大师赐紫沙门蕴惠撰

其咸大矣为矣，□唯吾门哉！虽昔提河掩曜，鹤树韬晖，然以教风犹扇于遐方，法雨尚滋于历代，必赖奇伟之士倡率显扬之。粤有寄寂伦公者，拔秀之谓也。是师姓颜氏，父公辅，母王氏，世为中都安次采魏人也。于降诞之际，居宅上下光色燦然，临街惊谓大发于颜氏之家。既至光隐，降生之瑞也。始于龀易之年，志重虚寂，全轻俗饰。时有广阳宝林寺充公和尚，一见异之，遂录为门人，曰以道伦之号。至年二十有二，皇统年间，遇恩登坛受具足戒。尔後深怀访道之心，颇仰糸游兴拜辞亲教，柳标寰区。既而厌處都城，肆□□□□多恶交□故。因涿州石经云居寺寺之东峰。是峰地空东南，多饶日色之晖；岭横西北，少有风寒之畏。师云处闲进，道唯此为宜，乃相锡停盖杜门念曰："□□□□□後泪于翻译之选，五藏八藏以殊分，一乘三乘而异设。若乃举其大柄，絜其宏纲，则唯□及显斯可得，而吕然密言部之□□玄诠语渊咸贯摠持之妙旨，遂发奋栖神专于密部。"晨夕告□，侔迦叶之遗风，成就持明，具佛图之灵异。然有人患，具而问径之与专，但起归心，即获全安之效，寔所谓异哉矣。加以戒体冰清，行出坐窜，出处霜松潔操，水团禁□□不味精衣，以紈毳願德千经矣。□□□□□□□□异志声啼，问至弥高，上令太后钦崇，下遣仕民镆仰。正隆载间，太后邀迎紫禁，以师待之。欲以紫衣之赐，然师厌此以外三出。师复幽栖于宛平龙泉务，居环堵而日唯一食。自後重修望仙山，僧伽蓝一一增新，金碧灿然，又改观大之□□无之。□□□□□□□亲王公主特临，宰辅朝硕每凑。又于随处大设无遮五七餘会，凡会也，八荒仕庶云趋，四遠□风至。四望于良贱□□□□□□□□□□□高餘数丈，光流夙夜，海众咸得。亲观时，有寡信邪徒枭獍之辈，付性狼戾，不入竺典之者，亦相议曰："乃而师射大矣哉。"唯见芙蕖□□逆同，昔日降魔悔惭交并，少类当时。向正至定十八年，有元始并前刊序前秘书监皇叔幽王尚书令太师郑王正奉大夫参知政事上柱国范阳郡开国公张汝弼、张汝霖，左右两街都僧录各奉天表持疏请师出世，然师深藏颐而不以紈太后曰："吾忆昔年十□□□□□□绯黄喆医杜论，当故也辽国大臣目舒光真语才□□□□□□曰何答皇恩之大？当以厚鹤便远难，祈以安慰之。"□□乃师□□奉使驰还，才当病照师号次。至明昌二年正月十二日，特奉圣旨銮请入内□，皇太后特课秘供，时明昌二年。其间采魏本里白徒属咸因举世无常，劳生有限，何论圣凡，未闻光吾师，以乃红上垒壁肇王兴隆不积岁而高高阁侵突兀凌云，九层落落，

☐从亲武筵之颜，闻者↲至见者忘还，须令古远之徒直趣一生之路，☐于称不可量于师之寝堂，得↲非其欤？特奉塔主僧行和等曰："既已达于☐☐永☐于丰碑，刻之于☐实议购他山↲之翠琰☐☐之状，虽成蝌蚪之疏，未备孰☐于以☐☐☐其论如伟哉！铭曰：↲诩御垂阴，万古示跡；提河遗风，尚茂也。赖儿孙灯武光照，拔群成之志，德田春雨，☐见孤高↲风仪清楚。名逮神州，声闻区宇，上达天恩，朝僅附所，向周仕民仰慕。☐非险奇纪之，金石千古。↲

明昌贰年辛亥岁、癸巳月、丁酉日、辛时建。院主善智、利全，门徒善周、行照、行护、行遇，中都左街永泰寺赐紫讲经沙门道隆、 当院讲经沙门行　刊立石。↲中都左街寶集寺廣济大师赐紫沙门、当院☐沙门圆琛、通法寺义学讲经沙门即溥并篆塔额。　张建碌书丹。　田晖刻。↲

（碑阴）

今请 伦公禅师住持昌平↲西妙峰山德云寺化度，↲为　国焚修，上严　↲圣寿者。　窃以要明慧↲眼，是处忘机，欲绝尘劳，↲且须把定此。盖　伦公禅师，幽居深谷，远迹↲市朝，以烟霞林麓畅其情，而涧水松筠作　其侣。实以道逾今古，德冠京师，把定从来，事↲无一向。好个眉毛卓起，曲为今时。　祖令↲放行，同于古往。可谓昔年传处，大事门↲开，今日施时，分明露出。↲暂辞万壑千岩，来吐一↲言半偈，幸冀　俯从，无↲劳谦逊。谨疏。大定十七年二月日（以上八字小字刻）疏。↲皇子判秘书监幽王　立。↲（以下人名略）

注释：

大兴府安次县崇福乡采魏：《天府广记》载，采育乃古安次县采魏里也，明初为上林苑，改名蕃育署，而人呼采育，合新旧而名之也。由其出土地可知，今大兴区采育镇即原采魏里。

龀易之年：儿童七八岁。

前秘书监皇叔豳王：《金史》有传。即完颜允成，金世宗之子，本名鹤野，女真名娄室。《金史》本传作永成，章宗完颜璟即位后，追尊其父允恭（允成之兄）为皇帝，为避允恭的名讳，诏令改世宗诸子名字中的"允"字为"永"。金大定七年（1167）封沈王，十一年（1171）封豳王。十六年（1176）判秘书监，十七年（1177）授世袭山东东路把鲁古猛安，判大睦亲府事。二十年（1180）改授翰林学士承旨，二十三年（1183）判武定军节度使事，寻改判广宁府事。二十五年（1185）判吏部尚书，进开府仪同三司，为御史大夫。

正奉大夫参知政事上柱国范阳郡开国公张汝弼：字仲佐。正隆二年（1157）中进士第，调沈州乐郊县主薄。进阶，兼修起居注，转右司员外郎、吏部郎中，累迁吏部尚书，拜参知政事。进左丞，与族弟参知政事汝霖同日拜，族里以为荣。

张汝霖：字仲泽。贞元二年（1154）赐进士第，特授左补阙，擢大兴县令，再迁礼部员外郎，翰林待制。大定八年（1168），除刑部郎中。明年，授太子左谕德兼礼部郎中。寻改中都路都转运使，太子少师兼礼部尚书。久之，迁尚书右丞。二十八年（1188）进拜平章政事，兼修国史，封芮国公。章宗即位，加银青荣禄大夫，进封莘。明昌元年（1190）三月，表乞致仕，不许，十二月卒。

按语：

碑文记述寂照大师俗姓颜，世为安次采魏人。七八岁时被广阳宝林寺充公和尚录为门人，法名道伦。二十二岁，皇统年间（1141—1149）受戒后，居涿州石经山云居寺，居寄寺东峰译佛经修密宗。海陵王正隆年间（1156—1161），皇太后邀其入宫为师，并欲赐之紫衣。然而道伦师厌于此，幽栖于宛平县龙泉务，并重修望仙山佛寺。金世宗大定十八年（1178），皇子豳王完颜允成、尚书令太师郑王、正奉大夫参知政事上柱国范阳郡开国公张汝弼、左右两街都僧录等，奉天表持疏请师出世，主持昌平县西妙峰山德云寺，开堂演法。（因碑记泐失数百字，道伦师是否应聘，何时死亡，不得而知）。明昌二年（1191）本寺为其建塔立幢。根据碑文，推测道伦师在大定十八年（1178）至明昌二年（1191）之间去世，死后御赐寂照大师封号。

据碑文可知在当时，今门头沟龙泉务附近尚有望仙山佛寺，今昌平区尚有西妙峰山德云寺等。今其址待考。

尚书令太师郑王，不知此称谓是"尚书令太师郑王"，还是"尚书令太师、郑王"。"尚书令太师"即指徒单克宁，《金史》有传。历经熙宗、海陵王、世宗、章宗四朝。明昌元年（1190）十二月封为淄王。"郑王"指永蹈，世宗之子。章宗即位后被封为卫王，明昌二年（1191）徙封郑王。

本书于门头沟区部分、房山区部分所收石刻，均见"寂照"。如潭柘寺《传戒大师悟敏行实碑》载："又造寂照，感师密受道□□□，益深乃黜，聪明望肢体，凡十载。"两个"寂照"时间相仿佛，或许就是同一人。又，房山《大安山莲华峪延福寺观音堂碑》记："洎至康安（定？）二年，南宗时运果有奇人来昌大旨，遂以寂照大师、通圆、通理此三上人挺生间出，为□中之龙像，传佛心印，继累代之高风。"此"寂照大师"与彼"寂照大师"就极有可能不是同一僧，时间上先后差数十年。

元高公信神道碑

解题：

　　元延祐元年（1314）岁次甲寅三月三日丁亥。原址在魏各庄，现存大兴区文物管理所。方首座佚。碑完好。碑高197厘米，宽88厘米，厚20厘米。额篆"奉训大夫故高公神道碑"，首题"大都路宛平县永安乡魏家庄故奉训大夫高公神道碑"，前延安路儒学正并门贾庸贵撰文并书丹。碑阴额题正书"祖宛平高氏缀华联芳图"，首题"祠堂记"。

　　"祠堂记"镌刻于碑面右上角，其旁及下部分五列是先后七代家谱。

录文：

大都路宛平县永安乡魏家庄故奉训大夫高公神道碑　┘
前 延 安 路 儒 学 正 并 门 贾 庸 贵 撰并书。┘
夫圣人出则天下之治体大而能自化者也，贤人生则天下之公用美而能自具者也。圣贤际遇，非惟至治之道以及於世，而使复古之制皆┘出于时。若非以此，如璞玉不工，焉有连城之号？龙泉无士，谁知牛斗之文？故圣人之政，开物成务，必以天下之贤而为当世之用矣。时方　┘大元世祖皇帝初定江淮，九夷八蛮，悉通其道，天下一家，罔非奄有。隆平之治臻，讴泰之音作。思古制，修礼定乐；考时务，耀古著今。立异样局，择天┘下之材能任复陶官，供内外之输给。是以高公岩野之士，好读书，一旦用之，有出群助务之奇，而盖当世之艺者。公讳信，字诚之。中统二年　┘，圣旨选擢呈造火浣龙须布仙裳,藕丝罗畏兀《摩利支天经》,金相法神二尊,藏春居士太保书《般若心经》一卷,没缝袄、撮毛氅,西番金字经,上有 ┘御宝一十一颗及栴檀殿铺座四筵,十样锦嵌粧金素仁王寺绣幡百尺、三丈阔、上下连头,也里可温字轴八吉祥经复段成其异样,及出复古之┘制者不可遍称。其徒所习,皆起于门公之材也。虽前昔之有规矩沿革,金宋失其本旨,而人不知公独知之。孰不知规矩出于公输之巧也,而┘公输奚在焉?孰不知音律出于师旷之聪也,而师旷奚在焉?今也,至于人之形容妍媸,飞鸟之形、走兽之状,方寸巨细之真,高公无不善于其间也。抑尝喻书历嬴秦,传于伏生之口;乐沦五季,出于王朴之家。是知公之所出,能助其造物之功,盛于此时者可谓伦之贤矣。是以 ┘上恩敕牒二道:至元十年,忠翊校尉异样局使;至元十四年,忠显校尉异样等局副总管。至元十八年,考其自历岁月之远,精勤之甚者,钦授 ┘宣命奉训大夫、同知异样等局总管府事。累给金币、钞定、马匹之物,及其宴食琼林,簪花醉归,足见公之所志,赫然致有如是者也。诚荷之至,盖由┘圣人垂创治天下者,得人为务。高公,宜其享一时之美名,而为后裔之所规。公大都宛平县永安乡高家里,其先祖父高格三举殿试,父伯松┘太保相公,下招收人户南宛平县事。祖母王氏,年八十有五;母张氏,九十二化。及侍养姑姑高氏、姑父杨义、表弟杨振春。辛亥年间,俱以亡殁,┘于本乡魏家庄西北置坟葬之,仍令子孙祭祀焉。公娶刘氏,本县梨园庄刘提领女。二子,长曰仲实,次曰仲让。至元丁卯,刘氏卒。再娶大都春┘台于氏,素有淑德,侍姑婉顺,敬夫如宾。节俭理家,莫不法式。从媵一子,曰仲谊。夫公之为人质直清白,在亲孝友,在官忠节,临财无污,行劳┘人而不怨,悙无之人于而惠济,缁黄之侣善以设施。乐天顺道,春秋七十乃卒于家,在至元二十五年戊子正月七日寅时也,与刘、于二氏祖┘茔祔葬焉。仲实承父之道,亦克异样局勾当。娶刘氏,二子:长曰秀,蚤年而逝;次曰元,见充异样局大使勾当。仲让至元二十三年十一月承奉┘中书省,札付充都功德使司令史。两考告闲,事亲。娶张氏,二子,曰进,曰遂。延祐元年甲寅,仲让以先君之葬自閟诸幽,尝曰:"吾家奉事,累 ┘先父行实,未有志铭可彰,一念未尝不泣,敢请。"余谓:仁人孝子,礼曰春露秋霜之感,凄怆怵惕之时,恻然不安,思其所自,故安其宅兆,封植润色，必极力终身而后以止，内尽为子之心，外成显亲之道。仲让之心，皇皇于数年间。惟此是行，盖昭先父轶伦之材，使后世不穷之望。高姓焜耀起祖而昌效，振振列麟趾之公族，庇蛰蛰宜螽羽之孙，岂不以孝思之心示子孙有所可考而为复起耶？余故不辞，为之铭曰：

公性天锡，　乃生圣时；　有道以□，　有德以施。功用之妙，　造物之奇；　出乎其类，　立之斯规。　勤公业业，　辅政孜孜；
以尔之艺，　舍吾则谁。公世垂芳，　宛平所自；永安郡云，　高家里置。累叶儒宗，　三举殿试；　清白流风，　英華粹地。
昆弟贤质，　田园利利；　不□前人，　述功继志。公志既遇，　当世之抡；如荆之玉，　如溟之鸥。　斯名益著，　斯道弥存；
资优恩渥，　光大其门。　孝慈彼美，　严训是敦；　家传青紫，　应被子孙。　公享年高，　福缘善得；　仕则告优，　退归田植。天遽歼良，　铭优昭德；　神像仍存，　禰堂谨饬；　敬祀以时，　孝思维则。於万斯年，　示之罔极。延佑元年岁次甲寅三月三日丁亥男高仲让立石。　燕山慈秀刊。

（碑阴）

祠堂记：

一铺酌知其有天，一超履知其有道；隐微或惧乎神明，闻见独尽乎忠抱。天道昭昭虽钟辩，早美哉行之为仁，世之□□和气兮春风，又华兮黼藻。□以出□明时官，以显于祖考公德也。材也，忠也，孝也，宜与子孙之可保。於乎！劝君垂文斯名也者，如山苍苍，入川浩浩，宗庙享之，神其有造。是以洋洋乐如，在士如左右，于穷年而致祥。

高祖父高格、曾祖母王氏（以上第一列）—祖父、伯祖母张氏，　祖姑姑高氏、姑父杨义、叔父杨振春，　父信、母刘，二子　继母于氏、从媵阿侯一子。

长仲实、妻刘氏，二子；再娶杨氏。长男秀、妻张氏，二子。思义□□□□二子：长□□、次希祖。次男元、妻张氏，一子再兴。

次仲让、妻张氏，二子：长男进、妻刘氏，长秃林女、次鹤童；次男遂、妻张氏，张□神、次□童。

次□仲谊、妻崔氏一男□□。」

注释：

奉训大夫：元代文官官阶之一，位列从五品奉直大夫之下。

开物成务：即揭露事物的真相，使人各得其宜。语出《易经·系辞上》。

大元世祖皇帝：蒙古铁木真（即成吉思汗）之孙，托雷之四子，蒙哥之弟。元代的第一位皇帝，名孛儿只斤·忽必烈（1215—1294）。在位共三十五年，前后使用过两个年号，即中统、至元。死后定庙号世祖，予谥"圣德神功文武皇帝"，又称"薛禅可汗""薛禅皇帝"。

《摩利支天经》：佛经名称。唐不空译《摩利支天菩萨陀罗尼经》之简称，也指《陀罗尼集经》第十所摄阿地瞿多所译之《摩利支天经》。

藏春居士太保：即刘秉忠。"藏春"为刘氏之极富道教意味的雅号，另有《藏春集》行世。刘在他的七绝诗中写道："严冬无色物归松，冻柳枯荷各任真；红翠许多何处去？瓮言今已属藏春。""居士"，为佛教、道教中所指比较广义的修行人士的称呼。"太保"，因忽必烈皇帝曾授之以光禄大夫、太保勋阶故名。

也里可温：外来语，亦译作"也里克温""也立乔"，或称"迭屑""达娑"，实际上是元代及唐代人对基督教徒和教士的通称。

忠翊校尉：武散官名。金始置，秩正八品下。元代沿置，升秩为正七品。

忠显校尉：古代武散官名称。金代始置，从七品。元升为从六品。

勾当：古代官员任用类别之一。相当于今天说"（从事）某种职业或工作"。

大使勾当：此指任"异样局大使"一职。大使，最早本为官称，后则冠以不同名号而有"安抚大使""黜陟大使""经略大使""节度大使"等称。元代则作为在制造、税务、仓库等行业的管理官员的职官名称，如"异样局大使"等。

奥鲁劝农事："奥鲁"为蒙古语，意即老小营，指征戍军人的家属所在。

蒙古国时期，男丁充军出征，家口以千户为编制，在后方或随军从事生产，经营畜牧和其他生产，供应前方，称"奥鲁"。灭金以后，在江淮以北地区置奥鲁官，凡军户均由奥鲁官府直接统领，不受州县管辖。各路奥鲁官府受枢密院节制。至元元年（1264）以后，逐步改由地方路、府、州、县长官兼领诸军奥鲁。唯蒙古军和色目军仍保持单独奥鲁官。

按语：

此碑是高信次子高仲让于元延祐元年（1314）三月为其父高信所立之墓碑。记述高信屡受皇帝恩赐之事迹。碑阴为高姓族谱。高信，字诚之，大都宛平县永安乡高家里人。元初，世祖置"异样局"，择天下之能工巧匠以管理"异样纹绣""绫锦织染"事宜。高信则善"人之形容妍媸，飞鸟之形，走兽之状，方寸巨细之真"。中统二年（1261）圣旨召擢高信呈造"火浣龙须布仙裳""藕丝罗畏兀《摩利支天经》""金相法神二尊""《般若心经》""没缝袄、撮毛幣，西番金字经、上有御宝一十一颗及栴檀殿铺座四筵，十样锦嵌粘金素仁王寺绣幡百尺……也里可温字轴八吉祥经复段成其异样，及出复古"等佛事用物。因工艺精湛，至元十年（1273）任忠翊校尉异样局使。至元十四年（1277），任忠显校尉异样局副总管。至元十八年（1281），元世祖"考其自历岁月之远，精勤之甚者，钦授宣命奉训大夫、同知异样局总管"。高信卒于至元二十五年（1288）正月七日，享年七十。葬于大都宛平县永安乡高家里祖茔。

文中提"异样等局总管府事"，其"异样局总管府"为官署名。元中统二年（1261）立提点所。至元六年（1269）改为总管府，秩正三品，属将作院。设总管一人为主官，达鲁花赤一人监之。下设同知、副总管、经历、知事各一人。领异样纹绣提举司、绫锦织染提举司、纱罗提举司、纱金颜料总库等机构。异样局类史实，载籍无详述，此碑则补其缺。

元代虽然文化展程度不高，但其重视俗文学，重视工艺。房山区前曾出土元代《张公墓碑》一通，上书"元故文锦局百/人长张公之墓"。"文锦"，只是一个很狭窄的行业，又设立"局"机关进行管理，可见其政府对工艺的重视程度。包括下一条"元张公墓碑",记其为"将作院事",将作院直接隶属于中央。1989年,建国门古观象台附近亦曾出土过一件元代碑刻,即《金玉温犀玳瑁局使潘公墓碑》,"金玉温犀玳瑁"也设专局。又同上出土《都总金局使卢公墓碑》,碑文"大元国都总金局使卢公之墓"。据史书记载,于中统二年(1261),在大都设金玉局;至元十五年(1278),复设诸路金玉人匠总管府玉局提举司(此地应在今民族宫附近)。有许多传世或出土的精美玉器,就是在当时政府那样的重视下产生的,如"独山大玉海"等。另外,元代的大文人陶宗仪非常受宠于元帝,常常出入禁庭,得睹其宫殿建筑与园林小品之美,将其部分所见写入《元氏掖庭记》中。从其亲眼所见亲笔所录的这部分"史实"中,不难看出当时在制造业尤其是手工制造业上的工艺精湛的程度,以及帝王宫廷的奢侈程度。以下节录部分内容,以作注脚:"元祖肇建内殿。""殿上设水晶帘,阶琢龟文,绕以曲槛。槛与阶皆白玉石为之。太阳东升,殿中灿烂,阶更飞辉。古谓天子有金殿玉墀,名不虚也。""九龙墀,龙形九曲,金髯玉鳞。""拱璧亭,亭六角,六璧旋拱。中置夜光珠一颗,晦夜灿若白昼,光烛数十步外,又名夜光亭。""又有眺远阁、留连馆、万年宫,并在禁苑。又有龙泉井,玛瑙石为井床,雨花台石为井湫,香檀为盖,离朱锦为索,云母石为汲瓶。""熊嫔性耐寒,尝于月夜游梨花亭。露袒坐紫斑石,元帝见其身与梨花一色,因名其亭曰联缟亭。""顺帝宫嫔进御无纪。佩夫人贵妃印者,不下百数。如淑妃龙瑞娇、程一宁、戈小娥、丽嫔张阿玄、支祁氏、才人英英、凝香儿,尤见宠爱。所好成之,所恶除之。位在皇后之下,而权则重于禁闱,宫中称为七贵云。每遇上巳日,令诸嫔妃袚于内园迎祥亭、漾碧池。池用纹石为质,以宝石镂成。""池中又置温玉狻猊、白晶鹿、红石马等物,嫔妃浴澡之余,则骑以为戏。"

元张公墓碑

解题：

元代（1271—1368）。方首失座，高 220 厘米，宽 115 厘米，厚 15 厘米。额横题"大元"，汉白玉石质。今存大兴文委。

录文：

光禄大夫、中书平章政事、⌐ 大司徒、徽政副使、领将作⌐ 院事、赠推诚翊亮功臣、开⌐ 府仪同三司、太傅、上柱国、⌐ 鲁国公谥忠献张公先茔。⌐

注释：

光禄大夫：元代文官官阶名称。位在从一品之首。

中书平章政事：元代职官名称，即中书省的平章政事，从一品，实际上是当时的副宰相。元代的中书省，系中央最高行政机构，其下再设六部，以便分类管理。中书省的最高长官是中书令，多由皇子担任。但其实际长官应为左右丞相各一名，且右在左上。其副官则为平章政事，故左右丞相与平章政事是元代真正的、实际上的宰相。

大司徒：元代职官名称，正一品。

徽政副使：元代官职名称，为徽政院副官，大致食从二品俸。徽政院，掌管皇太后所属事务。

将作院事：元代官职名称，为将作院长官，大致食正二品俸。将作院，掌管宫廷制作珍贵冠佩首饰、器具、织造及百色造作。

按语：

从墓主谥忠献张公的官阶衔职来看，品位不低，应位列当朝宰辅之流，至少是副宰相。

重修镇国观音寺碑

解题：

共两件，均为明万历十三年（1585）仲春吉旦立。其中一件现存大兴区文物管理所。螭首座佚，碑完好。碑高 250 厘米，宽 82 厘米，厚 23 厘米。额篆"重修镇国观音寺碑记"，首题"重修古刹镇国观音寺碑记"，赐进士第、中顺大夫、陕西提刑按察司副使、奉敕整饬固原等处兵备、兼理粮饷、海滨刘效祖撰文，修职佐郎、翰林院带俸、鸿胪寺序班、东吴徐奎书并篆额。另一件在大兴区团河村行宫遗址。螭首龟趺，碑稍倾斜。碑与座石质不同。碑通高 305 厘米，宽 87 厘米，厚 23 厘米。额篆"赞表历代公创建碑记"，首题"重修古刹镇国观音寺碑记"，赐进士第、大中大夫、四川等处承宣布政使司右参政、奉敕督理粮储、前河南道监察御史、晋阳董文寀撰文，奉政大夫修正庶尹、光禄寺少卿、正四品服俸兼司经局正字、直内阁经筵官、预修玉牒大典、东吴徐继申书丹并篆额。碑阴人名，碑阴额篆"题名传代"，上部居中竖书"各村店信会会首□人□□□"。

录文：

重修古刹镇国观音寺碑记 ┘
赐进士第、中顺大夫、陕西提刑按察司副使、奉 ┘敕整饬固原等处兵备、兼理粮饷、海滨刘效祖撰， ┘修职佐郎、翰林院带俸、鸿胪寺序班、东吴徐奎书并篆。 ┘

园囿之设自古圣帝明王，所以不废者何？以其与民同利也。洪惟我 ┘国家重城之阳，相地坦夷，方百里有奇，幅员（巾、员，左右结构）起垣中，为养育 ┘寿鹿之所，名曰南海子。余地悉令居民佃之，蠲其赋税，制追上古。倚欤美哉！且四外建 ┘神祠，以雄其镇，不下数十区。兹寺乃海子西南隅者，址基其来尚矣。维 ┘武宗时御马监太监冯公，恢阔旧制。观音殿、配殿、伽蓝殿、廊庑、僧舍始建立焉。迨 ┘世宗御极初载，内官监太监任公复修，增释迦大殿。迄后四十禩，本院提督御马监太监滕暨二公命管 ┘理于公、总牌褚公益加修饬，焕然为之一新。届今年久，廉隅簷阿、栋宇榱题不无摇扤之患。茨盖不 ┘完，滲叠见 ┘神容间，有为风雨所损者。本苑管理刘公等，总牌杨公、王公有公务时憩兹，倾颇目击，常蹙然欲再新之。 ┘因与本庄锦衣户侯张君谋，张君诺为之首倡，人心翕然从之，效役输粟者比比若市。以故，鸠工聚 ┘材，督绳削墨，损者补、覆者葺，实实枚枚，视昔为益固且辉矣。司礼监掌篆张公，前总提督是苑，一闻 ┘之，命管理刘公捐俸五十金，以赡工役。视彼规制，无复可益。所少者，碑以纪其事耳。故采石于山，多 ┘资不惜刻以蛟龙，殿前屹然并立，欲永其传。因请於余，余未谙佛教，不能强解。尝闻诸孔子曰"敬鬼 ┘神而远之"，诸君先后不同时，其心则一。匪藉此以徼福利，壹尊敬神遗训云尔。此诸君之心，余以理 ┘得而识之。同乡大参董公题其左，故敢窃纪于次焉。时 ┘万历时三年仲春毂旦立。┘

重修古刹镇国观音寺碑记 ┘
赐进士第、大中大夫、四川等处承宣布政使司右条政、奉 ┘敕督理粮储、前河南道监察御史、晋阳董文寀撰， ┘奉政大夫、修正庶尹、光禄寺少卿、正四品服俸兼司经局正字、直 ┘内阁 经筵官、预修玉牒大典、东吴徐继申书并篆。 ┘
都城南四十里许，廼上林苑南海子，我 ┘国家蕃育鸟兽之所也。海子西南隅，地名河奇庄，有镇国观音寺焉。夫观音大士号圆通，其法谓耳根圆通可以普济，最灵感，庵寺遍天 ┘下，而兹寺创建扵唐有年矣，然小而隘。迄正德间，御马监太监冯公重修，起大殿，增配殿，以奉伽蓝，规制渐廓。至嘉靖初，内官监太⌐监任公复修，构後殿，以奉释迦。嘉靖四十三年，提督本苑御用监太监滕公，同管理于公、总牌褚公再修，又添罗汉十八尊扵释迦⌐殿焉。其钟皷、门庑、厨廪、方丈，至是悉备，崇然一钜观也。今岁久日就于圮，本苑管理张公恩、本圆总牌杨公玉等、本庄锦衣实授百⌐户张君赟等，深惧寺之寖废，乃聚众善人等为月會，积赀鸠工，大加修葺，缭以樊墙，塗以丹垩，装严肖像，金碧辉煌，较旧观烂焉益⌐隆矣。旧无碑记，今司礼监掌篆前提督本苑太监张公诚，捐金五十两，委管理刘公钦等，竖蛟龙碑二座，将纪一时之盛。以□□修⌐之美诸善信姓名，亦得附扵石，以识永久。因请记扵余，余惟佛之教，自古称異端，为吾儒所闢，然录其善有不可弃之⌐者。兹□□修⌐也，有三善焉。盖吾人优游熙洽，安居暇食，皆⌐帝力也。故奉佛，为⌐天子祝万寿僖，以报枯冒德，而忠爱蔼然，一善也。佛以慈悲为心，尝显应福利扵人，故人信奉之。寺扵兹土，必庇祐其人无疫疠水旱之⌐灾，岁时焚修，乡里由是敦睦，二善也。世之愚夫、愚妇，不畏法而怖以佛，輒甘心焉。是能佐刑政所不及。审是，则化导善俗莫如佛。三⌐善也。夫有是三者，虽其为教異吾圣人，不害其为助我，而胡必扵去之耶？矧兹建殆二百餘年扵此矣，兴而废，废而兴，至再至三，愈⌐久而香火益严。虽诸人好善崇奉之心，要亦佛之灵有以阴主之也。余故为之记，而系以词。词曰：佛以弘慈，翊我中土；讵曰虚无，外⌐而弗取。嗟嗟冥顽，闵不畏刑；见佛而慑，善心輒生。猗欤庄人，奉之克敬；殿宇岿然，载新以盛。岁时祈报，钟皷鎗鎗；惟佛扵赫，有感有⌐灵。雨旸若时，灾蟊潜弭；矧裨⌐圣寿，而锡民祉。徵辞勒石，用告後人；永无圮毁，亿万斯春。
⌐万历十三年仲春吉旦立。　　　⌐
（碑阴略）

注释：

刘效祖：生卒年不详。明代著名的历史学家、军事家、文学家。字仲修，号念庵。原籍山东滨州（今惠民）人，后寓居北京，故又称宛平人。嘉靖二十九年（1550）进士，累官副使，备兵固原。文学上以散曲著称，有《词脔》《黄莺儿·堪笑世情簿》之作；亦曾著《四镇三关志》，作为史地军事名著流传于世。

武宗：即明武宗朱厚照（1491—1521），明孝宗朱祐樘之长子。明弘治十八年（1505）即位，改号曰"正德"，在位凡十六年。死后定庙号为"武宗"，予谥"承天达道英肃睿哲昭德显功弘文思孝毅皇帝"。葬北京昌平康陵。

世宗：即明世宗朱厚熜（1507—1566），明宪宗朱见深四子朱祐杬之子。明正德十六年（1521）即位，改号曰"嘉靖"，在位凡四十五年。死后定庙号为"世宗"，予谥"钦天履道英毅神圣宣文广武洪仁大孝肃皇帝"，葬北京昌平永陵。

廉隅檐阿、栋宇榱题：实际上是指建筑屋室的构建与部位，用以概称"观音寺"所有建筑的方方面面。廉隅，指室内的边和角落。廉，边、侧边；隅，角、角落。檐，屋檐儿；阿，屋面；栋，大梁；宇，亦指屋檐；榱，即椽子；题，指物体的一端。实际上，"榱题"合指椽子。

茨盖：二字合称均有"盖"意，此处泛指遮盖、庇护之意。茨，用茅草盖屋子。

督绳削墨：指工程所进行的四个状态。督，监督，督工；绳，用墨斗画线，指设计绘图；削，砍削，修改；墨，使用墨斗，与"绳"义近，相辅相成。

孔子曰：语出《论语·雍也》，原文作"樊迟问知，子曰：务民之义，敬鬼神而远之，可谓知矣"。

董文宾：《宛署杂记》卷十六记载，号云溪，己未（1559）进士，金吾前卫人。任四川参政。

徐继申：《宛署杂记》卷十六记载，号双桐，儒士，宛平人。任太仆卿。

南海子：《帝京景物略》记载，城南二十里，有囿，曰南海子。方一百六十里。海中殿，瓦为之。曰幄殿者，猎而幄焉尔，不可以数至而宿处也。殿旁晾鹰台……四达为门，庶类蕃殖，鹿、獐、雉、兔，禁民无取，设海户千人守视。永乐中，岁猎以时，讲武也。天顺二年（1458），上出猎。正德十二年（1517），上出猎。隆庆二年（1568）三月，上幸南海子。先是，左右盛称海子，大学士徐阶等奏止，不听。驾至，榛莽沮洳，宫崿不治，上悔之，遽命还跸矣。《日下旧闻考·国朝苑囿·南苑》记载，南海子即南苑，在永定门外。元时为飞放泊，明永乐时复增广其地，周垣百二十里。我朝因之，设海户一千六百，人各给地二十四亩。春蒐冬狩，以时讲武。恭遇大阅，则肃陈兵旅于此。

按语：

河奇庄：此地名今已不存。据碑文分析，应在海子附近。

镇国观音寺：据碑文，此寺创建于唐代。规模很小。明正德年间（1506—1521），御马监太监冯公重修，并增修配殿，供奉庙规。嘉靖（1522—1566）初内官监太监任公又重修，并增修后殿，供奉释迦佛。嘉靖四十三年（1564），提督海子御用监太监滕公、于公、褚公再修，又添罗汉十八尊。钟鼓楼、门庑、方丈室具备。万历十三年（1585），海子苑管理张公、杨公、河奇庄锦衣张赟等又重修。司礼监掌篆前提督本苑太监张诚捐金五十两，委管理刘钦等人立碑两座。

此二碑建于同时，需同读，可以互证，由此亦见古人撰写碑文之谨慎。大致上，董碑应略早于刘碑，因刘碑末云："同乡大参董公题其左，故敢窃纪于次焉。"故于刘碑多处交代不清者，于董碑即得其实。如"本苑管理刘公等，总牌杨公、王公"，"本庄锦衣户侯张君"，"司礼监掌篆张公"，"命管理刘公捐俸五十金"等，其"刘""杨""王""张""张""刘"，读董碑可知即为"杨玉""张赟""张诚""刘钦"，但其"王公"为谁，不可知；"本苑管理刘公等"与"命管理刘公捐俸五十金"之"刘公"是否为一人，也未可知。又，碑文于自身提出的名词又加以解决，如对于"南海子"，刘碑说："园囿之设自古圣帝明王，所以不废者何？以其与民同利也。洪惟我国家重城之阳，相地坦夷，方百里有奇，幅员（巾、员，左右结构）起垣中，为养育寿鹿之所，名曰南海子。余地悉令居民佃之，蠲其赋税，制迨上古。"主要阐明园囿设置的目的,与南海子的方位面积等,以及制定其制度的根据。董碑则简而言之曰:"都城南四十里许,廼上林苑南海子,我国家蕃育鸟兽之所也。"对于观音寺,刘碑"且四外建神祠,以雄其镇,不下数十区。兹寺乃海子西南隅者,址基其来尚矣"。董碑"海子西南隅,地名河奇庄,有镇国观音寺焉。夫观音大士号圆通,其法谓耳根圆通可以普济,最灵感,庵寺遍天下,而兹寺创建於唐有年矣"。

恭勤夫人谢氏墓碑

解题：

　　清雍正八年（1730）六月。原址在大兴区榆垡镇黄各庄东北鱼塘。螭首龟趺。篆额及碑文均为满汉合璧，边框浮雕二龙戏珠。碑高 393 厘米，宽 115 厘米，厚 47 厘米。额篆"敕建"，首题"恭勤夫人谢氏碑文"。今龟趺头残，碑身完好。

录文：

恭勤夫人谢氏碑文

朕惟宫庭阿保之司，必资慈惠温良之选。用以爱护寝兴，追随左右。恪诚著于生前，宠锡隆於身後。凡以录旧绩，賁新恩也。尔谢氏，秉性柔嘉，持躬谨厚。服勤内职，奉朕冲年。顺阴阳之宜，善调服御；审寒暑之节，克慎起居。惟祇奉於在公，罔經营于家事。令仪如昨，慨岁月之潜移；劳勤堪怀，笃始终而崇报。畀良人以世职，泽沛家门；锡象服以追封，荣施泉壤。培佳城而孔固，表丰碣以增辉。於戯！殚心力於禁闱，式姆范；荐必芬於筵几，懋示褒纶。用笃不忘，永垂奕世。雍正八年六月立

注释：

　　阿保之司：阿保，指近臣。阿保之司，意谓"职司阿保。"

宠锡：恩赐。

录旧绩，贲新恩：给予考绩并予奖励。贲，大之意。

冲年：即冲龄，幼小，少年时。

令仪：美好的仪表，特指女性。

象服：古代王后及诸侯夫人以绘画为饰的服装。

按语：

恭勤夫人谢氏为清世宗雍正皇帝之保姆。根据碑文记述，谢氏"秉性柔嘉，持躬谨厚。服勤内职，奉朕冲年。顺阴阳之宜，善调服御；审寒暑之节，克慎起居。惟祗奉於在公，罔經营于家事"。谢氏死后，雍正皇帝追封其为"恭勤夫人"，惠泽及其家族。其墓地南向，原有神道、石桥、石五供，今俱无存，墓被盗掘。现地面遗留墓碑、华表、牌楼等。牌楼雕刻精美，四柱三间七楼。《八旗通志》记载："恭勤夫人谢氏，世宗宪皇帝保姆。雍正元年，谕祭四次，立碑其墓。"与碑文记"雍正八年六月立"有出入。

德寿寺重修碑

解题：

清乾隆二十一年（1756）岁次丙子秋七月。立于大兴区旧宫镇旧宫村。共二通：一通为汉文碑，在西；一通为满、蒙文碑，在东。螭首龟趺，边框云龙宝珠纹，下有海墁。碑通高750厘米，宽176厘米，厚77厘米。碑阳刻《重修德寿寺碑记》《古鼎歌》，碑阴及侧镌《题德寿寺》等诗六首。乾隆皇帝御撰书。东碑东侧乾隆御笔行书，共三行，末行记"癸未仲春月上浣御题"，下钤二印。西碑额篆"御制"，首题"御制重修德寿寺碑记"。乾隆御笔，碑侧行书。碑今保存完好。

录文：（暂时无法核对原文）

圣祖御制德寿寺诗：
持身崇孝理，清净契真如；岁久开金寺，时来降玉舆。
御制重修德寿寺碑记：
南苑德寿寺创于世祖章皇帝御宇之十有五年，规制崇丽，庭中金鼎，范冶精致，《乐善堂集》中所为赋《宝鼎歌》者也。皇祖行蒐南苑，时常临幸瞻礼。越乾隆二十年毁于火，以其为列祖圣迹所留，亟命更造殿宇，仍旧名以志弗忘。工蒇，所司以碑记请。南苑为较猎地，陂湿广衍，草木丰美，羽毛蹄角，充牣杂遝。岁时之暇，行围较射，以蒐军实、习武备，其于佛事不相涉也。而营建特为宏敞，金碧丹垩，蔚然杰构，此岂徒以侈美观已哉？洪惟我世祖肇造区夏，乂安元元，出水火而衽席之，凡可利益斯民者，罔弗修举。念大雄氏教能福佑群生，虔致崇奉，即一游豫亦不忘邀福庇民德意。兹寺之所为作也。朕常幸南苑，周视檐宇，仰瞻像设，罤然想见当日帱覆万有为民祈福之忱，辄低徊不能去。夫后人之所以缵承前休者，惟其心不惟其迹，则兹寺故其迹也。而前人所以垂示来兹者，传其迹乃传其心，则兹寺即其心也。郁攸弗戒，遗址仅在，虽开天之迹，懿烁海宇，无藉一寺以传；而敛时五福，用敷锡厥庶民，随在沾被，流露于琳宫宝网间，盛美庸可弗志？踵而完之，所不容已也。后之人抚苑囿之繁盛，仰兰若之庄严，因以念开创时随燕闲骑射，设周阹、逐禽左，足以骋怀流目，而祐庇斯民之思，犹未尝一刻置。其于法宫明堂之上更何如也！则庶几勤民家法，即一寺而昭示无穷。而朕祗绍谟烈、弗敢失坠之意，亦藉以表见云。偈曰：有大招提，在南海子；庄严楼阁，照曜半空。此南海子，乃羽猎场。飞者，走者，蹄者，角者，或群或友，纷纭霍繹，云何其中有此净土？以何因缘何德慧故？曰我世祖，即如来身；手扶金轮，安立世界。于凡世界，跂行喙息；十方生众，无不悲悯。此悲悯心，乃至刹那；一瞬之间，未尝间断。以故有时，游幸兹苑；行围较猎，羽林伙飞。期门七萃，前呼后哨；挽强摧坚，足可快心。为乐忘疲，而是悲悯，亦无不在。以是因缘，创此宝刹，邀福庇民，为游豫时参礼之所。花宫梵宇，一一涌现，成祇树洹；香积珍施，珠碧珊瑚，种种瑰异，历百年来，宝鼎特峙，常新不坏。无何一朝，不戒于火；曰非火燬，世尊慈缘。醒悟大众，如旧藏物；习见不觉，一时失却。惆怅追思，思得复见，还我旧观。忽睹是物，顿复本原；了了在目，欢喜赞叹，胜于前时。是一燬者，正为显出；此悲悯心，指示后世。然而是心，不以寺见；若竟无寺，于何见心？故今重建，青莺兰若，金碧辉朗，一如其旧。礼斯寺者，当思昔时；讲武行乐，不忘锡福。普庇三千，大千世界。此悲悯心，如金莲花，随地涌现。如长明灯，六时不断；如大云雨，卉木药草，随分受润。则知今日，重建殿宇，乃是凭仗，继续因缘。阐如来心，演如来事，滋旃檀林，护琉璃界，历千万劫，利益众生。

御制德寿寺古鼎歌：

龙宫巍巍紫气轩，辉耀榱甍焕崇垣；寺名德寿庵罗园，刹等高挂珊瑚旛。停鞭卸綮山门前，一滴欲寻曹溪源；东瞻紫雾明朝暾，清凉顿觉隔尘喧。香符宝殿谒世尊，兀然古鼎吐云烟；何人镕冶工雕镂？金翠斑斓历岁年。上文雷回下云纭，狰狞状类狮子蹲，籀书斯篆迹难分，世次那辨癸与辛？蝌蚪盘屈蛟龙奔，周彝虞敦恍犹存；葆精凝润疑琼璠，寒光欲流不可扪。日月照射轮朝昏，涤洗全资雨露恩；在昔盛事传横汾，此鼎神异迈等伦。我欲负之千蹄键，移向帝阙镇厚坤；充以大武佐鱼豚，万斤木火为之燔，有实大亨养圣贤。

乾隆四年御制德寿寺诗：
招提建百年，胜境压诸天；树古龙蛇矫，坛高云雾连。珠旛飘赤篆，宝鼎羃祥烟；暂去空林杳，犹闻钟磬传。

乾隆二十二年御制重修德寿寺落成诗以纪事：
阅岁祇园致郁攸，经营深意缅前猷；寺建于顺治年间，世祖、圣祖南苑行围，常所临幸。前岁不戒于火，特敕重修。固知一切有为法，作如是观无可留。尽洗何妨万缘净？重提依旧四禅修；从兹法雨霏金地，泽润苍生百亿秋。

乾隆二十八年御制德寿寺诗：
花宫火劫后重新，是寺于乙亥年遭回禄，因重新之。落成后至今又七年矣。败是成因成败因；调御丈夫都不较，如然法尔示於人。

乾隆三十二年御制德寿寺诗：
收围临竺宇，屏息礼金身；松柏祇如旧，殿庭已焕新。是寺曾遭回禄，因重造，今仍金碧焕然。迁中有常住，义处即能仁；习武义之属故云。古鼎益蔚翠，殿前古鼎巍然，翠色可爱，向曾有诗。那知秋复春？

乾隆三十六年御制德寿寺诗：
殿堂重建又经年，乔木茏葱祇故然；下马入门早忘猎，无僧守寺莫非禅？寺遭乙亥回禄，后经重建，祇令苑隶看守，弗居僧人。风飘旛影演真偈，鸟啄窗虚窥法筵；大德由来必得寿，儒宗梵义有同诠。

乾隆四十五年御制德寿寺诗：
德寿禅林成世祖，德寿寺建于顺治十五年，详见丙子重修寺碑记。尔时达赖喇嘛朝；何期一百经年久，五辈达赖喇嘛以顺治九年十二月来京，时我世祖驻跸南苑，即于此迎谒，赐宴。至今百二十余年，班禅额尔德呢祝釐来觐，又复于此谒见。后先辉映，实为国家盛事。又见班禅祝嘏遥。适我东归西去便，今岁以余七旬初度，敬谒东陵；礼毕取道南苑，恭诣西陵，适为经行顺路。许其驻锡谒峦翘；翻经揭律寻常谨，可悟钟声披七条。喇嘛以讲经持律为事，虽有悟无我无生者，不似禅僧之竖拂棒喝，单提向上，流而为口头禅者。

庚子戊申阅八载，班禅追忆此来朝；阐宗以彼真无二，祝嘏嘉其不惮遥。
谈偈梵宫无理契，拜膜藩部众诚翘；化身七岁通经始，春至禅枝更发条。
乾隆戊申季春再叠庚子诗韵（西碑东侧）
庚子临斯地，班禅来祝釐；相看如旧识，会意亦通辞。
示疾何遽尔，不迁原在兹；西方化身出，宣德任其为。
乾隆庚戌仲春月题德寿寺（西碑西侧）

注释：

世祖章皇帝：即后金政权入关定国号曰"清"以后的第一位皇帝爱新觉罗·福临（1638—1661）。为清太宗爱新觉罗·皇太极第九子，母博尔济吉特氏。崇德八年（1643）即位，次年改年号曰"顺治"。在位凡十八年，卒后予庙号"世祖"，谥号曰"体天隆运定统建极英睿钦文显武大德弘功至仁纯孝章皇帝"，历史上简称"世祖章皇帝"。

乐善堂集：清乾隆皇帝高宗爱新觉罗·弘历（1711—1799）的诗文集，最初刊于乾隆二年（1737），后改订于二十三年（1758）。其书名来源于乾隆做皇子时所居大内书房的名称——乐善堂。主要诗文大多为其居藩时所作。

罩然：高远貌，又高又远的样子。罩，通"皋"，子曰："群然、戚然、颐然、罩然。"

郁攸弗戒：意即弗戒于火，没料到发生火灾了。"郁攸"，本来是形容火焰灼热的样子，后用来代指火灾。

设周陎，逐禽左：圈上拦兽网，并驰驱追逐禽兽。周陎，设网围兽，以便搏取。汉扬雄《长杨赋序》"以网为周阹，纵禽兽其中"。"逐禽左"实为古代"六艺（礼、乐、射、御、书、数）"中"五御（鸣和鸾、逐水曲、过君表、舞交衢、逐禽左）"之一，意思是行猎时追逐禽兽从左面射获。

籀书斯篆：指文字发展史中的两种书体，即籀文与小篆。籀文，又名籀书、大篆、籀篆、史书。相传是周宣王时（前827—前781）的太史籀创造的，即《大篆》十五篇。对于夏、商、周三代古文而言，它是一种以趋简便而又崭新的书体。小篆又称秦篆，是大篆的对称。它的出现，是汉字发展史上的一大进步。小篆是在秦始皇统一中国后（前221年），推行"书同文，车同轨"，统一度量衡的政策，由宰相李斯负责，在秦国原来使用的大篆籀文的基础上，进行简化，取消其他六国的异体字，创制的统一文字汉字书写形式。一直在中国流行到西汉末年，才逐渐被隶书所取代。

阐宗：佛教宗派，指显宗。

祝嘏：祝寿之意。本为告神祈福之词，后特指祝寿。

祝禧：祭神而祈福。

按语：

德寿寺于1985年被定为北京市县级文物保护单位。该寺于清世祖顺治十五年（1658）建修，与旧衙门行宫同时敕建，寺与行宫毗邻，在衙门东。是清初皇帝驻跸南苑，常来临幸瞻礼的地方。乾隆二十年（1755）寺遭火焚，经高宗重修，乾隆四十五年（1780）又进行扩建，并"祇令苑隶看守，弗居僧人"。原有山门三间，东西配殿各三间，大殿五间。供奉释迦佛像及阿难、迦舍像。殿后有御书房三间。今并毁，仅存二碑。

此碑为乾隆二十年重建德寿寺时敕建，两碑正面分别用满、汉两种文字镌刻。两碑阴及侧面为乾隆御笔"德寿寺诗"六首。碑记除记述德寿寺几次兴建的意义、规模及高宗对习武校猎的感怀外，还记述顺治十五年（1658）西藏五世达赖喇嘛及乾隆四十五年班禅额尔德尼在此晋谒皇帝的盛况。《日下旧闻考·国朝苑囿·南苑》载，德寿寺建于顺治十五年（1658），后毁于火，乾隆二十年重加修葺。五世达赖喇嘛于顺治九年（1652）十二月来京，时世祖驻跸南苑,即于此迎谒,赐宴。至今百二十余年,班禅额尔德尼祝釐来觐,又复于此谒见。

顺治十五年(1658)建成。这是一座不设僧众的特殊寺院,一百二十余年之后(乾隆七十岁生日)又特赐六世班禅在此驻锡。朝阳区西黄寺清净化成塔即为其从承德返京后病故后建的衣冠塔。

《日下尊闻录》卷四:"德寿寺,高宗纯皇帝《重修德寿寺碑记》:南苑德寿寺创于世祖章皇帝御宇之十有五年,规制崇丽。庭中金鼎,范冶精致,《乐善堂集》中所为赋宝鼎歌者也。"

《北京市志稿·宗教志·喇嘛教一》:"乾隆四十五年,高宗七旬万寿,第六世班禅额尔德尼来京祝僖。是年七月,至热河之避暑山庄晋谒。八月,随驾回京,接见于南苑德寿寺。"当时的规模很大,《旧闻考》记:"德寿寺山门三间,东西建坊二;大殿五间,东西配殿各三间;殿后随墙门内为御座房。"考按:"东西二坊,东曰'化通万物',西曰'觉被群生'。大殿奉释迦佛及阿蓝迦舍佛,御题额曰'慧灯圆照',曰'善狮子吼';联曰'沙界净因留月印,檀林妙旨悟风香';又曰'慧镜慈灯广种善根垂福祐,溪声山色远从贤劫证圆通'。院内穿碑二,恭勒御制重修德寿寺碑记,并御制诗章。御座房三楹,乾隆四十五年改建。东室联曰'禅味每从闲里得,道心常向静中参';西室联曰'竹秀石奇参道妙,水流云在示真常'。"

由于现场补录的不易,以上录文除后二条外,均为转录自《日下旧闻考》。第一首诗,为清圣祖康熙皇帝所作,不知作于何年,亦不知有无上石。第二条为乾隆皇帝二十一年(丙子年,1756)所作碑记,第三条系仍为其所作《古鼎歌》,二、三条同刻碑阳。余下六条均为乾隆诗,分别作于乾隆四年(1739)、二十二年(1757)、二十八年(1763)、三十二年(1767)、三十六年(1771)、四十五年(1780)、戊申(五十三年,1788)及庚戌年(五十五年,1790)。唯末二首因超过乾隆五十年(1785),而为《旧闻考》所不录。

双柳树昆仑碑

解题：

清乾隆二十八年（1763）左右。原址在旧宫镇西毓顺庄村鱼池西岸。石连座通高 255 厘米，宽 100 厘米，厚 60 厘米。碑今保存完好，山字形底座。其两旁附碑已逸，每侧唯留 4 个卯孔，表面亦略有风化。

录文：

（东面）

南苑双柳树，昔年何葱菁！两株立平原，千⏎丝织晚晴。因循失其一，独树若无荣；至今⏎行路人，犹道双柳名。岂无补植者？枯萎率⏎不生；嗟哉草木质，尚有相怜情。徘徊不能⏎去，长歌代柳鸣。　《咏南苑双柳树作》　⏎　庚申仲秋月下浣，御笔。（钤印二方，凿损不辨）⏎

（南面）

弗善马射者，弓力欲其弱；善于马射者，弓劲乃⏎气作。臂痛步射艰，马射犹自若；可与知者言，不⏎知如蜡嚼。木兰九月回，数月久闲却；春风小试⏎彀，豪情殊踊跃。狡兔连中双，是盖夙所学；以今⏎屈支观，一亦艰射善。隔宿手已僵（月、夅，左右结构），臂疚增於昨；⏎习逸所自然，言之面先怍。昭烈髀肉生，其叹有⏎雄略；枚叔讥肥脓，命曰腐肠药。杂言鲜错综，⏎借用自尌酌。　《杂言》一首　⏎　癸未仲春月上浣，御笔。（下钤二印）"所宝惟贤"（阴文）、"乾隆御笔"（阳文）。⏎

（西面）

春云吐西山，弥空忽幡纚；青郊方瀸洳，已觉艰举趾。弗雨斯乃佳，旋听风声起；尽吹云卷去，意乃为之喜。回忆往年春，云生盼雨矣；闻风便已愁，那有喜之理？人生好恶殊，翻覆有如此。 《春云》一首 癸未仲春上浣，御笔。（下钤二印）"乾隆宸翰"（阴文）、"陶冶性灵"（阳文）。

（北面）

海户给以田，俾守南海子；常年足糊口，去岁胥被水。以其有恒产，不与齐民比；赈贷所弗及，是实向隅已。我偶试春蒐，扫途仍役使；蓝（褴？）褛洵可怜，内帑宁惜此？一千六百人，二千白金与；稍以救燃眉，庶免沟中徙。并得赍春种，青黄借有恃；道旁纷谢恩，菜色颇生喜。尔喜我所惭，过不他人诿。 《海户谣》 癸未仲春月上浣，御笔。（下钤二印）"乾隆宸翰"（阴文）、"惟精惟一"（阳文）。

注释：

葱菁：葱，青绿色；菁，草木茂盛的样子。

木兰：即"木兰秋狝"。清朝皇帝每年秋天亲临木兰围场（在今河北省围场县境）巡视习武，行围狩猎，这是帝王演练骑射的一种方式。从康熙四十二年（1703）始，在承德修建避暑山庄，乾隆五十七年（1792）建成。以后，清代帝王每年夏季都到承德避暑山庄避暑并处理朝政，直到秋狝之后再返回北京。他们在秋狝时，往往还要宴会蒙古各部王公，以达到笼络蒙古上层贵族的目的。

蒐：即"春蒐"，指古代天子或王侯在春季围猎。《左传·隐公五年》："故春蒐夏苗，秋狝冬狩，皆于农隙以讲事也。"查阅清代文献，虽然"春蒐"不如"秋狝"那么多，但由本诗文中看，清代也保留了这项传统。

昭烈髀肉生：这是讲三国蜀主刘备"髀肉复生之叹"的故事。昭烈，即蜀汉昭烈帝刘备（161—223），字玄德，汉族，涿郡涿县（今河北涿州）人，据说是汉中山靖王刘胜的后代，三国时期蜀汉开国皇帝，公元221至

223年在位。谥号昭烈帝,庙号烈祖。髀,大腿。据《三国志·蜀志·先主传》,刘备住荆州数年,一次州牧刘表在侧,备起如厕,见髀里肉生,慨然流涕。还坐,表怪问备,备曰:"吾常身不离鞍,髀肉皆消。今不复骑,髀里肉生。日月若驰,老将至矣,而功业不建,是以悲耳。"也就是说住荆州被州牧刘表招待,养得膘肥体壮,自我感叹不觉老之将至。

枚叔讥肥脓:这是汉代枚乘《七发》中的故事。他是以设喻的形式劝谏帝王,文中假设楚太子有疾,吴客往问。而太子以疲惫谢客,吴客为讲道理以行劝诫之事。"且夫出舆入辇,命曰蹷痿之机;洞房清宫,命曰寒热之媒;皓齿蛾眉,命曰伐性之斧;甘脆肥脓,命曰腐肠之药。"意思是,你们出出进进都乘宝马香车,浑身的肌肉就开始萎缩了;夜夜洞房花烛的,这就招来了寒热病;天天美女陪伴,男人的阳气会日渐受损;顿顿大鱼大肉的,那纯粹就是烂肠之药。枚乘(?~前140),西汉辞赋家,字叔,诗中故曰"枚叔",淮阴(今江苏淮安)人。

幡纚:亦作"幡洒",飞扬的样子。《史记·司马相如列传》:"垂条扶於,落英幡纚。"司马贞《索隐引》张晏曰:"幡纚,飞扬貌。"《镜花缘》第八十八回:"夫落英幡洒,则沉墨之非固也;嘉卉灌丛,则苴橐之所赋也。

瀸洳:淹渍,浸染。瀸,泉水时流时止;洳,潮湿。

齐民:就是指平头百姓。《史记》曰:"齐民无盖藏。"如淳注曰:"齐,无贵贱,故谓之齐民者。若今言平民也。"如北魏时期农学家贾思勰所著的一部综合性农书《齐民要术》,其所称"齐民",即此意。

按语:

《日下旧闻考·国朝苑囿·南苑》记载:"双柳树在海子居中之地,旧有古柳二株,先后凋枯,随时补植,并蒙天章题咏,遂为苑内名区矣。有水一道,为饮鹿池。昆仑石在池之西,四面恭勒御制南苑双柳树暨春云、海户谣、杂言诸诗,东偏石幢恭勒御制甲子题句。"南海子内原有饮鹿池,池旁有古柳二棵,喻为"夫妻柳",亦称双柳树,清高宗皇帝为颂扬双柳树立昆仑石。双柳树早已无存,石幢亦不知去向。今饮鹿池已改为鱼池,昆仑石立于池西岸，而南、西、北、东四面分别镌刻着高宗皇帝于乾隆五年（1740）、二十八年（1763）、二十八年、二十八年御笔《咏南苑双柳树作》《杂言》《春云》《海户谣》诗四首。但《日下旧闻考》所记与我们实际调查稍有不同，即其东、南、西、北所刻诗分别为《咏南苑双柳树作》《杂言》《春云》《海户谣》，二者在方向上正好转了一个九十度，四诗的先后关系未变，说明记载和调查都没错，只是可能被曾被后人移动过而已。另外，今东面《咏南苑双柳树作》诗，碑面有些破损，"独树若无荣"之"独"字被凿，幸赖《旧闻考》得以补足，但其诗末所钤二印则永远失考了。

诗中善于用典，如南面《杂言》诗，"昭烈髀肉生，其叹有雄略；枚叔讥肥脓，命曰腐肠药"。不免有些借古讽今、自勉自责之意。可见乾隆帝始终牢记祖先"下马必亡"的遗训，忘不了自己马背民族的特点。虽然是"借用自斟酌"，在告诫自己的同时，实则也告诫了大臣。

昆仑石：为乾隆皇帝创新的一种碑形。石刻为方柱形、上抹角、下有云纹方座，大都四面刻字。北京目前已知的有七处九件，例如大兴区还有《永定河神祠碑》，戒台寺有《乾隆御笔诗碑》等。

又据《旧闻考》记，原在此昆仑石稍东尚有一幢类石刻，上面刻乾隆甲子（九年，1744）题句——《御制南苑双柳树赋》，及九年、十一年（1746）双柳树诗二首，此并附下，录以备考。

御制南苑双柳树赋：

广甸春风，躞春骑兮玉骢，伊双柳兮宿识，欣向荣兮菁葱；念此地兮少游，绪纷触兮吾衷。昔曾损一，独树孤踪；伊谁补种？新匹旧同。其旧复枯，宾为主翁；而何新宾？代嬗莫穷。树不能言，长言以通。若夫东门徒期，上林复起；嵇康则夏月居之，张绪则当年似已。桓司马之金城所种，攀枝泫然；陶渊明之彭泽所栽，酬觞釂矣。虽亨屯之略殊，总未出乎情之所使也。尔其枯杨生稊，老夫得其女妻；虽云过以相与，何妨聊复宜之！岂知夫何能故者曰世，不再来者惟时。则见牂牂老叶，萧萧败枝；强摇金以梳风，慢写玉以临池。对嫩条而常觉忸怩，忆昔侣而那置依依？值秋风而不禁，滥朝露而岂辞！好事者怜之曰"树可亡也，名不可亡也。"幻者常之幻也，常者幻之常也。乃复移植新者而使成双焉，盖经予见者，三十年之间，新旧迭为宾主者凡三矣。嗟夫！旧阅新而成故，故何新之恒齐？奇合偶而成双，双何偶之弗离？赌两树之如斯，虽万事其可知。暮而隐几，若有星宿之昆前而言曰："大椿过八千，朝槿荣其后，是谁之诗乎？曩何为而弗惜，今何事而予悲乎？且夫建木则入五千围，蟠桃则历九万岁；刬至数盈，根蠹节瘁。不闻名以实传，实以名寄，如两树之阅沧桑而永世焉。昌昌生意未婆娑，方来日月其正多，不亡者存感则那？"言讫而去，若尼拘使者之相过也。

乾隆九年《御制双柳树诗》：

南苑双柳树，厥名亦已久。临池弄清阴，婉婉盖数亩；岁月与俱深，麋鹿相为友。昔曾枯其一，秋风自凄吼；何人见怜之？补种复成偶。我闻未枯树，却种曾枯后；迭为主与宾，遑论新兮旧？曰名不如实，斯柳以名寿。

乾隆十一年《御制南苑双柳树复枯其一叠韵志感》：

种柳补成双，双双期未久；经年此一过，独树临芜亩。昔为旧者伴，今待新为友；停鞭契菀枯，真似狮子吼。彭殇本齐年，宾主亦其偶；大椿过八千，朝槿荣其后。底事重欢悲，强分新与旧；灵和倘悟此，是谓无量寿。

宁佑庙海子行碑

解题：

乾隆辛卯（三十六年，1771）孟夏月上澣。在大兴区瀛海乡德茂庄。螭首方座，碑通高384厘米，宽130厘米，厚52厘米。额篆"御制"，首题"海子行"，乾隆皇帝爱新觉罗·弘历御笔。碑阳、碑阴均为行书。碑阴无额，首行"海子居中地╱"。碑阳末行钤印二方"所宝惟贤""乾隆御笔"；碑阴末行钤二印"乾隆宝翰""陶冶性灵"。

录文：

海子行　⏎

元明以来南海子，周环一百六十里；元明诸家记载，并称海子周围一百六十里。今缭垣故址划然实按之，不过百二十里耳。七十二泉非信征，《旧闻》称有小泉七十二处。近经细勘，则团河之泉，可指数者九十有四，一亩泉亦有二十三泉，较旧数殆赢其半。稗野无征，大率类此。五海至今诚有此。旧称三海，今实有五海子。但第四、第五夏秋方有水，冬春则涸耳。诸水实⏎
为凤河源，借以荡浑防运穿；海子内泉源所聚，曰一亩泉，曰团河，而潴水则有五海。考一亩泉在新衙门之北，曲折东南流，经旧衙门，南至二闸。凉水河自海子外西北来，入苑汇之。其水发源右安门外之水头庄，东流折而南，入海子北墙，至此又南流。五海子之减水，自西南注之，又东南流出海子东墙，过马驹桥，至张家湾入运。团城在黄村门内，导而东南流，径晾鹰台南，过南红门。五海子之水自北注之，又东流出海子东南，是为凤河。东流历东安、武清境，至天津之双口，与永定河会，浑河借此荡漾乃成。清流又东至韩家树，入大清河，又东至西沽入运。虽五海子之水与凉水河、团河时相灌输，而二河正流仍各判别。若玉泉，则由昆明湖达于长河，穿禁城出东南流，为通惠河，至通州入运，并不经行海子，与一亩泉、团河渺不相涉。综而论之，通惠河原在此入运最近。凉水河源居中，入运次近。凤河源在南，入运最远。原委秩然不紊。前代著述家，未加稽考，率以玉泉牵附海子，支离可笑，因详订之。岁久淤阏事疏治，无非本计厪<u>黎元</u>。蒲苇戟戟水漠漠，⏎凫雁光辉鱼蟹乐；亦弗恒来施<u>赠缴</u>，徒说前朝飞放泊。迤南有台高丈余，晾鹰犹⏎踵前明呼；其颠方广不十丈，元院何以容仁虞？吴伟业《梅村集》云：晾鹰台，元之仁虞院也。今台基宛然尚在，其颠不及十丈，势不可以建院，即云台或称院。而旁近皆旷地，杳无院址可征，仿佛其谬，不待辨矣。二十四园泯遗迹，伟业又言，明置二十四园。明时较元更近，岂有二十四处澌灭无存若此，且不能一举其名耶？耕地牧场较若⏎画；是何有于国用资？<u>裕陵</u>诏谕量斯窄。所存新旧两衙门，中官尔日体制尊；一总⏎督更四提督，有如是夫势焰薰。内虚外怨祸来乍，大军曾此经南下；我朝太宗文皇帝时，六师围燕京，分兵南下，道经海子，如入无人之境。旧传曾于此中射黄羊鹿兔。阉逃不知何⏎所之，纵横路便黄羊射。胜朝庑殿但存名，在新旧衙门之间，相距各十余。颓垣落桷埋荆榛；葺为驷厩飞龙牧，时⏎得良骑出骏英。沿其成例海户守，刍荛往焉雉兔否；设概听之将无禽，苑中鸟兽皆驯豢之物，岂能任游手弋猎，竟无典守？向以子舆氏文囿之喻，不免过情。设果听民尽取，久之将无稚兔。所谓尽信书不如无书，曾有诗纪及此。然虽有禁制，亦岂如孟所云，杀麋鹿竟如杀人之罪乎？如杀人罪⏎则何有？少时习猎岁岁来，猎余亦复<u>擪吟裁</u>；五十年忽若一瞥，电光石火诚迅哉！⏎即看平原双柳树，迭为宾主凡几度；苑中有双柳树，其一先萎，补植之，拱把矣；其一后继焉，萎补相踵。抚而增怀，缘起并悉，昔所为赋。世间万事付不知，风摆长条只如故。⏎南海子中有双柳树池，即饮鹿池。《旧闻考》：南苑双柳树在海子居中之地，有水一道，为饮鹿池。昆仑石在池之西。　乾隆辛卯孟夏月上浣，御笔。（钤印二方）"所宝惟贤""乾隆御笔"（碑阴字迹

不清，故略）

注释：

信征：确切的证据，实证资料。信，确实；征，证明。

凤河：发源于大兴县红星区团河双泡子。由于在元代至清代这里是供帝后妃子们垂钓之所故称。但是今天的凤河经过1955年的改造之后，略有变化，其源头改至南红门了。

黎元：即黎民，众多百姓之意。黎，众，多；元，首，头。

蒲苇：蒲草和苇草。蒲，香蒲，可供食用，叶供编制，做席、扇、篓等用具；苇，即芦苇。

矰缴：系有丝绳用以射飞禽的短箭。

裕陵：此指明英宗朱祁镇（1427—1464），死葬昌平裕陵，亦代指英宗。

刍荛：指割草打柴的人。刍，除草；荛，打柴。

擴吟裁："擴"同"抒"，抒发，吟咏，抒发好心情作些诗词。裁，剪裁、斟酌诗词用词用句。

按语：

宁佑庙为清雍正八年（1730），世宗皇帝（爱新觉罗·胤禛）为"祀海子土地之神"而敕建的。《日下旧闻考·国朝苑囿·南苑》记："宁佑庙山门三楹，大殿三楹，后殿五楹，东、西御书房各三楹。"考按："宁佑庙在晾鹰台北六里许，雍正八年建。大殿奉南苑安禧司土神像，恭悬世宗御题额曰'熏风布泽'，皇上（注：乾隆皇帝）御题额曰'福疆蕃育'。山门内碑亭一，恭勒御制《海子行》诗。"乾隆三十六年（1771），于宁佑庙山门内敕建碑亭，庙并碑亭今已毁。内仅存御制碑一座，碑阳恭敕乾隆"海子行"诗；四十一年（1776）乾隆作《宁佑庙瞻礼诗》，刻于碑阴。该碑螭首方座，汉白玉石质，通高4.92米，阳面阴刻饰以菱形边框。诗文原为单行大字，为方便阅读起见，兹照录了《旧都文物略》又转录了《日下旧闻考》

对该碑阳诗双行小字注释。但《文物略》所录"亦弗恒来施赠缴"之"弗"误作"出";"猎余亦复㩄吟裁"之"㩄"误作"费"。"海子行"对南海子之建置沿革、京城南部水系、水源风貌均有详细的记载,是了解清代南海子历史情况的可贵资料。读罢全文及双行小注,有许多的历史背景、名胜遗迹、风物制度、相互关系、前后因果等,即可于碑文中得到解答。如其首句"元明以来南海子,周环一百六十里"。双行小字注云:"元明诸家记载,并称海子周围一百六十里。今缭垣故址划然实按之,不过百二十里耳。"又,"五海至今诚有此",双行小注云:"旧称三海,今实有五海子。但第四、第五夏秋方有水,冬春则涸耳。"更有甚者,简直就是乾隆皇帝对历史上和人们习惯上的一种订讹、补缺与考证。如:诗云"诸水实为凤河源,借以荡浑防运穿",注曰:"海子内泉源所聚,曰一亩泉,曰团河,而潆水则有五海。考一亩泉在新衙门之北,曲折东南流,经旧衙门,南至二闸。凉水河自海子外西北来,入苑汇之。其水发源右安门外之水头庄,东流折而南,入海子北墙,至此又南流。五海子之减水,自西南注之,又东南流出海子东墙,过马驹桥,至张家湾入运。团城在黄村门内,导而东南流,径晾鹰台南,过南红门。五海子之水自北注之,又东流出海子东南,是为凤河。东流历东安、武清境,至天津之双口,与永定河会,浑河借此荡漾乃成。清流又东至韩家树,入大清河,又东至西沽入运。虽五海子之水与凉水河、团河时相灌输,而二河正流仍各判别。若玉泉,则由昆明湖达于长河,穿禁城出东南流,为通惠河,至通州入运,并不经行海子,与一亩泉、团河渺不相涉。综而论之,通惠河原在此入运最近。凉水河源居中,入运次近。凤河源在南,入运最远。原委秩然不紊。前代著述家,未加稽考,率以玉泉牵附海子,支离可笑,因详订之。"等等,足以对后人的学术研究有一定的参考作用。碑阴系乾隆四十一年(1776)御制《宁佑庙瞻礼诗》,兹据《旧闻考》补录:"海子居中地,灵祠奉祀虔;来瞻仲春月,建置卅余年。松已龙鳞作,碑新虬篆镌;安舆频奉豫,益寿祝绵绵。"

普济真君庙碑

解题：

  清乾隆三十八年（1773）癸巳四月榖旦。原址黄垈村药王庙，现存大兴区文物管理所。首座均佚。碑身高73厘米，宽65厘米，厚13厘米。首题"普济真君庙碑"，文安县儒学生卢岩撰文，"天津府沧州王口承"书丹。碑阴会首人名。今碑稍有残缺。

录文：

普济真君庙碑

尝读《易》而至"天地之大德曰生"，则知卫人之生者，亦所以体□生之德也。粤自神农尝药以来，精医药以卫斯人之生者，□如□代之孙真人哉！夫 真人以医而寿世，以医药而封王，以医藥而致普济真君之号，其济人也众，其卫生也神，是以藥王殿宇偏于寰区。惟宛邑之南境西黄垈村，有 真人之行宫，祷无不灵，求无不应，其被卫生之泽者，尤为特深。四民感戴，万户思酬。每岁梅月下浣之八日，报赛 神功，四方辐辏，簇簇争先。弟子（以小字示敬）等敬起 圣会，亦於是日銮驾仪卫、云香寶马上献 神前，兼以俚言赞曰：维 神救世，妙用无形；群生永赖，宇宙咸宁。卫生大泽，难泯威灵；爰济匠石，敬勒碑铭。岂乾隆三十八年、岁次癸巳，四月 谷 旦。

大清国京都顺天府宛平 县 孝义乡 东 黄垡村阖会人等立，　文安县学生卢岩沐手敬撰，　天津府沧　州　王□承沐手 敬 书。　石匠 ╱

注释：

普济真君：此指药王孙思邈，见下"孙真人"条注。

天地之大德曰生：语出《周易·系辞下》。原文作"天地之大德曰生，圣人之大宝曰位"。

孙真人：即孙思邈。唐代道士，医药学家。后世尊奉其为"药王""普济真君"。真人，道家称"修真得道"或"成仙"之人为"真人"，古代亦有为帝王赠号为"真人"者，为数不多。

梅月：即阴历四月。

按语：

此碑不仅记载了西黄垡村有普济真君庙，还记载了每岁梅月下澣之八日（即四月二十八日），各方会众集结于此，祭拜真君。四乡村民献上銮驾仪卫、云香宝马等物，盛况空前；而普济真君之神呢，也是"祷无不灵，求无不应"的。此碑为研究北京地区民俗活动以及药王文化提供了有价值的史料。全国各地所供药王甚多，但其药王不一，如神农，如扁鹊，如李时珍，如邳彤等。

另外开篇所云"卫人之生"，实即对"卫生"所作之解。虽然《周易》云"天地之大德曰生"，但我们不妨将"天地"理解为自然、大地、母亲，人之所以能活于世，难道不是他们赐给的吗？今人常说"卫生卫生"，原为何意？恐鲜有人能知。而且满篇以围绕着"卫人之生"而展开，所以文章似是叙事，实则夹议。这对今天的"爱国卫生运动"是很积极意义的。

碑石呈墨色，石质细腻无纹理，不易风化，似乎属于片麻岩一类，刻碑极佳。从黄垡村征集，应为该庙原装。

永定河神祠碑

解题：

清乾隆癸巳（三十八年，1773）暮春之初。原址在大兴区正福庄乡赵村龙王庙遗址。浮雕二龙戏珠纹方首、垂巾方座，边框夔龙纹，碑文均为行书。碑通高300厘米，宽93厘米，厚26厘米。碑阴阳均额篆"御制"。碑阳诗文首行"茭薪非不属"，碑阴诗文首行"庚寅夏决口"，诗正文大字，落款小字。今字迹漫漶，风化严重。

录文：

茭薪非不属，堤堰聿观成；终鲜一⏎劳策，那辞五夜縈。凭看虽曰慰，追⏎忆尚含惊；旧壑原循轧，新祠已丽⏎牲。连阡麦苗嫩，围墅柳条轻；惭乏安⏎澜术，事神敢弗诚。 癸巳暮春之初瞻谒 ⏎永定河神祠，诗以志事。
　　御笔 （钤印二方，已不辨。）
（碑阴）
庚寅夏决口，补筑旋归旧；辛卯秋⏎衡堤，涨波俾回溜。长此意安穷，是⏎必病久受；南河节相宣，中朝司空⏎赴。方伯共踏勘，穷源委以究；分流盛⏎涨泄，疏淤中泓走。发帑五十万，次⏎第工云就；去岁幸时若，安澜庆丰⏎收。今年阅堤成，仍拟下口靓；既已⏎昧几先，宁不筹善后。万民勿言谢，⏎追思心尚疚。 ⏎

注释：

茭薪：草根柴火，指用来培筑的柴草。

堤堰：统指防水工事，较低的堤坝。

丽牲：即拴系牺牲，代指祭祀。

安澜术：即治河术，防治洪水泛滥的方法或手段。

敢弗诚：不敢不诚敬。

按语：

此碑阴阳两面应是乾隆帝所作的夹叙夹议筑堤治水之功。碑阳只是把围河筑堤、事天敬神之事一叙，同时又提出缺乏一个一劳永逸之策来解决根本安澜之法。碑阴之诗则帮助分析了一下生成原因和解决方法。庚寅（当指乾隆三十五年，1770）夏河决口。辛卯（即三十六年，1771）即培筑了堤岸，迫使河水回流不泄，但此并非久长之策。受南方河流原理的启发，与河工大臣等实地踏勘之后，找出了治理之方，即采用了分洪之法，既清淤又可以时蓄泄。朝廷并拨款五十万两。工程很快完工，百姓得到了实惠。但是作为皇帝的乾隆，还是觉得愧对百姓。从本书尤其是大兴区部分所收录的乾隆皇帝的治河碑文诗篇来看，皇帝本身不仅是简单地关心百姓疾苦，了解大臣们的治河方略而已。而是通过某个工程，他已经深入了解和参与了方案的策划制订，俨然就是一位专家了。并且以一个专家的身份来撰写碑文，同时还以一个最高统治者的高度，对事实加以议论，其中不乏忧国忧民、感伤自疚之语。如前条的"双柳树昆仑碑""宁佑庙海子行碑"以及后条的"团河行宫四面诗碑"等。

清钟音家族墓碑

解题：

共有三件。原址均在大兴区定福庄乡坟上村。螭首龟趺，碑完好。额题、碑文均为满汉合璧。边框二龙戏珠。青石质。碑高372厘米，宽106厘米，厚41厘米。第一件与第二件均立于清乾隆三十九年（1774）甲午仲春月二十四日。碑文九行，满行六十二字。额篆"圣旨"，首行"奉天承运"。其阳文前部圣旨完全相同，制词部有别；阴面文相同。第三件立于乾隆四十四年（1779）十月十六日。碑文八行，满行五十四字。额篆"圣旨"，首题"晋赠太子太保、原任礼部尚书钟音碑文"。

录文：

奉 ⌐ 天承运 ⌐ 皇帝制曰：云霄官阀，式崇开府之勋；荣载家风，实始家庭之训。爰施宠奖，用贲徽章。尔原任监察御史兼佐领朱满，乃太子少保、兵部尚书、兼都察院右都御⌐史、总督福建浙江等处地方军务、兼理粮饷盐课、世袭一等轻车都尉钟音之父，世授青箱，庭生玉树，贻之清白，蔚为盛世珪璋；教以义方，屹作熙朝屏翰。兹⌐以覃恩，赠尔为荣禄大夫、 太子少保、兵部尚书、兼都察院右都御史、总督福建浙江等处地方军务、兼理粮饷盐课、世袭一等轻车都尉，锡之诰命。於戏！称⌐先则古，诗书蕴文武之谟；浴德澡身，忠孝立子臣之鹄。祗承渥典，永荷殊荣。 ⌐

制曰：恩重所生，恒因子而并贵；礼隆自出，亦从嫡以分荣。爰沛朝章，用嘉母教。尔张氏，乃 太子少保、兵部尚书、兼都察院右都御史、总督福建浙江等处地方┘军务、兼理粮饷盐课、世袭一等轻车都尉钟音之生母，早谐内则，克表令仪，絺綌明勤，应归妹其娣之吉蘋蘩、佐造叶有齐季女之贤。兹以覃恩，赠尔为一品┘夫人。於虗！德心柔淑，夙知当夕之谦；恩泽骈繁，宜荷自天之宠。祗膺慶典，永著芳型。┘

（碑阴）

乾隆三十九年、岁次甲午，仲春月二十四日立。┘

奉┘天承运┘皇帝制曰：云霄官阀，式崇开府之勋；榮戠家风，实始家庭之训。爰施宠奖，用贲徽章。尔原任监察御史兼佐领朱满，乃太子少保、兵部尚书、兼都察院右都御┘史、总督福建浙江等处地方军务、兼理粮饷盐课、世袭一等轻车都尉钟音之父，世授青箱，庭生玉树，贻之清白，蔚为盛世珪璋；教以义方，屹作熙朝屏翰。兹┘以覃恩，赠尔为荣禄大夫、太子少保、兵部尚书、兼都察院右都御史、总督福建浙江等处地方军务、兼理粮饷盐课、世袭一等轻车都尉，锡之诰命。於戱！称┘先则古，诗书蕴文武之谟；浴德澡身，忠孝立子臣之鹄。祗承渥典，永荷殊荣。┘

制曰：家声光大，庭闱之式穀攸先；门祚蕃昌，闺阃之贻庥凤裕。洊加天宠，用阐母仪。尔吴氏，乃 太子少保、兵部尚书、兼都察院右都御史、总督福建浙江等处┘地方军务、兼理粮饷盐课、世袭一等轻车都尉钟音之母。娴于典则，著有规型。爰必先劳，每勖莅官之敬；忠于所事，率由胎教之贤。兹以覃恩，赠尔为一品夫┘人。呜呼！锡茂奖於蘭陔，芳蕤益播；被惠风於蔥佩，馨泽弥新。祗受荣章，永标淑德。

（碑阴）

乾隆三十九年、岁次甲午，仲春月二十四日立。┘

晋赠太子太保、原任礼部尚书钟音碑文 ┘

朕惟封圻厯试，聿怀制阃之猷；典礼攸司，式重容台之寄。眷成劳於中外，宜贲松楸；颁宠命於泉垆，用光琬琰。尔晋赠太子太保、原任礼┘部尚书钟音，程材克敏，植品惟端，初分簪笔之荣，即预批章之选。长成均而教胄旋跻，省闱清班使属国以颁封。仍堂□京宪，典用提封┘之特简。经荣戠之频移，晋贰中枢，驻节则边屯佐理。命司大比，培英则云馆众资，俾旧部之重临,岭峤叠应,屏翰复雄□之。兼辖浙闽,并┘隶旌牙,入作秩宗,最惟寅於夙夜。进陪经幄,觇匪懈於初终,羽林崇都统之阶,书局昇总裁之任。班依□□,扈跸路以常趋,礼葳 ┘珠邱,听履声而忽杳。诊遣御医之长,术乏回生;赠加宫保之衔,情殷悼往。肆筵既饬,考行惟详。於戏!文彰学问之优,受知靡忝;恪表温恭之素,┘执事能虔。宠以丹纶,缅声猷其未沫;铭之翠碣,永誉望以长留。励尔后人,垂示无斁。 ┘乾隆四十四年、十月十六日立。 ┘

注释:

朱满:监察御史兼佐领。父因子贵,乾隆三十九年(1774),钟音入觐之时,乾隆皇帝敕赠其父为荣禄大夫,其生母张氏、庶母吴氏均赠一品夫人。

钟音:满洲镶蓝旗人,姓觉罗禅,字闻轩。乾隆元年(1736)进士,官至礼部尚书。三十九年(1774)入觐,御制诗赐之曰:"海江保障寄仪型,弗动色声措辑宁;述职咨询近前席,归辕荏苒别明廷。两疆所部连康岁,一路应知是福星;勖尔莫渝终始志,昭昭原不若惺惺。"四十三年(1778)二月,授礼部尚书,充经筵讲官,三通馆、四库全书馆副总裁,兼正蓝旗蒙古都统。九月,扈驾盛京,卒于途。《国朝耆献类征》《国朝先正事略》《满洲名臣传》等书有传。

按语:

该村有钟音家族墓地。遗存墓碑三座,村东口外为钟音之父朱满与母吴氏合葬墓,墓前立乾隆三十九年(1774)敕建墓碑。村中为钟音生母张氏墓,墓前立乾隆三十九年敕建墓碑。村西为钟音墓,乾隆四十四年(1779)所立敕建碑。两处相距约一公里。有趣的是在2007年的某一夜,朱满墓忽失盗,重重的石碑身被贼人用吊机高高地吊起后平置于地下,然后再以同法将龟趺吊运上车拉走。事有凑巧,一年后这帮偷盗团伙东窗事发,为怀柔区公安侦破,此龟趺得以重还故地。

团河行宫四面诗碑

解题：

　　乾隆年间（1736—1795）。立于大兴区黄村镇东团河村行宫遗址。殿顶式四方首，四方须弥座。碑完好，边框缠枝纹，碑面被墨涂抹。碑通高480厘米，宽118厘米，厚118厘米。四面篆额"御制"，乾隆御笔撰文行书，只有南面与西面碑文加以小字注，但很不清晰。

录文：

（南面）

团河本是凤河源，疏浚于旁筑馆轩；断乎三年未一┘到，（小字注不清，仅据能辨者录于此：马驹桥达张家湾入运河者，北┘ /为凤河，涤永定河之浊，由大┘ /治，凡苑中疏剔新旧水泊二十┘ /后新开水泊，泉源畅达，清流溶┘ /胜因，于其旁构筑行馆，以供临┘ /诣 西陵，道经南苑，始一┘ /）┘临看此日识长言。非关疏懒身无暇，惟爱朴淳志┘弗谖；流出清波刷浑水，资|安|永定意斯存。 ┘庚子季秋中浣，团河行宫作， 御笔。 （钤印）"古稀天子之宝""犹日孜孜"。

（西面）

庚子于斯一度经，兹来信宿跸夜停；落成则已┘数幸阅，题句那辞七字宁？

何必虚中花弄紫？即看墙外柳含青；因疏众道闢行馆，《知过论》中早自铭。（小字注不清）↵ 壬寅仲春上浣，团河行宫作，御笔。（钤印）"古稀天子之宝""犹日孜孜"。

（北面）

密云犹自恋春朝，行馆都无廿里遥；积雪↵郊原因罢猎，淰烟林木足供假，终弗孤构筑↵一宵奋，聊答景光七字调；庚子壬寅□丙↵午，五年瞬息片时消。↵ 丙午仲春中浣，游团河行宫作，御笔。（印）"古稀天子之宝""犹日孜孜"。

（东面）

宿雨曾惟一寸滋，麦无益祇濯花枝；溪高山馆於焉侯？梨白杏红正及时。岂不临芳↵堪悦目，却因待泽少闲思；隔年到那无言↵去，促就犹嫌鲜妥辞。↵ 戊申季春，驻行宫作，御笔。（钤印）"古稀天子之宝""犹日孜孜"。

注释：

团河：据《日下旧闻考·国朝苑囿·南苑》考按："团河之源旧称团泊，在黄村门内六里许。河南北旧宽六十余丈，东西五十余丈。乾隆四十二年（注：1777）重加疏浚，复拓开数十丈。团泊之流出南苑墙为团河，又入凤河，又东南流与永定河合。藉以荡涤淤浊，复同由大清河入海。"

凤河：据同上，"团河出南苑墙，酾为凤河"。又引《名胜志》："凤河水一渠从西流至凤窝村，虽隆冬冱寒，水亦不冰。"《畿辅通志》："凤河其形如凤，河源在南苑。中流出东南隅，至武清之堠上村，河身深广，以下填淤断续，一遇伏秋，雨潦散漫无归。"今天来看，凤河是北京地区的一条河流，凉水河的支流。也有人认为由于曾供皇家后妃垂钓而得名"凤河"。

信宿：连住两夜，同时也表示连着两夜。

知过论：是乾隆皇帝爱新觉罗·弘历书写的一篇自省文章，作于乾隆四十六年（1781），时年71岁。

七字调：它是一种曲牌的名称，又名"七字仔""歌仔"。其标准形式为七个字一句，四句一首。根据其"歌仔"速度的快慢，又可分为"紧板七字调""中板七字调"及"慢板七字调"等。

按语：

  此碑位于团河行宫遗址内，据《日下旧闻考·国朝苑囿·南苑》："团河行宫一所，宫门三间，前殿五间，后殿五间。"四方须弥座，上下沿饰回纹，束腰浮雕绶带、宝瓶，座下饰圭角云纹。四方碑式，四面均为乾隆皇帝御笔行书诗。西、南带双行小字注文。末钤双印，内容相同，南、西、北印形相同。碑亭方形，重檐歇山顶，旋子彩绘。1984年重修。

  四面上的四首诗均为清高宗爱新觉·罗弘历于乾隆时期的书作，分别作于乾隆庚子（四十五年，1780）季秋（刻于南面），乾隆壬寅（四十七年，1782）仲春（刻于西面），乾隆丙午（五十一年，1786）仲春（刻于北面），及乾隆戊申（五十三年，1788）季春（刻于东面）。都是在乾隆皇帝的晚年时期，大多选择了风和日丽或秋高气爽之日。乾隆年间修撰的《日下旧闻考》于"国朝苑囿·南苑"部分仅录四十五年（碑南面刻）及四十七年（西面刻）两首，大概是因为其撰修时间的关系，将乾隆五十年（1785）后的一律未列书中。因碑面剥蚀，双行小字辨认不清，前两首碑实物与《旧闻考》又略有异同。兹录《旧闻考》之文以备参考：

  乾隆四十五年御制《团河行宫作》：

  团河本是凤河源，疏浚於旁筑馆轩；断手三年未一到，团河出南苑墙，酾为凤河。又东南流，资涤永定河之浊，由大清河归海。既经疏浚，因于旁构筑数宇，以供临眺。惟登览无暇，故工成三年兹始因路便一到耳。临看此日识长言。非关疏懒身无暇，惟爱朴淳志弗谖；流出清波刷浑水，资安永奠意斯存。

  乾隆四十七年御制《团河行宫作》：

  庚子（注：乾隆四十五年，1780）于斯一度经，团河行宫工程后，庚子秋路便始一经临，有"断手三年未一到、临看此日识长言"之句。兹来信宿跸应停；落成则已数年阅，题句那辞七字宁？何必盆头花弄紫，即看墙角柳含青；因疏泉遂辟行馆，知过论中早自铭。近岁因南苑水源未畅，命加疏浚以期通流济运。其团河一支则酾为凤河。又东南流，资以涤永定河之浊，复由大清河归海。疏治既成，因于其旁构筑行馆以供临憩。昨岁《知过论》中所云南苑工作指此。

永定河告示碑

解题：

清光绪十年（1884）闰五月十六日。在大兴区东芦城村。首座均佚。碑身高 140 厘米，宽 66 厘米，厚 13 厘米。边框浮雕缠枝花纹。

录文：

钦命礼部尚书、兼管顺天府府尹毕，↵钦命稽察麗各庄粥厂太常寺卿徐，为钦事得本民呈于（?）酉二十三日奏，奉↵钦命署户部左侍郎、顺天府府尹周↵上谕。前据太常寺卿徐树铭奏"永定沿河被水村民止河工民力章程"一摺，当谕令李鸿章妥为↵办（?）。兹复据该京卿奏称，村民交土流水已极，节经涿州、良乡、固安、永清等处之丁各庄等四十五村，梨村等六十↵九村，孝城等二十六村，王居村等二十二村，村民店、（?）信安镇、霸州之策城，东安之诸↵（?）河港等处，有折价交上情獘，请饬以河工永定州一带被水灾民異常困苦，岂↵容稍有勒派？所有河工令民交土章程普即行以有河工自有之欵一节，著李鸿章妥筹办↵理。汎官余昌、孙寿、孙国培等，既称有折价授民情事节，周处楣查明从严条办。该部知道，钦↵此。所有应办事宜，除由本部堂会同↵爵阁督部堂李查办处，合行晓谕该邨民等敬谨遵照可也。特示恒遵，↵给宛平城东芦城村知悉。↵

光绪拾年闰五月十六日。↵

告示↵

注释：

太常寺卿徐树铭：《清史稿》有传。字寿蘅，湖南长沙人。道光二十七年（1847）进士，选庶吉士，授编修。光绪初，起授通政司副使。十年（1884），晋太常寺卿。永定河决，诏树铭往勘。既至，奏罢河工酌用民力及折价交土章程，民德之。光绪二十五年（1899），官至工部尚书。

按语：

历史上永定河水势无常，经常泛滥，东西芦城两村农民为挑土筑堤，备受汛官、河工的敲诈勒索。光绪十年（1884）、十一年（1885）顺天府分别在两村立碑告示：改变永定河挑土章程，严禁折价扰民等事。碑早年倾倒，座佚，现两村各有碑身一件，内容基本相同。东芦城碑保存较好。此碑可与史证。另外永定河时时闹水患，史书记载朝廷赈济灾民，治水修堤，所立碑刻现存极少，此碑既可补史又可证史。

西红门清真寺重修碑

解题：

清光绪二十七年（1901）荷月（六月）建。立于大兴区西红门清真寺内。云纹方首，二龙戏珠纹方座。碑通高176厘米，宽84厘米，厚15厘米。碑与座不是一套。额题"万古流芳"，首题"重修清真礼拜寺碑记"。碑面文字部分磨损，撰文人、书丹人今已看不清，但通过比对旧拓尚可知其为王凤滨撰文，王魁元书丹并题额。

录文：

重修清真礼拜寺碑记　阿訇李瑞山、掌教王天宝□□乡老重修　┘
夫清真称正教，古今无异辞。而教内之大，原以拜　┘主为急务，故列圣相传，特为继往开来之学，此天房所由设也。溯自大唐 贞 ┘ 观间，仰邀聘典，吾道东行。生齿日繁，道途险阻，即欲朝拜，不亦难乎！故 天 ┘ 教之有志者，或通都大邑，或偏僻小村，莫不敬修清真，以为拜　┘ 主之所。兹顺天府大兴县海子西红门村，由康熙廿六年，有重修礼拜寺一座。 年 深 ┘ 日久，雨剥风催。其崩颓者，业已不少。迨至光绪庚子年，中外肇衅，忽□┘ 兵燹而殿宇俱为灰烬。即往来过客，犹且代为咨（口、咨，左右结构）嗟。况吾教中人，能忍 ┘ 视乎！是以众教末等，披星戴月，不惮胼胝之劳，或祈贵官，或募乡老， 集 ┘ 腋成裘，共襄盛事，然而非人力也。廼自开工伊始，经之营之，未及半载 而 清真寺告成。因而援予作序，以期经久，而遵人祖之道於不惑云。是为 序 。

文庠 生王凤滨撰文， 文庠 生候补县丞王魁元书并篆额。

大　清　光　绪　二十七年荷月　榖旦。

注释：

阿訇：是波斯语音译，意为老师或学者，亦译"阿衡""阿洪""阿宏"等，是回族穆斯林对主持清真寺宗教事务人员的称呼。一般分为"开学阿訇和散班阿訇"两种，前者是指全面执掌清真寺教务工作的穆斯林，亦称为正任阿訇。后者是指只具备阿訇职称，而未被聘请为正任阿訇的穆斯林。阿訇是经数年伊斯兰教育与培训，通熟《古兰经》与圣训，精通伊斯兰的种种法律与法规，并具备《古兰经》与圣训的真精神——做人的完美品德，以身作则，为人师表，劝善戒恶，品德高尚的穆斯林。按照宗教学识素养、地位、职责等的不同，历史上曾有如下几种阿訇称谓：掌教阿訇、开学阿訇、三道阿訇、住学阿訇、小学阿訇、二阿訇、散班阿訇等。

主：指安拉。伊斯兰教基本信条为"万物非主，唯有真主，穆罕默德是安拉的使者"，伊斯兰教是严格的一神教，要相信除安拉之外别无神灵，安拉是宇宙间至高无上的主宰。

大唐贞观间：贞观（627—649），为唐太宗李世民在位的年号。

光绪庚子：即1900年。光绪，为清德宗爱新觉罗·载湉在位的年号。

荷月：古代民间以六月荷花开，故别称六月为荷月。

按语：

该寺重建于康熙二十六年（1687）。光绪二十六年（1900）寺庙殿宇毁于战火，次年众教徒集资重修。查《北京市大兴县地名志》称该寺建于乾隆年，应该是值得商榷的。

碑文磨蚀严重，今可识读者不及其半。

清英亲王后裔墓刻石

解题：

清光绪戊申三十四年（1908）九月。原址大兴区魏善庄镇西芦垡村。刻石长70厘米，宽38厘米，厚10厘米。

录文：

太祖高皇帝之皇子、英亲⏎王後裔，公爵绰公。□⏎福地坐落在顺天府，⏎属大兴地，而京南芦 家垡村内，座西向东。⏎旧有宫门一座，因庚⏎子年被匪拆毁失修，⏎于甲辰重修一次，又⏎于戊申年落地修建。⏎监修人：英亲王第十⏎一世孙、四品宗室德⏎明，率子启、泰，并带领⏎守护家人王自有、王⏎自富、王顺等，督工运⏎料。敬谨恭修。
⏎（空四行）大清光绪戊申叁拾肆年玖月立。⏎

注释：

芦家垡村：即现在的西芦垡村。《清光绪顺天府志》载，此处地势低洼，夏秋季开大片芦花而得名。

英亲王：清太祖努尔哈赤第十二子，即八王阿济格。英亲王入关后于顺治八年（1651）因图谋摄政被囚禁，同年十月赐死。葬东郊，今朝阳区八王坟。其子十一人，三子、五子亦同年被赐死，其余子孙降为庶人。顺治十八年（1661）将阿济格次子傅勒赫以无罪重入宗谱。

按语：

绰公，即绰克都，为傅勒赫第三子，生于顺治八年（1651）三月七日，卒于康熙五十年（1711）七月二十七日，葬于魏善庄乡羊房村。乾隆三十六年（1771）八月，迁墓于此。世人皆称王爷坟。此地共有墓葬五座，原有墓墙、墓门等建筑。墓门于光绪庚子（1900）兵乱被毁。光绪三十四年（1908）后人德明等重修并于墓两侧镶嵌重修记事刻石两件。一件是无字碑，另一件即为此刻石。

英亲王阿济格是清太祖努尔哈赤第十二子，大妃阿巴亥之子，与睿亲王多尔衮、豫亲王多铎同母。他在努尔哈赤晚年即主管一旗，是后金政权的骁将，顺治元年（1644）晋英亲王，挥师入关，时以序称"八王"。摄政王多尔衮卒于边外喀喇城后，阿济格被人告发作乱，顺治八年（1651）正月初六日被幽禁，十月十六日被赐死。其子孙的境况甚为凄惨，比较幸运的是傅勒赫的后裔。傅勒赫是阿济格的第二子，顺治二年（1645）封镇国公，顺治八年（1651）因父罪被黜出宗室，顺治十七年（1660）四月初三日卒，死时才三十三岁。但一年以后康熙帝即位，很快就追封他为镇国公。封其第二子构挚、第三子绰克都为辅国公。康熙三十七年（1698）又先后封绰克都第八子普照、第九子经照为辅国公。

附英亲王家族世系

第一代——爱新觉罗·阿济格

第二代——爱新觉罗·和度：爱新觉罗·阿济格第一子，初封辅国公，顺治元年（1644）晋封贝子，顺治三年（1646）卒，无嗣。

第二代——爱新觉罗·傅勒赫：爱新觉罗·阿济格第二子，顺治二年（1645）封镇国公，顺治八年（1651）因父罪被废黜宗室降为庶人，顺治十七年（1660）卒，顺治十八年（1661）复入宗室，康熙元年（1662）追封镇国公。

第二代——爱新觉罗·楼亲：爱新觉罗·阿济格第五子，原封亲王，以罪削爵，赐自尽。

第三代——爱新觉罗·构挚：爱新觉罗·傅勒赫第二子，顺治十八年（1661）封辅国公，康熙五年（1666）卒。

第三代——爱新觉罗·绰克都：爱新觉罗·傅勒赫第三子，康熙四年（1665）封辅国公，康熙三十七年（1698）因事革退。

第四代——爱新觉罗·讷延：爱新觉罗·构挚第一子，康熙五年（1666）袭镇国将军，康熙六年（1667）卒，无嗣。

第四代——爱新觉罗·素严：爱新觉罗·绰克都第一子，康熙二十一年（1682）封辅国公，康熙三十一年（1692）卒。

第四代——爱新觉罗·兴绶：爱新觉罗·绰克都子，追封辅国公。

第四代——爱新觉罗·普照：爱新觉罗·绰克都第八子，康熙三十七年（1698）袭辅国公，康熙五十二年（1713）因事革退，雍正元年（1723）以功复辅国公，雍正二年（1724）卒。

第四代——爱新觉罗·经照：爱新觉罗·绰克都第九子，康熙五十二年（1713）袭辅国公，雍正十年（1732）因事革退。

第五代——爱新觉罗·素拜：爱新觉罗·素严第三子，康熙三十一年（1692）袭三等镇国将军，康熙三十四年（1695）卒，无嗣。

第五代——爱新觉罗·九成：爱新觉罗·兴绶子，乾隆十一年（1746）袭辅国公，乾隆三十四年（1769）卒，无嗣。

第五代——爱新觉罗·亨新：爱新觉罗·普照子，雍正二年（1724）袭辅国公，雍正十年（1732）追论父罪，革爵。

第五代——爱新觉罗·璐达：爱新觉罗·绰克都孙，爱新觉罗·隆德子，雍正十年（1732）袭辅国公，乾隆六年（1741）卒，谥曰恭简。

第六代——爱新觉罗·谦德：爱新觉罗·九成第四子，乾隆二十六年（1761）袭三等镇国将军，乾隆三十二年（1767）卒，无嗣。

第六代——爱新觉罗·顺德：爱新觉罗·九成第七子，乾隆三十二年（1767）袭奉恩将军，嘉庆元年（1796）休致。

第六代——爱新觉罗·麟魁：爱新觉罗·璐达第一子，乾隆六年（1741）袭辅国公，乾隆十年（1745）因事革退。

第七代——爱新觉罗·华英：爱新觉罗·顺德第一子，嘉庆三年（1798）袭奉恩将军，道光十年（1830）因事革退。

第七代——爱新觉罗·华德：爱新觉罗·硕臣子，道光十一年（1831）袭爱新觉罗·华英之奉恩将军，道光二十七年（1847）卒。

第八代——爱新觉罗·秀平：爱新觉罗·华德第一子，道光二十八年（1848）袭奉恩将军，咸丰五年（1855）卒。

第九代——爱新觉罗·良喆：爱新觉罗·秀平第二子，咸丰六年（1856）袭奉恩将军，光绪十六年（1890）卒。

第十代——爱新觉罗·隆煦：爱新觉罗·良喆第二子，光绪十六年（1890）袭奉恩将军，宣统元年（1909）卒。

第十一代——爱新觉罗·存耀：爱新觉罗·隆煦子，宣统二年（1910）袭奉恩将军，后事不详。

薛营清真寺重修碑

解题：

清宣统元年（1909）端阳月下旬。方首方座。碑通高207厘米，宽60厘米，厚19厘米。额题阿拉伯文，首题"重修清真寺碑序"，宛平初级师范卒业生薛宝璜撰文并书丹。碑文前大部记事，后小部题名。碑阴刻捐资人名，额题"万古流芳"。今立于大兴区薛营清真寺内，碑完好。

录文：

重修清真寺碑序　⏎
盖闻乾坤浩大，教门甚繁，不可胜数。无偏无比者，清真古教也。夫清真古教，古今无异，而辟内之⏎大，原以拜　⏎主为急务，故列圣相传，特为继往开来之学，此天房所由设也。溯自大唐贞观间，吾道东行，生殖日繁；⏎道途险阻，即欲朝拜，不亦难乎？然朝拜毋论中西也，故吾教中之有志者，或通都大邑，或偏僻小⏎村，莫不敬修清真寺，以为拜　⏎主之所。兹　⏎顺天府宛平县薛家营村，旧有清真寺一座，年深日久，风雨摧残，其崩颓者亦复不少，即往来之过⏎客犹且代为谘嗟，况吾教中人能坐视乎？是以众乡末等，披星戴月，不惮胼胝之劳，或　祈贵官，⏎或募乡老，集腋成裘，共襄盛事。然而非人力所易为，乃自光绪壬寅年，至宣统己酉年，经八年之⏎久，而大工告竣。因而援予作序，以期经久，而遵人祖之道⏎，相藉以为回教之大记念，又乌容已乎？⏎余故乐为之序。　⏎阿衡薛云福，　掌

教薛永魁、田国寳、薛玉瑃，宛平初级师范卒业生薛宝璜　撰并书，
（空三行）大清宣统元
年端阳月下旬　立碑。

注释：

天房：原意是指麦加"圣寺"内一座方形石殿，然而此处应借指"麦加圣寺"。

乡末：犹如说乡亲，由于人数众多，就不一一列指了。

胼胝：手脚上的厚皮，手足长趼子，形容人们劳苦而不顾之意。

宣统己酉年：即清代最后一任皇帝爱新觉罗·溥仪即位首年，宣统元年，公元1909年。

端阳月：指农历一月。

按语：

寺东向，占地面积约四亩，正殿与配殿之间有走廊连接。山门两侧各开一旁门，山门内为屏门，近些年寺内曾几次修缮改建。但主体建筑大殿和山门仍保持了原貌。

依碑文所述，"清真古教"传至中国，可以追溯到唐代贞观年间（627—649）。薛营村之清真寺，年久失修，后经多方募化，集腋成裘，共襄盛事。于光绪壬寅年（二十八年，1902）开工，经过八年的努力，终于在宣统己酉年（元年，1909）大功告成。于是立碑为念。

民国闫国藩墓碑

解题：

民国十四年（1925）十二月十七日。现存大兴区文物管理所。碑下部残，残高74.5厘米，宽20厘米，厚9厘米。碑面做丝线框，居中大字题书"闫国藩之墓"，大字上下及上下款均以小字。周边略残。

录文：

陆军第一师一旅一团三营九连连长，┘连长闫国藩（年二十六岁，河南┘项城县辛兴集人）之墓┘ 民国十四年十二月十七 立。┘

注释：（略）

按语：

此碑为研究民国时期地方人物及墓碑规格形式，有一定参考价值。

江朝宗德政碑

解题：

民国七年（1918）。在旧宫村一大队，德寿寺双碑西侧，仆地，阴朝上。方抹角联首，浮雕莲花祥云，失座。高200厘米，宽73厘米，厚20厘米。额题"万古留芳"，首行"盖闻太上立德，其次立功"。

录文：

盖闻太上立德，其次立功，是谓不朽。稽古循良大吏，节麾所至，罔不以问民疾苦、捍民⏎灾患为首务，继则以裕民生计、增民福利为要图。是以辖境之内，一道同风，四民乐业。⏎父老载鞠人之德，子弟怀彀我之恩。施仁政于一时，遂贻令名于百世。所谓功德不朽，⏎实至名归也。民国改建，百度维新，一邑一乡，莫不待人而理。南苑密迩京师，人户丛杂，⏎习俗浇漓。除此政体变迁，人心浮动，兼之游民土匪，麕处其间。盗贼潜滋，善良贾害，民⏎生艰苦，火热水弥。幸我⏎江大金吾，荣任是邦，为民造福。公印朝宗，字宇澄，安徽旌德世家也。学问经济，迈绝等⏎伦；政治武功，聿昭勋绩。下车伊始，即以诘禁奸暴整饬地方为己任。于时萑苻未靖，邻⏎苑各村恒遭匪掠。　公则相机警备，思患预防，陇要驻兵，日夜巡辑。且时潜游骑侦巡，⏎甚或躬亲莅苑，周历稽查。途遇商民，咸以温言慰问，若惟恐一夫之不获者。而于所部⏎军队，则严饬恪守纪律，勤事逡巡。历数年如一日，□□南苑合境，宵小潜踪，间阎安堵。⏎是　公之有功德于吾民者，诚可谓深且至矣。□□等感思靡已,欲报无由。爰议公同 ⏎ 集资,凡我 ⏎ 公德政所遗,略举大端,勒诸贞珉,用垂不朽。匪特表彰盛德,亦昭示来兹之意云尔。⏎

南苑绅民公立。 ⏎ 中华民国七年月日　榖旦。

注释:

江朝宗:(1861—1943)早年为淮军刘铭传部帮带。1894年,随袁世凯出关,任管理军械等职。1911年2月,任陕西汉中镇总兵,后任汉军正红旗都统。1912年,署北京步军统领衙门统领。1915年12月,袁世凯称帝,任"大典筹备处"处员,授三等男爵。1916年6月,黎元洪继任总统后,留任步军统领。1917年4月,任京津一带临时警备总司令部副司令。6月,暂代国务总理,被任为京师宪兵总司令。7月,参与张勋复辟活动,被免去步军统领之职。8月,授将军府迪威将军。1925年5月,任临时参政院参政。抗日战争爆发后,1937年7月,任北平"治安维持会"会长。12月,日伪"中华民国临时政府"在北平成立,任议政委员会委员兼北平市市长,后又任北平古学院院长。1940年3月,任汪伪华北政务委员会委员。终年83岁。

鞠人之德:即指父母养育之恩。《诗经·小雅·蓼莪》:"父兮生我,母兮鞠我;拊我畜我,长我育我。"

榖我之恩:与上句类似,同举而稍有区别。榖,育之意,犹如说喂养。

浇漓:形容社会风气浮薄、浮躁、不雅。

麕处:意同"群处"。

贾害:自招祸患之意。贾,做买卖,买致,招来。

火热水沵:与"水深火热"义近。沵,水满。

江大金吾:犹如说"江大将军",一种尊敬的说法。"金吾",又作"执金吾",古代武官名称。汉代为掌管京师的长官,意指"京师宪兵总司令"。

印:即"名","叫作",指名讳。此从佛教的习惯。

萑苻未靖:意为盗贼还未剿完。萑苻,本为先秦时沼泽地名称,因为那里芦苇丛生,易于藏身,故此借指盗贼出没之地。靖,安定。

按语：

　　此碑立于 1918 年，虽碑文未明确指明时间，但其云"民国改建""幸我江大金吾，荣任是邦""下车伊始""历数年如一日"等，则可知碑中所记之事发生在 1912 年至 1918 年之间。此时江公曾任北京步军统领衙门统领、京津一带临时警备司令部副司令、京师宪兵总司令等军事要职。从碑文所述"南苑密迩京师""临苑各村""躬亲莅苑""南苑合境""南苑绅民"等，又可推知其当时军部所在南苑而已。另外碑文着力描述了江公仁德为民，军事治理，"政治武功，聿昭勋绩"，"公之有功德于吾民者，诚可谓深且至矣。"但实际上他也是个文武全才，正像碑文所说"学问经济，迈绝等伦"。也因如此，他在此后的二十年，得任"北平古学院院长"。

墓志部分
辽张琪墓志

解题：

辽圣宗太平四年（1024）九月十八日葬。20世纪初出土于大兴区，现存北京市文物研究所。志盖佚。墓志长62厘米，宽60厘米。首题"故文德县令清河张府君墓志铭"，政事舍人杨佶撰文。

录文：

故文德县令清河张府君墓志铭　┘
政事舍人杨佶撰。　┘
府君讳琪，字伯玉，张之为姓也。自春秋历秦汉，贤者间出，代不乏┘人。官阀婚媾，已具先大卿之墓铭，此不复书。┘府君即大卿之仲子，枢密使、左丞相兼政事令、鲁国公、监┘修国史俭之季父也。府君娶二夫人：前夫人宋氏，故灵丘┘县令允之女；再娶夫人尹氏，故缙山县令守奇之女。┘府君有子二人，即夫人尹氏所出，并应乡贡，方举苗而不。有女一人，夫人宋氏所出，适长清县令程宪。府君承资廕，授幽都┘府文学，历容城、文德、永兴、蓟北县主簿、平州录事参军、幽都府仓┘曹参军、龙门文德縣令。仅三十年，八转官而五迁階，其次也如┘此。居易知命，无郁欝之志。其宰文德也，烹鲜不挠，操刀割。载星┘视其事，错节表其利。职劳斯积风恙，俄及瓜而代，溘先朝露。以┘统和三十年七月九日，易簀于燕京之私第，享年六十有一。龟策⌐ 未兆，权厝之。以太平四年九月十八日，葬于幽都府幽都县礼贤⌐ 乡北彭里之先茔，前夫人附焉，礼也。府君体貌魁伟，谈论清简。⌐ 履古人行，为君子儒。克家扬肯构之声，从官著能官之誉。天不慭⌐ 遗，年有不永。所不至者命，所不留者时。哀哉！夫人尹氏，悼极天窮，恸深哭。祭如在而礼敬不匮，子继夭而葬事未備。丞相令公，位⌐ 崇金铉，望峻黑薛。忠贞奉其君亲，孝弟称乎乡党。爰事窀穸，殆毕封树。俾摭行实，将示来裔。佶承命且慄，直书无愧。谨为铭曰：⌐

庆传世德，实毓卿门。温敏其行，博雅其文。⌐ 析薪无坠，孝道斯存。盘根有利，公誉攸闻。⌐ 良金方跃，美玉俄焚。逝川阅水，落叶归根。⌐ 牛眠雾惨，鹅吊烟昏。巖寝表，呜呼！张府君之坟。

注释：

文德县：归化州附郭县，今河北省张家口市宣化区。

舍人：古代官名。《周礼·春官》之属有舍人，以后各代舍人名目繁多。隋唐时有内史舍人、内书舍人、凤阁舍人，简称舍人，仍为撰拟诰敕专官，以有文学资望者充任。以后以他官带"舍人"二字者甚多。

杨佶：《辽史》有传。字正叔，南京人。官至吏部尚书，兼门下侍郎，同中书门下平章事。有《登瀛集》行于世。《张俭墓志》的撰文人。据其墓志，张俭曾任"宣政殿学士、崇禄大夫、行礼部尚书、兼知制诰、修国史、上柱国、弘农郡开国公、食邑三千五百户、食实封叁佰伍拾户"。可与《辽史》中官职互补。

俭：即张俭，《辽史》有传。辽圣宗、辽兴宗两朝宰相。1969年西城区新街口附近出土《张俭墓志》。

缙山县：儒州附郭县，大致今北京延庆县。

易簀：原意为调换寝席。簀，竹席。古人席地而坐、卧，铺地之席谓之簀。古代春秋时鲁国曾参的典故，其临终时认为自己的寝席过于华美，不符礼制，遂命子曾元帮助换席，之后即死。后代因以作为"将死"的代称。事见《礼记·檀弓上》。

按语：

据志，张琪，字伯玉。枢密使左丞相，兼政事令，鲁国公，监修国史的季父。授幽都府文学。历容城、文德、永兴、蓟北县主薄，平州录事参军，幽都府仓曹参军，龙门、文德县令。娶妻宋氏，灵丘县令宋允之女。生女一人，适长清县令程宪。再娶尹氏，缙山县令尹守奇之女，生子二人（据《张馆墓志》，知其一名俨）。张琪于辽统和三十年（1012）七月九日卒，享年六十一岁。太平四年（1024）九月十八日葬于幽都府幽都县礼贤乡北彭里。据《张馆墓志》，赠太宁军节度使。向南《辽代石刻文编》有著录。

辽马直温妻张馆墓志

解题：

辽天庆三年（1113）。1979年10月于大兴区前高米店村东北，京开公路西红门段东侧辽墓出土。志盖为覆斗形，周围线刻云纹和十二生肖，四角刻牡丹花纹。志底周边刻卷草纹。墓志边长78厘米。志盖篆书"清河郡夫人张氏墓志"，首题"大辽金紫崇禄大夫、右散骑常侍、柱国、开国公、致仕馬直温故妻、清河郡夫人张氏墓志铭并序"，"弟朝议大夫、守司农少卿、前知忠顺军節度副使、上骑都尉、清河县开国子、食邑五百户、赐紫金鱼袋张峤"撰文。

录文：

（盖文）
清河郡夫人张氏墓志
（志文）
大辽金紫崇禄大夫、右散骑常侍、柱国、开国公、致仕馬直温故妻、清河郡夫人张氏墓志铭并序↵
弟朝议大夫、守司农少卿、前知忠顺军節度副使、上骑都尉、清河县开国子、食邑五百户、赐紫金鱼袋张峤撰。↵
適有人至，致为君之讣曰：四月六日，小姐夫人云逝。仆年七十有二，牙齿动摇，耳目眩惑，志气渐弱，毛髪日衰，老病沉锢，↵能久存乎？夫人舍我先逝，斯所谓少者殁而长者存，强者亡而病者全。峤惊惶号慟，欲绝者数四。书尾又云：去冬见子于⏎燕，获请子之辞以志其夫妇。知死生之分，预营窀穸，以從先内翰侍郎夫人之兆也，幸愧其可。今夫人将以日月葬，必⏎求子之铭，是其死而不为辱也。峤乃夫人次三弟也，昔在未冠，擊拂蒙困，皆自馬君與夫人惠爱之德。況二宗族世名氏、⏎德业又甚详，敢不终始而铭之？夫人姓张氏，其先清河人。曾祖讳琪，故龙门县令，赠太宁军节度使。幼有华问，靡事生产⏎。魁伟不倚，落落若千丈之松；逍遥无隅，翻翻如九包之凤。祖讳俨，赠太子少傅。学该才美，冠映今古。当一飞衝天，谁谓剑光之衝斗；恨终世不第，直湏桂子之落坟。父讳嗣复，左仆射、兼侍中晋国公，致仕。文章大匠，社稷元龜。辞阁雄才，得五誥三盤⏎之体；庙席陈迹，有八元十亂之风。母曰晋国夫人郑氏，幽贞有仪，穠婉无妬。能以均一为母道，未嘗富贵骄于人。乃唐末谏⏎议大夫云叟之後，翰林学士、赠侍中节之女，左丞相、洛京留守、尚父、陈王张俭之外孙，故相国、赠中书令顥之姊。⏎夫人实晋公之长女，讳馆，字文国。性度英敏，风仪幽闲。王緌相衮之华，发为秀色；露菊霜兰之馥，散作清聲。蘋蘩可以薦宗⏎庙，诗书可以教子孙。宜其室家，睦于亲姻；内辅君子，更践清显。自归马君，终始一节。马君讳直温，字子中，扶风人。族世⏎昌茂，雄视燕薊。以德行著，称于士林。文雅厚重，有长者之风。周流华次，仅五十年，未嘗有过。闺门之廡，夫人承之。大安元⏎年冬，特封清河县君。乾统七年夏，进封清河郡夫人。鹰钿轴鲛轩之命，從龙旌虎節之游。归省其姑，亲事疾药。左右携扶，朝⏎夕无懈。旋居姑丧，越于礼，服除焉。君移典顺州，将受代，天慶二年冬，表乞归，允之。拜右散骑常侍，致仕。夫人相贺曰：自⏎归于君，迨五十年。玄首皆已成华，幼子童孙而满眼前。家事虽理，田园将芜。今引年获请，携手东归。渔阳山水，自古清秀；⏎乐时娱讌，期于偕老，岂不美欤？馬君深然之，遂相携东归。无何，未樂已悲。夫人三年二月暮日感疾，浃旬少损。三月十有⏎四日再作，四月六日乃卒于正寝，享年六十有六。以其年五月庚辰朔二十四日癸卯，葬于燕京析津县<u>招贤乡东塋里</u>之⏎生藏。有子五人：曰辽孙、曰镇孙、曰起翁奴，并夭。曰梅、举进士，两就庭试不利，遂内供奉班祗侯。时不我与，空悲车之聚萤；⏎禄贵及亲，勉效班超之投笔。

曰栲栳儿，亦夭。女五人：曰枢哥，適殿中少监、大理寺知正耶律筠，即守太子太傅、兼侍中、判武↲定军节度使事、开国公讳彦温之次子也。從阴封咸阳县君，早卒。瞻望不能，易散彩云之影；笑言如在，已为黄壤之塵。曰崇↲政女，许適静江军节度使刘祐太师孙行春奴。曰同璋，许適诸宫提辖制置使李贻训男石。皆不及娶而卒。玉槛舜凋、青帝↲已收于春荟；银河鹊散，星郎难御于飚轮。曰迎儿，適礼宾使、御院通进张仁规，即故启圣军节度使讳求讓男。曰省哥，绩（？）↲適姊夫鸿臚少卿、北面主事耶律筠，封咸阳县君。嶺梅苑杏，皆掌上之名花；鹊渚鳳箫，俱天边之靈匹。有弟四人：曰嶧，秦州團練使、知金肃军城主；曰岊，少府监知尚书吏部铨；曰峤，守司农少卿、前知忠顺军节度副使；曰岐，太子左翊衛率府副率、↲前顺州商魏都监。各负俊才，早登华级。岂不由祖功宗德，宜钟不世出之英雄；玉季金昆，自然天生之羽翼。有妹一人，和柔↲贞婉，室家宜之。有宽厚之心，无妒忌之行。先適阁门祗侯、左班殿直韓秉信，早逝。即故太子少保、知宣徽南院事讳昭懿次↲男。再適守卫尉少卿、知随驾太常礼院韩君详，已逝，即故左谏议大夫讳近长男。峤生也不辰，九岁而母逝，十六而父薨。姊妹弟兄六人，婚姻仕宦，振翼飞散。迨今四十餘年，其间或川陌阻修，音书断绝。每烟花融麗星月清妍，未尝不送目天涯，↲涕泗交灑。而相与会聚者，其不满十数。一日夫人谓峤曰：先丞相国夫人捐馆，我与诸弟妹，年齿並已迟暮。勿言名仕淹达，资产厚薄，所喜俱獲佳健。时一相见，浮生难事。不意去秋九月，得侄德興哀讣曰：父團練者，以八月十二日病卒。实峤之长↲兄也，何痛如之。去冬十一月，方与夫人南游故乡，获拜观于堂上。抑哀默哭，不忍以兄丧吊告之。自秋涉夏，隔此九月，岂期前哭我兄，后铭我姊。呜呼！天哉！霜鸿断序而分飞，棠华彫辉而失彩。姊去泉之下，弟在天之涯。而峤又素以愚直，动触忌讳，遭时排构，栖惶淹留，衰病贫困，自顾虽久为生。况哀戚缠绵，又不知此何日矣！所恨阻远千里，吊送不及。敛而不得撫其↲棺，瘗而不得逸其墳。生死永诀，独抱无穷之悲。谨再拜长恸，而为铭曰：↲

夫人之父，名相而文。夫人之母，晋国小君。和肃孕粹，庭墀兰薰。芳儀淑质，溶溶春云。归乎君子，↲绝类离群。宜有其子，诗书足云。良人秉钺，挾纊三军。歸省其母，协力服勤。亲事疾藥，至于櫛。⌐二宗谕德，激芳飏芬。及尔偕老，华髪纷纷。获归田里，辞荣怀忻。亦既归止，笑歌耕耘。去人云亡，⌐来讣天垠。手足之丧，如炎如焚。玉音蕙质，不见不闻。忍看衾笥，金鳳罗裙。子孙夫妇，分。⌐烟松霜草，晓月夕曛。幽泉漠漠，斯夫人墳。⌐

注释：

马直温：字子中，陕西扶风人。曾为静江军节度使、知顺州军州事、开国侯。

张峤：张馆之三弟。守司农少卿、前知忠顺军节度副使。

招贤乡：据墓志所记，应在大兴区西北部，黄村镇以北，西红门以南，芦城乡以东，金星乡以西范围内。

东綦里：据出土地点，应定位在前高米店村附近。

按语：

张馆，字文国，其先清河人。家世显赫，曾祖张琪（见本书《张琪墓志》）；祖父张俨，赠太子少傅。父张嗣复，左仆射、兼侍中、晋国公；母翰林学士、赠侍中郑弘节之女。乾统七年（1107）晋封清河郡夫人。天庆三年（1113）二月卒，五月葬于燕京析津县招贤乡东綦里。向南《辽代石刻文编》有著录。

明鲍淳墓志

解题：

明嘉靖甲申（三年，1524）四月六日卒，五月八日葬。现存大兴区文管所。盖篆"皇明武略将军锦衣卫副千户鲍君墓志"，首题"皇明乡贡进士鲍君墓誌铭"，乡贡进士岳天章作状，赐进士出身、翰林院侍读、承德郎、纂修国史兼经筵日讲官、北海翟銮撰文，赐进士第、奉训大夫、工部虞衡司员外郎、南徐戴仲纶书丹，赐进士第、文林郎云南道监察御史、蜀郡赵允篆额。

录文：

（盖文）
皇明武略⏎将军锦衣⏎卫副千户⏎鲍君墓志⏎
（志文）
皇明乡贡进士鲍君墓誌铭　⏎
赐进士出身、翰林院侍讀、承德郎、纂修国史兼⏎经筵日講官、北海翟鑾撰，　⏎
赐进士第、奉训大夫、工部虞衡司员外郎、南徐戴仲纶⏎书，赐进士第、文林郎云南道监察御史、蜀郡赵允篆。　⏎
君讳淳，字美之，别號古逸。顺天府东安人。曾大父福天，金吾左卫正千户。」大父政，以靖难功，授左军都督府都督同知□□荣禄大夫。父钟，锦衣卫冠」带小旗；母韩氏。君生颖敏不凡，弱冠数过辄诵不」忘，为经、传、义，清丽□密，侪辈罕及然焉。正德庚午，顺天」府乡试中式。越十五年，卒。卒之日，是为嘉靖甲申四月六日也，寿年四十有」七。君孝、友、慈、惠，天资其良。纔年十三，母韩卒，君执丧哀号如长者状，人咸器」目之。父病疽，君不解带卧者累月。居或怒数左右，侍莫敢避。动俟」其威，迺徐趋。法族兄卒，遗孤家众，君月给金为恒赀。五女皆治奁具，为有」家。举人天祐同笔砚，后病卒。君念痛之，捐数千金为具棺，歛卜北域。月给」金一两其家，积十馀年，弗渝。后复嫁其孤女。同年，子如己子，资送焉。滇南」监生党某，纔识其面，党卧病，舍人盗其财，亡去。君为召医，给朝夕费，后复尽」使。凡君疏戚待君举火者无十馀家，每月朔分给金，各有程量，以为常。」馀婚、丧、仓、卒，赖望不在是限。君貌魁伟，沉然寡言，喜怒不外见。终身无疾言」遽色。童仆有过，怒甚，恶出。诸曰，凡德人弗自为德，以故人怀之入骨，病」亟咸奔走，祀祷。卒之日，闻之异之。曰：鲍君曷至是。或曰：鲍君之夭距知兆」之使长耶？至其后距知非之使无绝耶。考德之词过于痛哭父。呜呼！岂」然哉。配刘氏，先君卒。继配胡氏。子男三人，长楫，次校，次桢。女一人，尚幼。君」弟演以君卒之年，五月八日，君从都督公，兆<u>东安县孙漧里之原</u>。」乃以乡贡进士岳天章所为状，属余为铭，余与君同受毛诗张先生所。后复」为婚姻亲炙君之高义。虽古人，宜不出其下。铭辞。铭曰：」

家汝祥，国汝良，曷逢汝奇哲汝亡？弗试其良，名其章孰肖其业不朽光，兹乃」维鲍君之藏有视，兹刻期无伤。

注释：

乡贡进士：指地方的州县官吏依据私学养成的士人，经乡试、府试两级的选拔，合格者被举荐参加礼部贡院所举行的进士科考试，而未能擢第者称为"乡贡进士"。

冠带小旗：明代锦衣卫下属的官职。属千户所，地位在总旗之下。每一小旗下辖军士十人，每一总旗下辖五十人。

东安县孙洼里：本汉代安次县。元升为东安州。明降为东安县，属顺天府。

按语：

鲍淳：据志，字美之，别号古逸，顺天府东安县人。正德庚午（1510）顺天府乡试中试。嘉靖三年（1524）卒。葬于东安县孙洼里。曾祖鲍福天，金吾左卫正千户。祖父鲍政，左军都督府都督同知。父鲍钟，锦衣卫冠带小旗。原配刘氏，继配胡氏，子男三人，楫、校、桢。女一人。

文中有"余与君同受毛诗张先生所，后复为婚姻"，可知撰文者翟銮与鲍淳为亲家关系。

翟銮，《明史》有传。字仲鸣，其先诸城人。曾祖为锦衣卫校尉，因家京师。弘治十八年（1505）进士，改庶吉士。正德（1506—1521）初，授编修。刘瑾改翰林于他曹，以銮为刑部主事。旋复官，进侍读。嘉靖（1522—1566）中，累迁礼部右侍郎。六年（1527）春，廷推阁臣。后以吏部左侍郎兼学士入直文渊阁。翟銮曾为《通州区樊斌恭人张氏合葬墓志》（正德三年，1508）书丹，当时的官职是"赐进士出身翰林院国史馆编修承事郎"。为《鲍淳墓志》撰文时的官职是"赐进士出身翰林院侍读承德郎纂修国史兼经筵日讲官"。这两方墓志对翟銮官职的详细记述为《明史·职官志》作了补充。"编修"位在"侍读"之下，相应的官阶"承事郎"也低于"承德郎"。由于明代职官政策多有变化。但其品级应在六品至八品之间。

明鲍校妻翟氏墓志

解题：

明嘉靖乙酉（四年，1525）四月二十六日卒，五月二十六日葬。现存大兴区文物管理所。志盖佚。志长57.5厘米，宽57厘米，厚7.5厘米。首题"亡女鲍校妻翟氏墓志铭"，"父翰林侍读翟銮"撰文。今墓志保存完好。

录文：

（志文）

亡女鲍校妻翟氏墓志铭

父翰林侍读翟銮泣撰。

嗟乎痛哉，天降荼毒，余其曷胜？余入官廿有一载，阶卑而望清，禄薄而恩厚。恒自惴慄，日图靖共，懼罚及厥躬，及阴遣子若女也。然吾爱女，明淑孝谨，一朝脆折，岂余真有罪不逭于天也乎？呜呼痛哉！正德丁卯女廼生，距今十有九岁。自能食能步，父若母有所训正，辄知受命美食蔬□，非给与莫敢辄引攫。与羣儿居，不知趋跄及诤訾语。稍壮，疑足庄实□如老长。鲍翁来，窃窥之，曰："佳女也，大必为吾妇。"後竟缔姻，入门事翁姑皆先意承颜。翁羣从子弟各随其分，浃以恩礼。时翁病日趣，其壻往侍疾，日再三至。翁曰："尔故不省有此，何亟来也？岂新妇教乎？吾家道成矣。"翁卒爱姑，周日调其饮食起居，不欲一旦去侧。归宁，刻日而返。壻就外傅，手自供具食饮，朝夕馈复，刺探所为，治业释然，敖戯不怿终日。鲍故服贾,翁卒,迺弗居,女对家人辄有忧色。问之,迺曰:"治生业儒,俱无善状,财流而不返,吾何知善吾後乎?"人笑以为癫。女病,不坐是忧,危固大端矣,其逆觇长计如此。女闺处事大母,及余夫妇,爱不掩敬。有疾良苦,讳不言。待其闲,恐卒伤余怀。与语,辄志不忘。病亟,狂引水。医曰:"法忌尽。"遂止。药妪蜜和蚯蚓饮之曰:"服此当汗"。女戟手拒之曰:"此何物?亟请父来。"大命已近,犹守余训。呜呼痛哉!翌日遂卒,时嘉靖乙酉四月廿有六日也。越月二十六日,迺附葬于都城南东安县孙漥里之原。余窃惟《诗》称"釐尔女士,"《传》云"生女如鼠,犹恐其虎。"贵正顺也。女行合士类,柔复下人。年才不逾长殇,讵今时邈焉寡俦哉?余悲痛缠溢,莫能自开,迺挥涕誌其行,图不泯以自解伤欝云耳。呜呼痛哉!铭曰:

恩兮义兮,吾痛女奚啻是兮?存兮亡兮,吾念女迷所望兮。女生不欲使吾怀尽兮,胡迺今使吾至此极兮?

注释:

服贾:指做买卖,从事商业活动。

戟手:形容伸出手来拒绝的姿势。屈肘如戟形,或说伸出食指和中指来指指点点。戟,古代兵器,戈属,长柄,顶端有直刃,两旁各有横刃,可以直刺或横击。

《诗》称:语出《诗经·大雅·既醉》,原文:"其仆维何?厘尔女士。厘尔女士,从以孙子。"原意为老天赐予君子以具有"士行"的女子为妻,而具有士行的女人老天又赐以子孙。"士行",指有士大夫德行的淑女。墓志此处引用《诗》句,借以夸奖志主"鲍校妻翟氏"。

《传》云:指《后汉书·列女传》。《传》引《女诫·敬慎》原文为:"阴阳殊性,男女异行。阳以刚为德,阴以柔为用;男以强为贵,女以弱为美。故鄙谚有云'生男如狼,犹恐其尪;生女如鼠,犹恐其虎。'"原意是指作为人之男女,应该是男有男德,女有女性。

按语：

翟氏：志主翟氏，为鲍校之妻，撰文人翟銮之女，生于正德丁卯年（1507），嘉靖乙酉（1525）卒。葬于东安县孙洼里。

明鲍□墓志盖

解题：

墓志高 56.2 厘米，宽 56.5 厘米，厚 7.5 厘米。盖篆"皇明武略将军、锦衣卫副千户鲍君墓铭"。志佚。

录文：

皇明<u>武略</u>⏎ 将军、锦衣⏎ 卫副千户⏎ 鲍君墓铭⏎

注释：

武略将军：武散官名。金代始置，秩从六品下。明置武略将军为从五品初授之阶。

按语：

三种墓志均发现于大兴区东南部，长子营镇公和庄西北鲍氏家族墓地。可推断此地即明代时东安县孙洼里。可补大兴区历史地名之缺。1984 年发现该墓地，出土两方墓志。一为鲍政之孙鲍淳，卒于嘉靖甲申年（1524）四月六日。一为鲍政之曾孙鲍校妻翟氏，卒于嘉靖乙酉年（1525）四月。墓地原有墓墙、石碑等，现仅留南向石墓门一座，门楣上刻"都督同知鲍君墓"字样。鲍淳墓志记载了包括鲍淳在内的四代人的官职,而"武略将军锦衣卫副千户"没有提及,因此推断墓志盖应为鲍淳三个儿子中其一者或后世子孙之墓志盖。据《英宗实录》载:鲍政有地一百五十亩。鲍政,《明名人传》有记载,但此书已佚。由于同出有鲍校妻翟氏墓志,鲍校为鲍淳次子。故该志盖为鲍校墓志之盖的可能性很大。

明王守成墓志

解题：

明万历庚辰（八年，1580）十一月初九日卒，二十四日葬。1949年后大兴区采育镇南口出土，现存大兴区文物管理所。墓志长57.5厘米，宽57.5厘米，厚11厘米。盖佚。首题"明故御马监太监静菴王公墓誌铭"，其侄王大观作状，东安县庠生妹夫子野张鹤鸣撰文并书丹，同邑甥任应春篆盖。

录文：

明故御马监太监静菴王公墓誌铭

王公讳守成，字孝卿，號静菴，世为顺天府东安县之巨族。父讳宗仁，母梁氏，俱有隐德。自高祖至公，代有彰者，不可胜述。公生于弘治丙辰十月初八日亥时，卒于万暦庚辰十一月初九日未时，享寿八十有六。公姪大壮等持大观所叙状，徵余文，余亦徵春末扵柩前，素知其详，亦不敢辞，乃俻述焉。自余垂髫而见公，颖異奇□。方弱冠，至武庙甲戌，以人才选入禁廷，进内书馆。於嘉靖十三年，下御马监司房。至十五年，陞典簿，仍旧办理。于十七年，陞右监□、本监金押。至八月，内转草欄。于十九年，陞左少监。至四十年，陞太监。上益嘉隆，赐蟒衣一袭。至四十五年，肃皇帝崩，各衙黜汰，惟公官独如旧。穆宗即位，训练禁兵，兼走骠骑。因公督率有奇能，复赐蟒衣。今上登大寶，宠锡愈甚，⏎赐玉带一束。盖公历履尊荣，迄今六十馀年，直身仁义，事上忠诚，居家孝友，蒞民⏎慈惠，初无间然。乐善好施，累功积德。修杠梁道路于採育，以利生民病涉；建济⏎公庵于桥旁，以闡宗教于冥昧。身虽中贵，循循如也。□□□生崇素克有謙德⏎，其视常人辈不牟。公弟用，吏部听选官，先公卒。姪男三，长即大壮，锦衣校尉；次⏎大寶，鸿臚序班；次大观，县学庠生。孙男十一人：长得进，大□□□吏目；次得道⏎，国子监生；得迯，省祭官；得建，□□；□□、得逊、得逸、得遂、得遇、得迈、得运，俱幼。本⏎年月二十四日，大壮等扶柩于都域东南六十里採育囶建□嘉之瑞而安厝⏎焉。遂为之铭□。铭曰：⏎

奇哉王公， 德业惟崇； 居于羑里， 颺于王庭。 职司御牧， 兼理禁戎；⏎四朝历事， 克殚厥忠。 晉登极位， 蟒玉重荣； 夫谁與及？ 曰惟王公。⏎年高寐逝， 云雪横空； 天地似泣， 存顺殁宁。 昭垂後者，万载含弘。⏎

东安县庠生妹夫子野张鹤鸣顿首拜撰并书， 同邑甥任应春沐手谨篆。⏎

注释：

亥时：古代以地支代时辰，亥时指晚九点到十一点时。

未时：古代以地支代时辰，未时指午后一点到三点时。

武庙甲戌：即明武宗朱厚照正德九年（1514）。武庙，正德死后定庙号为"武宗"，史称"武庙"。

御马监司房：御马监，明代宦官官署名称，为二十四衙门中十二监之一。有掌印太监、监督太监、提督太监各一员，下设监官、掌司、典簿、写字等员，掌管腾骧四卫营马匹及象房等事。司房，宦官的一种职务，即管答应官人之事，打发批文书，誊写应奏文书等；或说为内廷掌管文书的宦官的办事房泛称。

典簿：也即御马监典簿，为御马监下设低级官员。参见上"御马监司房"注。

签押：实为御马监中所设的一种文书官，掌管契约文书、文件上的署名画押等事。

肃皇帝：即明世宗朱厚熜（1507—1566）。明正德十六年（1521）即位，改年号为"嘉靖"，在位凡四十五年。死后定庙号为"世宗"，予谥"钦天履道英毅神圣宣文广武洪仁大孝肃皇帝"。故历史上简称"肃皇帝"。

穆宗：即明穆宗朱载垕（1537—1572）。嘉靖四十五年（1566）即位，改年号曰"隆庆"。死后定庙号"穆宗"，予谥"契天隆道渊懿宽仁显文光武纯德弘孝庄皇帝"。

今上：指明神宗朱翊钧（1563—1620）。隆庆六年（1572）即位，改年号曰"万历"。死后定庙号"神宗"，予谥"范天合道哲肃敦简光文章武安仁止孝显皇帝"。

庠生：明清时称府、州、县学的生员为庠生。

按语：

王守成：据志，字孝卿，号静菴，顺天府东安县人。父王宗仁，母梁氏。正德年间入宫，嘉靖十五年（1536）升典薄。十七年（1538）升右监。十九年（1540）升左少监。四十年（1561）升太监。穆宗即位，让其训练禁兵兼走骠骑。其侄王大壮，锦衣校尉。王大宾，鸿胪序班。王大观，县学庠生。王守成生于弘治丙辰（九年，1496）十月初八日，卒于万历庚辰（八年，1580）十一月初九日，享年八十五岁。葬于采育。

据志前之落款，仍可知其妹夫为东安县庠生张鹤鸣，字子野。其外甥为同安县任应春。

孟氏墓志

解题：

唐（618—907）或辽（916—1125）时期。现存大兴区文物管理所。墓志盖为覆斗形。边框十二生肖人持兽图，四刹莲花纹，线刻。长58厘米，宽56厘米，厚11厘米。盖顶篆"孟氏墓铭"。志底缺失。

录文：

孟氏↲ 墓铭↲

注释：（略）

按语：

按仅存志盖形制分析，估计非唐即辽之物。

经幢部分

以下经幢部分虽然内容缺失严重,但是提到了很多当时的地名,这些地名今多已消失。为研究北京大兴区辽金时期历史地名提供了参考。

辽□□四代二亲特建陀罗尼经幢

解题:

辽大康二年(1076)立,现存大兴区黄村火神庙内。八棱不等边,汉白玉石质。仅余幢身,高165厘米。六面刻"广大圆满无碍大悲心陀罗尼"经文,二面刻题记"☐四代二亲特建陀罗尼经幢"。今幢文部分漫漶,且上部残缺。

录文:

☐观自在菩萨摩诃萨广大圆满☐无碍大悲心陀罗尼曰:

（汉文音译略，以上占六面）

☐四代二亲特建陁罗尼之幢　燕京天宁寺講经律论沙门□□然　建。↵

☐既有生法，应还□法，或无□人，曷以慧是？故而现未时时，今当佛異口演陁邻尼呪，同心扶萨怛嚩伦。或生前自讽于齿牙，口言心念；或殁後他镌于玉石，影落塵霑。或能雙弥于↵☐叮全□□延性，☐父母圆寂，宫前为启通真之塔，极沦之急，莫此为先日信之流。崇兹者众愚宿聆矣，故今効之。恭惟□我高祖廣平人□公讳定辛，高祖母瑯↵☐性成，☐用几年，顾名利，无希稚谛，寶是重尼。曾祖清信士，讳福兴；曾祖母浩氏，拜念精心，修习励志。莲经可读于千部，靈屍不朽于↵☐祖母王氏，□□捨□善□事□随怀慈孝之情深，施惠人之道广。皇考讳守用，皇妣弘农杨氏，行守五常，名彰四德。信敬圆崇，于三寶孝慈，普洽于二亲。□德徽皆目覩慈颜，↵☐孝种资也已萌，报□德行苗心田不秀，当在俗也。□徵问奉于旨甘，不能効王祥之卧凌，孟宗之泣筝。及入道来，德寡莫躅于苦恼，又不能効　释迦之昇天、目连之观↵☐厘四代二亲之力，若罪根已植，愿速拔於罪根，或德本未致，愿与增於德本，建幢止在于一处，愿一切处皆有此幢。集福元为于九人，愿一切人盡承。↵（以上第七面）☐皆然。既一期已，兴愿长刼不泯。维大康二年、岁次丙辰，七月甲申朔、二十六日己酉庚时建。　同建俗兄从志，　同建姪乡贡进士惟成、和尚奴、三哥，孙栲栳儿。↵☐家姑姑、　阿妹刘郎妇、妹张郎妇、阿嫂　赵氏、郭氏、姪妇鄧氏、苑氏、姪女崔郎妇、孙郎妇、许郎妇、王郎妇、小姪孙女兒、大姐金枝，亲房徒寿、徒秘，↵☐德堂弟从□、从式，堂姪惟之、惟清、惟约。亡伯讳守均，亡叔守傀，亡兄判官從化□殁，故劉家姑姑、孙家姑姑、亡妹范郎妇、扈郎妇、康郎妇，↵☐辇没故堂伯讳守荣、守凝、守宁，没故堂兄从善、从峦、从友。　自乾亨三年，上祖先葬于丙地；至大康二年，後辈别葬于壬位记。↵（以上第八面）

注释：

丙地：五行中丙属火，火在南方，丙地即指南方。

壬位：五行中壬属水，位北方，壬位即指北方。

按语：

题记记述燕南某家族于辽乾亨三年（981）葬先祖于丙地，至大康二年（1076）为上四代二亲建塔立幢。其家族后辈将其葬于壬位。其高祖广平人，讳定辛，高祖母瑯⃞（后缺，疑为瑯琊人）；曾祖清信世家，讳福兴，曾祖母浩氏；祖母王氏。父讳守用，母弘农杨氏。实为坟幢。

辽师哲为父造千手千眼观自在菩萨摩诃萨广大圆满无碍大悲心陀罗尼经幢

解题：

辽大安六年（1090）立，现存大兴区礼贤镇清真寺。八棱不等边，汉白玉石质，幢顶及幢座佚。幢身高160厘米，径40厘米。两面题记，其余六面镌刻汉文音译经文。经文首行"千手千眼观自在菩萨摩诃萨广大圆满无碍大悲心陀罗尼曰"，《陀罗尼经》文末并附真言若干条，题记中有"葬于燕京析津县崇礼乡"等字。

录文：

<u>千手千眼观自在菩萨摩诃萨广大圆满无碍大悲心陀罗尼经曰</u>： 唐开元三朝灌顶国师□□三藏沙门□□奉　诏译。/

（汉文音译经咒略，占六面）

夫佛固万法之言，唯《陁罗尼》最尊最胜。若书写其文，凡尘霑影覆，皆得生天。且师哲为人之子，罔不敬而信之。遂命/　高壇以尊之，立于　皇考太墳塚□之傍，以为铭荐之祐，又因而实录其事。　其公讳頠，生而迥异，长而好/学。重熙二十四年，一举明经擢第。所历四任，在位布职，允彰廉幹之能；佐国泽民，妙尽公勤之道。所持课限以大/心为务。大康七年五月二十五日，不禄于<u>宝兴银冶</u>，享年五十三。大安六年四月内，葬于燕京析津县崇礼乡□⏎附先祖之茔，禮也。今復建法幢，乃显去灵之美；示其来裔之人，而垂不朽者哉！⏎（以上第七面）/宝集寺□□志鲜师□□妻马氏，故长女崔□□□□，次故女□秀才妻，次女张郎中娘子，次故女□□，⏎/次孙出家于宝集寺习经沙门思卉，次孙氏儒□□孙□儒，故女张郎妇，次女潘郎妇，次孙女定□□，⏎/大耶耶□新□□李氏，二耶耶讳卯□□王氏，三耶耶尚书讳信，孃孃李氏，五耶耶讳宁，孃孃刘氏□□，⏎/次男出家宝集寺沙门□慈大德方惠，次男五常，妻李氏，次男出家崇孝寺持念沙门法式，故长□□□⏎□月十八日，僧未际子孙行香，癸未□月小辛□朔十四日甲午甲初□□庚时建。⏎

（以上第八面）

注释：

千手千眼观自在菩萨摩诃萨广大圆满无碍大悲心陀罗尼：即"千手陀罗尼"，简称"大悲咒"。共有四种译本。一、唐伽梵达摩译之《大悲心陀罗尼经》所说之咒语，有八十二句，一卷；二、唐不空译《千手千眼观世音菩萨大悲心陀罗尼经》，咒语八十四句，一卷；此二种译本的梵文译音相同，只是分句及个别用字稍异。三、唐金刚智译《千手千眼观世音菩萨广大圆满无碍大悲心陀罗尼本咒》，咒文一百一十三句，一卷。其梵文译音和分句与上二译本稍有不同，实际是同本异译。还有《番大悲神咒》，是元代根据藏文翻译的。四、宋沙门慈贤译《大悲心陀罗尼经》，一卷。此经幢所刻之《大悲咒》应为第三种译本，也即唐金刚智译《千手千眼观世音菩萨广大圆满无碍大悲心陀罗尼本咒》。

宝兴银冶：宝兴在黑龙江乌云县东南一百余公里的黑龙江南岸。银冶，即银矿。

宝集寺：《析津志辑佚》载，在南城披云楼对巷之东，寺建于唐。

崇孝寺：《析津志辑佚》载，辽乾统二年（1102）沙门了铢作碑铭，谓析津府都总管之公署左，有佛寺，厥号崇孝。《顺天府志》载，崇孝寺，唐刹也，在白纸坊。

按语：

　　法幢主人讳颉，重熙二十四年（1055）考中进士。大康七年（1081）五月二十五日卒，享年五十三岁。大安六年（1090）四月葬于燕京析津县崇礼乡。其亲戚中多有出家之人，还有尚书讳信者。文中还提到宝集寺、崇孝寺，可补《辽史》及北京地方史之缺。

　　经幢之第六面，也即《陀罗尼经》之末，尚附有《破地狱真言》《报父母真言》《生天真言》等。

辽佛顶尊胜陀罗尼经幢

解题：

辽乾统八年（1108）立，现存大兴区礼贤镇清真寺。八棱不等边，汉白玉石质。幢顶及座佚。幢身高150厘米，径40厘米。七面镌刻经文，一面镌刻立幢人名。碑文上半部漫漶严重，可辨识题记文字有："维乾统八年岁次戊□□月□□十四日庚子申时建"等字。

录文：（暂时无法核对原文）

注释：

佛顶尊胜陀罗尼经：唐、宋、辽三代有十一种译本。唐有九译，一、杜行顗译，一卷，咒文短，未分句；二、佛陀波利译，前一咒八十六句，后二咒各三十六句，均同音；三、四、地婆诃罗先后两译，第一译咒文四十七句，后一译加《净除业障咒文》，咒文三十六句；五、义净译，咒文未分句；六、不空译，名《佛顶尊胜陀罗尼念诵仪轨》，一卷，咒文五十九句；七、善无畏译，《尊胜佛顶修瑜伽法仪轨》，二卷，咒文梵汉双书，五十五句；八、金刚智译，梵汉双书，经弘法大师空海传入日本；九、不空著《佛顶陀罗尼注文》，此外尚有武彻的《灵验记》和若那译的《别法》；十、宋代法天译《尊胜佛顶陀罗尼经》，一卷，咒文八十八句；十一、契丹慈贤译，《佛顶尊胜陀罗尼》，一卷，咒文一百句。

辽□陀罗尼经幢

解题：

辽天庆九年（1119）立，现存大兴区礼贤镇农机站院内。八棱不等边，汉白玉石质。幢顶及座佚。幢身高100厘米，径36厘米。经幢上下两端边栏线刻卷草纹。七面经文，一面题记。可辨识文字有"师□□□□□俗姓张世居析津府析津县东李□村人也年十六岁□人□师至刘十七岁受具三悎礼念每日持诵一为常果□天庆九年"等字。

录文：（暂时无法核对原文）

注释：（略）

按语：

以上三则经幢均为礼贤镇宝集寺原物。宝集寺始建于唐，辽以后多次重修，今已不存。"大安六年幢"提到宝集寺僧人等。

辽佛顶尊胜陀罗尼塔幢

解题：

辽乾统七年（1107）立，现存大兴区黄村火神庙。八棱不等边，汉白玉石质。幢顶及座佚，幢身高28厘米，上下饰以线刻缠枝纹。七面经文，一面塔记，梵汉合璧，悉昙体梵文与汉文音译。

录文：

佛顶尊胜陀罗尼曰唐梵本　罽宾沙门　佛陀波利奉诏译。⏎

（梵汉文对照本经文略，以上占七面）

▢部▢塔记　弟子四人之诵法▢经、智▢、智念、智莹、　智鲜。⏎

▢是潮宗之水，年光（缺末笔）如箭，谁为不死之人？然斯法华上人讳奉均，俗姓卫氏，本析⏎津人也。年方竹马，▢▢斑损；离娄之明，业崇鬼谷之术，而又厌淤浮华，心祈正觉。誓沃火宅之炎，乃昧青莲之偈，俄⏎金▢度之，缘若鸿从风之便。乃落彩辞亲，弱冠受具。自是伸宴村蓝，积诵为志。始于《法华》，爰及《报恩》，《▢生》《药师》《菩萨⏎戒》等经，▢历旋还，日复▢▢，年三十已兢，石火难留，风灯孰保，转以策励，功加倍上。至于岁落风寒，雪凝烈地，经韵弥清，夏残暑⏎严，▢▢岩酷，梵音转雅，潜▢浮世，劳役幼躯，不替幼心，仅五十餘年。常以是怀，校其《莲部》，可得二万，不啻其餘，经诘不获计。⏎▢时　乾统六祀十一月九日，昏时奄化于本院。平生七十有一，夏腊五十有二。捨寿之後，贞应祥集，天灵燠糯，将昇九品之花火，⏎ 蒸白莲之舌晶莹寒□之下，烟浮戒定之身，香绝不□心气而更。天垂五色，云缴长空，夕散之後，霏微冥滅。有出家弟伤⏎ □树之同□荣枯，□□□灵源之流，浮沉波□，仍葬衣盍，树是石塔，旌其茂德，垂之不朽云尔。维乾统七年二月廿七日巽时。⏎ （以上第八面）

注释：（略）

按语：

此系为法华和尚所立塔幢。法华和尚俗名卫奉均，析津人。出家五十二年。卒于辽乾统六年（1106）十一月，享年七十一岁。本院为其建石塔一座，以旌其高德。

辽比丘尼志惠为其师所建佛顶尊胜陀罗尼经幢

解题：

辽乾统九年（1109）立，现存于大兴区黄村镇东芦城村。八棱不等边，汉白玉石质。幢顶及座佚。幢身高80厘米。文字上部饰卷草纹，下部饰云纹。六面刻经文及真言，《陀罗尼》经文为悉昙体梵文与音译汉文对照本，真言则仅为汉文音译或仅为梵文。二面刻题记。"三司监鐵判官、朝请大夫、尚书左司郎中、守□□州□水县开国男、食邑三佰户、赐紫金鱼袋陈□"撰文。

录文：

唐梵佛顶尊胜陀罗尼曰　罽宾沙门佛陀波利　奉诏译。↵
（梵汉合璧文略，占五面）
《一字顶轮王咒》（梵文咒略）、　↵《六字真言》曰：（汉文译咒略）、　↵
《文殊五发真言》曰：（梵文咒略）、↵《生天陀罗尼》曰：（梵文咒略）↵
　（以上第六面）
大辽燕京左街持淨院持□比丘尼志惠　↵　奉为　先师大德特建　佛顶尊胜陁罗尼幢（石、童，左右结构）记　↵
三司盐鐵判官、朝请大夫、尚书左司郎中、守□□州□水县开国男、食邑三佰户、赐紫金鱼袋陈□撰。↵

大哉释迦氏之立教也，其本末指归皆以慈囗救扣为所尚。众生在有众轮迴间未能⏎出此，囗三业缠迫，或致陷于恶境，能以大方囗力救而出之，则《尊胜大陁罗尼》乃其法⏎也。曰竺乾之典，被于震旦，流布是说。至于今之土大夫家子孙、亲戚欲以荐冥福祐亡⏎囗，必树幢于坟阡，镌此密呪，使其尘霑影覆，获大利益耳。大德讳法山，俗姓吴氏，⏎道宗皇帝朝参知政事讳湛、夫人东海郡徐氏，考、妣也。自幼歲不乐髪留，矢志慕出家，⏎父母不能适其囗意。生阀阅之族，享膏梁（梁），被纨绮，繁华富贵之事，耳目所熟悉，而能割⏎捨于俗囗，归心于空门，向非有高世出伦之见，则囗能至于是？年二十二始受具戒，住⏎持淨院。晚岁授慈敬大德。生平读诵《白莲金刚行愿》等经数各五百，《高王经》二万卷。又⏎持诸佛名号约一百万。伏此白品，足能超迷途至淨地。而门弟子志惠、志忍、志广、志囗、志囗等，⏎仍虑先业之有玷，思孝心而益周，故特捨淨财，徵燕珉，購鄩匠，庶潜鸠于广利用，仰荅⏎于　先灵。　时乾统九年、岁次己丑，十月壬朔十四日囗酉，乙时建。　⏎

注释：

三业：佛教术语，即指身业、口业、意业三业。"业"是组成因果关系的元素。身业是身所做业；口业新译为语业，指口所说业；意业是意所起业。此三业之所造，又可分为善、恶、无记三种类。恶之三业中，如杀生、偷盗、邪淫属身业；妄语、绮语、两舌、恶口之类属口业；贪欲、嗔恚、邪见属意业。善之三业中，不杀生等属身业，不妄语等属口业，不贪欲等属意业。而无善、无恶、无感果之力者，是无记业。

竺乾之典：即指佛教经典。竺乾，即天竺；天竺，即古印度。

震旦：古代印度称中国为震旦，震旦又名九州，震旦故为中国之古称。

尘霑影覆：让经幢上的尘土落在人的身上，使塔的影子照到人的身上，据说这样都可以消灾避邪。

燕珉：亦称"燕石"，幽燕之地所产的石材，由于其质地细腻、杂质较少、颇类玉质，故曰"珉"。"珉"，像玉的石头；"燕"，燕国之地，在今河北、北京一带。此处特指选择极好的石材用来刻碑。

郢匠：指巧匠，据说楚中多巧匠。郢，古楚地，在今湖南、湖北一带。此处特指刻碑的能工巧匠。

按语：

此为比丘尼志惠为其师所建塔幢。师，俗姓吴，法号法山。自幼出家，乾统九年（1109），二十二岁时受戒住持净院。其父吴湛，道宗皇帝朝（1055—1101）参知政事，其母东海郡徐氏。吴湛，万斯年《辽大臣年表》有记。

撰文人衔职：三司盐铁判官朝请大夫尚书左司郎中，辽代官职史载不详。三司，金章宗泰和八年（1208）将户部独立改为三司，兼管户部中的劝农、盐铁、度支三科之事。但由此来看辽代机构即由此官之设。而"朝请大夫"应为文官之阶，史志中元代始分明，位在从四品之首。"尚书左司郎中"在金代尚书省中"左右司郎中"位居正五品。虽辽史无明文确载，但由此只言片语中犹可见辽、金、元职官阶衔沿革之一斑。

北京地区有诸多的经幢类石刻，大多刻《佛顶尊胜陀罗尼经》于幢身，但究竟为了什么，在此幢之记文中则予以阐述明白。"大哉释迦氏之立教也，其本末指归皆以慈□救扣为所尚。众生在有众轮迴间未能出此，□三业缠迫，或致陷于恶境，能以大方□力救而出之，则《尊胜大陁罗尼》乃其法也。"而镌刻《陀罗尼》密咒的真实目的，实际是为了"使其尘霑影覆，获大利益耳"。由"尘霑影覆"，不觉联想起后来的"掸尘会"，也许有帮助寺庙清扫掸尘之意，但其最初即有"尘霑"之意呢？

辽佛说般若波罗密多心经幢

解题：

辽代（916—1125），具体时间不详，现存大兴区黄村火神庙。八棱不等边，汉白玉石质。幢顶及座佚，幢身高 50 厘米。经文首题"佛说般若波罗密多心经"；幢文漫漶，题记中有"大辽燕京安次县北徐里荼□奉为□□□□□特建"等字。应为坟幢。

录文：（暂时无法核对原文）

注释：

佛说般若波罗密多心经：简称《心经》，一卷，唐玄奘译，知仁笔受，贞观二十二年（648）出。另有多种译本行世。

北徐里：辽金时名。今名青云店。

按语：（略）

辽青云店经幢

解题：

辽代（916—1125），具体时间不详。现存青云店镇青云店村南口。八棱不等边，汉白玉石质。四面浮雕佛像并刻有经文及"大辽安次县……"等字。仅有幢座及幢身，幢身高50厘米，径34厘米。

录文：（暂时无法核对原文）

注释：（略）

按语：（略）

辽东店村经幢

解题：

  现存青云店镇东店村。八棱不等边，汉白玉石质。幢顶及座佚，幢身高85厘米，径35厘米。每面线刻佛像，下部刻经文。有"大辽析津府安次县"等字。

录文：（暂时无法核对原文）

注释：（略）

按语：

  以上三则均提到"安次县"。《辽史·地理志》载，析津府安次县"唐武德四年徙置东南五十里石梁城，贞观八年又徙今县西五里常道城，开元二十三年又徙耿就桥行市南。在京南一百二十里"。今安次县在河北廊坊。可见，在辽代安次县曾管辖大兴区的部分地区。

金一切如来随心陀罗尼经幢

解题：

金明昌五年（1194）四月二十一日。现存大兴区文物管理所。幢顶及座均佚，八棱不等边，上下边栏莲花纹图案。幢身高43厘米，宽边12厘米，小边4.5厘米。两面题记，六面刻经，汉文、悉昙体梵文合璧间刻。首题"一切如来随心陀罗尼"，右班殿直广阳镇商酒兼烟火都监李之问为其兄立。幢身较完整，上部一角残。

录文：

一切如来随心陀罗尼（以上第一面）⏎（汉梵文咒语略，占四行）（以上第二面）⏎一切如来灌顶陀罗尼（以上第三面）⏎（汉梵咒语略，占四行）（以上第四面）⏎一切如来结乘陀罗尼（以上第五面）⏎（汉梵咒语略，占四行）（以上第六面）⏎右班殿直广阳镇商酒兼烟火都监李　之问　（以上第七面）⏎奉为先兄太师、夫人，保静军节度使　之才，　并为⏎三途长苦众生，愿同抛苦地，共证率天。　长男进士怀讷、⏎次男怀冲、　次男怀诩、　次男　保静奴，　昌五年四月廿一日建幢。（以上第八面）⏎

注释：

一切如来随心陀罗尼：佛经咒语，连同"一切如来灌顶陀罗尼""一切如来结乘陀罗尼",均为宋代沙门慈贤所译一卷本《大随求陀罗尼经》部分,其根本陀罗尼有三百四十九句,后附七小咒,此仅为其三咒。"一切如来随心陀罗尼"五句,另两咒均为四句。

一切如来灌顶陀罗尼:参上注。

一切如来结乘陀罗尼:参上注。

右班殿直:①武臣本官阶。宋置,为小使臣之一。政和二年(1112)易以武阶官之名,称保义郎。②内侍阶官名。宋政和二年(1112)由高班改称,秩从九品。

广阳镇:属大兴府,金置。《金史·食货》载:"世宗大定九年,大兴县官以广阳镇务亏课,而惧夺其俸,乃以酒散部民,使输其税。"《北京市大兴区地名志》记载,广阳镇遗址位于黄村镇南七公里,庞各庄镇中堡村东北,北臧村乡天宫院东南。该处有古城遗址一处,为广阳镇故址。1949年,在该处沙丘之间,地面曾发现加沙陶片、碎砖瓦等。汉武帝时(前187—前140),在蓟南置广阳县。金代北京称大兴府,置大兴县并设广阳镇。遗址是否即为初建之广阳城旧址,尚需进一步考证。

商酒:未见著录。《金史 食货》载:"酒,金榷酤因辽、宋旧制。"《宋史·食货》载:"宋榷酤之法:诸州城内皆置务酿酒,县、镇、乡、闾或许民酿而定其岁课,若有遗利,所在多请官酤。三京官造麹,听民纳直以取。"《通州区》部分有金大定二十五年(1185)"仲良墓志"亦记有"商酒"一职,此职可以补充金代官职记载中的不足。

保静军节度使:《宋史·地理》八十八卷,《宿州·上》,符离郡,建隆元年(960),升防御。开宝五年(972),建为保静军节度使。元领五县,绍兴中,割虹县隶楚州,后没于金。《金史 地理》二十五,宿州,中,防御。宋符离郡保静军节度,隶扬州。国初隶山东西路,大定六年(1166)来属。贞祐三年(1213)升为节镇,军曰保静。

按语:

幢末落款"昌五年",可以理解为就是"明昌五年",金代有此之俗,如通州区部分"仲良墓志"的落款"定二十五年",即"大定二十五年"之简。

1982年在现广阳镇旧址东十五公里,今安定火车站附近,出土八角金代幢石一块,为右班殿直广阳镇商酒兼烟火都监李之问为其亡母？所立,为金广阳镇旧址在大兴县境内,提供了佐证。

元无碍禅师塔铭

解题：

元至元九年（1272）。塔在大兴区榆垡镇履磕村，砖石结构，六角五级密檐式，残高约 10 米。塔身南向，正面一层砖仿木棱格窗上部嵌以半圆形石质塔铭"无碍禅师之塔"，额上部尚有半圆形砖雕框饰。"无碍禅师塔"实为古刹灵岩寺的遗存，今为区级文物保护单位（2003 年又被公布为市级文物保护单位）。

录文：

无碍禅⌐ 师之塔⌐

注释：（略）

按语：

无碍禅师：是辽代燕京悯忠寺高僧，唯识宗大师。辽统和年间（983—1012），曾经主持《契丹藏》的经录、编订、校刊、雕印工作。本书房山区部分"重镌云居寺碑"条，其撰文人智光是其弟子，记"燕京左街悯忠寺抄主无碍大师笔受弟子沙门智光撰记，"可以说是对无碍大师身份的些许补充。然而其陵塔、葬地史书没有发现记载，考古发掘也无迹可寻。《元一统志》也有关于无碍大师的记载。大兴区榆垡镇履磕村的塔刻有元世祖至元九年（1272）题记，是否元代僧人为其复建的衣冢塔，这需要进一步的考古证明。

附　录

王景秀墓志

唐大历十一年（776）八月二十九日葬。出土于大兴。拓片长宽均46厘米。

庞忠言幢记

金贞元元年（1153）十月五日刻。在大兴，端方旧藏。幢八面刻，拓作一纸，高52厘米，通宽74厘米。正书，先经后记。

王福墓碑

金明昌元年（1190）七月十五日葬于北京大兴。拓片碑身高107厘米，宽65厘米；额高19厘米，宽40厘米。刘从善撰，孙永贞书。韩元外篆额，冯沂、赵元镌。

元张公墓碑

元代（1271—1368）墓碑，现在大兴文委。方首失座，高220厘米，宽115厘米，厚15厘米。额横题"大元"，汉白玉石质。

录文：

光禄大夫、中书平章政事、↲大司徒、徽政副使、领将作↲院事、赠推诚翊亮功臣、开↲府仪同三司、太傅、上柱国、↲鲁国公谥忠献张公先茔。
凉图寺圆晋大师塔幢
元大德九年。

崔元妻朱氏圹志

明嘉靖二十六年（1547）四月二十八日葬。大兴县出土。拓片志长、宽均88厘米；盖均89厘米。正书，盖篆书。

褚维城及妻李氏墓志

康熙三十七年（1698）十一月二十二日葬。大兴出土。拓片志、盖均长44厘米，宽62厘米。褚国孝撰，李奇勋书，赵东旭篆盖。

真武庙碑

乾隆四十八年（1783）十月。在大兴白庙。拓片高200厘米，宽91厘米。颜绅撰，朱纶书。

那彦成墓碑

道光十三年（1833）三月。在大兴县康庄。拓片高212厘米，宽92厘米。宣宗旻宁书，汉满合璧。

清真寺碑

光绪二十七年（1901）六月。在南苑西红门。拓片碑身高 102 厘米，宽 70 厘米；额高 24 厘米，宽 21 厘米。王凤滨撰，王魁元书并题额。

衙门桥碑

民国七年（1918）五月。在旧宫村。拓片碑身高 125 厘米，宽 61 厘米；额高 24 厘米，宽 19 厘米。

鹿圈石桥碑

民国九年（1920）四月中旬。在鹿圈村。拓片高 147 厘米，宽 58 厘米。穆宪章书。

王丹臣妻孙氏墓志

民国十六年（1927）四月十六日葬。大兴县出土。拓片志长宽均 55 厘米，盖长宽均 53 厘米。冯恕撰并书及篆盖。

新日下访碑录·通州卷

通州地区石刻文物简述

通州区位于北京市东部，距城 20 公里。东隔潮白河，与河北省三河市、大厂回族自治县、香河市交界；西与北京市朝阳区、大兴区相邻；南与大兴区、天津市武清县、河北省廊坊市交界；北接顺义区。总面积 907 平方公里。

通州区于西汉初期（约汉高祖十二年，195）建县，至今已逾两千年。在北京作为都城以前，通州区域始终是北国重镇——蓟城的近郊；自金海陵王迁都燕京，同时将潞县升置通州后，就成为都城的左辅雄藩。是秦汉以来驰道驿路首经之地，京杭大运河北起之端，历来为漕运仓储重地；通州陆扼辽东，水控江淮，乃是京畿水陆要津，又是南粮北运通仓之粮进京重地。

此地物华天宝，人杰地灵，因此留下了大量的历史遗迹，如有关漕运、张湾古城、文庙、燃灯塔、通运八里庄等古桥、曹家店铺以及清真寺、天主教和众多的家族墓地等。这些不但有遗迹遗存，而且其中尚存有大量碑刻，如本文所收录的元代赵温去思碑，为我们留下了元代漕运史料。又如通运桥碑、马驹桥碑、土桥刻石、福德庙碑、碧霞元君庙碑，既为我们提供了古代修桥补路的史料，又讲明了桥与庙的关系。由唐孙如玉墓志志文的记载，还获得了关于古时通州长城建置方面的启示等。另外，辖区内也不乏有佛教、道教、伊斯兰教、基督教等宗教方面内容的石刻，如燃灯佛舍利碑、关帝庙碑、朝真寺碑、祁马氏碑等。并在之后的几年里又陆续出土了一些石刻，有唐代的墓志、辽金时期的经幢；有关于漕运方面的碑刻；有记录著名人物生平及著名历史人物书撰的碑文墓志等，如李东阳、周文通。

北京石刻艺术博物馆于 1996 年普查了通州区石刻文物，为研究通州区历史上的人物、事件、村落及风土民情提供了丰富的有价值的资料。

元赵温去思碑

解题：

元至正八年（1348）正月。现存通州区城内新华大街文化局院内，通州旧城城基出土。螭首失座。碑高280厘米，宽90厘米，厚27厘米。圭形额篆"同知都漕运司事赵公去思碑"，圭形额，首题"都漕运使司同知赵公去思碑颂"，亚中大夫同知都漕运司事王钧篆额，前翰林待制兼国史院编修官春谷武元亨撰文，将仕郎都漕运使司知事张允恭书丹。碑阴人名，上下分七列。碑身下半部残断，另有若干小碎块。

录文：

都漕运使司同知赵公去思碑颂　┘
前翰林待　制、兼　国史院编修官、春谷　武　元亨撰文，
┘亚中大夫、同知都漕运司事王钧篆额，　┘
将仕郎、都漕运使司知事张允恭书丹。　┘
幽之漕肇乎魏武，迄唐。河北营田使姜师度，循魏故跡，并海、凿渠、开泊，以通饷路，金因至都／渠船运。暨　┘国朝，有东南之利，江浙之赋，岁输米三百五十万石。初由淮转汶泗、东阿、胶、莱达京，以其迁延／港口涉□┘沧溟之汹涌，冒洪涛之屹立，至直沽之广通，始交卸以入京。先时，循魏、金旧制，开渠漕，以／擣／其虚实□┘而後遣其粮，自直沽紧

(扌、堅，左右结构，但"土"字需换"干"，再下左右两"丶")白流，接通惠廥。而捣之湢润之米，经风耗折其数不等，致纲官运☐为患☐ ┘者，迨我 ┘同知赵公之来也，分司通州，当监擣埧，值厥衅隟，塞其罅漏，俾纲官运卒粗获休息。革☐之害，却赂☐发如神，万☐得其人而其政举矣。泊迴车也，吏卒攀辕脱履，追思不已。夜以继旦，以其遗爱之深而☐众曰□君□□返也□□□不颂德于庭□┘刊绩于石。冀乎扬清芬、播惠泽，是吾侪之报德耳。众忻诺。于是纲官吏卒录其行实，请☐署掾出为上都留守司都事，调徽政院都事□□┘陛经历，迁上都留守司经历，入拜监察御史，转大都兵马指挥，陞都指挥使。秩未满☐议所至革弊兴利之政，不遑备述，窃尝谓今□□┘为政者，率皆姑息见利而亡义，视弊而不更，惟苟且偷安，遨历俸月，孰为之破觚☐务公勤干拯瘼惠人者，如公则反是，与滞革□□┘救民于水火，则今之贤运同也。昔见韩温甫，今有赵温甫，异世而同风者也。且公☐耳，尚能听郑之政，而济之以宽猛，纠之以残慢□□┘夫子称之曰"古之遗爱也"。况公大邦之臣，督责之寄而致吏卒无敢慢、无敢欺☐役力亦可谓宽猛相济矣，奚独子产哉！孟子曰：□□┘政民畏之，善教民爱之，公兼有是哉！公讳温，字温甫，开元咸平人。以公常为☐┘朝，既闻善政，敢不揄扬？乃作颂曰： ┘

潞有漕，沿魏金；我因之，利愈深。 输涮米，□尤甚；
公故尔， 卒绥之。 ┘ 其功丕，人厚思； 碑丰树， 揭万世。永為论，
 作准绳， 垂无期。
至正八年正月 日， 金王府石匠郭聚、 郭资刊。
（碑阴）
亚中大夫、都漕运使司同知王， ┘
朝散大夫、都漕运使司副使纳纳失里， ┘
承德郎、都漕运使司判官忽都帖木儿， ┘
奉议大夫、都漕运使司判官董， ┘

将仕郎、都漕运使司知事张，┘
将仕郎、都漕运使司照磨吴。┘
（以下人名略）

注释：

翰林待制：古代职官名称。元代为翰林国史院长官翰林学士承旨属官之一。

亚中大夫：古代文散官名称。元始置，秩从三品，位在中大夫之下。

将仕郎：古代文散官名称。唐始置，秩正九品下。元升为正八品，位在登仕郎之后。

都漕运使司：元置，属户部。至元二十四年（1287）自京畿都漕运使司分置，掌御河上下至直沽、河西务、李二寺、通州等处粮斛运输之事，于河西务置总司，分司临清。有运使二人，正三品，同知二人，正四品。

漕：水路转运粮食等。

姜师度：唐时人，《旧唐书》卷一八五下《良吏下》有传："魏人也。明经举。神龙初，累迁易州刺史，兼御史中丞，为河北道监察兼支度营田使。师度勤于为政，又有巧思，颇知沟洫之利。"曾对水利工程做出过贡献。"特加金紫光禄大夫，寻迁将作大匠。"《新唐书》卷一百《列传》二十五评价："师度喜渠漕，所至徭役纷纭，不能皆便，然所就必为后世利。"又云："好兴作，始厮沟于蓟门，以限奚、契丹，循魏武故迹，并海凿平寇渠，以通饷路，罢海运，省功多。"

国朝：此指元代。古代当时人常用以指代当朝。

廥：古代指临时堆垛粮草的简易仓库。

韩温甫：即韩玉，《金史》有传。字温甫，其先相人，曾祖锡仕金，以济南尹致仕。玉明昌五年（1194）经义、辞赋两科进士，入翰林为应奉，应制一日百篇，文不加点。又作《元勋传》。泰和中，建言开通州潞水漕渠，船运至都。升两阶，授同知陕西东路转运使事。

夫子称之曰：此"夫子"指孔子。语出《左传·昭公二十年》，原文作

"及子产卒,仲尼闻之,出涕曰'古之遗爱也'"。这本是郑国子产善政的故事,他临死之前曾经劝说过他的继承者子大叔,如何为政的方法,结果收到了实效。因此,孔子在评价《左传》中的这一段史实时,由衷的赞叹道"古之遗爱也"。

孟子曰:语出《孟子·尽心上》。原文:"善政不如善教之得民也。善政民畏之,善教民爱之;善政得民财,善教得民心。"此处为引用孟子的典故来称赞志主赵温。

按语:

赵温:《元史》无传,字温甫,开元咸平人。都漕运使司同知,分管通州。迁上都留守司经历,入拜监察御史,转大都兵马指挥,升都指挥使。此碑可补元史人物传记之缺,也是研究元代漕运、职官等方面的重要史料。

通过碑文的叙述,我们可知北京之地,漕运始自三国魏时。到了唐朝,河北营田使姜公师度,寻旧迹加以开挖,以通饷路。直至金代,漕粮才得以真正入京,使后来的大都享有东南之利,岁输米三百五十万石。然而由于自然与人为的原因,以致漕粮损失、官吏懈怠。赵公自分管以来,能够具体问题具体分析地一一解决,得到了公众的赞扬。其"而捣之浥润之米,经风耗折其数不等",可与《元史·河渠志》互证。实际上,元代的水利漕运工程较以往得到了长足的发展,不仅真正解决了南粮北调时海运改漕运减少粮食损失的问题,还解决了漕粮到通州后存储以备运京的陆路水陆交通的问题,以及当时大都城人们的生活用水问题。当然这里有都水监郭守敬的功劳,赵温甫的功劳更是不可磨灭。《元史·河渠志一》记:"水为中国患,尚矣。知其所以为患,则知其所以为利,因其患之不可测,而能先事而为之备,或后事而有其功,斯可谓善治水而通其利者也。""元有天下,内立都水监,外设各处河渠司,以兴举水利、修理河堤为务。决双塔、白浮诸水为通惠河,以济漕运,而京师无转饷之劳。导浑河,疏滦水,而武清、平滦无垫溺之虞。浚冶河,障滹沱,而真定免决啮之患。开会通河于临清,以通南北之货。疏陕西之三白以溉关中之田。泄江湖之淫潦,立捍海之横塘,而浙右之民得免于水患。当时之善言水利，如太史郭守敬等，盖亦未尝无其人焉。一代之事功，所以为不可泯也"。

碑阴题名中保留了许多元代低级官员职称，如：知印、奏差、典吏、徭权纲官、徭头目、徭官、纲官等，为后人的研究，提供了第一手资料。

新建通济桥碑

解题：

明万历六年（1578）八月立。原位于通州旧城北门外通惠河上通济桥北端东侧，1997年建新桥时摧毁，方首雕云纹，方座无存。碑高221厘米，宽86厘米，厚23厘米。额篆"新建通济桥记"，首题"新建通济桥记"，"赐进士第、奉政大夫、工部督水监□□郎中、姚江人叶逢春"撰文，赵济书丹，会稽冯意镌刻。边框正反水波纹饰，碑阴刻人名。今仅余碑身，现存区文委院内，仆置。石灰岩质。

录文：

新建通济桥记

通州北门<u>月城</u>外，旧有板桥，隆庆二年秋水大泛圮。□□□□者假舟而济以入于市，輒遇水势漫溢，輒若望洋争舟而渡，往往有濒沦者，民咸苦之。所司□□□艰，欲重置之，而艰于财輒止之。太原李公董通惠河事，乃心国务，不规劳怨。比至，一切废堕悉次修举。若修筑<u>皇木厂</u>之环堵，树建竹木局之廨宇，此其绩之彰彰著明大有利于官民者也。□悯斯桥久湮，而又思所剏之。会<u>农曹总戎</u>内监诸公共事，斯出者稚意同心，公先捐俸，诸公继焉。而土之缙绅及<u>商氓</u>之尚义者，具闻风而争助，得金若干。于是凿石于山，易木于市，计工度财，程用计食。逾两月而告成。以故人无病涉，舆可通行，民並利之，因名曰通济，表公之□德□□也。又以餘金修月城之就圮者若⏎干文焉。财无取于他而厥功峻伟，斯公之大有造于通民也。
叶淑仁曰：夫通旧城东北间运河□带⏎漕艘云屯，其下京储由河。先是转运不前，令暂入号房，或露积衢□以待焉。后房数犯于我，当事者⏎悬万一，深入不免为房赀，故建月牙城，以备房之窥伺。又□□桥以通往来，顷皆废圮，则露积□房⏎如故。此其病不特民生，且移之国计，公于两者具举。桥竣而月城可济，城□而运河益固，脱有房警，⏎可无资粮之虑矣。其功则又非通之民所尽概也。顾不顾钦，故部尚书□上郭公特署公考曰：体国⏎本于忠诚，天亦有所试于兹矣。是后也，始于万历六年三月，竣于五月中。费金若干，无烦于公私之⏎需而竣之。不日斯□略也，远矣。公讳熹，举嘉靖戊辰进士，号龙山，山西人。与公首议而绰有茂功者，⏎则户曹郎中顾公显仁，主事曹公维新，侯公世卿，王公学书，吕公子栻，蔡公应科。总戎蔡公勋，内监⏎李公奉董事，颇勋□劳，则通州卫千户张勳。其捐资而助若工者例得书于左云。⏎

万历六年八月望日。　　⏎

赐进士第、奉政大夫、工部督水监□□郎中、姚江叶逢春譔，後学赵济书丹，会稽冯意镌。　⏎

注释：

月城：即下文所说之"月牙城"。是指古代建造于城外的用来屏蔽城门的半圆形的小城。

皇木厂：明代永乐年间（1403—1424）皇家贮存建筑宫殿木材的场地，因传说遗材颇有神通，故又名皇木厂。其地在朝阳区东距广渠门一公里、北距通惠河二百米处。清乾隆皇帝曾写《神木谣》，并为制御碑一座，今仍存，但其他材木已不见踪影。

环堵：意思是四面土墙，多以形容居室简陋。环，四周；堵，土墙，四壁。

农曹：劝农之官，当指充管农务的有司。

总戎：当指地方军事统帅。

商氓：行商，指外来商户。

脱：假如，倘或之意。

奉政大夫：古代文散官名。金代始置，明制奉政大夫为正五品升授之阶。

按语：

碑文在记述修桥必要性时主要强调通济桥与北门月城相辅相依关系及通州运河转输漕粮以保卫京师之战略地位，顺便谈及运河北端通州号房、露囤与漕艘云屯之壮观景象，表明通州乃北京命脉和屏障，地理位置重要。同时，在明万历六年（1578）三至五月间修建通济桥时亦曾修筑通州旧城北门月城圮坏处，表明此前北门外曾有月城，而且月城之建是因为防虏再犯。有月城及此次修月城，方志无载，此碑文所记可补其缺。"通州北门月城外，旧有板桥"，说明此处原为木质板桥，而且隆庆二年（1568）秋曾发生过水灾，桥被大水冲垮，百姓争渡，险象频生。

读碑文"太原李公董通惠河事"，"一切废堕悉次修举，若修筑皇木厂之环堵，树建竹木局之廨宇"可知，李公自主管通惠河工程以来，还做过很多大事，如修"皇木厂"的围墙，"竹木局"的官署房屋等。"竹木局"据《通州志》载："竹木局建于通州，自永乐始。"实际是对于南方驳来的竹木建材征收税金的官署。作为这次修桥补城首倡者李公，名熹，号龙山，为嘉靖戊辰进士，山西人。另外还有顾显仁、曹维新、侯世卿、王学书、吕子栻、蔡应科、蔡勋及内监李公等人。但查史，嘉靖中并无干支为"戊辰"者，直至隆庆二年（1568）方为戊辰，或为戊子（1528）、戊戌（1538）、戊申（1548）、戊午（1558）或壬辰（1532）、甲辰（1544）、丙辰（1556）之误，也未可知。后经查明代进士题名碑可知，李熹，山西祁县军籍，明隆庆二年三甲第二百八十二名进士。证明了我们的怀疑。

《日下旧闻考》卷一〇九《京畿·通州二》引《通州志》"卧虎桥在北关月城外，旧以板为之。万历六年，工部郎中李熹易之以石。"《臣等谨按》"卧虎桥又名通济桥，今存"。

静安寺重修碑

解题：

　　明成化年间（1465—1487）。现存通州区静安寺胡同原静安寺后殿前西侧立。螭首龟趺。高 360 厘米，宽 100 厘米，厚 25 厘米；龟趺高 53 厘米，宽 100 厘米，长 200 厘米。额篆"通州重修静安寺碑"。碑今剥蚀严重，文字已不可识。

录文：（暂时无法核对原文）

注释：（略）

　　静安寺：清吴存礼《通州志》载："静安寺在州治东南，金大定十三年（注：1173）建，明洪武间修，万历壬午（注：1582）僧妙来再修。刘效祖撰记。"清代屡加修缮。《日下旧闻考·京畿·通州》作"靖安寺"，云："靖安寺在州治东南，金大定十三年建。臣等谨按：靖安寺今存"。碑作圭形额，疑为旧碑改作，遗址内尚有经幢顶部。

按语：（略）

重建广福寺碑

解题：

  明嘉靖七年（1528）二月初八日盖造，嘉靖十年（1531）四月初八日立碑。现存张家湾公园。火焰通天螭首、龟趺。碑高252厘米，宽85厘米，厚24厘米；龟趺座高60厘米，宽85厘米，长222厘米。额篆"重建敕赐广福禅寺碑"，首题"重建敕赐广福寺碑记"，"第九代住持□□住造"。碑阴捐资人名，碑阴篆额"万古流芳"。碑连座，今龟首断离。

录文：（暂时无法核对原文）

注释：（略）

按语：

  碑文字迹已经模糊不清，只能辨出"高僧""正统五年""敕建""方丈一间"等。石碑亦已被村委会埋入地下。

重修广福禅寺碑

解题：

　　清□□五十九年□月，现存张家湾公园。碑高140厘米，宽88厘米，厚27厘米。字迹残损，仅留下半，边框卷草纹线刻。首题"□敕赐广福禅寺碑记"，"□邑庠生李湄"撰文，"吏部候选州右堂、会稽朱成谏"书丹。

录文：

敕赐广福禅寺碑记　┘
□邑庠生李湄撰文，　┘吏部候选州右堂、会稽朱成谏书。　┘
州南十里一曰张家湾，挹潞水之灵，拱燕山之秀，绿原高厚，碧波萦绕，嘉木丛青，远峰削翠。凡朝贡┘□商旅之出入，门第云残历久矣，□□天下矣，而高巖寺之遗跡无□。寺之刱□□其殆元季以来┘于兵燹□□乱，鞠为荒丘，兔穴狐舍，四围将遍。大明正统己未，□□□赵忠等□之请，蒲公和尚藉┘□寺之额，始鸠工庀材，经之布置，阔十□□□於／明□阁□□无量寿佛┘殿，祖师殿刱于大殿之侧。四殿／宗、师、空、柏，禅堂七十二□┘会□堂，阅单满一世入山久／而□□於┘□□□□所持居民杨玘等┘间居民张□祥等两次重脩以□□□□壬／改□□□□满未雨┘□□则□□□□故□将□兴败之／┘／言不宜也於康熙□□□□春月间／┘

□□□家场坛□塌╱墙垣次第补□□╯□□补□平坦，碑记倾而□之□录╱也□未必□□╯□□花前之艰苦而既已□脩，可见其□□□□方╱花之久□快祇所收╯□□╯□□□忝离行自今昔□□也又□□小补与□□之功分□名□□为记。 ╯╱五 十 九 年， □ 月 吉 旦 立 碑 记。╯

注释：

广福禅寺：《日下旧闻考》载：广福寺本元高丽寺旧址，明正统己未（四年，1439）更建，赐今额。清吴存礼《通州志》载：广福禅寺在张家湾，元时高丽寺旧址，明正统己未敕赐今额，清代顺治间张云祥修。

吏部候选：候选，清代职官管理制度规定，内自郎中外自道员以下的官员，凡初由考试或捐纳出身，以及原官开缺依例起复，均需赴吏部报到，候其依法选用，即称候选。

门弟云残：即"门第云残"。"门第"，指大门、台阶等；"云残"，就是"残破"之意，"云"是虚词，作结构用，无意义。

鞠为荒丘：犹如说已经长满了荒草，成了荒丘。鞠，鞠育，养育之意。

按语：

碑文虽剥蚀不清，但依稀可见"高巖寺之遗跡无□。寺之刱□□其殆元"，"大明正统己未"字样，正可与《日下旧闻考》《通州志》之文互证。且碑文尚有"赵忠""蒲公和尚"字，正可补《日下旧闻考》之缺，此为重修主持者。而据"无量寿佛殿，祖师殿刱于大殿之侧"，可见其为主殿之二辅。规模、管理者略具。年款为"五十九年"，而年号剥蚀，干支不具，但推断可知应为"乾隆"。因为有清可达五十九年者只有两代，即康熙、乾隆。又因《日下旧闻考》为乾隆朝所修撰，如果为康熙五十九年（1720）碑，为何不及此碑，而如为乾隆五十九年（1794），时在《日下旧闻考》之后，更为合适一些。

燃灯佛舍利塔碑

解题：

明万历三十年（1602）庚戌。现存通州区西海子公园。碑高 152 厘米，宽 62 厘米，厚 20 厘米。座系后配，原为火焰宝珠底座，高 74 厘米，宽 100 厘米，厚 37 厘米。碑阳居中题："燃灯佛舍利塔"，右上款"唐贞观七年癸巳建"，下首落款"明万历三十八年庚戌工部郎中平湖陆基恕识"。碑今剥蚀严重。

录文：

唐贞观七年癸｜巳建
燃灯佛舍利塔
明万历三十八年庚戌工部郎中平湖陆基恕识

注释：

燃灯佛：又名定光佛，在佛教中是过去佛之一。相传他身上光亮如灯，故名燃灯，成佛后亦以燃灯为号。传说，燃灯佛在过去世为释迦牟尼佛授记。

工部郎中：中国古代官名。工部，古代中央官署名称，为掌管营造工程事项的机关，六部之一，长官为工部尚书。明代的工部下设营缮、虞衡、都水、屯田四个清吏司，各设郎中一人，正五品；员外郎一人，从五品；主事二人，从六品。故郎中为司的长官。

平湖：明代县名，其地在今浙江海盐附近。历史悠久，以前曾未独立成县，至明宣德五年（1430）始从海盐县分出大易、武原、齐景、华亭四乡，建为平湖县，县治设在当湖镇，属嘉兴府，隶浙江承宣布政使司。因其地在汉代时陷为当湖，"其后土脉坟起，陷者渐平，故名平湖"。

陆基恕：平湖石碑泾里（今浙江省平湖市新埭镇旧埭村）人。时任南京工部尚书、吏部尚书陆光祖之子，陆杲之孙。

按语：

《日下旧闻考》卷一百九载："燃灯佛塔建自后周宇文氏，贞观中尉迟敬德修，元至德间都哩都尔苏再修。臣等谨按：'至德'为唐肃宗年号，元代无之。《帝京景物略》所载元至德，应是'大德'之误。""断碑无考。"清朝英良《通州志》："在州治西北，寺有浮屠十三级，名燃灯佛舍利宝塔，详古迹，俗传为塔庵，年久倾圮。同治六年，都人王均瑞偕赵钧捐赀重修添建此宫，嗣经州绅捐赀在庙立义学两斋，颜曰萃云、时雨，并舍药施茶敬惜字纸。复于光绪元年添设粥厂。"清朝吴存礼《通州志》："在州治西北隅，浮屠十三层，下作莲花台，创于唐贞观七年癸巳，历五代，辽金元而始成为州之巨观，即八景中之'古塔凌云'也。康熙九年黄花山老僧智亭重修。十八年地震尽圮。僧照盛募建。自三十年起每岁营建一层。"由此可见，截止到建国后的几次重修，应该说，佛塔今日之形制，基本上是清康熙十八年（1679）以来重修的样子。观察此碑阴面与侧面，又可见当年改作之痕迹，原应为供桌上枭。

明李卓吾墓碑

解题：

明万历四十年（1612）。原在通州城北马厂村西迎福寺侧，1953 年初移到大悲林村南，1983 年再移至西海子公园内。现存通州区西海子公园。碑高 264 厘米，宽 87 厘米；方座高 35 厘米。碑阳居中题榜书字"李卓吾先生墓"，焦竑题。碑阴首题"李卓吾墓碑序记"，后附吊李卓吾先生诗，詹轸光撰文正书记行书诗，末钤三印。外砌碑楼，今碑阴剥蚀严重。

录文：

李卓吾先生墓┘
焦竑题┘
（碑阴）
李卓吾碑序记　┘
呜呼！此　┘明卓吾李先生墓也。先生以死友之谊就马侍御于通州。及被逮，不可辱，□自刎，则侍御收其┘遗骸归葬□。今其塚岿然，其白杨森森然也。呜呼！世之无朋友也，□□乃有生於我乎？养□┘于我乎？葬□侍御也者，则千古之友道未坠地也。侍御立　┘朝直声，动□□天下望而震焉，而独折节先生于师友间，则先生可知□。余获御先生有年，先┘生盖目□□小友，今已再展先生，莫而兹石依然草莽也。叹侍御不□复作，而诣其嗣子健□顺,出太□□所为题字,泣而曰:"顺不肖,敢忘先君子之义哉?"遂摹勒□而树之。时万历 壬 子□之二月□□□千秋百岁后有景行先生,而思一识其藏者,此碑可□不朽云。先生讳贽, 温 陵人。侍□□ 经 纶,凤阳人。而余则新安詹轸光也。□

弔 卓 吾先生墓 二首 □

雨雪流□□□晖风流千载一沾衣自拼垂老唯朋多谁将浮名有□□侠骨不妨□□□□焚书正德□人讥悲□故出西州路马策于今几叩扉 祇□□□□参差 一 □□□条思转悲□眼昔 嵇 中散傲玄经今识子云奇故人□首犹千古小□□□此一时燕赵 古 □来多慷慨□□洒泪岘山碑。 □ 詹轸光 (印)"詹轸光印""□□氏""回向居士"。□

注释:

焦竑:(1541－1620)《明史》有传。字弱侯,号澹园,江宁人。为诸生,有盛名。从督学御史耿定向学,定向选十四郡名士读书崇正书院,以竑为之长。复质疑于罗汝芳。焦竑讲学以汝芳为宗,而善定向兄弟及李贽,时颇以禅学讥之。万历十七年(1589)入北京中进士,历任翰林编修。性耿直,遇有时弊则形之于言。万历二十五年(1597),主持顺天乡试。其后被劾,谪为福宁州同知,秩满后遂不复出。卒谥文端。有《禹贡解》《玉堂丛话》《国朝献征录》等多种书行世。

马侍御:即马经纶,1600年前后在世。《明史》有传。字主一,顺天通州人。万历十七年(1589)进士。除肥城知县,入为御史。其后,明神宗(朱翊钧)寻端加罪于言官,马抗疏力谏,遂被斥为民。归故乡通州后,闭门绝客达十年之久。后病卒,门人私谥"闻道先生"。侍御,官名,"侍御史"之简。主纠察百官之事,明及以后遂废。御史,明清之监察御史,所主事同。"侍御"与"御史"所官不同,年代有别,但性质类似,故人称马御史为马侍御,是人之所好以古代今之一例。

詹轸光：《明史》无传。此处有其撰写碑文，可备一考。

按语：

李卓吾墓碑：《帝京景物略》记载："马经纶葬李卓吾于通州北门外迎福寺侧。冢高一丈，周列白杨百余株。碑二：一为"李卓吾先生墓"，秣陵焦竑题；一"卓吾老子碑"，黄梅汪可受撰。"按，此前一碑即焦竑题字碑，原在通县北马厂迎福寺西侧，后移大悲村，今立海子公园。另一碑今无存。民国·金士坚《通县志要续志》载："李卓吾墓在州北关迎福寺侧，有碑云云。考民国十五年知事张效良曾一度修葺建碑楼一座并杂植花木于其阳。"《日下旧闻考·京畿·通州》："温陵李贽墓在通州迎恩寺西。按：迎恩寺，《州志》作迎福寺，久圮。今其地尚名迎福寺街，据城北三里。李贽墓尚存。"《旧都文物略·陵墓略》记："明李卓吾墓，在通县北门外，迎福寺侧。"此碑凡三迁，实为并无衣冠的衣冠冢而已。

据《明史》第二百二十一卷载，耿定向"尝招晋江李贽于黄安，后渐恶之，贽亦屡短定向。士大夫好禅者往往从贽游。贽小有才，机辨，定向不能胜也。贽为姚安知府，一旦自去其发，冠服坐堂皇，上官勒令解任。居黄安，日引士人讲学，杂以妇女，专崇释氏，卑侮孔、孟。后北游通州，为给事中张问达所劾，逮死狱中。"又据《旧都文物略·陵墓略按》，"卓吾，名贽，晋江人。万历中，以孝廉为姚安太守。好禅学，士大夫乐与游。一旦，自去其发，冠服坐堂"，"令还籍，卓吾以薙发刀自刎死。其友通州马侍御经纶为之殡。筑冢高一丈，周植白杨百余株。碑二"。容肇祖本《凤池林李宗谱》载："李贽，字卓吾，又字笃吾，别号温陵居士、百泉居士、龙湖叟、秃翁，又号宏甫、思斋；原姓林，以林载贽之名入泮，旋改姓李，中举后避朱载贽讳，改名为贽，又有笃、卓等名；福建晋江人，回族，嘉靖六年丁亥十月三十日生，万历三十年壬寅三月十六日卒，年七十六。"明陈治安有诗："通州郭北门，迎福寺西隅；立石表卓吾，望见为唏嘘。公仕有苦操，晚岁独逃虚；极口诋世人，髡首勒藏书。气味非中和，难为日用粮；留诸樽俎间，宁不菖歜如。胡乃迫之死，使其愤懑舒；乾坤饶怪异，公异而见袪。"

又，其附近尚立一碑，系建国后当地政府迁墓重建碑时所立。原在大悲林，后随李碑复迁于此。兹录于下，以作备注。

李卓吾名贽，泉州晋江人，明代学者。生于一五二七年（世宗嘉靖六年），卒于一六〇二年（神宗万历三十年），寿七十六岁。生前著书立说，排击六经、语孟，力反儒学名教的专制独断，招惹了封建当道者们的嫉恨，对其刀诛笔伐，谣言中伤，最后以左道狂禅罪名逮捕入狱，被迫害而死。遗体由友人葬于通州城北马厂。因中央卫生部在该处购地修建，遂移葬于此地，重建其碑，并附之以志，以明始末。通州市人民政府，一九五四年 月 日。

通运桥碑

解题：

明万历甲寅（四十二年，1614）立。原址在通州区张家湾通运桥北20米。螭首座佚。碑高356厘米，宽106厘米。额篆"通运桥碑文"，首题"通运桥碑文"，"钦差督□通湾镇□□官、直隶宣□□□等处屯粮□□御马监太监张烨撰文"。碑阳基本完整，但字迹剥蚀严重。碑仆地垫路，上埋砌水泥。

录文：

通运桥碑文

张家湾向无城垣，嘉靖庚戌□□□变， 世宗皇帝谕创造焉。其城南门外通运河西，□西山诸水，且通蓟密等河，其水□□□以木板构桥，平舆驮载，不堪其重。虽盈盈□□带间□然 有千里之□，重以霖霪水派，□□澎湃，每遭崩桥之患，民多鱼鳖。今御 命封疆权守潞者，徃徃□□民艰，临流辄叹，且民□矣，即有不腆之笔，□安能如公孙大夫獴仆晨夕？且所济之几何，而又安忍行□□往来随其 困乏而□为之所也？因□□上闻 圣天子，钦锡帑金一千两， 皇太后捐资五百两， 景□陵掌御马监太监张公其者捐千金，抚、按、司、道及各有司 咸以□ 圣德如人，捐俸乐助，遂鸠工垒石，改水筑堤。□始于万曆三十一年正月，□成于万曆三十三年十月。桥长一十三丈，上濶三丈；围□□□丈，□□□。 □□万五千餘金，毫不及父老百姓。复于桥对处所□入城门断□□□三官庙，以祈永镇。事竣而 ˩ 请赐敕名□曰"逍遥庙"，曰"福德"，万古□□四方仰╱之有奏请者，以庙踵肩相摩而欢呼相属也。天桥╱˩以□□□井雨□天门间为闻□汉三辅□杨桥以□□□□□令□之，当时不无□□都钱公通者为 ˩ 国家王府顾未尝偕财，民亦无费都於公晋武时杜行为河桥孟津至□以□□会重所知也。我 ˩ 圣天子加恩於元元，□□助而夕□，可令海内□□□荡平平之政，使得民力兴间俯，□孙大夫之力不及。功即不□□桥孟津当□为孟氏所□˩ □是為之记。 ˩ 钦差督□通湾镇□□官、直隶宣□□□等处屯粮□□□御马监太监张烨撰文。 ˩ ╱甲寅立冬□日。 ˩

注释：

世宗皇帝：此指明世宗皇帝朱厚熜（1507—1566）。其父朱祐杬，母蒋氏。在位四十五年，年号嘉靖。庙号世宗，谥号"钦天履道英毅神圣宣文广武洪仁大孝肃皇帝"。

圣天子：臣子对当朝皇帝的敬称。此处指明神宗万历皇帝朱翊钧（1563—1620），年号万历，在位四十八年。庙号神宗，谥号"范天合道哲肃敦简光文章武安仁止孝显皇帝"。

皇太后：此指神宗生母孝定李太后，其父李伟，也即慈圣宣文明肃皇太后。万历四十二年（1614）崩，谥"孝定贞纯钦仁端肃弼天祚圣皇太后"。

孟津：在河南孟县南九公里。

按语：

张家湾城因有张家湾而名城。《长安客话》："张家湾为潞河下游，南北水路要会。自潞河南至长店四十里，水势环曲，官船客舫骈集于此，弦唱相闻，最称繁盛。"《读史方舆纪要》："张家湾在州南十五里，元万户张瑄督海运至此而名。东南运艘由直沽百十里至河西务，又百三十里至张家湾，乃运入通州仓。盖卢沟河与白河会流处也。"明嘉靖庚戌年（二十九年，1550）建张家湾城。桥建成，敕名"逍遥"；又在城东北侧建三官庙，赐名"福德"，以镇桥。其址在今张家湾粮库院一带。据明代徐阶《张家湾城记》："凡四方之贡赋与士大夫之造朝者，舟至于此，则市马僦车陆行以达都下。"通运桥南北向，全长一十三丈，实测三十二米，宽三丈，实测八米。为三券联拱平面石桥，每侧有栏板和柱头，柱头各踞一狮。中拱两面券脸中心雕息水兽各一。万历三十一年（1603）正月动工，三十三年（1605）十月告成。当朝皇帝钦赐帑金一千两，皇太后捐资五百两，御马监张公捐千金。孝定李太后，漷县人。笃信佛教，善做功德，每有佛寺建修，必为捐帑。然此桥实与佛事无关，而又捐资五百两，定与其出生漷县有关。桥又名"通运"，初在张家湾城建成之时（1550），本为土桥。五十年后即改石桥。桥中券内壁嵌相同内容的刻石二块，内容相同，上刻"大明万历三十三年建，清源陈进儒监造"。清英良《通县志》载："（通运桥）在州张家湾城南，旧名南门板桥，后圮。明万历三十三年，内官监张烨请改建石桥，并建福德庙、文昌祠镇之。咸丰元年州绅丁鹤皋重修。"可与此碑文互证。陈进儒、丁鹤皋，《清史》均无传。文昌祠今亦无存。

另碑文落款为"御马监太监"，而清代《县志》载"内官监太监"，《万历实录》"通湾盐税"。"内官监"在"御马监"之上，说明张烨建桥后职位有所升迁。而"通湾盐税"则有可能是其当时之所司。

另外，旧在张家湾关帝庙内，有早此近百年的明正德十三年（1518）《重修通运桥碑》。兹据旧拓录文于下备考：

（额篆）重修通运桥记

（正文）

重修通运桥记

赐进士出身、资政大夫、奉敕总督仓场、户部尚书、保定杨潭撰文，赐同进士出身、通议大夫、工部左侍郎、固安刘永正书并篆。

潞河为王畿之首地，四方商旅所□□而运河□□往来者，必藉桥以□□□□流□□□┘以通运。久而倾圮，有司随时□修葺□。因其□而汜，每遇岁涨，座□□□□亦□利于□┘也。迨正德丙子（注：十一年，1516），大司□杨公宗□、少司空刘公思永暨王正曹□□□□□奉┘命而来，后其地而深□□□□□而广之，爰命通州分守王□□□□□□圣侯□以董┘其事，指□□良□□□刘茂、同知黄复胜、州判林灿、李瑞□□□表□□□务焉。盖兴役建┘事，必□力而后成，一者固□于卒举也。于是召里居之□□□杨玘以下五十人□义以┘慈□八役以敦之，众皆欣然乐从，捐所有以供其役，□□□□匠卜日肇工为□□一□四┘丈，阔一丈六尺，长三丈二尺。中为空洞，上为□途，□□□良制□警，盖如终几□踰月而┘乐成焉。又为庙于其侧，以壮其观，规模□□□□□越二年，刘公走书□□记其事，予□乡┘曲之后，是故□敢辞。予惟古者□□□□□□所尤□□牛乘马，舟楫之利以济不┘通，□□易于□□之中，\有之，至周而始备，故雨毕┘而□□水阔而□□□在□□□□□不可□□□之代收□□□□□而非之□抑孰知┘一正之关，而民有不\无能┘孔明相\而民以□几于□□之政，其□是人且□□所┘经历有一\则其□□大\因┘\永利则兴\而可以□□□可□□┘□□□□行\之□利及无□功垂不朽，实本\┘□□等之是\宜以为记。时┘正德戊寅夏月。┘

敕建通运桥福德庙碑

解题：

明代（1368—1644）。现存通州区张家湾镇张家湾粮库院内。螭首失座。碑高 366 厘米，宽 108 厘米，厚 38 厘米。边框线刻龙纹。额篆"勅建通运桥福德庙碑记"，首题"勅建通运桥福德庙碑记"，赐进士第、翰林院纂修国史、诰敕、左春坊右谕德、福莆周如盘篆额，赐进士出身、光禄大夫、柱国、少师兼太子太师、吏部尚书、建极殿大学士、知经筵日讲福唐华撰文，武英殿校理书籍、中书舍人杨东正书丹。碑阴无额题，文刻捐资人名。碑风化严重，下部磨泐。碑今侧立，并有电线杆挡住下部字迹。

录文：

敕建通运桥福德庙碑记　┘
赐进士出身、<u>光禄大夫</u>、<u>柱国</u>、少师兼<u>太子太师</u>、吏部尚书、建极殿大学士、知　经筵　日讲／┘赐进士第、翰林院纂脩国史、诰敕、左春坊右谕德、福莆周如盘篆，┘武英殿校
理书籍、中书舍人杨东正书。　┘
京师之路，西则卢沟，东则潞湾，為水陆绾，卢沟桥甚雄壮。迺潞湾之南门外有运河一，／┘涉矣居民构木為<u>徒杠</u>，时<u>虞</u>倾蹶，徃来病之。中贵苍严张公始谋為桥，以工力浩繁、非徼　┘圣天子宠灵，必难集事，乃疏　┘请

于┘上。报可，且出内帑千金，以兴钜役。┘圣母闻之，亦捐五百金为助，中贵张公其捐千金。抚按、监司，逮诸郡、邑、守命咸□□□曰称┘诏意，脩王道利行旅在此役也，悉捐俸给工。越九载始告成。长几百武，广四轨，崇九仞，坚若砥╱┘灵呵护，乃建三官庙于门内。具疏以闻，┘上赐桥名曰"通运"，庙曰"福德"。┘纶音敷贲，赫然改观矣。张公属余纪其事，勒石以耀来许。余惟可，各思功明德，具在溱洧典诵，╱┘在而是赖┘天子□圣，瀜泽旁流，时加赈恤，畿甸远迩，歡若更生。兹桥之役，又不惜┘尚方之□钱，以为内外诸臣倡，而┘圣母复以寶锱佐之。落成之日，岂但畿民□┘德，凡四方万国辐辏于兹者，无不感┘皇恩，而戴┘慈泽，千秋万代歌咏称说，无有已时。是亦不朽之业，┘昭代之盛事矣，□张公□事之功亦不可泯。公权税兹地，和平镇静，屡上疏请恤民困，多得┘俞旨。夫燕喝以一杯拯溺，以一臂用力，其做为惠无几，昔人犹谓阴德之施必有宴报，矧是肩巨╱┘為之记。┘

注释：

光禄大夫：古代文官阶名。隋炀帝时始置，秩从一品。明代为从一品升授之阶（武阶官同）。

柱国：古代勋官名。自北周始，为正九命勋官之一。元、明以柱国为从一品勋官。

少师：古代官名。明清"少师"为"三孤"之一，明制或为加衔，或为赠官。

太子太师：古代官名。春秋时楚国始为太子置师。西晋始置太子太师，隋唐以后多仅为大臣加官或赠官。

徒杠：可步行通过的简易木桥。

圣母：此指万历之母孝定李太后。

武：古代计量长度的单位。步、武对称，一步为六尺，一武为三尺。

轨：古代计量长度的单位，专指宽度。原本指车子两轮之间的距离，八尺；后亦泛指宽度。碑文中"广四轨"，即宽三十二尺。

仞：古代计量长度的单位，一般指高度。八尺为一仞，一说七尺为一仞。

三官庙：供奉三官神的庙宇。三官，亦称三元，道教所奉之神，即天官、地官、水官。传说天官赐福，地官赦罪，水官解厄。

纶音：指帝王的诏书之类。纶，原指真丝，王言如丝，故称。

来许：后进，后辈。

溱洧典诵："溱洧"，《诗经·郑风》的篇名。写男女到溱、洧水边相会，互赠香草之事。《序》以为"溱洧，刺乱也。"因此，溱洧典诵指正统的男女交流感情是不违道德的。

"燕喝"句：燕，小燕子；喝，即"噎"字。此句之意是小燕子如果噎着了，只需要一杯水就可以救活它。以此来比喻做好事往往是举手之劳而已。

按语：

苍岩张公：在《通运桥碑》文中，记载太监张烨捐资千金。《神宗万历实录》卷四百一十二载："万历三十三年八月，赐通湾税盐张烨改建石桥名'通运桥'，庙额与做'福德'。"清吴存礼《通州志》记载："在张家湾，通运桥明万历甲寅太监张琪奏建，李太后助银，即三官庙也。"根据实物及《实录》记载，清代县志记"张琪"当为"张烨"之讹误。福德庙今已毁无存。

另外，此碑无纪年，或因磨泐而不存。但其文内提及皇上出内帑千金，圣母捐五百金，张公捐千金等，可知此碑之立当在《通运桥碑》（万历四十二年，1614）之后，但却在万历末年（四十八年，1620）以前。

事实上，福德庙与三官庙作为通运桥的附属建筑，三者应为一体。而此三者又是作为张家湾城的附属建筑，两者也是一组。兹转录《日下旧闻考·京畿·通州》明徐阶（1503—1583）《张家湾城记》以备参：

自都门东南行六十里，有地曰张家湾。凡四方之贡赋与士大夫之造朝者，舟至于此，则市马僦车陆行以达都下。故其地水陆之会，而百物之所聚也。嘉靖癸亥（注：四十二年，1563）冬，世宗皇帝（注：朱厚熜）以有警，诏发营兵戍之。先声播闻，敌不敢犯。然戍者无所据依，昼夜披甲立，势实不可以久。甲子（注：嘉靖四十三年，1564）春，顺天府尹刘君畿因以城请。司空雷公礼上议曰："城于戍便，于守固。"世宗报可，敕顺天府丞郭汝霖、通判欧阳昱、内官太监桂琦以二月二十二日始事。财取诸官之赎及士民之助者，木取诸营建之余，砖取诸内官厂之积，石取诸道路桥梁之废且圮者，夫取诸通州之卫卒及商若民之饶于资者。工既举，而财不时集，阶具以闻。诏光禄寺出膳羞之余金三万两贷之，于是诸臣咸悦以奋。而巡按御史董君尧封、王君用桢程督加严。越三月，遂以成告。周九百五丈有奇，厚一丈一尺，高视厚加一丈，内外皆甃以砖。东南滨潞河，阻水为险，西北环以据。为门四，各冠以楼。又为便门一，水关三，而城之制悉备。中建屋若干楹，遇警则以贮运舟之粟，且以为避兵者之所舍。设守备一员，督军五百守之。而湾之人，南北之缙绅，中国四夷朝贡之使，岁漕之将士，下逮商贾贩佣，胥恃以无恐。至于京师，亦隐然有犄角之助矣。仰惟国家建都燕蓟，百六十年于兹，乃湾之有城，实自世宗遣戍之诏始。盖世宗雄才大略出于天纵，而訏谟睿算又得于夙夜，计安天下之心非偶然者。其功在社稷，庙称为"世"，虽未易以名言，然此固其一也。夫睹河洛而思禹，情也，亦义也。今而后登兹城者，于世宗能无思乎？诚使文武吏士体保固郊圻之意，而殚谋以奠封疆，兵之守者怀据依之便、居处之安，而竭力以奋武卫。其在宾旅，溯周防曲护之恩而各修厥职，以供朝廷之事，则庶几为能思世宗矣。阶不敏，敢因纪成以规焉。

朝真寺重修碑

解题：

  明代（1368—1644）。存于通州区南小街清真寺。缺首失座。碑高124厘米，宽70厘米，厚15厘米。边框缠枝。首题"重修朝真寺记"。碑阴刻人名。碑表剥蚀严重，字迹已已很难辨认，仅可识"勾余□绪□校文"等。

录文：（不辨故不录）

重修朝真寺记

注释：（略）

按语：

  据说此碑从南跨院挖出，可以见证该寺的历史久远。

明太监于朝墓碑

解题：

清顺治己亥年（十六年，1659）春日立。原立于通州永顺镇岳庄村西吕祖祠外耕地中。通高192厘米，宽82厘米，厚21厘米。碑首雕海水江崖、仙树、云纹。额题"永怀碑"，碑身正中"皇清涿郡原任御马监太监讳朝龙江于公之墓"。后毁，座佚，碑身铺砌于永顺小学茶炉房内。立碑人中有部分字迹磨泐。石灰岩制。

录文：

大明万曆辛卯年三月十八日<u>亥时</u>生

皇清涿郡原任<u>御马监</u>太监讳朝龙江于公之墓

大清顺治己亥年季春日孝男仝建立

注释：

亥时：古代计时，以21：00—23：00 称为亥时。

御马监：明代宦官二十四衙门之一。掌监腾骧四卫营并管理象房。主官有掌印太监一人，下设监督、提督太监各一人。腾骧四卫营各设监官、典簿、掌司、写字、拿马等员。象房设掌房等。所属有里草栏、天师庵、旧都府三草场，各有掌场太监一人。

按语：

　　于朝，字龙江，涿郡（今河北涿州）人。生于明万历十九年（1591，辛卯），卒于清顺治十六年（1659，己亥）。生前为明御马监太监，死后葬通州城北岳庄村西。通州城北现仍有西马庄、北马庄、马厂三村，均隶今永顺镇，且与岳庄彼此相望。明代，通州西北域金盏淀（辽金曾为帝王游猎之地）辽阔水面淤小，地势低洼荒芜，朝廷为抵御蒙古骑兵越边扰掠，在北京郊区设有多处马厂，派官员与太监管理，通州西北域即曾设有御马厂，今马厂村即由此得名。于朝当是受御马监之遣至此养殖马匹，死后便葬在马厂附近。碑文虽极简单，但确是通州人文历史之见证，亦为马厂等村由来之佐证。此外，立碑人"孝男"十八人，表明太监为握权擅宠，培植势力而收养许多义子，是研究中国此独有历史现象之实物资料。"孝男"处之十八人名均已磨蚀，怀疑系后人有意挖损，可能与清初抑制太监权势有关。或此若干人虽为其"父"立碑，但事过多时，以至清入关多年，名镌碑上，于其身份仕进好处无多，故人为磨损，也未可知。

龙兴寺祝愿碑

解题：

　　清康熙三十九年（1700，庚辰）。有二碑，原立于通州区马驹桥镇西田阳小学校内。其一螭首，通高247厘米，宽83厘米，厚27厘米。额题"万古流芳"，碑身居中正书"皇帝万岁万万岁"，上款"康熙三十九年岁次庚辰孟秋吉日穀旦"。边框浮雕二龙戏珠，水波纹饰。其二，通高165厘米，宽68厘米，厚21厘米。额题"永远碑记"，居中正书"如古重修善念随身"，右刻正书"皇图永固"，左侧正书"帝道遐昌"，无年月，无边框纹饰。后被推倒，龟趺就地掩埋，碑身移弃于村东口外鱼塘坡处，现掩于塘侧路下。二碑皆艾叶青石质。

录文：

皇图永固

如古重修善念随身

帝道遐昌

康熙三十九年岁次庚辰孟秋吉日穀旦

注释：

　　皇图：指皇位。原意皇王的版图。

遐昌：久盛不衰。遐，久远，绵长。

按语：

据《清实录·圣祖实录》载，康熙帝曾于三十七、三十八、三十九年（1698—1700）间，五次率子巡视运河，均途经通州地界，特别是出南苑新宫（团河行宫）东南巡视运河，此村是必经之途，圣祖有可能入寺一观，或舍钱修寺，故有二碑之立。二碑文字极简，但字大而显，完全迎合了皇帝心理而立。

通州重建儒学碑

解题：

　　清康熙二十一年（1682）岁次壬戌秋八月吉旦。现存通州区城内北大街（花丝镶嵌厂内）。抹角方首失座。碑高 261 厘米，宽 96 厘米，厚 22 厘米。额篆"重建通州学记"，首题"通州重建儒学记"，赐进士第、通议大夫、郡人张士甄撰文，赐进士出身、通奉大夫、杨正中篆额，钦授翰林院检讨、毗陵倪灿书丹。碑今仆地，较完整。

录文：

通州重建儒学记
赐进士第通议大夫、吏部左侍郎、兼翰林院学士、加一级、前礼部左右侍郎、内阁学士、兼礼部侍郎、内国史院学士、弘文院侍读学士、国子监祭酒、加一级、左右春坊庶子谕德、赞善、秘书院编修、庶吉士、戊戌科会试同考、庚未科武会试主考、纂修　圣训副总裁、癸丑科、知贡举、充文武　殿试读卷官、郡人张士甄撰文，　赐进士出身、通奉大夫、　经筵讲官、礼部左侍郎、兼翰林院学士、加一级、前本部右侍郎、兼翰林院学士、加一级、内阁学学士、兼礼部侍郎、翰林院侍读学士、充　日讲官、　起居注、翰林院侍讲学士、国子监祭酒、内国史院侍读、国子监司业、内秘书院编修、加一级、纂修　实录、　圣训、辛丑科会试同考、翰林院学士、□郡人杨正中篆额，　康熙丁巳经魁、己未应□□□□科

143

┛御试第二人、┛钦授翰林院检讨、充纂修明史官、毗陵倪灿书丹。┛三韩于公以仁恕廉勤由华亭令擢知通州事，囗囗之内获上信天子亲识其廉能，竟名┛囗屏，特加奖谕。今者复┛允江南督臣于公之请，晋知江宰府事，┛命下之日，闻者欢忻，谓┛朝廷知人之明，我公循良之效兼而有之。先是，京师畿辅有地震之异，城垣民居竟以颓圮；大成、明伦堂殿，委诸草莽；六经之阁、启圣乡贤名宦之祠，鞠为砥场，公下囗┛之始废者，莫不兴敝者，莫不改违者，莫不正朔望、瞻谒圣庙，周视而叹曰："吾不忍坐视学宫之废，而不仔囗是役乎！"于是尽捐其俸余，与同事诸君子竭力佽劳，囗┛工命日，民乐趋之。经始于辛酉九月，讫工于壬戌五月。告成之日，视庙矗然、楼阁翼然、堂宇岿然，甋棱于云，丹臒耀日。公率国学诸徒用释奠礼，子弟骇奔，父老囗┛纂礼成而退，学正徐君等踵门而请，曰"愿有托也，以无忘我公之功。"予少游于学，今虽仕宦，犹然学之，老博士弟子也，其何敢辞？余国古者井田之制既定，党有序，┛而乡有庠，八岁入小学，十五入大学，其秀异者移乡学于庠序，移国学于少学。诸路岁贡士于天子。行周能耦则别之以囗然后受命焉，此囗所谓工以纳言，囗而┛飚之承之庸之者也，春令出民，里胥坐于右塾，邻长坐于左塾；冬民毕入妇人相从，夜绩歌咏，余子在序室。民之在野在邑无非学也，无非教也，岂惟是哉？囗囗囗┛于斯，受成恒于斯，《诗》不云乎："矫矫武臣，在津献馘。"或以先友，处乎内；或以惩贷，治于外。亦皆乡人之子弟，由俊秀而升之者也。学囗而文武之道举矣。┛圣天子以滇黔荡平，崇奖儒术，慨然思见尧舜禹汤之盛而通学之复连，适当其时，可不谓知所先后哉？且公自莅政以来，不囗弃吾民，而陶以礼乐术，以诗书均赋役┛也，制役必缘税，制税必缘亩，护善良也；淫检蠹民者，尽坐以法，躬化理也；讼庭自清，竭诚感也。甘泽屡降，嘉禾遍生，宜乎德被于寰区，而宠膺于┛帝眷也。予故因徐君之请，书我公之绩，并述先王之学政及所望于今者,使归而刊石焉。」康熙二十一年、岁次壬戌,秋八月吉旦立。」

注释:

内国史院:清代"内三院"之一。清代内阁前身,辅助皇帝处理政务的枢要机构。天聪三年(1629),皇太极在盛京设立文馆,命翻译汉字书籍及记注本朝得失。十年(1636),改文馆为内三院,称内国史院、内秘书院、内弘文院。内国史院掌记注皇帝起居诏令,编纂史书及实录,撰拟表章并收藏御制文字;内秘书院掌撰外交文书及敕谕祭文并录各衙门疏状;内弘文院掌注释古今政事得失,向皇帝和皇子进讲并教诸亲王等。各院设大学士一人,掌领其事。顺治元年(1644),增设学士。

弘文院:参见上条。

经魁:明代科举考试,有以五经取士之法,每经各取一名为首,名为经魁。乡试中每科必于五经中各中一名,列为前五名。清亦沿称前五名为五经魁,或五魁。

翰林院检讨:官名。掌修国史,唐宋均曾设置,位次编修。明清属翰林院,从七品,常以三甲进士出身之庶吉士留馆者担任。

地震之异:此指发生在康熙十八年(1679)的北京大地震。因为地震属不正常现象,故曰"异"。大地震的震级为八级,震中烈度为十一,震中在今北京、平谷、河北三河一带,"东至辽宁之沈阳,西至河南之安阳,凡数千里,而三河、平谷最惨"。地震所及范围至河北、山西、陕西、辽宁、山东、河南等省,共计两百多个县市,最远记录达七百多公里。

启圣乡贤名宦之祠:指启圣、乡贤、名宦三祠。启圣祠,因孔子之父叔梁纥被封为启圣公而得名,是供奉孔父及其祖先的场所。乡贤祠,则是指当地已经故去的有名有德的乡绅耆老,经过推举上报上级政府,乃至朝廷,从而可以其牌位得以进入祠内被崇祀。名宦祠,在当度做官有德政的已经故去的官员,同样也被供奉到名宦祠中。明清时期,孔庙(文庙)常常以崇圣、启圣、名宦、乡贤诸祠为不可缺少的祭祀系统。

里胥:古代管理乡里事务的公差。里,古代户籍管理的一级组织,较

"伍""什"为大，较"乡"为小。因时代不同，地域差异，而编制不一。故有"二十五家""五十家""七十二家""八十家"和"一百家""一百一十家"之不同。胥，古指小吏。

邻长：古代乡里之间的管理者。《周礼》谓一里分五邻。每邻五家，有邻长。也是官名，是掌理一邻中互相纠举及收容安置之事的官吏。

《诗》不云乎：此句出自《诗经·鲁颂·泮水》，原文作"矫矫虎臣，在泮献馘。"矫矫虎臣，形容武将们威武的样子；在泮献馘，是指在泮宫向王室贡献俘获战利品。馘，俘虏被割掉的耳朵。

按语：

《通州志》："州治在城北门迤西，洪武三年建。儒学旧在州治西，元大德二年知州事赵居礼建。明永乐十四年重修，正统十二年再葺，有弋阳李奎碑记。嘉靖四十二年，知州事张守中撤而新之，改建文庙于明伦堂之基。学西旧有通惠书院，去之，改建明伦堂于其址，州人程绶记其事于石。"今其地尚有残碑一段，额题篆书"通州重新儒学明伦堂记"，文字模糊不清，当即此碑。《日下旧闻考·京畿·通州》考按："州学，明万历年间巡按黄吉士修，刑部主事蔡成己撰碑，崇祯十三年，知州严锡命修葺殿门，开泮池。本朝康熙十一年，知州阎兴邦重修，吏部左侍郎张士甄撰文，国子监祭酒沈荃书石。十八年地震倾圮，知州于成龙修，吏部尚书张士甄撰碑，乾隆三十二年复修。"可见张士甄作为本县之人曾先后两次撰写碑文，但官职有所不同。此碑书于康熙二十年（1681），即为地震后之年。虽然官位升迁，但其仅书"赐进士第通议大夫郡人"，可见其在父老面前并不卖弄。

张士甄：清顺治六年（1649）己丑科二甲第六十五名进士。另参见本书本区《张士甄墓志》。

另外《日下旧闻考》卷一〇八中收录元代吴澄所撰《通州文庙重修碑》，此录以备考。

皇元之有天下，文教自京师达郡县，虽遐陬僻壤莫不建学设官，以阐教事。通州近在畿甸，素缺廪给，学官每至辄去。不惟教事废弛，而孔庙亦且不葺，将就倾圮。永平杨齐贤由丰润县教谕来为通州学正，思振厥职，择民间子弟可教者得三十家，籍之入学，谓之诵书，白之官府而复其身。州之参李侯与州之长协心主张于上，于是人愿出力以修庙学。至治二年七月役兴，八月绩成。孔庙正殿东西两廡爱及外门，上瓦下甃，圬墁一新。讲堂敝坏，盖覆而涂墍之。前后窗牖，中外甃砌，悉备其所未备。其南则敞门塾一间，其北则续檐宇三间，学者遂有藏息之所。庙之南竖穹碑，刻加封诏书，示永久，积年之颓靡一旦而完整。虽曰学官之勤，微州官挟持之功，胡能致是哉？古之牧民者常以教民孝悌忠信为急务。通州之官能用意于庙学不敢后，庶几不愧古良牧之政矣。州长名苏拉吉达，其官承直；李侯名额森，其官承事；在州多惠政，通民便之。初榆河之西有闲田，钦依至元三十一年诏旨拨隶州学，后运官夺取造庐舍而私其僦利。齐贤诉于官，户部礼部暨监察御史直其说以畀州学如初。今齐贤又以余暇率所辖三河县之民修其县之庙学，概可书也。

清汪云章神道碑

解题：

　　清雍正元年（癸卯，1723）。原立于通州区永乐店大羊村西北耕地中，螭首龟趺。通高321厘米，宽96厘米，厚32厘米。边框卷草纹。额双钩篆"万古流芳"，碑身居中正书双钩大字三行"皇清诰赠中宪大夫、巡视北城监察御史汪公、字云章府君神道碑"，上款小字"赐进士出身、日讲官、左春坊左中允兼翰林院编修侄士鋐书"，下款小字"诰授中宪大夫、巡视北城监察御史男国弼立"。后被推倒，龟趺就地深埋，碑身移置耕地南端，仆地，今就地掩埋。艾叶青石质。

录文：

赐进士出身、日讲官、<u>左春坊左中允</u>兼翰林院编修侄士鋐书，⏎ 皇清<u>诰赠</u>中宪大夫、巡视 ⏎ 北城监察御史汪公、字云章府君神道碑。⏎ 雍正元年岁次癸卯二月吉旦。诰授<u>中宪大夫</u>、巡视北城<u>监察御史</u>男国弼立。⏎

注释：

　　左春坊左中允：官名，詹事府属官。詹事府在清朝转变为皇帝安置文学侍从和备翰林院官员升转的衙门，专管经史文章之事，也参与朝政。主官是詹事，正三品。府内分左、右春坊、司经局。坊设大学士，其下有庶子、中允、赞善等官。

诰赠：明清对五品以上官员的曾祖父母、祖父母、父母及妻室之死者，以皇室的名义，以皇帝的诰命追赠封号。

神道碑：立于墓上神路之前，记载死者生平事迹的碑刻。

中宪大夫：清代文散官官阶称号，正四品。

监察御史：官名，属都察院。都察院是清政府中央监察机构，主管对政府官员的监督和弹劾。都察院按省区分为十五道，每道有监察御史，京城亦有以巡视五城为任务的监察御史，大致五品官。

按语：

此碑双钩正书，大字，端正有气势，乃清前期大书法家汪士鋐所书，艺术价值颇高。汪云章，《清史稿》无传，方志亦无名录，此可补史志之缺。由碑之上下款可知墓主汪云章，其侄为汪士鋐，其子为汪国㢸。汪士鋐即康熙间长洲汪份与汪钧之弟，汪份与汪士鋐为进士，汪钧仅中举人。汪士鋐字文升，号退谷，工诗与文，尤善书法，与姜宸英齐名。汪国㢸为"诰授中宪大夫、巡视北城监察御史"，其父云章之衔职相同，但为"诰赠"，说明其死后为皇家赐赠如其子，生时并未享有。

重修三义庙碑

解题：

清雍正六年（1728）岁次戊申季夏月（6月）。现存通州区北苑粮食加工厂（原三义庙遗址）内。螭首方座。碑高220厘米，宽80厘米，厚25厘米；方座高50厘米，宽105厘米，厚59厘米。额双钩题"万古流芳"，首题"重修三义庙碑记"，"原任湖北荆州府长阳县教谕、弟子、天门谭一豫"撰文。字迹浅，正趋于风化。

录文：

重修三义庙碑记

余昔旅食山左，历有岁年。于山见泰岱之高，于水见溟渤之广，以故地气序钟敦礼节而义淳□。至今号称邹鲁焉，不特荐绅先生為愁也。即牵车服贾贸迁有无者，□惟道义相尚不诈不欺，有倍蓰之息，而无嚣凌之风。人以為神之灵有以庇之，而不知人之未有以召之也。今使不孝不弟、不仁不让之人，焚顶烧指乞灵于神，而冥然不应者，非神之有灵有不灵也，福善祸淫 立寺 以厚祀之丰薄為去取哉？况 三义之忠义节烈，炳炳煌煌，岂肯秘祸福于人间哉！即如潞河数百里疆域之内庙祀者不乏，而惟南関十字街东 三义庙之威灵最著，缘心之神足以通之，斯 神之心于以触之耳。假令山左之士别立坛宇，以為日夕瞻仰之地，将神之灵于彼亡于此乎？其 必在焉者矣。兹 三义庙之□□于□□□□而重修于丁未之年，经数十载而响应 真 如，一但┘ 用是一方之内，有感斯通，莫不相与勉为仁孝而庶为 浮 游于此，见□ 王 之神遊□□良非偶然┘ 而已。今者辉煌金碧，牲醴告虔，亦惟愿山左之士与本方 之 人□勉其子兄，勉其弟□， 特 此心□┘ 无替，庶神之灵亦可以护佑于不朽乎！┘

原任湖北荆州府长阳县 教谕 、弟子、天门谭一豫薰沐拜撰。 ┘ 岂（小字人名略）┘ 雍正陆年、岁次戊申，季夏月 吉旦。

注释：

三义：指东汉三国时蜀国刘备、关羽、张飞三人的友好情谊。三义庙内主要供奉刘、关、张三人。

山左：指山东。古人以太行山为界，山左为山东，山右为山西。

泰岱：即泰山。

溟渤：此指北溟与渤海，一为传说中的大海，一为实有之海，用来渲染海洋的广大之意。

牵车服贾贸迁有无者：指以各种形式作买卖交易者。

倍蓰：两倍与五倍。

教谕：元、明、清县学教官，掌文庙祭祀，训诲所属生员。

按语：

文云"潞河数百里疆域"，当以"潞河"代"通州"，言其当时通州州域边长。"而惟南関十字街东三义庙"，说明当时今粮食加工厂址之西旧名"十字街"。文字磨蚀，复有"重修于丁未之年（注：当指雍正五年，1727）"句，可见这次的修缮活动使用了一年的时间。

三义庙创立义园并施棺木碑

解题：

  清嘉庆二十三年（1818）岁次戊寅菊月（九月）吉旦。现存通州区新城南关粮食加工厂（原三义庙旧址）内，碑基本完好。螭首方座。碑高 240 厘米，宽 85 厘米，厚 23 厘米；方座高 44 厘米，宽 120 厘米，厚 48 厘米。额题"永垂不朽"，首题"三义庙创立义园并施棺木碑记"，住持僧广瑞率僧徒孙觉悟立。碑阴额正书"山左同立"。碑身记置地四至及助善人名。首行："大清嘉庆十年三月十六日置地一段计十四亩坐落……"碑阴时间：道光二年（1822）或以后。

录文：

<u>三义庙创立义园</u>並施棺木碑记

盖闻桑梓谊切，常深瘼旅之情；異地奄然，莫甚无棺之惨。但吾东省，以推车食力于潞河者日益繁盛，而以病故，枢难归里，亦有起枢无坟可 指 者，崴亦不免更有贫不能殓者，尤堪悽恻。此属同乡、同里，咸为念切而不能自已者也。是以，年来同志拟创义园，為吾东省亲友殁捐潞河者或 埋葬、或暂厝之地，並置粗棺数十口，以济无力买棺之人。而所需颇大，若非众擎，难成善举。今议：凡在小车店载货物者，每车一辆，每次捐京 钱四十文，以為置地之需。所有开小车店並看守堆房人等，每月每人捐助京钱二百十文，以為买棺之用。遇有病终，挨次葬埋。烦祈三义庙住 持，将姓名、住

址挨次序註册，以备查册起柩之益。伏愿 乡台诸友关情休戚，协力玉成。
俾同乡客死者旅榇有托，无棺者骸骨得安，其為厚缘⏎ 应胜于麦舟之助矣。
是为引：⏎ 堆房 王维清（等12人，他人略），⏎ 助善 胡廷瑞（等
20人，他人略），⏎ 袁甸海、孙海车子房等（51人，他人略），⏎ 王甲
选车子房等（34人，他人略），⏎ 王永福车子房等（30人，他人略），
⏎ 高景宗车子房等（26人，他人略），⏎ 张有德车子房等（27人，他人
略），⏎ 张祖显车子房等（15人，他人略），⏎ 李惠车子房等（21人，
他人略），⏎ 王维清堆房推车人等。⏎ 大清嘉庆 二 十 三 年，岁次
戊寅，菊月 吉旦，住持僧广瑞率僧徒孙觉悟敬立。⏎

（碑阴）

大清嘉庆十年三月十六日置地一段，计十四亩，坐落新城南门外新开路。东
至道，西至王宅地，南至道北，北至道，四至分明。价银六十两整。⏎ 嘉庆
十三年十二月初六日置地二段，共计十四亩五分，坐落新城南门外新庄北上
坡，东至寶通寺地，西至刘姓地，南至官道，北至寶通寺地。又一⏎ 段，东
至李姓地，南至刘姓地，西至道沟，北至官道，四至分明，价钱八十七千
文。⏎ 嘉庆十六年七月二十九日置地一段，计八十六亩，坐落通州城南梨
园庄南边，东至旗地，南至李宅坟地西边，南至黄宅坟地，西至旗地，北至
车道，四⏎至分明，价钱一千零三十二千文。⏎ 本庙向有先代遗留香火
地一段，计三十亩，座落本庙，後改為山东义地。⏎ 嘉庆二十五年十一月
初七日老典菜园一段，计二十亩，坐落新庄，东至马军地，南至菜园，西至
新庄，北至大道，四至分明，典价清钱二百五十千文。⏎ 又地一段，计十
亩，座落晒米厂，典价六十千整。⏎ 道光二年三月初十日买地一段，计四
十四亩，坐落新城南关托坯廠，东至官道，南至王姓地，西至小道，北至官
道，四至分明，买价清钱四百千整。⏎ （以下助善20人，省略）

注释：

三义庙：由于所祀之神为汉昭烈帝刘备、前将军汉寿亭侯关羽、右将军

西乡侯张飞，即桃园三结义之刘、关、张故名。

义园：由某一团体出资特建的用来掩埋无主尸体的公墓。

桑梓：本指父母所植的两种树木，后借指故乡或父老乡亲。

京钱：大约是按当时的一种计量方法计算银两重量的称呼，即按"京平"计重者。

旅榇：在旅居之地停放的灵柩。

麦舟之助：此为宋人助丧之典。据惠洪《冷斋夜话》载：范仲淹子纯仁从姑苏运麦五百斛，船过丹阳，见石曼卿无钱归葬亲人，即以全船之麦相赠。

按语：

碑文记述了创建缘由及经过。并制定了原则：凡在小车店载货物者，每车一辆每次捐钱四十文；开小车店或看守堆房者，每月需捐二百一十文。这些钱用来制作备用棺木，以解决来京之鲁商客死通州，而贫不能返乡者之用。以下并列出相关代表人名及人数。

碑阴记录了本庙（三义庙）在清嘉庆十年（1805）、十三年（1808）、十六年（1811）、二十五年（1820），道光二年（1822）等地产四至及价值等情况。

文中在谈及四至时提到"南门外新庄北上坡""宝通寺""管道""道沟""通州城南梨园庄""旗地""车道""太庙""马军地""晒米厂""托坯厂"等，为研究当地历史沿革提供了素材。

另外碑文末书款"住持僧广瑞率僧徒孙觉悟敬立"，由此可知三义庙虽素为道庙，但由和尚管理。

创建晋翼会馆碑

解题：

清乾隆四年（1739）蒲月（五月）榖旦。现存通州区教子胡同工商联（原山西会馆）院内。圆首方座。碑通高185厘米，宽63厘米，厚15厘米。额双钩篆"义重金兰"，首题"创建晋翼会馆序"，赐进士出身、奉直大夫、知河南陕州直隶州事……内廷头等教习邑人靖斋郭绍璞撰文并书丹，邑人督工季泰时、冯长育、薛慨、吕良佐同建。碑今完好。

录文：

创建晋翼会馆序

圣天子累洽重熙，航海梯山，珙球毕集。凡舟车络绎之地，商贾骈臻。会馆之设通都大邑，所在有之，矧潞河名胜逼近神京，贸易斯土者，实繁且庶。而岁时伏腊，嚮无会聚之区，非所以笃乡情而敦雅谊也。己未之春，吾乡诚翁薛君慨然有志，爰要同事诸公尚义输财共勷胜举，择地于中衢之西。鸠工庀匠，阅三月而告成。堂构奂新，庭墄幽洁；中供神灵，旁列廊宇。用修苹藻之诚，笃桑梓之爱。良辰聚，晤乐也何如。顾余闻之，同声相应，同气相求；物相遇而後聚，聚而上者斯升。故工居肆以成其事，士乐群以修其业，商亦设馆以联其情。今而後，同心之雅其利断金，鱼盐货殖之侣，安必无隐君子乎？余拭目望之，因捐金乐助，聿观厥成，并欣然而為之序。

赐进士出身、奉直大夫、知河南陕州直隶州事、加三级纪录五次、前开封府扶沟县知县、调繁太康县知县、丙午科河南乡试文武两闱同考试官、内廷头等教习、邑人靖斋郭绍璞撰并书。」（空一行）乾隆肆年，岁次己未，蒲月榖旦，邑人督工季泰时、冯长育、薛愷、吕良佐仝建。」

注释：

义重金兰：金兰言交友相投合，古以为兄弟之好为金兰之好。

晋翼：翼，县名，属山西省。春秋晋绛邑地。后更曰翼。明清皆属山西平阳府。

航海梯山：乘船渡海，借梯登山，本为佛教用语，用来形容信徒们用各方而来克服种种困难参拜神佛。此处指京城之地，大家不远千里而至。

珙球毕集：各种宝物齐集。珙，大璧；球，宝珠。

骈臻：很多人都来之意。骈，成双成对的；臻，到，来。

岁时伏腊：原指古代的两种祭祀，"伏"在夏季伏日，"腊"在农历十二月。后泛指节日。

萍藻之诚：萍、藻均为水中低级生物，且其繁殖、蔓延、持久、平均之性相同，以萍藻来比喻普通人对神的朴素的敬意。

桑梓之爱：指对家乡父老的热爱。桑和梓，是古代家宅旁边常栽的两种树木，远游之人见到了桑、梓很容易引起对父母的怀念，后以桑梓用作故乡的代称。

聿观厥成：实即"观其成"之意。聿，作语助，无意；成，成功，成就。

按语：

满篇实为溢美之词，但于其字里行间犹能挑出一二有用之语，如其"吾乡诚翁薛君慨然有志，"可知薛诚为首事者；"己未之春"，"阅三月而告成"，可知创建会馆仅用了乾隆四年（1739）的三个月的时间。然而其"中供神灵，旁列廊宇"，则不得详知其神灵为谁、廊宇几何了。

重建晋翼会馆碑

解题：

清道光十七年（1837）岁次丁酉六月。现存通州区教子胡同工商联（原山西会馆）院内。方首失座。高133厘米，宽66厘米，厚18厘米。额双钩题"流芳百世"，首题"重建晋翼会舘序"，敕授征仕郎、直隶大名府原任开州分州、前署容城东安宝坻南宫等县事、加五级纪录五次、又记大功二次、晋桐封弟子、社人、阜斋李祖垚撰文，国子监肄业太学生、翼邑弟子、社人福堂常景命书丹。碑今仆地。

录文：

重建晉翼会舘序　┘
通州古潞河也，蜜迩　┘神京，地当孔道。凡舟车往来，商贾辐辏，贸易立业，斯上者几徧天下，泃京师东路一□□┘会也。而晉翼之设立会舘，则自乾隆四年，吾乡诚翁薛君与□□诸公等□□□□┘之意，以及择地创建，鸠工庀材，告成之事前人之记详矣。兹于道光十七年□□□┘高君璔自通州贸易旋里，见余而告曰："晉翼会馆建自乾隆四年，迄今将近□□□□┘垣倾圮，栋樑摧崩。及今不修，恐风雨漂摇，日久而变為瓦砾之场。将　神祀□坠。┘而前人创建之美意亦渐灭尽矣，是则大可虑也。吾与同事常君景命、戴君师□公┘為谋议，将会馆
神堂並两偏之廊房、丹墀、舞楼等事统易旧换新。□□□□□┘墙壁坚实，

庶　神庙可期巩固，而　祀事不虑废坠。又于会舘东偏餘地□□□↵建為布行议事之所，凡议行规则不浼

神听，而　祀事孔肃矣。子其为我行之，↵天下事莫為之前，虽美弗彰；莫為之後，虽盛弗传。斯举也非薛公诸君斩□↵尚义之创于始，则後起何以籍乎？非高翁诸君尽心劳力之继于今，则前美转□□□，↵是後人因前人之创建而修举有资也，前人赖後人之修而厥功可永也。兹工即□↵成，问其费银所出，则皆历年　神庙中祭享餘赀，而诸君营运以积者也。後之贸↵易斯土者，尚其入庙思敬。如诸君之洁已奉公，思患预防，则此会舘也，旧而新，新而↵旧，旧而复新。继继绳绳，永远勿替，岂非余之所深望于後起者哉？是為序。　↵

敕授征仕郎、直隶大名府原任开州分州、前署容城东安寶坻南宫等县事、加五级纪录↵五次、又记大功二次、　晋桐封弟子、社人、阜斋李祖垚薰沐撰，↵国子监肄业太学生、翼邑弟子、社人福堂常景命薰沐□□□，↵阶登仕郎、吏部候选、少尹　李□□□。　↵

龙飞大清道光十七年、嵗次丁酉，六月。　↵

注释：

密迩：远近。

孔道：交通要道。

旋里：还乡。旋，还归；里，乡里。

征仕郎：实应作"征事郎"，古代文散官名称。唐始置，秩正八品下。清制从七品概为征事郎。

社人：同为结社之人，犹如说会友、社友、同志。

登仕郎：古代文散官名称。唐始置，秩正九品下。清制正九品概为登仕郎。

按语：

  乾隆己未（四年，1739），有薛公邀诸公，尚义输财，共襄义举，择地建晋翼会馆，使同乡商旅有可居之所。自道光十七年（1837），高橙与常景命、戴公等商议将会馆神堂并两偏廊重修。文云"又于会馆东偏余地""建为布行议事之所"，则可知晋翼会馆其所经营为布业。

  行文第二行，"蜜迹"字显然是"密迹"之笔误。

清徐元梦墓碑

解题：

清乾隆六年（1741）。原位于通州区宋庄镇管头村东御道北侧民宅前菜园子旁半埋，"文革"间推倒，移弃于村东口水塘内，现移立于该镇草寺村北观文堂院中。螭首龟趺。通高428厘米，宽112厘米，厚24厘米。边框浮雕二龙戏珠，水波纹。碑文满汉合璧。乾隆皇帝爱新觉罗·弘历御撰书。艾叶青石质。

录文：

朕惟朝宁推恩之典，每眷老臣；国家褒德之文，尤隆旧学。其有勳劳懋，经行可风。则睠想遗徽，而益加渥泽。尔徐元梦学有⏎本原，品标方正，巍科早擢。廻翔作之林，令誉纷驰。弁冕文儒之选，禁廷而讲读。长怀辅德之衷，经历而清勤。弥著服官⏎之绩，外麾旄钺平风纪之思，内赞枢机弼寅清之寄。侍从五十餘载，谨慎宅心。仕宦六十八年，忠勤励志尚书喉舌之府⏎地望优崇宫衔师傅之班职司尊重成劳可念膺显秩于生前典频颁贲殊荣于身後。谥之文定，表厥生平。於戲！纶綍再宣，⏎贞石焕龙章之采，哀荣勿替。幽堂瞻马鬣之封，勗尔後人。敬承休命。⏎
乾隆六年　月　日　⏎

注释：

徐元梦：满洲正白旗人。字善长，一字蝶园。姓舒穆禄氏，"舒"与"徐"音相近，故人称"蝶园徐先生"。康熙间进士，累官礼部侍郎，太子少保。卒谥"文定"。

巍科：高科，也即考取高中之意。

寅清：谨敬廉洁。语出《尚书·舜典》，旧时官吏引为箴戒之词。

宅心：用心，放在心上。

纶綍：指皇帝诏书。纶、綍，本义皆为绳索，《礼记·缁衣》有"王言如丝，其出如纶。王言如纶，其出如綍"。诏书之义由此而引申。

按语：

碑文对徐元梦评价甚高，与《清史稿》所记相符，而语言更加精练，业绩尤为概要，充分表达乾隆帝怀念老臣之意，文末赐谥"文定"。碑文书刻精妙，楷、行兼具，有一定艺术价值。文末纪年处只记"乾隆六年"，其后月、日前均空格未作。

清国柱谕祭碑

解题：

清乾隆三十三年（1698）四月二十日。原在小街村南耕地中埋，现存通州区梨园北杨洼小区。螭首失座。碑文满汉合璧。边框二龙戏珠纹平雕。碑高380厘米，宽108厘米，厚44厘米。额篆"圣旨"，首行"皇帝谕祭病故原任云南楚姚镇总兵官国柱之灵"，清高宗弘历撰文。1995年普查时，曾在工地堆放。碑今完好。

录文：

皇帝谕祭病故原任云南楚姚镇总兵官国柱之灵曰：鞠躬尽瘁，臣子之芳踪；赐恤报勤，国家┘之盛典。尔国柱性行纯良，才能称职。方冀遐龄，忽闻长逝，朕用悼焉。特颁祭葬，以慰幽魂。┘呜呼！宠锡重垆，庶沐匪躬之报；名垂信史，聿昭不朽之荣。尔如有知，尚克歆享。┘乾隆三十三年四月二十日。┘

注释：

谕祭：皇帝祭祀。

总兵官：即总兵，清代武官名。为绿营兵的最高武官，受提督节制，掌理本镇军务，总兵所辖的部队即称镇。

遐龄：高龄，长寿。

重垆：犹言重屋、复殿、深宅、大院之类，意思是国柱在生时得到了皇帝的宠幸，甚至都恩及其家。

按语：

国柱：《清史稿》无传。《国朝耆献类征》载，博尔济吉特氏，满洲镶黄旗人。高祖古尔布什以入山海关，击败流贼有功，晋一等子爵，自有传。雍正八年（1730），国柱承袭勋旧佐领。乾隆六年（1741），授銮仪卫整仪尉。十年（1745），升副护军参领。十三年（1748）调前锋侍卫。大金川逆酋莎罗奔扇乱，经略讷亲、总督张广泗剿贼，无功。上命协办大学士傅恒暂署川陕总督，经略军务，国柱隶焉，累战有功。十四年（1749），升护军参领。十五年（1750），调健锐营前锋参领。二十年（1755），准噶尔滋扰，随傅恒往剿，在事出力，升陕西靖远协副将。二十三年（1758），叶尔羌喀什噶尔不靖，随定边将军兆惠往讨回疆，平，国柱留驻喀什噶尔。二十五年（1760），管解伯得尔噶他拉沁回人赴甘肃，差竣，回，抵阿克苏。参赞大臣舒赫德留于阿克苏，驻劄以收复喀什噶尔等城，功，下部议叙。二十六年（1761），因获小和卓木霍集占尸首，下部优叙。六月，奉派筑伊犁城，事竣，经陕甘总督杨应琚上其功。二十八年（1763），升马兰镇总兵。三十二年（1767）二月，丁父忧，时云南缅甸即莽子滋事，上命陕甘总督杨应琚为云贵总督，前往剿办。谕曰：国柱原系健锐营翼长，即派伊带领健锐营头队官兵前往云南军营，遇有总兵缺出酌量补授，寻赏戴花翎，补云南楚雄镇总兵。十月，卒于军营。谕曰：总兵国柱前往云南出兵，病故，著照福灵安一体加恩，寻赐祭葬，曾孙裕荣袭勋旧佐领。此碑内容即国柱死后，皇帝谕祭碑文，并特别提到了"云南楚姚镇总兵国柱"。检历史地名类词典，无楚姚镇一说，碑文中"楚姚镇"似应为"楚雄镇"之误。

重修碧霞元君庙碑

解题：

清乾隆三十九年（1774）三月中浣。现存通州区西海公园。首座俱失。碑残高223厘米，宽138厘米，厚52厘米。首题"重脩碧霞元君庙碑记"，汉满合璧。碑今仆地，阴朝上，仅残存下半部。

录文：

重脩 ┘ 碧霞元君庙碑记 ┘

马驹桥南不数武故有庙，以奉 ┘ 碧霞元君。桥既颓圮，庙亦陊蘾弗治。岁癸巳，饬工建桥，并命缮葺其庙，踰年落成。崇殿傑阁，自门达庑。采朧塗垩，翼然改观。是固 ┘ 神所凭依，礼不可以不称也。粤稽岱宗秩祀，著在经训，而 ┘ 碧霞元君之名号，惟出于道书，他无所考。推阐其义，盖以岱居木位，其色惟碧，而东方主生一，本乎坤元之资生万物，故有 ┘ 元君之称。亦若古所称后土為富媪者，其宰化育物，蠁蠁斯著，则世之奔走崇礼也固宜。而是庙傅桥而建，阅岁滋多，若与桥相為兴废者。桥既复旧，则庙之鼎而新之，亦其宜也。或有疑 ┘ 神祠所在多有，讵必是庙焉凭之而亟亟严奉為者，夫 ┘ 神固无乎不在，惟所宅之地重，则其凭之也專。兹桥以凉水河所经治而酾之，俾益农旅。今者梁成利涉，水宅田腴。而是庙之揭虔迓庥者，亦焕然一革其故貌，则当人之便于桥，即可知 ┘ 神之妥于庙也，而乌得谓所凭者之不在是耶！或又有谓是庙即旧南顶者，其说无当不具论。而余之所以因桥以及庙者，意实在此，而不在彼。司工请记其事，爰书此以谂之，俾揭诸石。」乾隆三十九年，岁在甲午，季春月中浣之吉，御笔。（印）"所宝惟贤""乾隆御笔"。

注释：

碧霞元君：有多种说法，泰山之神，女性。又名泰山老母、碧霞娘娘、天仙圣母等。如：1. 元君者，西王母之第三女也，诞于四月十八日，此华山石池玉女洗盆之说也；2. 或曰，乃湄州林都检之女，渡海云游，于宋宣和间，以护佑路行人功，始有庙祀，历元明，累功封天仙圣母碧霞元君徽号。

不数武：没几步远。武，步武，半步。

秩祀：按礼法分等级进行的祭祀。秩，次序。

蠠蠠：本意为弥漫散布，引申为连绵不绝，比喻神灵感应、灵感通微。蠠，一种草虫，即地蛹。

揭虔迓庥：非常虔诚地迎接祥福。揭，本意为高举，引申为显露，表现出之意；迓，迎。

按语：

碧霞元君庙：《天府广记》卷三十八载："碧霞元君庙在城外东南弘仁桥，成化时建。弘仁桥元时呼为马驹桥。"《帝京景物略》载："出左安门东南行四十里，石桥长二十五丈，曰宏仁桥。桥东碧霞元君庙西向临桥。"《日下旧闻考·京畿·通州》按："宏仁桥亦名马驹桥，乾隆三十八年（注：1773）奉敕修，易九洞为七洞，概甃以石。复命葺碧霞元君庙，三十九年春落成，皇上亲诣瞻礼，有御制诗记勒于石。"金士坚《通县志要》载："碧霞元君庙，在马驹桥镇，因屡遭拆毁渐滨于斜欹倾颓。民国十八年（注：1929）呈准拆卖，兴学修建本区完全小学。现只有山门庙场，后殿供关帝殿，前有古松数株。始建莫考。"清张尔岐《蒿庵闲话》载："元君者，汉时仁圣帝前，有石琢金童玉女。至五代，殿圮，像仆。至唐，童泐尽，女沦于池。宋真宗东封还次御帐，涤手池内，一石人浮出水面，出而涤之，玉女也。命有司建祠奉之，号为圣帝之女，封天仙玉女碧霞元君。"本碑云："而碧霞元君之名号，惟出于道书，他无所考。推阐其义，盖以岱居木位，其色惟碧，而东方主生一，本乎坤元之资生万物，故有元君之称。"实际上它是从"碧""元""君"数字上所作的解释。

南顶，据《帝京景物略》载："桥东头元君庙，西向临桥，若梯阶之。祠在北京者，称泰山顶上天仙圣母，麦庄桥北曰西顶，草桥曰中顶，东直门外曰东顶，安定门外曰北顶，盛则莫弘仁桥若。"《宸垣识略》载："碧霞元君庙，在南苑大红门外，土人呼南顶。"《燕京岁时记》载："南顶碧霞元君庙在永定门外五十六里，西向。左右有牌坊二，左曰'广生长养'，右曰'群育滋藩'，皆乾隆三十八年（注：1773）重修时御书。"碑文中有"又有谓是庙即旧南顶者，其说无当"句，其实南顶有两个，弘仁桥为"大南顶"，《宸垣识略》中记的是"南顶"，而非大南顶。虽乾隆帝已驳其误，但毕竟其后民俗径直以之为"南顶"，即俗成矣。

碑文据旧拓补。

重修马驹桥碑

解题：

清乾隆三十九年（1774）岁在甲午春三月中浣之吉。现存通州区西海公园。碑首缺失。碑残高297厘米，宽138厘米，厚51厘米。首题"重脩马驹桥碑记"，乾隆御撰文并书丹，下钤二印："所宝惟贤""乾隆御笔"，汉满合璧。碑阴乾隆御撰御笔行书《马驹桥碧霞元君庙落成瞻礼诗》，末钤二印："乾隆宸翰""陶冶性灵"。

录文：

重脩马驹桥碑记

水自南苑出者二。其南源曰团河，出南苑牆东南酾為凤河，又东涤永定之浊，由大清河以归海。向固疏治之矣。其北源曰一亩泉，出新衙门北，屈曲东南，流迳二牐，凉水河自北来会之。凉水河者，出右安门西南凤泉，东流迳万泉寺分為二：其一南迳草桥曲折东注；一自北迳广恩寺曲折东注，至永胜桥复汇為一。东南流，循南苑缭垣而东，至小红门之西入苑牆，东南迳沙底桥，折而南与一亩泉合，又南而东至鹿圈村，三海子以上之水自西南来注之，又东南流穿苑垣而出，逶迤至张家湾入运河。是水之初出苑垣也，漾演歠欸，千溜一趋，瓴如矢如，迴激弗止，则有巨梁据之，曰马驹桥。桥建自胜国，崴渝寖以圮坏，农旅交病，石陒入冰，水梗或溢出，妨民田庐。而中潆则旁淤间塞水所由道，益不可以不⏎亟治。乃命将作相视，因其旧材，撤而新之。纵之得丈二十有五，横之得尺亦二十有五，为孔洞者七，视昔制虽少陿而壮固有馀。工始于乾隆三十八年之春，越其冬落成。夫治水⏎者，必溯其源，由源而及其支流，条派剔之、鬵之，乃可以不紊。今一亩泉源委既已划治，而凉水河所迳漫流积潦寖成沮洳。爰自凤泉至马驹桥，濬河八千餘丈，脩葺桥牖凡九，新⏎建牖五。即以濬河之土于右安门外筑甬道一千餘丈，以便行人。其河旁稻田数十顷，既垦且闢，益资灌溉之利，而兹桥实下游关键，畅尾闾以利导之，尤施功之弗可已者。若前⏎代著述家睫视臆论，妄以玉泉傅合南海子之水，舛错纠纷，至可嗤笑。曩赋《海子行》，曾详著其说，兹因所司请记，复为诠叙水道大畧，俾方来《图经》、《舆记》知所考据，而若河、若塗、若⏎桥，皆王政之大端，所繋綮钜毋废、毋坠，诚有司所当务书之碑，用示来许。 ⏎乾 隆

三十九年岁在甲午春三月中浣之吉御笔。（印）所宝惟贤、乾隆御笔

（碑阴）

《周礼》或弗读，遂人久失职；治水并治途，互因难惜力。⏎然古实用民，今惟发价直；国家之善政，从弗兴力役。⏎桥以跨川脩，庙以镇桥饰；需殷相得彰，落成值此日。⏎清晓出东门，村民多喜色；轮奂致擺香，祈佑民福⏎国。祥澍刚湿地，归舆云破霓；优渥以为德，降馨愧⏎无德。 马驹桥碧霞元君庙落成瞻礼有作 ⏎乾隆甲午暮春月中浣，御笔。（印）乾隆宸翰、陶冶性灵。

注释：

马驹桥：《明英宗实录》："天顺七年四月，新建宏仁桥，桥在南海子东墙外，旧名马驹桥。"《日下旧闻考》卷一百一："宏仁桥亦名马驹桥，乾隆三十八年奉敕修，易九洞为七洞，概甃以石。"马驹桥原桥今已不存，只留下地名。

缭垣：围墙。

尾闾：尾，指河水的尽头；闾，指水聚之处。尾闾，古代传说中海水归宿之处。后亦泛指和水之归宿。

睇视臆论：一眨眼地看一下，主观的猜测。

来许：后进，后辈，后人。

中浣：古代以每月的十一至二十日为中浣，相当于中旬。

按语：

乾隆皇帝此文纯是一篇对水系的考证。其一为南苑所引二水之脉向，其二纠正前代著述之"妄以玉泉傅合南海子之水"，其三交代了此次的工程量与修桥、建闸、筑堤、补路的意义及时间。其实此次修桥最主要的问题是，从根本上改变了桥的结构，也即"易九洞为七洞，"而且还"概甃以石。"这样才达到了"为孔洞者七，视昔制虽少陿而壮固有餘"的效果。其实，此桥在明代就曾作过根本性的改变。《明英宗实录》载："岁以木为桥，水涨即冲去，往来者病涉。上悯之，发帑金数万，改建石桥。"

碑阴据《日下旧闻考·京畿·通州》补足，"乾隆三十九年《御制碧霞元君庙落成瞻礼有作》：《周礼》或弗读，遂人久失职；治水并治途，互因难惜力。然古实用民，今惟发价值；国家之善政，从弗兴力役。桥以跨川修，庙以镇桥饬；需殷相得彰，落成值此日。清晓出东门，村民多喜色；轮奂致瓣香，祈祐民福国。祥澍刚湿地，归舆云破翼；优渥以为佳，降馨愧无德。"读乾隆此诗，似乎多少可以领略得出其爱民、善政之处，如"古实用民""惟发价值"与"国家善政""弗兴力役"等。又，"桥以跨川修，庙以镇桥饬"。则说明了"桥"与"庙"的关系，桥庙为一组建筑。桥既实用，庙以镇桥，同时装饰了桥头。又，《日考》附"李贤《敕建宏仁桥碑记》"，因碑已不存，兹转录于下备考：

都城之南，一水横流於巽方。其源由兑而坤而离，四来沮洳，会而为河，至巽乃大。有一津焉，在南苑之左，去城四十里。凡外郡畿内之人自南而来者，东西二途胥出此渡。车之大而驾者，小而挽者，物类之驮者，人之有肩负者骑者步者，纷纷络绎，四时不休。有力者每岁为架木桥。然寒冱之际，不免涉水。况秋夏涨，即有覆溺艰阻之虞，而人之病涉莫此为甚。天顺癸未（注：七年，1463）春，皇上（注：明英宗朱祁镇）闻之，恻然轸念曰："此先物也，尚可缓耶！"乃命创建石桥，凡百所需悉出内帑，而一毫不干于民。应用工役皆以白金俑之，听其自愿而不强也。卜日兴造，人皆踊跃欢欣，争取效力，不知其劳，而木石灰铁之类率以万计，不督而集。桥长二十五丈，广三丈。为洞有九以醻水，为栏於两旁以障田者，精致工巧，无以复加。增岸於南北，以防冲突；为寺为庙，以资维护。经始于是岁四月十五日，讫工于十一月初一日。总其事者，内官监太监臣黄顺臣、黎贤；董其工者，工部右侍郎蒯祥、臣陆祥。告成之日，上赐名曰"宏仁桥"。乃命臣贤为撰碑记，用示永久。臣闻古先圣王之治天下也，以不忍人之心行不忍人之政，纲纪法度，细大具举，而于桥梁道路未尝不留意焉。观《夏令》所谓"除道成梁"，《月令》所谓"开通道路"，可见矣。是以利泽及人，如天地之于万物，无有不足其分者。恭惟皇上复位以来，夙夜孜孜，躬理政务，惟恐一民不得其所。出一令也，必顺于人心；行一事也，必合于天理，真无异于古先圣王之用心矣。今以一津乏济，闻之恻然，是即不忍人之心也；为建石桥以便往来，是即不忍人之政也。名之曰"宏仁"，盖"宏"者廓而大之也，"仁"则不忍人之政也。是桥之建，信乎能宏其仁矣。然历年之患，由此而弭；无穷之利，由此而基，又非经世之远图欤？呜呼！一桥之利尚不遗焉，况其大此万万者乎？由是以知皇上扩充仁道，被于四海，而利泽及人之广，信如天地之于万物矣。故宜大书而特书也。既为之记，复系之以诗。曰：大哉元后，作民父母；民之休戚，同其安否。所以先王，发政施仁；忧勤惕厉，罔或因循。仰惟我皇，博施济众；视民如伤，惟乐与共。大纲小纪，乃举乃张；有或遗者，于心则惶。都城巽方，有水病涉；恻然兴怀，务遂所惬。不惜内帑，为建石桥；工役之费，民无秋毫。易危而安，利泽惟久；亿万斯年，厥迹不朽。

山西会馆碑

解题：

清乾隆四十五年（1780）五月。原址在张家湾镇张家湾村北木桥，现集中在张家湾公园。竖框回纹线刻，横框回纹和二龙戏珠，方首座佚。碑高175厘米，宽63厘米，厚22厘米。额题"山西会馆"，首行"盖闻大上立德"，"敕授承德郎、张家湾漕运通判、加三级、记大功二次、军功纪录三次徐敬儒"撰文书丹，石作郝安荣敬刻，住持道士刘教增、徒马应奎立。"文革"间曾毁，碑今完整。

录文：

盖闻大上立德，其次立功，其次立言。不朽之业，如斯而已，而人世不兴焉。传之徃哲，继之後贤，而神道不兴焉。虽然，┘是恶可為定论哉。我┘国家鸿猷丕著，千载金汤，而都城之中。庙宇林立，盖亦护国佑民之一端也。而求其声灵之赫濯，民以福，导民以祥，┘拯民之灾，除民之暴，无弗厘然昭鉴者，未有如 ┘关圣帝君忠义神武之灵佑也。粤自後汉，历晋唐宋元明以来，厥盛惟昭。凡民之中，有愿必伸，有危必祷，致使士、农、商，┘物阜财丰；黄婴儿，咸登寿域。非天下之至德，其孰能语于此。伸愿者異食报于将来，明心者邀照察于幽隐，而感┘格四应，过者惊心，昭神威之显示焉。非天下之至功，其孰能语 于此。善者锡之以福，不必发之声闻，而不啻谟谐。┘者惕之以灾，不必形之指谪，而不啻纠缠。非天下之至言，其孰能语于此。夫然後知 ┘帝君之所以正气浩然，超然于千古者，乃其立德、立功、立言，独树人道之极者也。京师之东，张家湾地方东门外河干┘上旧有庙基，因 ┘乾隆庚寅年河水没，以致殿宇倾颓，少顷之间， ┘诸神随波落水，吾等晋省阖会众人目睹情形，难忍坐视。当此之际，访求号船宋姓等捨身下水，急護 ┘金身上岸。凡我晋省同人公议，集金卜土，于辛卯年破土兴工，乙未年建创俱备。 ┘关圣帝君殿宇並立山西会舘。公邀道士焚修，併照应会舘一切之事，至今工已告竣，姓氏毕登，爰立碣石，以垂永久。非┘以異神灵之私庇，实以鼓嚮善之公心也云尔。爰振笔而為之记。 ┘

敕授承德郎、张家湾漕运通判、加三级、记大功二次、军功纪录三次 ┘徐敬儒撰并书。施艮三两， ┘〇田世熊施地基一段，计二分。 ┘
总理人： ┘范　岗、王秉枢、 ┘乔赞全、 ┘　席德、 ┘赵衍漠、 ┘张彩、李恩翊。┘督工人： ┘师立功、董贵、张允升、 ┘要志谟、卫进礼、 ┘张　观、张　忠、丁　纯、 ┘王九锡、宋高照、 ┘常為鉁、谭王镜、郭顺。┘
大清乾隆四十年五月吉　立。　石作郝安荣敬刻，住持道士刘教增、徒马应奎　等。 ┘

注释：

大上立德，其次立功，其次立言：出自《左传》："大上有立德，其次有立功，其次有立言。"

关圣帝君：三国时蜀国大将关羽，字云长。由于其"忠义""仁勇"之美德传后，历代多加封赠，如关帝、关圣帝、关胜帝君、协天大帝、武圣人、壮缪侯、显烈王、忠惠公、义圣忠王、义勇武安王、三界伏魔大帝神威远镇天尊关圣帝君等。

食报：受报答，受报应。

卜土：择地，选择吉地。

漕运通判：官名。通判，清代州府尹以下设通判，规定通判与同知分掌粮运、督抚、海防、江防、水利、清军、理事、抚苗诸事。漕运，指漕粮运输。

按语：

张家湾地方河干上原有关帝庙一处，乾隆庚寅年（三十五年，1770）发大水被冲毁，少顷之间，诸神像亦随波落水。当此之际，有宋某等舍身下水将金身救出，并组织在通州的晋人共同投资将其重修，同时并在原址建此会馆，辛卯年（三十六年，1771）破土兴工，乙未年（四十年，1775）建创具备。公邀道士焚修，并照应会馆一切之事。

碑文后部"施银二两"之"银"，简作"艮"。

曹氏重修先祠碑

解题：

清乾隆四十九年（1784）岁次甲辰季秋（九月）穀旦。在通州区觅子店乡大曹庄曹氏祠堂。方首方座。碑方首抹角，浅浮雕云纹，碑座云纹。碑高148厘米，宽52厘米，厚20厘米。额双钩篆"先祠碑文"，首题"曹氏重修先祠记"，香河韩烈撰文，香河韩为书丹。碑阴前刻记文，后列人名，模糊不清。

录文：

曹氏重修先祠记

曹氏之庄，在潞河东南五十四里。庄西北隅，有曹氏公立祠堂。所以齐<u>报本反始</u>之心，崇尊祖敬宗之礼者，其来旧┘矣。而屡年罔废，绸缪未至，以漂摇而就圮，但创始之规模从俭，尚有不备之端焉。有<u>曹子名焕</u>，字闇然。洎其成人，多┘大智者。以此为歉，乃慨然曰："苟不葺而新之，何以<u>妥神灵</u>而垂久远乎？"因谋诸举族，乐从事者甚夥。遂庀材鸠工，几┘期肇始。凡狭隘者而崇宏之，缺陷者而增益之，使堂构、庭阶、门墙、廊庑与夫斋宿、庖厨之所，无不缮完，此较前□□┘庭矣。然<u>经度</u>之初，特一一致谨，殊无毫末踰闲，仅如乎士庶人之分焉而已。是工费总若干缗，係闇然、大智二人，□┘名基、名勷、名宏泽、名立宗、名大绥、名训、名贶、名师曾，八人首倾囊橐之蓄，出至十分之七，<u>内有力不足者犹自为</u>□┘贷以继之，其餘族中之若干人次第出之，而各分有差。盖始于乾隆辛丑之春，以甲辰之夏而竣。闇然欲勒石立□，以诒于後，乃索言于吾。窃维士庶人之家固有所不得者，若葺治先祠，讲究祭仪，亦分所应，尔何以记為哉？然穷□者曰："礼义出于殷富，是固不能责之强為矣。"至于殷富，又往往忽于此而不為，即或有為之者，究不免有始而鲜终。求于奉先之所，不吝貲财，频加焕饰，履春露秋霜，竭诚展敬而不已者盖寡。若是，则曹氏之所為乃不可以无记□。盖人不知孝祀乎先也，即无以垂裕于後。尝阅曹氏族谱，知其為宋济阳郡王、谥武惠国华之裔。自有元以来，即迁其家于此，迄今历五百餘年。虽支分派别，而家道犹未艾，人丁犹甚蕃，耕者获沃土而不逸，读者尊师取友互相思奋有若角胜者然。於戯！苟非不忘本原，俾先灵无所怨恫，而默為庇佑者，何克臻此？此益知闇然等虑其来许，或不能如是，故殷然记以诒之也。抑知今日既尽力竭财，有以增前人之美；则後日世世相承，当必以此意延為家法，又孰肯弃祖宗功德、坏自己身名，任是祠废坠弗修，而甘為不肖也哉？夫曹氏之所為，良以孝思之笃发而為润色之工。其承先者在此，啟後者亦在此，宜无可疵议矣。乃犹有以炫耳目讥之者，吾闻而叹曰："诚能于奉先之地图炫□目，即属為人之上乘也，而讥乎哉？"是必忽于此而不為者，无以盖己之短；洎為之而有始鲜终者，嫉其善始善终、□妄腾口舌也。吾亦愿曹氏後来者，宁永受此讥，而毋以此讥讥人焉，可也。故不揣荒陋而乐為之书。时 乾隆四十九年、岁次甲辰，季秋穀旦。香河韩烈撰文，（韩）為书丹。

（碑阴略）

注释：

报本反始：谓不忘先人恩德之意。

曹子名焕：字闇然，与曹大智為重修先祠之首发人。

妥神灵：使神灵安妥。

几期肇始：意思是制订了分期工程的规划。肇始，开始，开工。

经度：经营，计划。度，测量，量度。

"内有"句：意思是，在这些首批出资人中，有财力不足者，就是借钱也参与了这项义举。

各分有差：意思是每个人出资多少不等。差，不齐，多少不同。

宋济阳郡王、谥武惠国华：宋代异性封王者之一脉，即北宋太祖（赵匡胤）时（960—976）的曹彬，字国华，在真宗（赵恒）时（998—1022）被追封济阳郡王，神宗（赵顼）时（1068—1085）被追封韩王。后来其孙曹佾在神宗时同样承袭了济阳郡王之号。哲宗（赵煦）时（1086—1100）又被追封沂王。曹彬死后予谥"武惠"，其子曹玮谥"武穆"，生前均做过宰相，故史上常常并称。

何克臻此：意何能至此？克，能；臻，至，到。

来许：后辈，后人。

按语：

据碑文可知，除曹焕、曹大智之外，尚有曹氏八人即曹基、曹勷、曹宏泽、曹立宗、曹大绥、曹训、曹贶、曹师曾，各倾己囊，共襄义举，解决了十分之七的资金，其余不足为族人共担。始于乾隆辛丑（四十六年，1781）之春，完工于甲辰（四十九年，1784）之夏。曹氏之先人有名可知者为宋济阳郡王谥武惠，名曹国华者，至元代始迁京居。

碑文在前部客观地交代了曹氏后人，以曹焕、曹大智为首的众多出资者对曹氏宗祠进行修缮的情况后，尚用了大量的篇幅对此次修祠的意义进行阐述。

另外，当代的红学家们有根据《宋史》、明正德十年（1515）浙江桐庐县令曹观源撰《武阳曹氏族谱》、康熙六十年（1721）未刊稿本《上元县志》及康熙二十三年（1684）刊本《江宁府志》等书考证，《红楼梦》一书的作者曹雪芹，就是武阳、武穆之后人。再推而上，又是汉代曹参、三国曹操、曹衮等。宋曹氏以后，家族中大部分居住在江西南昌武阳，后来其中一支迁往辽之铁岭，这才有了作为旗人的曹雪芹及其后人。那么在通州出土的"曹霑之墓碑"、张家湾发现的所谓"曹家当铺"，以及本"曹氏宗祠碑"到底是什么关系呢，确实值得深入研究。

　　碑倾斜立殿基上，碑阴不易做拓。碑面保存尚好，但下部略有磨蚀，影响部分字迹的辨识。

关帝庙捐资重修碑

解题：

清乾隆年（1736—1795）。通州区胡各庄乡孙各庄东养殖场半埋地下，阴朝上。圭首失座。碑高 165 厘米，宽 54 厘米。额题"万载流芳"，首行"顺天府通州孙各庄古刹"。

录文：（碑文风化严重，故略）

按语：

关帝庙：清朝英良《通州志》载："在孙各庄，明万历十六年州人孙民等修，康熙三十六年孙成明等修，雍正五年孙文华等修，乾隆三年李信等重修。"

清王超凤修土桥题记刻石

解题：

清乾隆四十二年（1777）年。原址通州区土桥村土桥东北雁翅金刚墙上，完好。刻石横式，高40厘米，宽120厘米。

录文：

大清乾隆四⏌十二年岁 ⏌次辛酉夏⏌四月二十六 ⏌日，⏌钦赐正五品王⏌超凤，是年 ⏌七十四岁，捐 ⏌资⏌重修。⏌办物料：王[天]章，⏌管工江汉，⏌石匠张德升。⏌

注释：

土桥：《民国通县志稿》载，（查旧志）在州张家湾北二里，下通剥运，明改建石桥，乾隆四十二年（1777）天津绅士王超凤重修，今仍存在。

按语：

土桥在土桥村北头，南北向。为单孔石桥，实心栏板，线刻双海棠线纹。金刚墙与桥孔券脸为花岗岩质地。

吉祥庵香火地碑

解题：

清道光十九年（1839）五月立。原立于马驹桥镇海户屯小学校东大门道南山墙处。方首浮雕二龙戏珠，碑身边框刻卐字纹。通高221厘米，宽69厘米，厚24厘米。额题"万古流芳"，首题"吉祥庵增置香火地碑记"。碑阴刻香火地契。2002年学校迁走，此碑被推断，仆置于村西北一座工厂院内。艾叶青石质。

录文：

吉祥庵增置香火地碑誌 ⏎

京都之南，左安门外，弘仁马驹桥北海户屯，有古刹吉祥庵，建立莫知其始。旧有 ⏎ 佛殿三间， 菩萨殿一间，并山门羣墙。□年深日久，坍塌倒坏。辛卯之春，有後屯善士李士达，立愿重⏎修。度庙旧基，东西长，南北宽，庙居偏侧，不中不正，非体也。因有後屯善士李士隆，早买牛姓地三丈⏎五尺，愿助庙基，以取方。並募化 众善资助，遂重 修佛殿三间于前，增修 文昌殿三间于⏎後，并增禅房、学房共九间于两侧，以及山门、羣墙、甬路等。自道光十一年正月十六日兴工，至本年四月⏎朔日落成。呜乎！何神速欤！庙貌辉煌，无香火住持何以妥 神明？身等因募善士二十五家，各出财⏎力，置买民地十一亩，以為本庙香火之资。将地契刻于石阴，使永垂不朽。众善应同，镌传芳名于⏎後世。祇以日久账废，姓名不全，碑难记录，仅可将首事者列名兹左。⏎　庙南墙外留散水地一尺八寸，北墙外留餘地一尺三寸。又恐後人侵占庙基，将四角外俱立灰⏎橛永存。⏎（中空一行）

十一年重修首事人　李士达、刘文举、　海户屯合村众等经理。⏎　众善莫怪名不全，经理之人苦作难；皆因引善人辞世，账簿虽存缘未完。⏎

因此难将芳名造，粗心漏笔反招烦；因果不昧天理按，福孽遂身上有天。⏎

旹大清道光拾玖年，五月　贰　拾　贰　日，　刘文学、牛成麟，　暨众等全　立。⏎

注释：

香火地：其所有权或税租等收入归属寺庙的地亩、耕地，寺庙以此来维持香火故云，亦属于庙产的一部分。

群墙：实指围墙。

甬路：庭院庙宇等群组建筑中居中对门的道路。

散水地：建筑用语。即后来所说"散水"，在建筑根基处所预留的排水斜坡。

按语：

碑文主要记述海户屯村民重修古刹吉祥庵及置购香火地事，从中得知庵内有佛殿、文昌殿与学房，表明此庵乃佛、道两教并祀，同时兼办义学，亦有儒教内涵，而儒学又与道教文昌帝君有内在联系。此情况在北京古代乡村庙宇中可谓典型，碑文有一定历史价值。又碑阴刻有庙产香火地地契，又是地契的一种特殊载体。文末有七言古诗一首，亦具特色。

碑文中对于增置前后殿宇规制的描写比较详尽，对于我们了解吉祥庵古代的形制有所帮助，甚至其四至、散水地都不例外。另外，前文云"有后屯善士……"其后落款处"海户屯合村……，"说明当时海户屯村落已经较大，形成了前后屯。

传代碑

解题：

　　清光绪二十三年（1897）。立于通州区牛堡屯乡陆辛庄三士庙遗址。方首方座。碑高170厘米，宽60厘米，厚20厘米；座高45厘米，宽96厘米，厚52厘米。额题"传代"，首行"京都通州城南"，末题"执事人等季得纯、禹进海，承沐禹景"。碑完好。

录文：（暂时无法核对原文）

注释：（略）

按语：

　　此地现为村小学。娘娘殿始建于明。1985年被公布为通县文物保护单位。根据《通县统计表》此碑名称为"重修娘娘殿碑记"。

清敕谕福昆妻完颜氏碑

解题：

　　清代。原在张湾镇里二泗村佑民观，今在通州区张湾公园。螭首龟趺。碑文满汉合璧，边框二龙戏珠浅浮雕，碑侧浮雕龙纹。碑高225厘米，宽77厘米，厚28厘米。额篆"敕命之宝"。碑今仆地，座身相离。

录文：

皇帝敕谕：王化始自闺门，妇德首重节义，荣褒未贲，⏎风教奚彰？尔镶红旗宗室福昆之妻完颜氏，阃范⏎夙娴，母仪克著。夫亡守节，永筑自持，洁志坚操，深⏎可嘉尚。念係宗室之配，兹特赐敕奖谕，用昭朕褒⏎贞劝俗至意。故谕。　⏎

注释：

　　敕谕：当朝皇帝发下的命令或圣旨。
　　镶红旗：清代满族的八旗，实际上是一种兵籍编制。以旗色为标志，分正黄、正白、正红、正蓝，后增镶黄、镶白、镶红、镶蓝，乃为八旗。其中镶黄、正白、正黄为上三旗，也称内府三旗，直属亲军，其余为下五旗。
　　宗室：皇族。
　　阃范：妇女的模范、楷模。阃，同"壸"。古时妇女居住的内室，用以借指妇女。

按语：

　　福昆：《清史稿》无传。系镶红旗闲散宗室。《大清会典》对宗室妇女能守节孝者规定，各依等第颁给恩赐。顺治十年（1653）题准："凡旌表贞节者，……闲散宗室妻女，礼部给羊、酒、纸张，内院撰文，遣官致祭。"完颜氏"闺范夙娴，母仪克著。夫亡守节，永筑自持，洁志坚操，深可嘉尚"。故赐敕。可与文献互证。亦可见清初以来对汉文化的承递。

乾隆敕赐慈云寺石额

解题：

清乾隆年（1736—1795）。原址在牛堡屯镇三间房村东，今在通州区张家湾公园。边框云龙纹线刻。石匾高60厘米，宽245厘米，厚27厘米；匾芯高26厘米，宽212厘米，榜书"敕建慈云寺"字，居中上首钤"乾隆御笔"阳文玺印一方。碑基本完好，右边角残。

按语：

慈云寺：《日下旧闻考》载，寺在通州西十里。乾隆十二年（1747）《御制过通州诗》有"忆彼慈云壁，几度题句曾"之句。

清祁马氏墓碑

解题：

清代。原址通州区麦庄。方首，碑通高 252 厘米，宽 76 厘米，厚 19 厘米。边框卷草纹。额双钩题"为道捐躯"，居中题"祁马氏祁殿忠祁大凤祁刘氏祁二凤"，右题："为义受逼迫的人是有福的，因为天国就是他们的国。"左题："也都是蒙召的、被选的、忠信的。上帝又擦净他们的眼。人不再有死亡悲哀、号哭痛苦，因为以前的事都过去了。"维扬幼桥王宝贞敬书丹。

录文：

为义受逼迫的人是有福的，因为天国就是他们的国。
祁马氏、祁殿忠、祁大凤、　祁刘氏、祁二凤
也都是蒙召的、被选的、忠信的。上帝又擦净他们的眼。人不再有死亡悲哀、号哭痛苦，因为以前的事都过去了。
维扬幼桥王宝贞敬书。

按语：

祁大凤、祁二凤姐妹为耶稣教徒，后被义和团所杀。次年，美国传教士强迫通州地方政府赔偿银两为祁氏二姐妹建墓立碑。

碑身文字不多，但却使用了三种大小不同的字号。"祁马氏"字号最大，后款处字号最小。祁大凤、祁二凤之名，同见于下条碑文题名中，她们是作为女孩童而落名的，说明当时她们还是未成年人。碑身下部大约留下整碑四分之一的空白。

为道捐躯者刻石

解题：

　　清代。现存通州区党校。横式，边框卷草纹。长 172 厘米，高 74 厘米，厚 18 厘米。上镌教徒姓名，俗称"二毛子碑"，无年月。刻石上部大字双钩横书额"记念为道捐躯者"，下部小字竖排。前、后为文，居中分三列刻书信徒中之男、女、孩童人名。男、女信徒各占两列，分前、后两部分刻；男女孩童独占第三列，没有转行，前男后女。前后文字号稍大，人名字号略小。维扬幼桥王宝贞敬书，石工"赵□"。

录文：

记念 为 道 捐 躯 者⏎
为义受逼迫的人是有福的，因为天国⏎是他们的国。⏎　　男信徒：⏎李德贵、李允升、德 全、曹澍春、石润祥、王学贤、李长安、祁殿□、曹芝、毕升宽、费兆瑞、葛玉生、徐和、李璐、陈廷栋、刘宝和、孙 大、雷攀龙、倪振乐、刘 杰、杨元、⏎（以上人名前部第一列）王 老、□ 龙、曹文成、李永和、张 鸿、张 七、胡振明、张永成、林达弼、张 珍、李 永、周 景、安万春、崔□有、吴永和、王维寿、王维勤、李华荣、陈廷鏞、张 □、孙景闲。⏎（以上人名前部第二列）　　女信徒：⏎于□氏、周杨氏、高氏、许李氏、李任氏、李石氏、李林氏、费郝氏、袁高氏、袁杨氏、袁

□氏、柴氏、陈林氏、杨□氏、李董氏、钱□氏、杨刘氏、□陈氏、□□氏、钱□氏、祁□氏、刘□氏、钱□氏、徐□氏、田李氏、英胡氏、范李氏、⏎（以上人名后部第一列）狄□氏、李□氏、卢□氏、曹陈氏、常氏、刘张氏、杨氏、张马氏、杨张氏、刘张氏、李氏、李李氏、李王氏、宋李氏、白□氏、贾金氏、李曹氏、刘杜氏、□□氏、李祁氏、周李氏、祁刘氏、刘马氏、钱李氏、□氏、汤氏、朱柴氏。⏎（以上人名后部第二列）男孩童：李得恩、崔至德、高大来、杨恩奎、朱□荣、李约翰、张福德、毕永安、范爱林、陈恩光、徐安福、范安德、谢□云、□□平、李□□、李□□、李□□、□□□、□□□、□□子，女孩童：李□□、李玉香、李□□、李□□、李□□、李□□、□□□、□□□、刘□□、高□□、张美智、王□□、杨文□、崔慈善、赵□□、李□喜、蔡□□、祁大凤、祁二凤、刘书英、曹□宽、范□□。□名者：□□立，□□□、□□□、周□贤、钱念□。⏎（以上第三列）上帝又擦净他们的眼□□，⏎不再有死亡悲哀、号天痛苦，⏎因为以前的事都过去了。⏎**维扬**幼桥王宝贞敬书，　　⏎　　赵□石工。⏎

注释：

维扬：古地名，今属江苏省扬州市，包括今双桥街道、梅岭街道、西湖镇、平山乡、双桥乡、城北乡等。

按语：

耶稣教传入通州后于同治六年（1867）立有教堂，后被义和团烧毁，庚子（1900）赔款后，重建教堂，且为被杀教徒立碑，嵌于教堂墙壁。除题名外，此碑文的内容与"祁马氏墓碑"几乎相同，并在题名后部的"女孩童"题名中也列书了"祁大凤""祁二凤"，说明当时祁氏姐妹尚未成年。

以上二碑均与"义和团运动"有关。虽然二碑亦均无明确纪年，但应该大致离庚子年（1900）不远。其实通州另有一《通州公理会殉难者墓志铭》，立碑式，清光绪二十七年（1901）十月。碑阳记录了事情的原委。碑阴记名，与此题名基本相同而稍有区别，正可互相比对。据旧拓录下以备参考：

额题：享荣无暨

首题：通州公理会殉难者墓志铭

昔人有言："人莫不有一死，死或重于泰山，或轻于鸿毛。"死固大有不同也。余为进一说，曰"死或入于永死，或⏎入于永生。"不更大相悬殊乎！光绪庚子之变，通州耶稣教友男妇老幼殉难者百四十二人。波及于教会往⏎来者又数十人。其死也，入于永死也乎哉？入于永生也乎哉？自有判之者。考通郡教会之立，迄今四十余年⏎矣。经中西教牧长养栽培、殷勤启迪，教友等受圣道之涵濡，皆能激发热衷、坚持信德，是乃预成其见危授⏎命之心也。夫乱之起也，由山左而入直隶，又延山右，终且风行，通国若愚若狂，皆将蠕动而蜂起。五月上⏎旬，通郡之匪焰愈炽。初九日，牛堡屯支会教堂焚。李君文郁之父长安公、夫人徐氏，教友林廷弼、陈廷栋等⏎遇害。初十日，李德贵公与其家属四人、教友三人在鲁村东遇害。十三日午前，城外书院焚。午后，教堂医院⏎焚。未几，执事李允升公遇害。其妻与二女，皆赴水死。前后遇害者，更有德全、倪振乐、贺殿魁、李永和，并女徒⏎汤氏等。其余信主守道、昭然在人耳目间者有多人焉，莫不以身殉道、视死如归，此岂尽以人力为之耶？然⏎则其死也，入于永死也乎哉？入于永生也乎哉？二者相对，得失判焉矣。迨中外讲和，凡我教中殉难者，先蒙⏎国家优恤。岁辛丑十月十日，为通州教民发丧，营葬于州城之南原，官绅送葬者数百人。呜呼！我同教之兄⏎弟姊妹，身后人世之荣亦云幸矣，矧其在主左右，享厥永福，何能名言哉！兹于茔前建墓门三间，四围树以⏎松，表道以杨。工且竣，都君春圃、高君文林，以墓志属余。不获已，略叙殉难者之始末，仅录事实，无一饰辞，勒⏎诸贞珉。非特表扬死者之懿行，抑亦欲睹斯文者，憬然有悟于永死、永生之义焉，是则余之志也。爰为铭曰：⏎

死孰为之死而生也，孰为之已为非已，为若而人者，世为之悲，吾弗为之悲；生孰为之生而死也，孰为之非已为莫非已，为若而人者，世不为之悲，吾为之悲。

大清光绪二十七年十月，主后一千九百一年十一月，知通州事吴兆毅立，望都县廪生张鸿文撰，通州廪生谷兰生书。

（碑阴）

额题：殉道有福

首题：谨将殉难男女信徒姓名列后

男信徒：李德贵、李允升、德全、曹澍春、张鸿、张七、胡振明、雷攀龙、葛玉生、徐和、石润祥、倪振乐、王学贤、孙景贤、李路、费兆瑞、毕升宽、张永成、张珍、陈廷镛、祁殿中、林廷弼、刘杰、陈廷栋、刘宝和、李永山、周景、李万春、李长安、崔国有、张辉、吴永和、曹文成、曹龙、王老、周芝、王维寿、王维勤。记名者：孙永立、周泽深、周恩助、周文贵、钱令臣。女信徒：徐王氏、李徐氏、高杨氏、曹石氏、袁高氏、田李氏、高杨氏、吴谢氏、范李氏、汤氏、朱柴氏、耿王氏、费郝氏、柴氏、袁杨氏、石曹氏、许李氏、车隋氏、袁韩氏、李高氏、李任氏、卢氏、陈林氏、曹陈氏、刘常氏、刘张氏、杨刘氏、杨氏、张马氏、杨张氏、刘张氏、李氏、李李氏、李董氏、王王氏、杨刘氏、栾李氏、白杨氏、李金氏、刘陈氏、徐王氏、李曹氏、刘杜氏、李氏、王范氏、李祁氏、周李氏。男孩童：李得恩、崔至德、高大未、杨恩奎、朱长荣、李约翰、张福德、毕永安、范爱林、陈恩光、徐得福、范安息、朱培林、周瑞德、谢书云、李恩平。

女孩童：李淑敏、李玉香、李书平、毕贵荣、曹文敏、德恩伶、刘玉兰、高立兰、张美智、李玉平、李淑宽、王美荣、杨文秀、崔慈善、赵恩平。

民国侯姜氏纪念碑

解题：

中华民国六年（1917）岁次丁巳四月初二日。通州区觅子店乡侯黄庄西南出土。方首抹角，方座。碑首阳面为二龙戏珠浮雕，阴面为祥云；碑身边框窃曲纹。碑高163厘米，宽62厘米，厚20厘米；方座露高27厘米，宽80厘米，厚47厘米。额篆"万古流芳"，首题"前清光绪二十八年奉移行旨旌表节孝建立牌坊侯姜氏纪念碑"，廪贡生马遇荃撰文，举人赵文彦书丹。碑阴题名，额篆"永垂不朽"。碑今完好。

录文：（暂时无法核对原文）

前清光绪二十八年奉移行旨旌表节孝建立牌坊侯姜氏纪念碑↵
盖闻名显当时，赖有先达之士为之先焉。↵
<u>廪贡生</u>马遇荃拜撰，<u>举人</u>赵文彦敬书，时在中华民国六年岁次丁巳四月初二日↵
（碑阴题名略）

注释：

廪贡生：明定府、州、县皆置学，府学生员四十人，州、县以次减十。清沿明制，经岁、科两试成绩优秀者，增生可依次升廪生，廪生可依次升国子学生,称岁贡。

举人:汉代取士尚无考试方法,皆令郡国守相荐举,故谓之举人。唐宋有进士科,凡应科目经有司贡举者,通谓之举人。至明清始专称乡试登第者为举人,经会试、殿试而登第者方称进士。

按语:

与碑同建之牌坊今已无存。

创建紫清宫始末刻石

解题：

民国辛酉（十年，1921）秋季（九月）。横式刻石，高约40厘米，宽约140厘米，边框二方连续平雕西式花卉，嵌墙。首题大字篆书（代额题）"创建紫清宫始末记"，邑人薛士鸿书丹，松逸福祐篆额，邑人姚文荣志。今在紫清宫内后殿东墙上嵌。

录文：

创建紫┘清宫始┘末记　┘
紫清真君者，有宋之白玉蟾道祖也┘。始无专祠，附祀于胜教寺后禅。┘光绪庚辰，先君子固公以 宝荣舍弟患痘危，祷于
┘真君，服药三、五帖获痊。因而发愿┘募巨款为 真君建专祠。飞鸾┘开化，庇佑四方，并著《仙踪接脉》┘四卷，普渡后世，遂就胜教寺之┘东偏得 阖君载轩捐助之隙地┘周围四十丈，建北殿三楹，山门┘一座。额曰："紫清宫"。复营东西耳┘房各三楹，左曰："敬信斋"，右曰："乐┘善堂"。门前照壁嵌以金砖，书曰："清虚洞天"。内塑　┘真君像。朔望香火朝夕无间。举凡┘兴义塾、惜字纸、舍药材、施棉衣┘、施粥、施茶、义材、义地，各项善举┘罔不备具　。┘真君嘉　先君之乐善不倦，锡名┘善良，字之以纯一。　先君于是┘益加勉焉。呜呼！嗣因筹建配殿┘甫兴工，而先君竟溘然长逝┘矣。犹幸先兄锡戎承未竟之志┘，嗣于甲午年复建东西配

殿六楹。己亥夏，增建南下房六楹，则全工落成矣。溯自庚辰至己亥，垂廿三载。先父兄相继<u>作述</u>，靡不悉力经营。讵庚子之变，俄、法军人驻于此，致将　神像遗弃，器具为之破坏一空。幸舍弟宝荣避难先还城，嘱洋兵<u>保獲</u>庙宇，俾无拆毁。联军去，先兄集赀修葺，重塑　神像，得如旧观。先君讳桢，字子固。赞助创建者，吴守和、关在桓、叶桐、吕鸿迻、何钧、屠振荣、何邦彦、李镛、姚桐、胡克勤、柏清玉、戴金山、方文英、王凤瑞、方惠矩、曾立堂诸君也。谨述颠末，以饷后之瞻仰庙貌者。是为记。

邑人薛士鸿敬书，

松逸福祜篆额，

辛酉秋季，邑人姚文荣敬誌。

注释：

舍弟：又称"家弟"，即亲弟之意，对人自称其弟的谦辞。

飞鸾开化：借以形容仙人传教四方高渺之状。据《杜阳杂编》载，唐宝历二年（826），浙东国贡舞女飞鸾、轻凤，冬不穿棉衣，夏不出汗，所食多荔枝、榧食、金屑、龙脑之类。善歌，歌声一发，如闻鸾凤之音。

东偏：即东侧之意。

朔望：旧时指农历每月的初一和十五。这两天为祭祀之日。

作述：原意创造与传述。孔子曾曰"述而不作"；《礼记》亦云"作者之谓圣，述者之谓明"；"父作之，子述之"。此处特指父子间的创业与继承。

保獲：怀疑为"保護"之形讹。

按语：

  紫清宫在通州城内胜教寺东偏，整体建筑最近做了全面的修缮。读碑文得知紫清宫始建缘由：此之先，通州本无"紫清真君"的专祠，仅附祀于胜教寺。邑人姚文荣之弟姚宝荣染上天花，其父姚祯虔祷于真君，故而痊愈。因而发愿为建专祠，庇祐四方。又著《仙踪接脉》，普渡后世。时在光绪庚辰（1880）。规模略具，将建配殿之时，姚公溘然长逝。所幸其子文荣之兄锡荣承父志，己亥（1899）夏，完成了全部工程。庚子（1900）遭变，庙祠未免。锡荣、宝荣兄弟二人，联手努力，恢复旧观。文荣因以志石。又可知，出资创建紫清真君祠的姚君名姚祯，字子固，道号纯一。有子三人：锡荣、文荣、宝荣。另有吴守和等十六位善士助款。前后数十年间共建山门一座，正殿三间，东西耳房各三间，东西配殿各三间，南下房六间；匾额三幅：紫清宫、敬信斋、乐善堂；照壁一座，上书"清虚洞天"；紫清真君像及供具等。

  然其文中亦有几处不确者，如其"北殿三楹""东西耳房各三楹""东西配殿六楹""南下房六楹"，显然"楹"可以理解为作为建筑的量词"间"之意。但是，"楹"实为"柱"之意，两楹夹一间，则"六楹"应为五间，"三楹"仅为两间，于北京地区建房之俗不相吻合了。故其文中"楹"应作"间"，或"三"、"六"之数加一为"四"、"七"才是。又，文记"溯自庚辰至已（己）亥，垂廿三载"，实查即"光绪六年庚辰，1880"与"光绪二十五年己亥，1899"，相隔才十九年，如说"垂廿载"尚可，不知何得"廿三"。倒十三行末"保獲"之"獲"，显然是"护（護）"字之形近而讹。

金华捐助铺房碑

解题：

民国二十年（1931）十月。通州区南大街小楼后清真寺。碑形嵌墙刻石，完整。抹角方首方座。碑形刻石高182厘米，宽87厘米；座高50厘米，宽112厘米。额篆"万古流芳"。碑前部刻金先生姓氏及捐助情况，后部刻捐助末书。张克翔等同撰立，富顺石厂赵林刻。

录文：（暂时未能核对原文）

先生金氏，讳荣，河北通县人也。家世业商。和蔼公正，教务素亲。对于天命、五功，虔行未稍懈；地方公益，资助无少吝，以是人多称颂。其弟华，性友爱，恸悼兄甚。特将自置铺房壹所，捐為主的天房基业。月入租金，概归寺中开学、讽经、修补常费。並恳阿衡、海里凡每主麻、榜搭拜後，為其先兄诵经一遍，以追孔怀。克翔等钦慕金公友爱之情挚，並感其助扬教务之恳诚，谨為铭诸碑，庶几世世袭传，永垂久远。
金公捐助末书录文刻附，用备考览。
陈述意见诚捐助事，兹以本年十月日先胞兄金荣因病谢世，身後悽凉。华自维遽割手足，有泪难挥，乃掬诚捐助自置铺房壹所，坐落地址旧城南门内南街路西。依照每月租价，全数按十成支配，除奉给阿衡二成，海里凡六成外，其餘二成归入寺内公账，用充常年补修此房经费。附将各项契据移交钧寺保管，作為永久基业。並请歷世阿衡、海里凡每于主麻、邦搭课後念一遍嗦，以冀追怀。复乞阿衡暨执事併任傅（？）袭而求久远，不惟华兄弟世世铭感，亦即歷任阿⏎衡执事谨誌。微悯用贡钧寺鉴登，此上清真寺。⏎上捐助房契据肆纸、　　⏎助单壹纸，金华率子绍文、绍武、绍正捐助，谨启同押。⏎□长张克翔、王兴圃、刘洁岑、薛子清、马兆丰，　⏎乡副华俊卿、刘明轩、朱锡章、张燕亭、杨玉圃同印。⏎　富顺石厂赵林刻，⏎中华民国二十年十月日立。⏎

注释：

天命：《古兰经》以安拉名义为穆斯林规定的诫命。

五功："功"，阿拉伯文 rukun 的意译，原意为"基础""柱石"。伊斯兰教五项基本功课的总称。

天房：阿拉伯文 bait–allah 的意译。指麦加"圣寺"内一座方形石殿。

阿衡：波斯文 akhund 的音译，又译"阿洪""阿訇"。原意为"教师"。

海里凡：阿拉伯文 khalifa 的音译，原意为"继承者""代理人"、中国伊斯兰教对清真寺的学员称"海里凡"，亦称"哈里发""海里发"。

主麻：阿拉伯文 jum'a 的音译，亦称"主麻拜""聚礼"等。指穆斯林每星期五正午过后于当地清真寺举行的集体礼拜。

榜搭：亦作"邦达"。伊斯兰的一种晨礼拜，又名"榜目达"。从东方发亮起到日出前止。

按语：

有商人金荣，家世业商，与人友善。其弟金华出于友爱，为悼亡兄，将自置铺房一所，捐为清真寺基业，并率二子同押。

富顺石厂，为当时刻字作坊。本书本卷"胜教寺重修碑"条记该碑亦为富顺石厂赵林镌。

碑文分两部分，即正文与附文。正文写清立碑原因，附文叙述捐铺内容。正文为张克翔所撰，附文亦为张所刻立。

无名氏施地刻石

解题：

民国二十二年（1933）二月。现存通州区南大街清真寺。嵌墙刻石，横式，高 62 厘米，宽 90 厘米。右上角残，其他较完整。石面涂黑漆，字口涂白漆。

录文：

今有无名氏施给通县城内↵清真寺大学民地一段，计二十↵五亩。此地坐落长营村东，另↵有新税契据已交　↵本寺执事人收执为凭。　↵此地每年租金收入除该地↵应有花费外，再每月平均按↵九份支配。列下：　↵
计开：　↵阿衡三份，　↵海里凡三份，　↵大学经费三份。↵　并请　↵
阿衡、海里凡於每主麻日晚夕↵在大殿诵　↵经一遍，与亡人求恕。併祈　↵执事诸君无论何时<u>永勿更</u>↵<u>章</u>為要。　↵
中华民国二十二年二月　立。↵

注释：

永勿更章：犹如说永远不改变规定。章，即规章制度。"更章"，亦可理解为改弦更张之"更张"，改变、更改之意。

某君捐地助学刻石

解题：

民国二十四年（1935）十月榖旦。现存通州区南大街清真寺。嵌墙，横式，石高 46 厘米，宽 103 厘米。额隶书题"永垂不朽"，首行"北平巨镇，宗教较他处兴旺"。潞河后学朱翌周撰文并隶书。下钤"朱翊周印"一方。右上角残。石面涂黑漆，字口涂白漆。

录文：

北平巨镇，宗教较他处兴旺。□□战事影响，米珠薪桂。负笈者以供应不足，无力向学，以致生徒日少。当地乡衿虽踊跃捐助，而心馀力歉，发展维艰。某君有鉴于此，以自置民地贰拾亩捐助大学，俾资扩充。望後之来者，体某君捐地人热忱，為其生者祈福，殁者求恕。更宜勤修苦读，继往开来，以阐扬宗教為己任，寔有厚望焉。翊周钦其行，谊谨叙厘末，俾垂永久。此地坐落通州梨园。将红契交首事人收执，并将支配办法列後：此地除每年应交官项外，以地租收入添招海立法二位，以作供给。餘款分作三份：

阿衡壹份、各位海立法壹份、大学公费壹份。请阿衡及海立法每主麻前夕虔诵大经壹遍，為某君亡父求恕饶，為生慈求康健。以上办法永著為例，幸勿更张。

中华民国二十四年十月　穀旦，潞河後学朱翊周谨撰並书。（朱翊周印）

注释：

米珠薪桂：大米与珍珠等价，柴草与桂木同值，以喻当时人们生活用品价格飞涨。

负笈者：指学生。负，背；笈，书箱。

红契：契约。与"白契"相对。具体是指由政府或上一级部门核发并钤盖公章，而且当事人双方也都加盖印章的契约文书，是具有法律效益的契约。

海立法：即海里凡。已见前条。

阿衡：已见前条。

主麻：已见前条。

生慈：即指犹在世的母亲，与上文"亡父"对称。慈，古代特用为"慈母"的简称。

按语：

文记无名氏某君，因感京城米贵居大不易，生活用品供应不足，致乡人无力向学，生徒日少，故捐自置民地二十亩给通州城内清真寺大学以助，民地坐落于通州梨园。以下并附支配办法。上条所施地二十五亩坐落于长营村东。支配方法亦不相同。

重修胜教寺碑

解题：

民国二十五年（1936）岁在丙子孟秋穀旦。通州区西海公园大光明殿院内存。螭首龟趺。碑高232厘米，宽84.5厘米，厚28.5厘米；龟趺高89厘米，宽88厘米，长156厘米。额题"永垂不朽"，首题"重修通县胜教寺记"，王华堂书额，王子衡书丹，"男姚学礼勒石谨誌"，贾玉亭监工，富顺石厂赵林刻。碑今保存较好。

录文：

重修通县胜教寺记

胜教禅林是通县最古之□，与古塔相存共立，盖年远矣。然而歷代兴衰变化，倾圮修复不知凡几，兹以最近所知署為述之。当前清同治初年，庙已破烂不堪。同治陆年，经本庙善长王筠瑞先生出资修葺，从先後殿供奉紫清真君，颇著灵应。办善举之斋名即是敬信斋；东西耳房六间，左曰萃云斋，右曰时雨斋。此两斋均是义塾，並办各项慈善事务。历时年久，在光绪壬午前，先祖父子固公為庙长，添建东院紫清宫，移紫清真君于东殿，奉為专祠，嗣经先伯父华封公长管。其先旧有古佛像、悬山、狮、象等，装严古丽已极。惜庚子外国联军驻此，将旧像遗弃。中国内战频仍，每有军人暂用，甚至习艺所、煖厰暂用。各院荒芜不堪。迨至机关颠覆之後，仍归敬信斋管理。民国辛酉年，先父云阶府君接管，重设育民、义学两班，学生百名之谱。　先君因保存古蹟之念，呈明前县宰发愿重修。歷数载苦心翻修，正殿重塑三大士、罗汉、菩萨圣像，山门殿塑弥勒、韦陀圣像，东配殿塑准提菩萨像，西配殿塑地藏菩萨像，後殿增建楼阁，楼上塑玉帝、老君、天尊像，楼下塑南极八仙像。此庙全局共房叁拾叁楹，工程浩大，款目甚钜，悉由　先君云阶暨　家姊丈裴英贤少将出资倡捐者。先君讳德荣，字云阶，道号述善。孰意功亏一篑之际，　先君抱恙自叹："人世苍桑，功未圆满。"旋即羽化，深堪悲悼。学礼仰承先志，勉為修饰齐毕，谨具事实以述之，伏望各界善士辅助保全不失善念。则古蹟幸甚，佛道昌明，国泰民安矣。是为记。

男姚学礼勒石谨誌，　贾玉亭监工，　王子衡薰沐书丹，　王华堂书额，　富顺石廠赵林刻。中 华 民 国 二 十 五 年，歲 在 丙 子，孟 秋 穀 旦 立。

注释：

紫清真君：紫清真君庙，旧云红孩儿庙，红孩儿是否即为紫清真君有待考证。然据今仍存之嵌墙刻石"创建紫清宫始末记"，"紫清真君者，有宋之白玉蟾道祖也"。

准提菩萨：准提，又作准胝、尊提，称为天人丈夫观音，人道之能化也。禅宗以准提为观音部之一尊，深尊崇之；日本东密以准提为六观音之一，摄于莲花部；独台密以七俱胝佛母准提经之统名，准提入于佛母中，以为佛部之尊。准提，汉译为清净，赞叹心性清净之称。

天尊：神仙称谓语。道教讲，男仙高曰天尊，女仙高曰元君。《太古经注》："天尊者，上玄至极高明贵真，三界之主，天人之师，幽潜德号之所谓也。"

南极八仙：南极，指南极仙翁，道教神名，俗称"老寿星。"八仙，道教仙名，有多种说法，一般认为是汉钟离、铁拐李、张果老、曹国舅、吕洞宾、韩湘子、蓝采和、何仙姑。

云阶：即姚云阶，名德荣，字云阶，道号述善，为姚学礼之先父。

王子衡：名王权，民国时通州人。曾书"通县界"三字榜书碑，今仍存。

富顺石厂：本书本卷《金荣捐助碑》条记该碑亦为富顺石厂赵林镌刻。

按语：

佑胜教寺：《长安客话》载："通州佑圣教寺在州治西北，学宫之右，逼近城垣。有燃灯古佛舍利宝塔，创自唐贞观七年。塔顶有铁矢一，世传为金时杨彦升射中于上，迨今犹存。"《日下旧闻考》卷一○九引《名胜志》："城西北隅有佑胜教寺，内建浮图十三层，高二百八十尺，下作莲花台座，高百二十尺。周围百四尺，虚其中以祀佛。考断碑，创于唐贞观七年。"民国金士坚《通县志要》："佑胜教寺，冀东政府成立后一度改为保安处。"实际此寺先为佛寺，后为道观，再修之后为佛道共尊。原名"佑胜教寺"，今名"胜教寺"。同治元年（1862）至民国二十五年（1936）庙之兴废可见一斑。

此碑之撰文人姚学礼，实为完成父业所记。其追述光绪壬午（八年，1882），祖父姚子固曾为庙长，做过一定程度的增修。庚子（1900）之乱，这里的雕塑圣像被八国联军所毁。一直到内战时期，这里总有军人驻扎，至其父（姚德荣，字云阶，道号述善）接管时，又增加了义学。为保护古迹，因呈明县长发愿重修。当时工程巨大，花费不菲，均为云阶公及其婿裴英贤少将出资倡捐。可惜就在竣工之际，姚老羽化。事隔又多年，其子学礼完成父志，立碑为记。

碑文"共房三十三楹"，其实标写有误，按古建规制似应理解为三十三间。古人记录尺寸等本就不够科学，如前所引《名胜志》文云塔身加座全高四百尺，合米数已超百米，显然与今所测差之深远。

通州事件棉花关系慰灵碑

解题：

民国二十七年（1938）七月。现存通州区梨园潞港标准件有限公司院内。联首失座。碑侧有榫，各有副碑相连，副碑有碑顶。碑高243厘米，宽103厘米，厚45厘米；副碑高213厘米，宽39厘米，厚45厘米；副碑顶高35厘米，宽111厘米，厚84厘米。额篆"通州事件棉花关系殉职者慰灵碑铭"，首题"通州事件棉花关系殉职者慰灵碑铭"，建设总署署长殷同撰文并书丹，通州事件棉花关系殉职者慰灵碑建设委员会建。碑基本完好，仆地。

录文：

通州事件棉花关系殉职者慰灵碑铭 ⏎
建设总署署长殷同书丹，通州事件棉花关系殉职者慰灵碑建设委员会建。⏎

注释：

殷同：（1889—1942）字同声，江苏省江阴人。毕业于南京第四中学，后赴日本留学。返国后进入军界，20世纪30年代是一位在政治上比较活跃的人物。《北京历史纪年》记载，1933年9月，北平军分会殷同拜访日本国使馆武官柴山。11月7日中日会谈开始，中方黄郛、何应钦、殷同、殷汝耕、陶尚铭，日方冈村宁次、喜多诚一、菊池、柴山等参加。9日达成《关于停战协定善后处理会谈》。华北伪政权成立后,殷同担任建设总署长兼水利局局长。1937年12月北平伪中华民国临时政府成立后,任"临时政府建设总署"长官。1940年3月任伪国民政府中央政治委员会委员、政务委员会常务委员兼建设总署署长,新民会副会长。1940年前后,他委托高等工业学校办了土木工程班,在土木工程班的基础上,创设了土木工程专科学校,成为伪政权创办的三所部办学校之一。1943年殷同去世,享年五十七岁。他有五子三女。殷同墓在石景山区的卢师山,1954年,华北军区占地,其灵柩运到了福田公墓下葬,没有立碑。

按语:

碑文没有叙记,只刻写首题、篆额、书丹及建碑人名。

抗日战争时期,日本侵略者借口考察北平农业,派七个日本人进入通州,被抗日志士击毙于棉花田中。日本人令伪政府为其立碑鼓吹,并把方圆几里的庄稼尽数砍光。这是日本侵略中国的实物例证。

"古迹复新" 石额

解题：

民国辛巳年（三十一年，1941）。原址在张家湾镇里二泗村佑民观。碑高 125 厘米，宽 42 厘米，厚 21 厘米。如意主人撰文。

录文：

民国辛巳年 ↲ 古迹复新 ↲ 如意主人谨□↲

注释：

佑民观：清吴存礼《通县志》载，张家湾天妃庙也，旧名里二泗寺。凡运船往来于此修醮。明嘉靖十四年（1535），道士周从善奏请赐额，观曰佑民，阁曰锡禧。万历壬午（1582），漕运总督灵璧侯汤世隆修。崇祯乙亥（1635）仓场侍郎程注、理河御史禹好善重修。本朝顺治辛卯（1651），驾幸本观，见倾圮已极，赐帑五百两，谕道士修葺。里人田文孝更募助三百两焕然改观。

按语：

佑民观东跨院在敌伪时期由汉奸组织"如意坛"使用，如意主人即汉奸刘瑞堂。

兴修凉水河石桥碑

解题：

民国三十三年（1944）立。位于于家务乡富各庄东南部一家企业院内。方首，刻两面交叉旗帜。碑身边框几何纹。通高175厘米，宽66厘米，厚20厘米。额隶书题"万古流芳"，首题"兴修凉水河石桥碑记"，潞河李德馨撰文，张连庆书丹。艾叶青石质。

录文：

兴脩凉水河石桥碑记

通县永乐店镇与大兴县采育镇，两镇商民来往运输及四乡农民赴镇买卖所必经之要路，率多平坦。惟富各庄村北里许，有凉水河隔焉。河虽不广，而夏秋水涨，车舆、步骑，过往维艰。至冬水浅，又以寒冱病涉。历年搭有小桥，屡搭屡被冲坍，乡人实苦其烦。夫以两镇通衢，竟为一水所阻，群以为患。附近乡耆目睹耳闻，未免愀然于心。遂毅然以建设石桥，高度加倍，使之永垂不朽为己任。但经营缔造固赖提倡有人，而鸠工庀材犹须应付有款。民国十三年，各村乡耆聚而磋商云："縻赀财于无用，曷如竭精力於要区？若果同心补助，兴此要工，利己济人，善莫大焉。"于是，募化四方，协力共成其事。而四方人亦捐欵从风，诗书门第既启楗相遗，勤俭人家亦倾囊不吝，远近好善人士，咸乐施币帛而赞襄之。即时，监工者有人，督理者有人，运群材集众工，诹吉兴修，百夫且争趋效力。经始于民国甲子年春，落成于甲申年秋季。工坚费省，一劳永逸，遂居然称钜观焉。事既竣，乡耆欲举监工督理之姓名、捐赀赞襄之善士，悉勒于石，以昭宏图而垂久远。因过而问及于余，余维古圣王博施济众，我今人虽不能效法，然对此善举尚能敷奏厥功，从兹水流东西，无虞险阻，桥通南北，经为坦途。商民来往运输，非复曩时跋涉，农民赴镇买卖，得履今日康庄。易危为安，转祸成福。嚮非乡耆数人协力经营，远近善士<u>家输尺璧</u>，户兼能若是乎！是诚不可不举监工之姓名，捐赀赞襄之善士，悉勒于石，以昭宏图垂久远也。乃乐援笔而为之记。

潞河李德馨敬撰， 潞河张连庆敬书，

中 华 民 国 三 十 三 年， 月 日 穀 旦 建 立。

注释：

寒冱：极寒冷。冱，冰冻。

乡耆：乡绅，地方有名望之年长者。耆，指老人。

縻赀财于无用，曷如竭精力于要区：与其说在无用之处浪费钱财，还不如说在关键之处竭尽全力。縻，同"靡"，耗费之意；曷如，同"何如"；要区，重要之处。

启椟相遗：打开宝匣取出珍宝赠送他人。椟，匣、柜、函一类；遗，赠送。

倾囊不吝：把家里值钱的东西全拿出来也毫不吝啬。

诹吉：选择吉日。诹，咨询，询问。

家输尺璧：每家每户都献出了很多钱财。输，交纳，献纳；尺璧，径尺之璧，非常珍贵，形容钱财之多。

按语：

碑文主要记述民国间永乐店、采育一带村镇商农、善士集资修建凉水新河石桥一座，而便于交通往来，捐资出力修桥筑路等益民利国之事。

碑文虽在晚近，但却系实事一桩。开篇"通县永乐店镇与大兴县采育镇"说明其二县地理界限，"惟富各庄村北里许，有凉水河隔焉"，说明桥所处的位置，为研究当时的地理变迁提供了史料。后又涉及"于是，募化四方，协力共成其事，而四方人亦捐欵从风……""经始于民国甲子春，落成于甲申年秋季。"仅限一座小桥，未免时间过长，可见拖沓之风，民国已始。另外，碑首装饰以交叉双旗，这也是在民国时期铜币、地图等所常见的图案，可以说是时代特点的一个体现。

通县县政府迁还旧址碑

解题：

民国三十六年（1947）七月。位于通州区新华街道大成街一号，原文庙院内。方首抹角，浮雕国民党旗与中华民国国旗，旗杆内交叉置。通高210厘米，宽92厘米，厚22厘米。额篆"通县县政府迁还旧址纪念碑"，首题"通县县政府迁还旧址碑记"，通县县长王文轩撰文，王自亨书丹，戴鸿钟监刻，赵志昌刻石。今仅存碑身，仆置大成殿东稍间前台基处。青砂岩质。

录文：

通县县政府迁还旧址碑记　┘
通县燕东大邑也，幅员广袤，物阜民丰，水陆交织，舟车相望，诚为旧都之屏障，通津之咽喉，<u>左辅之</u>┘依，向称重镇焉。县府位于北门之右，廨宇鳞比，规模宏敞。孔子圣庙雄峙其西。当民国二十四年间，┘日人谋代华北，日亟挟持巨奸<u>殷汝耕</u>，设冀东伪府于此，假藉名义抗拒中央。迨"七七事变"之起，伪┘府解消，伪县署遂窃袭其地，伪警局亦迁据于旧县府之中。<u>社鼠城狐</u>，妖氛日炽，凡我商民深受其┘祸。乙酉之秋，敌伪纳款，国土重光。地方政府虽已复员，为便利之计，官廨所在一仍其旧。孰谓外患┘甫平，内忧继起。两年以来，奸匪倡乱，扰害闾阎，焚刦杀戮，披猖未已。今春倾巢来攻，城防不守，重要┘机关俱遭燬焚，县府警局同付一炬。文轩供职河北省第五区行政督察专员，兼保安司令公署参┘谋主任，奉命来宰是邑。颓垣败瓦,创痕宛在,目覩厥状,黯然神伤。旋以第五专署移节,来通建府于⏎孔庙,县府遂亦迁还旧署。咫尺之间,朝夕承命,政令推行,如响斯应。惟念残破之餘,荒凉惨目,舍宇⏎未敷。欲谋兴建,无论国库之不逮,尤民力之所未遑,于艰难困苦之中,不得不谋所以善处一地。遂⏎乃督率团队士卒,筚路蓝缕,力加修葺。為时及两月,净扫劫灰,增闢房舍,虽云未复旧观,举目四⏎顾,而荆棘铜驼之象,庶几廓然无存矣。於戲!自"七七肇变",华北沦胥,烽火刀兵,迄无宁崴。通邑以富⏎庶之区,屡遭浩劫,民生凋敝,至于斯极。文轩承乏兹土,正逢大难方兴,祸乱未平,益觉负荷艰巨,时⏎凛渊冰。所赖凡我僚属,皆深明大义,坚忍奋勉,克尽厥职。更以地方党团同志与公正绅耆,指导匡⏎襄,同舟共济,俾无陨越覆餗之虞。从斯益加淬励,规复往制,谋所以奠通邑于盘石之安者。是文轩⏎区区之意也。是為记。⏎

通县县长王文轩撰, 王自亨书丹, 戴鸿钟监刻, ⏎中 华 民 国 三 十 六 年 七 月 穀 旦 立, 赵志昌刻石。 ⏎

注释:

左辅之依:意思是通州对于北京来讲具有重要的战略位置,由于通州位于京师的东侧(古人以东为左,以西为右),故称。

殷汝耕:(1883—1947)字亦农,浙江平阴人。毕业于日本鹿儿岛第七高等学校造士馆,加入中国同盟会。1913 年二次革命失败后,再赴日本留学,入早稻田大学政治科。毕业回国后,在北京政府中任职。1926 年参加了前国民政府之北伐战争。1928 年,任国民政府驻日外交特派员。1935 年 11 月,在日本指使下,制造冀东事变,成立伪冀东防共自治政府,自任政务长官。抗战爆发后,因通州事件而去职,抗战胜利后被捕,1947 年枪决,年六十四岁。

社鼠城狐:社坛里隐藏的老鼠,城墙窟窿里躲避的狐狸,比喻那些有所凭依而为非作歹之人。

闾阎:泛指民间乡里。闾,里门;阎,里中门。

来宰是邑:来通县上任。宰,主宰,掌管;邑,县。

筚路蓝缕:原指坐着柴车,穿着破衣服去开辟山林。后用以形容艰苦创业。

沦胥:因互相受牵连而受苦难。沦,沉没,陷入;胥,遍、全之意。

承乏兹土:在此地上任。承乏,谦辞,意谓自己所任职位一时无适当人选,暂由自己充数而已。

时凛渊冰:形容当时责任非轻,如临深渊,如履薄冰。凛,寒冷恐惧的样子。"渊冰",语出《诗经·小雅·小旻》。原文是"战战兢兢,如临深渊,如履薄冰"。

按语:

碑文记述通州战略地位之重与经济发达的情况,同时痛斥日寇侵华与日伪罪恶。及在1947年至建国间,河北省第五专区曾设于通县,可补方志记载之缺。文章叙述20世纪40年代通州所发生的政治事件较详细,可补其他典籍之不足,撰文人王文轩,为当时通县县长,文中云其"供职河北省第五区行政督察专员,兼保安司令公署参谋主任,奉命来宰是邑"说明他的迁转经历,在了解县政府迁移的同时,也对时任县长有所了解,可补方志之缺。今看石碑似有改作之嫌,抹角之方碑首顶部犹可见榫卯遗痕,说明此碑利用旧碑而改,今碑之上下正与旧碑相反。

墓志部分
唐高行晖墓志

解题：

唐大历元年（766）七月二十九日卒，元和二年（807）十一月葬。1965 通县大庞村出土，现藏北京市文物研究所。志盖盝顶，四坡阴线刻十二生肖人头兽。志盖边长 93 厘米，志底边长 90 厘米。盖篆"唐赠户部尚书高府君墓誌铭"，首题"唐故正议大夫、试怀州别驾、赐紫金鱼袋、赠户部尚书、渤海高府君墓誌铭并序"，"摄剑南西川节度掌书记、将仕郎、试秘书省校书郎郑宗经"撰文，朝议郎、行殿中侍御史萧祜书丹。志底做单线框，志文刻方丝栏。

录文：

（盖文）
唐赠户⏎ 部尚书⏎ 高府君⏎ 墓誌铭⏎
（志文）
唐故<u>正议大夫</u>、试怀州别驾、赐紫金鱼袋、赠户部尚书、渤海高府君墓誌铭并序 ⏎
摄剑南西川节度掌书记、<u>将仕郎</u>、试秘书省校书郎郑宗经篆；⏎ <u>朝议郎</u>、行殿中侍御史萧祜书。 ⏎
天之道刚柔相生，以播元化而百物遂焉；人之道功德相承，以绍洪绪而五福绥焉。动以乘时，息以弘庆。高氏，出于炎帝，自四嶽至太公，从其封姓曰吕。自太公至敬仲，以父字为族曰高。敬仲十代孙洪，光武时察孝廉，孝明时为渤海太守，酒繫族望。洪十代孙隐，晋末避地幽州，為玄菟太守，爰处子孙，隐以雅志。沉静、旷怀、疎远，虽名繫郡中，而志逸林下。积德垂裕，生北燕司空汶阳侯庆。庆五代孙普，武兴王，豫州刺史，太宰，详于《齐史》。太宰六代而生尚书，冠冕蝉联，勳德代袭，明于传谱，不能备书。公名行晖，字行晖，本郡之潞县人也。曾王父道，镇军大将军，试殿中监。王父艺，朝散大夫，试汴州长史、上柱国。父夔，朝请郎，试梁州司马，赠梁州都督。芳猷盛绩，无代无之。公独以清德嗣大功，以福履钟后裔，蕴粹不曜，凝和自持，贞素合于道，真立诚存乎体。要自成童以及弱冠，心志不醨，错综羣言，该详百氏。于礼义敦恪慎之，敬利用叶，中于政理。敷惠爱之仁，辩析不惑，于节行秉直谅之操，执心孝慈。其所探蹟，皆提其纲目，举其梗概，不搜章摘句以汩其性，不拘理执谊以蔽其心，明乎变通，无所凝滞。天寶季年，四方大同，万邦富庶。公迺酌损益之，自穷否泰所因，寘心韬钤，俟膺时用。无何，祸生于宠虏犯王畿，銮辂次于巴庸，戎马饮于河洛。公才实济代，道可经邦，辟书友于丘园，轩冕驰于邑里。起家拜正议大夫，试怀州别驾，仍加金印紫绶。恩深赐盖，礼重题舆，播歌谣于海沂，息塗炭于冀土。类公之政，无以尚焉。呜呼！顿逸足于脩途，屈长筭于短晷，以乾元二年十二月二日寝疾，终于怀之官舍，享龄六十九。夫人汝南袁氏，淑哲光乎妇道，令懿归于德门，执组纴以备劳，采萍藻以洁祭。作范中壸，仪刑外姻。以大曆元年七月廿九日终于幽州平朔里之私第，享龄七十二。夫才生于代，而道屈于时，命也；德脩于身，而庆垂于後，理也。嗣子崇文，承公志业，纘公基绪。探黄石之秘术，得玄女之灵符；孝迺克家，忠以奉国。自台丞亚相再為尚书，一为司空，三拥旄钺。析珪受脤，封茅裂土，名芳竹帛，功勒鼎彝。平祸乱以机权，镇风俗以易简；封食斯重，孝敬自中。遂灼元龟揲灵蓍，日辰叶兆，窀穸方启。以元和二年歲在丁亥十一月朔日甲申，归祔于潞县高义乡庞村之原。封树合礼，唅襚称家，丰不'踰制，俭而中度。外备哀荣之道，内尽人子之心。既而孝通于明神，情感于君上。先期五月，制命褒荣，其诏曰：委珠提剑，追崇喉舌之司；象眼鱼轩，永贲松楸之穸。赠府君以户部尚书，⏎ 夫人以汝南郡太夫人。仍　敕王人护事，本部备礼，太府赙帛，司常具仪。　玄泽及于漏泉，⏎ 天光照于重壤，惟　国家孝理以弘令典，惟南平孝心以昭令名。自禹作司空，四嶽佐理，⏎ 代著勲伐，继登侯、王。公九代祖為司空，今南平王复為司空。君子谓高氏能世其官，忠孝之⏎ 至也。以小子获参府事，久跡词林，俾书松铭之诚，以虞陵谷之变，敢杨休烈，无媿直词。铭曰：⏎ 幽陵之阳，松柏苍苍；岭属岗联，龙盘凤翔。势拔坤元，气凌混茫；爰卜佳城，肇启玄堂。宅幽以⏎ 宁，庆祚斯皇；惟公贞懿，庆祚斯至。克生元臣，承家守嗣；幹不庭方，激忠以义。制胜行权，全师⏎ 用智；祅诊（言、尔，左右结构）既涤，　君臣遡位。　帝赠尚书，地官之仪；载锡司空，绥章淑⏎ 旟。玉节金铙，作镇坤维；董戎以威，阜俗以慈。百禄是跻，百行攸宜；蒸蒸孝思，载感霜露。邇乩⏎ 卜巫，重营封树；奠祀有秩，衣衾有数。礼物惟错，日时合度；令德伊何，流芳来祚。⏎

注释：

正议大夫：散官名称，唐朝正议大夫位在正四品上。

将仕郎：散官名称，唐朝将仕郎位在从九品下。

朝议郎：散官名称，唐朝朝议郎位在正六品上。

殿中侍御史：唐朝九品三十等职事官之一，位在从七品上之首。

玄菟：汉武帝灭朝鲜所置。即今朝鲜咸镜道及吉林南境。昭帝时徙治真番郡之高句丽。后汉中叶又徙治今奉天之沈阳县附近。

武兴王：高普，豫州刺史，太宰，详见《北齐书·太宰》。《北齐书》十四卷载，武兴王普，字德广，归彦兄归义之子也。瑆宽和有度量。九岁，归彦自河州俱入洛，神武使与诸子同游处。天保初，封武兴郡王。武平二年累迁司空。六年，为豫州道行台、尚书令。后主奔邺，就加太宰。周师逼，乃降。卒于长安。赠上开府、豫州刺史。

朝散大夫：散官名称，唐朝始以朝散大夫为文散官，位在从五品下。

朝请郎：文散官名称，位在正七品上。

怀州：后魏置。隋为河内郡。唐于济源西南柏崖城置怀州。即今河南沁阳县治。

别驾：官名。唐朝以为州府的长官。上州从四品下，中州正五品下，下州从五品上，秩高俸厚，无具体职务。

幽州平朔里：在唐代时幽州城的西部。

崇文：即高崇文，新、旧《唐书》均有传。官拜工部尚书、兼御史大夫、检校司空、兼成都尹。曾任左神策行营节度使、东川节度使、剑南西川节度使。封南平郡王。志与史载相吻合。

灼元龟揲灵蓍：元龟与蓍草，是古代两种用来占卜的工具。元龟，即大龟，用以占卜，所谓灼龟观形变，一般使用乌龟腹甲灼烧后观察其裂纹的走向。灵蓍，即蓍草，古人以数蓍草茎来卜筮。揲，按定数数蓍草之数。

潞县高义乡庞村：根据其出土地点推断即今天的大庞村。

按语：

据志，高氏家族自太公时封姓曰吕，至祖敬仲时因其父字为族姓曰高。汉光武时，察举孝廉；在孝明帝时，为渤海太守，此即为敬仲之十代孙高洪。洪之十代孙高隐，晋末避地幽州，为玄菟太守。其子高庆为北燕司空，汶阳候。又五代孙高普，武兴王，豫州刺史，太宰。再六代即为行晖。曾祖高道，镇军大将军，试殿中监。祖高艺，朝散大夫，试汴州长史，上柱国。父高夔，朝请郎，试梁州司马，赠梁州都督。高行晖官拜正议大夫，加金印紫绶。其子高崇文，能承父业，官拜司空，封南平王。高行晖生于天授二年（691），卒于乾元二年（759）十二月二日，享年六十九岁。赠户部尚书。夫人袁氏，汝南人，大历元年（766）七月二十九日卒，享年七十二岁。赠汝南郡太夫人。元和二年（807）十一月朔日归袝于潞县高义乡庞村。

文中前半有几处明显的改刻痕迹，如第九行之"潞"字，十行之"司马赠梁州"，十一行之"粹"字等。其"潞"字，明显的为"露"之改刻；"司马赠梁州"，则明显的为其左邻"自持贞素合"改刻，于此可见当时书刻之仓促，恐怕亦为直接书丹上石之一例。

文中后半有几处用字，实乃匪夷所思，如第二十三行"析珪受脈"字，二十五行"啥襂"字，以及倒数第三行"袄诊（言、尔，左右结构）既涤"字等。或为当时之通假字，也未可知。

唐公孙封墓志

解题：

唐大历十二年（777）五月七日卒，十三年（778）二月七日葬。梨园镇小街村东南土桥砖瓦厂内出土，现存通州区博物馆内。长62厘米，宽62厘米，厚7厘米。首题"唐故处士南阳公孙府君墓誌铭并序"。志文四周线刻边框，字间刻方丝栏。墓志下方两角残缺，无盖。

录文：

唐故处士南阳公孙府君墓誌铭并序

公讳封，字封，其先黄帝之子公孙乔之後。自三王以降，侯、伯英达，代有其人。洎瓚堡易据燕，子孙因家于此，今為幽州潞人也。王父威，大父平，皆以富赡豪侠，耽乐不仕。公白皙大耳，昂藏美须。性高尚闲，亦不言禄。若乃居丧戚，追远终，伯仲、友朋、侪信，其庶几矣。至于弱则多惠，强不敢凌，里社取其标准，宗党资其影援，夫何有哉！是以乡隣鳏孤，间井耄耋，使其力而不倦，并其业而无憾。君子于是乎以為善处家焉。大曆十二年五月旬有七日，终于其乡行潫里之别墅，春秋七十有一，不及中寿。悲夫！以大曆十三年岁在戊午二月戊寅朔七日甲申，权厝于潞城南潞城乡之平原，叶蓍龟，礼也。夫人太原白氏，哭晝从礼，择隣训孤。长子游击将军、守左武卫中郎将、兼试左清道率府率、上柱国仙，嗣子朝议大夫、试都水使者、前兼安次县尉俊，皆泣血柴立，负土筑坟。哀┘奉 高堂之命，託述 先人之誌。浼也不腆，恭而直┘书。铭曰：┘原莽苍兮堙孤茔，左潞水兮右长城┘；坟崔嵬兮栢丛植，孝感心兮孝思力。 公孙公宅□┘兮，与天地兮终极。┘

注释：

公孙乔：据传说，皇帝轩辕氏本姓公孙，其后代便以"公孙"为姓。但后来春秋时期，人们称贵族子弟亦为"公孙"，其后代亦以"公孙"为姓，如郑国子产，即公孙侨，亦名郑子产。故"公孙"之姓有两支，"公孙乔"与"公孙侨"各代一支。

瓒堡易据燕：公孙瓒在易地筑堡，踞燕地为营，即以燕为根据地。瓒，即公孙瓒（？—199）。后汉令支（县名，汉置，其地在今河北迁安县西。）人，字伯珪。举孝廉，除辽东属国长史。初为郡门下书佐。后从卢植读经，以孝廉为郎，授辽东属国长史。因与鲜卑作战有功，升为涿郡令。后迁中郎将，封都亭侯。中平中，以讨张纯等有功，拜降虏校尉。杀大司马幽州牧刘虞，割据燕州。与袁绍连年争战，东汉建安四年（199）兵败，自焚而死。

昂藏：原指山的高峻。此处形容公孙封身材高大之意。

弱则多惠，强不欺凌：对于弱者则施与恩惠，而强者却不敢欺凌于他。

叶蓍龟：占卜以求顺利。叶，同"协"；蓍龟，占卜用的蓍草与龟甲。

左清道率府率：唐代东宫警卫机构"十率府"之一"左清道府率"的长官。"十率府"即左右卫率、左右宗卫率、左右清道率、左右内率及左右监门率十府，合称东宫十率府。

柴立：形容人清瘦的样子，如枯木之独立，犹如说骨立。

不腆：自谦之词，不善、不丰厚之意。

按语：

据志，公孙封，字封。大历十二年（777）五月七日卒，终年七十一岁。大历十三年（778）二月七日葬于潞城。夫人太原白氏。长子，公孙仙，游击将军、守左武卫中郎将、兼试左请道率府上柱国。嗣子，公孙俊，朝议大夫、试都水使者、前兼安次县尉。其先为黄帝之子公孙乔之后，东汉时公孙瓒据燕为堡，子孙因家于此，为幽州潞人。曾祖父公孙威，祖父公孙平，均耽乐不仕。至公孙封，性高尚闲，亦不言禄。

文末书"涚也不腆，恭而直书"。其"涚"字，应为此志书撰人名之简。

铭语有"左潞水兮右长城，"可与本区《公孙如玉墓志》"东有潞河通海，西有长城鵽山"互证，其所交代的潞河与长城的相对位置是一致的。

唐孙如玉墓志

解题：

唐贞元十四年（798）二月四日卒，秋八月葬。梨园镇小街村东南土桥砖瓦厂内出土，现存通州区博物馆。盖为盝顶式，正中线刻四格，内篆"孙公墓铭"四字，盖之四坡面线刻十二生肖，兽首人身。志底边框刻云纹，行与行间线刻丝栏，高46厘米，宽46厘米，厚7厘米。首题"平州卢龙府折衝都尉、乐安故孙公墓誌铭并序"。墓志完好。

录文：

平州卢龙府折衝都尉、乐安故孙公墓誌铭并序　┘
唐贞元十四年戊寅岁、秋八月甲申日，故平州卢龙府┘折衝都尉、前潞县录事、乐安孙公，讳如玉，享年七┘十有一，比无疾染，以贞元十四年二月四日，忽奄发引┘于潞县潞城乡临河里。公顷年授上府都尉，兼任本┘县录事，主乡曹，立纲纪，廿年已上。其原流世禄以来，┘荣洎公。祖讳处艺，父讳仁贵。自上门传令，问乡县猷┘豪，累代物望，恩布闾阎。何期奄化风烛，俄倾百年。┘君子曰：有守如此，善人不保寿，而不得其终，可哀恸也。┘念陇剑锻缺，魂埋潞川。东有潞河通海，西有长城蓦┘山；南望朱雀林，兼临河古戍。北有玄武垒，至潞津古关；并是┘齐时所宜，子子相承，万世不朽。今人可听也。公嗣子文林郎┘试左金吾卫兵曹参军敬新，次子敬超、敬芝等，并尽礼┘书于墓门。铭曰：　┘

临高原兮长岗川， 孙公宅地兮茔其间； 圹野萧条兮潞津南，⏎ 寘寘寞寞兮秋月闲。 儿女望兮哭号天， 苏氏瞻痛兮双泪连。⏎

注释：

平州卢龙府：《旧唐书》三十九卷有载，平州，隋为北平郡。武德二年（619），改为平州，领临渝、肥如二县。其年，自临渝移治肥如，改为卢龙县，更置抚宁县。七年（624），省临渝、抚宁二县。天宝元年（742），改为北平郡。乾元元年（758），复为平州。旧领县一，户六百三，口二千五百四十二。天宝领县三，户三千一百一十三，口二万五千零八十六。在京师东北二千六百五十里，至东都一千九百里。卢龙，后汉肥如县，属辽西郡，至隋不改。武德二年，改为卢龙县，复开皇旧名。

折冲都尉：《新唐书》五十卷有载，府兵之制，起自西魏、后周，而备于隋，唐兴因之。隋制十二卫，皆有将军以分统诸府之兵。府有郎将、副郎将、坊主、团主，以相统治。武德初，始置军府，以骠骑、车骑两将军府领之。六年（623），改骠骑曰统军，车骑曰别将。太宗贞观十年（636），更号统军为折冲都尉，别将为果毅都尉，诸府总曰折冲府。

上府都尉：《新唐书》五十："府分三等：兵千二百人为上，千人为中，八百人为下。"

文林郎：官名。唐朝为文阶官名，位在从九品上。

按语：

孙如玉，据志，孙如玉卒于唐贞元十四年（798）二月，享年七十一岁，葬于潞县潞城乡临河里。其祖父孙处艺，父孙仁贵，子孙敬新、敬超、敬芝等。

潞县潞城乡临河里，小街村东有北运河，唐时称潞河，墓志出土地点在该村东南。因该村南距潞县城近两公里，故隶属于潞城乡，又因东滨潞河，故名临河里。

长城：志载："东有潞河通海，西有长城蓦山，南望朱雀林兼临河古戍，北有玄武垒至潞津古关，并是齐时所建。"另据唐大历十二年《公孙封墓志》载："原莽苍兮堙孤茔，左潞水兮右长城。"《通州志》载："刘锡信《潞城考古录》云，州城西北四里有古长城遗址，以北接顺义，南近通惠河北岸而止。逾河而南复间存一段，其址又变而东西横亘，再南为州西门外入都孔道。考其形势，长城本绵连南北，似挑通惠河及修西门外通京师大路掘断者。询之土人，亦云。又，唐李丕墓志石得诸城南，其铭曰：屹然孤坟长城之东，可知长城自北绵亘而南，唐时城西南遗址尚存也。《昌平山水记》载，顺义县西南三十里有苇沟村，村东临湿余河渡，渡南有长城遗迹。《辽史》载，顺州南有齐长城，齐天保中所筑。沈括曰：幽州东北三十里有望京馆，东行稍北十里余出古长城即此。今通州长城以北接顺义，则即北齐天保中所筑长城矣。漷县、武青二志俱载境内有古长城，疑昔时亦与此相连为一云。"按，至今考古发掘未发现长城遗迹，不敢妄说。但三通唐墓志均记载通州区有一段齐时长城，证明了在唐代仍然有一段城墙，为研究古长城的设置提供有价值的参考。

另外，本区还征集了一方类似志盖或石函盖，拓片长110厘米，宽82厘米。盖面以线刻法满雕十二生肖头顶兽及宝相花卉。与众不同的是，一、除四刹外，盖顶亦刻宝相花，而无志盖铭文等；二、其十二生肖，不是像普通的四分等分法，每边三肖共十二，而是窄边各二、长边各四共为十二；三、盖面平面并非常见的呈正四边形，而是长方形；四、虽然四边人物及宝相花系辐射式布刻，而对于四面来讲并无方向性，而此盖窄边的一面位于两个生肖人之间下部刻一"前"字，这更说明它有可能是石函盖。综合各项来看，此物大致应为唐辽时期，故于此交代一下。

辽郑颉墓志

解题：

辽重熙年（1032—1055）卒。1949年五月通州区通州城体育场东南角出土，高72厘米，宽73厘米，厚8厘米。首题"辽国故太子中舍、知永兴彰愍宫提辖司事、赐绯鱼袋、荥阳郑公墓誌銘"，"☐史馆修撰应奉阁下☐"撰文。志盖无，左下角残缺，现存通州区博物馆。

录文：

辽国故太子中舍、知永兴彰愍宫提辖司事、赐绯鱼袋、荥阳鄭公墓誌銘
弟□□□□史馆修撰应奉阁下□□□□□撰。
兄讳頡，字□吉，其先荥阳人也。少府少监□之曾孙，左散骑常侍卫範之孙，翰林学士弘節之长子也。生而敏协，好古嗜书，嘗以所□上當时之知音者，大加称赏。由是名闻，喧于☐ □归江海鳞介之长□□寿 大辽文成皇帝之在位也，□鄰宋交欢，為□兹久，□□□而□武□□ 軏以省□。夏六月，驻驿于永安山之涼□。兄举进士，赴行在。上特出御□，以南北两朝永敦信□，论□试之。□□□思，略不停□，日未踰午，文则成矣。铨校之□□□词流□，□学典贍，议□ 首。有故枢密副使、閣中門下平章王棠，时新预计階，同在選中，歷府省皆得首薦，当塗者不可以□ 之长而如于□□□兄于□利，王氏復冠其膀。于时，屈声闻于天下。尋授太子中舍，

直史館。既居扈从，┘多在宴遊。□□□□□。甲午三月，翠華臨幸，令從臣賦詩。兄□从，命□席，一挥而就。其诗云：□┘警嚴□□□，□□从幸鼎臣居。天旋□辂回龙驭，水暖□池浴鳳雛。辅弼功高□盖世，┘君臣礼□慶懸□。□□今古无□事，从此□□□□□。上覽之，命□酌玉盃，以赏其俊。迩後，乐┘性琴罇，淡于名利，虽在闕廷之下，已遊江湖之上。累致书于执政，以求外補，遂為两宫提┘辖。重熙年月日，终于□□之私第，享年四十有几。母张氏，左丞相、□太師、中书令、尚父，陈王讳俭、┘齐国夫人卞氏之季女。昆弟四人：故尚书虞□□□□，孟弟也。今昭文馆直学士、□□西都转運使┘颢，仲弟也。碩，□□□季弟。妹四人：长适同中书门下平章事、兼侍中张嗣復次子□□。次适太子┘校书郎□□□。次适閤门祇候李供。嫂王氏，户部副使景運之女。□為吾家妇屬失天失廕，┘居其长，诸身之□，皆嫂之手製，适□之食，亦嫂之自给。其恬然略无倦色，□古之称列女┘者，有其父。称哲人者，有谢蕴、孟光，善事其夫。称贤□□□□陶□，善训其子。其子于□，┘妇于夫，母于子，人□于人之□□□有如王氏者难哉。碩在怀橘之歲，已丧乎考妣，□□□之後，得依于兄□，┘未有□□其兄之训□未有□行，非□之诲諭□。所谓生我者父母，长我者兄嫂也。宜乎享脩┘先兄而逝。姪子葬于潞縣鄭鄉□□里□先┘人者不得其┘之东山之┘歲号／┘

注释：

永兴彰愍宫：《辽史·营卫志》载，辽国之法：天子践位置宫卫，分州县，析部族，设官府，籍户口，备兵马。崩则扈从后妃宫帐，以奉陵寝。有调发，则定壮从戎事，老弱居守。太祖曰弘义宫，应天皇后曰长宁宫，太宗曰永兴宫，世宗曰积庆宫，穆宗曰延昌宫，景宗曰彰愍宫，承天太后曰崇德宫，圣宗曰兴圣宫，兴宗曰延庆宫，道宗曰太和宗，天祚曰永昌宫。

提辖司事：《辽史·兵卫志》载，十二宫一府，自上京至南京总要之地，各置提辖司。重地每宫皆置，内地一二而已。

兄讳颉：即郑颉，《辽史》无传。字逢吉，荥阳人。少府少监郑巩曾孙，左散骑常侍郑卫范之孙,翰林学士郑弘节长子。

弘节:即郑弘节,《辽史》有零星记载。进士、翰林学士、给事中、知制诰。

大辽文成皇帝:即辽兴宗耶律宗真(1016—1055)。

王棠:《辽史》有传。重熙十五年(1046)进士。乡贡、礼部、廷试皆第一,累迁上京盐铁使,东京户部使,枢密副使,南府宰相。

陈王讳俭:即张俭,《辽史》有传,字仲实。辽圣宗(耶律隆绪)、辽兴宗(耶律宗真)两朝的宰相。有1969年西城区新街口附近出土杨佶撰文、史记书丹的《故贞亮弘靖保义守节耆德功臣洛京留守开府仪同三司守太师尚父兼政事令上柱国陈王食邑二万五千户食实封二千五百户清河张王(俭)墓志》为证。史论其"功著两朝、世称贤相",志记赐其"贞亮弘靖耆德功臣"之号。"(重熙)十一年(1042)冬,进封陈王,旌前烈也。"

颙:即郑颙,郑颉之弟。昭文馆直学士,西都转运使,官至相国,赠中书令。

硕:即郑硕,郑颉之弟。右拾遗充史馆修撰应奉阁下文字。

按语:

本志漫漶,仅知志主卒于重熙年(1032—1055),葬年不详。志中提到"大辽文成皇帝"即辽兴宗。据《辽史·兴宗纪》:"重熙二十三年(1054)十一月甲申(25日),群臣上皇帝尊号曰'钦天奉道祐世兴历武定文成圣神仁孝皇帝'。"则志主之葬应在是日之后。志中又提到"故枢密使、阁中门下平章王棠"。据《辽史》卷一〇五《能吏·王棠传》:"(大康)三年(注:1077),入为枢密副使,拜南府宰相。大安(注:1085—1094)末卒。"则志主之葬,更在大安十年(1094)之后。

志文首曰"兄讳颉,字……"说明撰文人即郑颉之弟,志文与撰文人处磨泐,但由仍绰约可见"弟□□□史馆修撰应奉阁下□□□□□撰"字。

辽□□墓志

解题：

辽代乾统三年（1103）。原址不详。墓志长58厘米，宽60厘米，厚8厘米。首题"□墓志铭并序"。现存通州区潞县村委会院内。墓志残损，剥蚀较重，断为二截，右上角缺。

录文：（暂时无法核对原文）

注释：

潞阴县："其先出于燕京潞阴县永乐乡定安里人也。"《辽史·地理志》载："潞阴县，本汉泉山之霍村镇。辽每季春，弋猎于延芳淀，居民成邑，就城故潞阴镇，后改为县。在京东南九十里。"《日下旧闻考》载："潞县，汉泉州地，辽初为潞阴镇，后升为潞阴县，以在潞河之南也。元至元十三年（注：1276），改潞州，属大都路。明初复为县，改顺天府，属编户十五里。顺治十六年（注：1659）裁并通州。"

按语：

志文模糊不可全辨，文中有"于大辽乾统三年三月二十一日终"，"其先出于燕京潞阴县永乐乡定安里人也"，"九月二十八日癸时记"等字。

金崔尚书小娘子史氏墓志

解题：

金天会七年（1129）十一月二十六日卒，八年（1130）二月十一日葬。首题"大金崔尚书小娘子史氏墓誌铭"。1985年10月北京市防腐厂出土。志盖缺。边长66厘米。

录文：

大金崔尚书小娘子史氏墓誌铭

史氏，其先本东莱人也，自五代伪晋之末迁于 北方，由是遂居白霤焉。祖，用九，不仕。 父，直，登 进士科，累官至礼部侍郎。小娘子则侍郎之中女 也。以礼适於 崔氏，事

姑及伯皆以孝闻， 九族之间莫不辑穆。至于左右媪御，亦咸得其 欢心。治家以慈，捡身以俭。初以财币具万而归， 暨经兵火遗失畧尽。然未曾以介意，其弘厚也如 此。而又 尚书性不苟合，其于仕进亦多连蹇，居常 劝喻，唯恐不足其固分也又如此。无何，天不与寿，其 命也欤！俄以天会七年十一月二十六日以疾终于家，时年三十 五。顺其方俗，依荼毗法火化，其舌为之不灰，释氏命曰青莲 焉，不狂妄者有此报矣，以是中外益知其淑善不诬也。用 八年二月十一日葬于活水之阳，从先兆也。无子，有女二人： 长曰引璋，学浮图法，度為比丘尼；次曰宜璋，始五岁。铭曰：

女子从人， 本期偕老； 韶容未衰， 否运何早！ ⏎ 淑善母仪， 贞淳妇道； 往而不归， 幼稚谁保？ ⏎ 葬于荒原，时亦草草； 不备礼容， 徒增痛悼。 ⏎

注释：

伪晋：此指历史上的五代后晋政权。后晋为沙陀族石敬瑭所创建，都汴（今河南开封），统治地区有今河南、山东、山西、河北、陕西北部、甘肃东部、安徽北部。自天福元年（936）开运四年（947），仅仅存在了十一年。共历二帝：高祖石敬瑭、出帝石重贵，两个年号：天福（936—944）、开运（944—947）。

白霫：指中京大定府（今内蒙古宁城西）一带。《辽史·地理志》载："大定县，白霫故地。"古代少数民族，亦称"霫"，铁勒十五部之一，隋唐时居潢水，后迁潢水以南，与奚族合并。唐代末叶，奚与霫俱附契丹。

荼毗法火化：即烧化，佛教葬礼。荼毗，梵文音译，火化。

学浮图法：犹如说修佛。浮图，亦即"佛陀"，均系"佛"的梵文音译。学佛，要学佛教经典、佛教仪轨等。

度为比丘尼：佛教规定，妇女度为比丘需受具足戒。

按语：

礼部侍郎史直、崔尚书：《金史》等文献中均无传。墓志可以补充史部人物之缺。

史氏：据志，礼部侍郎史直女。辽大安元年（1085）生，卒于金天会七年（1129），享年三十五岁。顺其方俗，依荼毗法火化。有女二，引璋入佛门，宜璋五岁。

此志书刻上有特点，凡遇家人如"祖""父""崔""姑""尚书"等均空格，每行字均以上看齐。

金石宗璧墓志

解题：

金大定十五年（1175）十二月二十四日卒，大定十七年（1177）四月四日葬。1975年通州区三间房出土，现藏北京市文物研究所。志盖正书"故宣威将军石公墓誌"，首题"大金故宣威将军、河东路第一将正将、兼知大和寨事、上骑都尉、武威县开国子、食邑五百户石公墓誌铭"，通州乡贡进士郑肩撰书。

录文：

（盖文）
故宣威⏎ 将军石⏎ 公墓誌⏎
（志文）
大金故宣威将军、河东路第一将正将、兼知大和寨事、上骑都尉、武威县开国子、食邑五百户石公墓誌铭 ⏎
通州乡贡进士郑 肩 撰。 ⏎
公讳宗璧，字国寶，古燕周市（一、市，上下结构）人也，世為右姓。公祖讳庆资，亡辽故棣州刺史、宫苑使。故⏎宣威将军、静难军节度判官、兼邠州观察判官讳全，公之父也。公以父廕入仕。自□乱⏎间已成人，性宽厚好施，凡接人，形温恭自下之色，然内志刚毅。不可以非义挠。崇信佛、⏎老，至医卜之术，无不通究；坏远奢侈，惟尚朴素，勤于家，廉于官。公初弹冠，至登膴仕，所⏎在藉藉有声。尝居 権酤 之职，以家资给用，于公秋毫不犯。因此所至羡馀，　⏎朝廷嘉之，超授显武将军，除太原府丰赡库副使。是岁失天，持服柴毁过礼制。终除愽⏎平尉。公刚毅明敏，威断绝伦。官不月馀，获强寇数十人，以法治之，自後盗贼潜息，百姓⏎安堵。公在任，虽婢仆辈不令出外，买物辄当面量直给价。凡有出巡，必赍米、面所须之⏎物。阖境歌之，不啻廉袴。後累迁振威将军，除河东路第一将正将，管戎马地与夏国接⏎境，统马步军一千五百馀人，辖边庭三百里，沿边分二十八铺。守铺卒吏，素为巡检、将、⏎司诸头目人等，诡名占役以自取用，至官铺守卒殆不过二三人，其萧条如此。所至正⏎将循袭故例多不更改，公下车辄令罢散占役自用之卒，使各守庭铺以待不虞。自此⏎每铺守卒益加数倍，如有不循番次後期而至者，辄以法痛绳之。尚于农隙阅武，西夏⏎伏其威肃。自公历任四十馀月不敢窥边，居民大安。至大定十三年准　上畔坐奉⏎圣旨，兼知大和寨使。以威武绳衍，以恩信结民，兇顽扫迹，小大受获。官赋岁入一无逋⏎悬，诸係公府钱榖按月而辨，补筑城池，修缮器械、仓库、廨署，易故举新，一一如法。民人⏎百数于本部陈诉，欲诣　阙举请再任。噫！昊天弗弔，殃（歹、夹，左右结构）及善人。於定十五年十二⏎月二十四日感疾终于位，时年六十一。官至宣威将军、勳上骑都尉、爵开国子。窃谓：人⏎之处世也，孝于其亲，忠于其君；决事以义，抚民以仁。历権酤之职，致官府羡馀；授边庭⏎之任，使强虏不敢窥伺。公实兼此，余者尚何云云也。噫！古人吾不得而见之矣，得见如⏎公者斯可矣。公娶克石烈氏，封武威县君。长子钧，忠翊校尉，前京兆府高陵酒监；次子⏎锐，尚未仕。女孙瑞英、秀英，皆（此、日，上下结构）幼。以大定十七年四月四日，葬于通州潞县台头村之新⏎茔，礼也。公长子忠翊，高朗有气岸，尝乘暇过我一语倾盖，欢如平生。以渠父卜葬，请肩⏎以文誌于墓，恳切数四，竟不能让。遂为铭曰：　⏎

忠于其君，　孝于其亲；　以威禁暴，　以恩结民。　决事以权，　⏎ 赒急以仁；　百姓诣阙，　愿借仁人。　虽历百世，

令名益新。　⏎

大定十七年四月四日，　⏎　长男、忠翊校尉、前京兆府高陵酒监石　钧、

次男　锐　建。 」

注释：

宣威将军：武散官名。金代位在正五品中。

上骑都尉：古代勋官名称。唐始置，秩为第六转。宋金沿置，秩正五品。

节度判官：节度使的属官，也即节度州的军事判官。节度使本为唐代地方高级军政长官，辽代于大州置节度使，兼管军民两政，属南面方州官。建有军名，称某州某镇节度使。下设某州某镇节度副使、同知节度使事及行军司马、军事判官、掌书记等员。

观察判官：即观察州的节度判官。观察州，在辽代属于五等州的第二等。五等州即节度州、观察州、团练州、防御州与刺史州。

初弹冠：指初作官。弹冠，原比喻相友善者援引出仕。

榷酤：又名"榷酒酤""榷酒""酒榷"。汉以后所行酒业专卖，也泛指一切管制酒业的措施。

羡余：于正式税收之外的一些收入。羡，盈余。

显武将军：武散官名。金代始置，位在从五品中。

失天：指遭父丧。父亲是家门中的顶梁柱，父死有如失天。

持服柴毁：形容因守父丧而造成的骨瘦如柴的样子。持服，即按礼着装守丧之意。

博平：《金史·地理志》载："上防御，宋博平郡，户八千八百四十六，县五，镇十一，聊城、堂邑、博平、茌平、高唐。"

官不月余，获强寇数十人，以法治之：《金史·海陵本纪》载："正隆六年（注：1161）九月庚寅，大名府王九据城叛，众至数万，所至盗贼烽起，大者连城邑，小者保山泽，或以十数骑张帜而行，军官莫敢近，上又恶闻盗贼，言者多罪之。"

倾盖：二车相错之时。言时间甚短。

按语：

石宗璧：字国宝，古燕周市人。世为石姓。祖石庆资，辽朝棣州刺史，宫苑使。其父石仝，宣威将军，静难军节度判官，兼邠州观察判官。以父荫入仕，授显武将军，任太原府丰胆库副使。又任博平尉。累迁振威将军，河东路第一将正将，统马步军一千五百余人，辖与西夏国接壤边境三百里。大定十三年（1173），兼大和寨使。官至宣威将军，勋上骑都尉，爵开国子。娶克石烈氏，封武威县君。长子石钧，忠翊校尉，前京兆府高陵酒监。次子石锐。孙女，瑞英、秀英。生于辽天庆四年（1114），大定十五年（1175）十二月二十四日卒，享年六十一岁。宗璧能"孝于其亲，忠于其君；决事以义，抚民以仁。历榷酤之职，致官府羡馀；授边庭之任，使强虏不敢窥伺"。

文中两次提及西夏事，"管戎马地与夏国接境"，"西夏伏其威肃"。

"於定十五年"似缺"大"字。金代年号中第二字为"定"者，仅有两个，即"大定"与"兴定"，而"兴定"不足十五年。此应为"大定"无疑，其后又两次提到"大定十七年"。

行文中亦出现了三个碑别字，即第四行"故燕周市人也"之"市"，作"一""巾"上下合体；倒十二行"殃及善人"之"殃"，作"歹""夹"左右合体；倒七行"皆幼"之"皆"，作"此""日"上下合体。

金李抟墓志

解题：

金大定十八年（1178）卒，大定十九年（1179）二月葬。通州区徐辛庄乡葛渠村出土，现藏北京市文物研究所。志盖盝顶，四坡阴线刻十二生肖兽首人身像。墓志、盖均边长74厘米。盖题"中宪大夫、同知昌武军节度使李公墓誌"，首题"中宪大夫、同知昌武军节度使李公墓誌铭并序"，河南朱澜作状。

录文：

（盖文）
中宪大夫⏎ 同知昌武⏎ 军节度使⏎ 李公墓志⏎
（志文）
中宪大夫、同知昌武军节度使李公墓誌铭并序　⏎
大定十八年五月丙午，中宪大夫、同知昌武军节度使李公薨于京师，享⏎年五十有七。越明年二□□□，其子广福以河南朱澜逮识公，状公行事⏎初终，请铭诸墓。牢让不可，乃摭其实而序之。曰：公讳抟，字鹏南。石晋时，公⏎之祖有为沧州节度使者，会晋播迁，从主入辽，定居潞县，□□□州潞人。⏎其後有讳匡业者，擢进士第，官至朝散大夫、太子少詹事。有弟曰佩，亦第⏎进士，终范阳令。娶华氏，生子克昌，仕至太仆卿，公之曾祖也。曾祖妣刘氏，⏎宰相泾之女，以子贵，赠彭城太君。祖父伟，安州团练使。祖妣曹氏，谯国县┘君。考讳师吉，官至**右殿直**，後以公显，赠**儒林郎**。□□□□陇西太君。儒林┘┘┘三子：长曰挥，以军功至**武德将军**；次曰托，以军功官□□显校尉；季即公也。┘公少力学，以皇统九年登进士第，**授承事郎**，□□尉。秩满，□沁水令。在县┘几五岁，邻邑寇盗充斥，独不入沁水境，□□□息狱，□□空。除耿州军事┘判官。会廉使至，上公廉状，居第一等。□□县令，在职未□月，庭无讼人。大┘定初，召规措元帅府粮草，俄补尚书省□□□□部主事。凡罪疑而当┘重者，力为开释，所活不訾。成考，除□□□□□□使。任满，除同知昌武┘军节度使，兼许州管内观察使。大定十四年，以目疾告归京师。数年间，养┘心寡欲，薄滋味，事服饵，目良愈矣。尚书省柄臣方议召用，而公遽以他疾┘不起。呜呼！命矣夫！公為文警迈，□□冠时，有声于士林。及涖官，為政严毅┘果断，始终无秋毫私，而夙夜在公，有致┘君泽民之志。在家则孝于亲，友于兄。其推廕也，首及二姪，而不為子虑，可┘谓贤矣。公官至中宪大夫，娶孙氏，吏部侍郎通吉之女。生子男二人：长广┘福也，次曰祖惠。女三人：**长适进义校尉**孟柔中，次适**显武将军**孙衍康，幼适进士阎元鞏。以二月丙申，葬于通州潞县潞水乡之祖茔。铭曰：┘

潞濱诸李，　迁自横海；　奕世為仁，　厥后益大。　轩冕蝉联，　┘既贵且贤；　桂枝片玉，　家世青氊。　惟公力学，　妙龄秀发；　┘高步天衢，　仕官颇达。　折狱以明，

律贪以廉；　入孝出弟，　┘二者亦兼。　福禄方来，以病不起；　彼苍者天，　孰究其理。　┘土衍水长，　惟潞之乡；　公安于此，　子孙其昌。　┘

注释：

中宪大夫：文散官名。金代始置，位在正五品中。

石晋时：指后晋政权时（936—947）。经历了两个皇帝，即晋高祖石敬瑭与晋出帝石重贵；变更过两个年号，即天福与开运。

播迁：有战乱逃亡之意。《尚书·大诰》："予惟以尔庶邦，于伐殷逋播

臣。"孔颖达《疏》"'播',谓播荡逃亡之意"。

朝散大夫：古代散官名称。隋初始置，秩正四品，授予有声望的文武官员。唐始以朝散大夫为文散官，秩从五品下。宋初沿唐制。金仿宋制。

太子少詹士：金代官职名称。当时的宫师府，是专门为皇太子东宫所设的官署。其下再设詹事院，由太子詹事、少詹事总管东宫内外庶务。故"太子少詹士"应为詹事院的行政副官。

太仆卿：古代职官名称，即太仆寺卿或少卿之简称。太仆寺，官署名。职掌厩牧舆辇之事，主官称卿与少卿。

团练使：古代武官名称。辽代为团练州的长官，属南面方州官。

右殿直：古代官名，即右班典直。武臣本官阶。宋置，为小使臣之一。后改武阶官之名，称保义郎，秩正九品。金仿宋制。

儒林郎：古代官名。文官阶名，宋代为从八品秩。金仿宋制。

武德将军：古代武散官名称。金始置，秩正六品下。

承事郎：文散官名。金代承事郎位在正八品下。

判官：官名。金代中央部门的三司、司天台、武卫军都指挥使司等均置判官。地方机构，如诸总管府和州、警巡院、录事司亦置判官，品秩从正五品至正八品不等。

廉使："廉访使"简称，全称"肃政廉访使"，为"肃政廉访司"长官。廉访司在全国设置数十处之多。

致君泽民：为官的一种做法，既可以劝谏君主，又可以使朝廷的恩泽下降于民。

进义校尉：金代武散官名称。南宋始置，金阶位正九品。

显武将军：金代武散官名称。北魏已有此号，金阶位居从五品。

按语：

志文为第一人称写法，但未留书撰人名。文内"牢让不可"之"牢"字亦未必为人名。

据志，李抟，字鹏南。后晋时，有其祖为沧州节度使，后从主入辽，定居潞县。又有李匡业，擢进士第，官至朝散大夫，太子少詹事。李佩，进士，范阳令。曾祖李克昌仕至太仆卿。曾祖母刘氏，宰相刘泾之女，赠彭城太君。祖李伟，安州团练使，祖母曹氏，谯国县君之女。父李师吉，官至右殿直，后以子贵，赠儒林郎。公少力学，皇统九年（1149）登进士第，授承事郎，沁水令。后任同知，昌武军节度使，兼许州管内观察使，官至中宪大夫。夫人孙氏，吏部侍郎孙通吉之女。子男二，长广福，次祖惠。女三人。大定十八年（1178）五月卒，享年五十七岁。次年二月葬通州潞县潞水乡之祖茔。

金仲良墓志

解题：

金大定二十五年（1185）八月十日改葬。志长43厘米，宽43厘米，厚8厘米。首题"故保义校尉、棣州商酒院使墓誌铭"。墓志完好，无盖。1995年6月通州区永顺镇黄瓜园村北北京防腐制品厂内出土，现存通州区博物馆。

录文：

故保义校尉、棣州商⌐酒院使墓誌铭　⌐
公讳仲良。父太中大夫佐，母高氏郡君，妻⌐郭氏，男械，孙奴儿。　⌐
时定二十五季八　⌐月十日改葬。　⌐

注释：

保义校尉：武散官名。金始置。秩从九品上。

棣州：隋置，改沧州，又改渤海郡。在今山东阳信县南七里。唐复置棣州，治厌次。在今山东惠民县南十里。五代梁移置新州。宋又徙置。明改为武定州，即今山东惠民县治。

太中大夫：文官。北宋初为从四品上，神宗元丰年（1078—1085）改为从四品。金代复为从四品上。

郡君：古代外命妇名称。北周始置。金制，四品文散官少中大夫、武散官怀远大将军以上母妻封县君。承安二年（1197）改为郡君。

按语：

商酒院使：未见著录。《金代·百官志》载："太府监，酒坊，使，从八品。副使，正九品。掌醖造御酒及支用诸色酒醴。"本书"大兴区"部分金明昌五年（1194）经幢中亦记有"商酒及烟火督监"一职，此职既可与此互证又可以补充金代官职记载中的不足。

此志文与下志文在本书所收墓志中字数最少，凡所交代清楚者：志主商仲良，保义校尉棣州酒院使；其父，太中大夫商佐；其母高氏郡君；其妻郭氏；其子商械；其孙商奴儿。不清者：撰文、书丹、篆盖、作状人名、志主之生年卒月、初葬之时、改葬之地。含混者：时定二十五年。

其"时定二十五年"句，与前条《石宗璧墓志》"於定十五年十二月"类似，应为大定二十五年，即1185年。因金代九个皇帝，共改年号二十一个，仅有金世宗完颜雍（1123—1189）在位之（1161—1189）"大定"为二十九年，多于二十五年。

元耿完者秃墓志

解题：

元天历二年（1329）四月十九日卒。通州区出土，现藏北京市文物研究所。墓志长63厘米，宽43厘米。正书。

录文：

大元故亚中大⏎夫、宣政院荆（判）官⏎耿完者秃，五十⏎八岁，唐兀氏。天⏎历二年四月十⏎九日卒，葬大都⏎通州路县青安⏎乡窦家庄祖茔。⏎

注释：

亚中大夫：文散官名，元代始置，秩从三品。

宣政院判官：宣政院，元代设置，掌管全国佛教和西藏地区军民政教事务。设院使、同知、副使、佥院、同签、院判、参议、经历、都事、照磨、管勾等官。志文"荆官"似为"判官"之误。

唐兀氏：元代姓氏。唐兀，元代蒙古语"党项"一词的音译。

按语：

此志文字少，事清与不清与上志类似，可参照。

文云"葬大都通州路县"之"路县"，实即后来之"潞县"。

明陈信母张氏（法妙）墓志

解题：

明正统十年（1445）正月十五日卒，二月十六日葬。1987年11月，通州区通州城内北苑北京光学仪器厂内出土，现存通州区博物馆。墓志长55厘米，宽54厘米，厚13厘米；盖长、宽均55厘米，厚13厘米。盖以平雕法刻出抹角碑首形，篆"故淑人张氏墓志铭"，左、右、上三边饰以云纹；首题"故陈母淑人张氏墓志铭"，昭勇将军、通州左卫指挥使陈雄篆盖，乡贡进士、通州儒学学正王袁忠撰文，奉训大夫、通州知州李经书丹，郡守李经作状，求古生窦芳镌字。今保存完好。

录文：

（盖文）
故淑人张⏎氏墓志铭⏎
（志文）
故陈母淑人张氏墓誌铭　⏎
乡贡进士、通州儒学学正袁忠撰，⏎　奉训大夫、通州知州李经书丹，⏎　昭勇将军、通州左卫指挥使陈雄篆盖。⏎
淑人张氏，故通郡定边卫指挥使陈公敬之配，今⏎钦差镇守通州署都指挥佥事陈公信之嫡母。其故也，以是岁二月十有六日，将卜葬郡城⏎西。其子信，捧郡守李侯经所述淑人行实，来请铭。辞不获，谨按状：淑人讳法妙，字淑贞，⏎河南陈州右族，处士义之女也，母赵氏生淑人。幼有淑质，天性仁慈，柔顺温粹，父母最钟爱。及笄，归陈。陈又郡之宦族，寔陈志甫之後。淑人来归，妇道整整，惟德义是循，孝敬是持，闺门雍睦蔼如也。时公居行伍，遭际奉天靖难。淑人劝公曰："大丈夫以忠义為立身之本，今豪傑並出，正宜竭忠报效。若事亲理家，妾请自任毋劳虑也！"公遂仗策奋行。淑人孝养二亲，综理内政，奉蒸祭、御僮仆，井井有序。自是公无内顾，得以肆力行阵，数树功勋，官累超擢。每遇公出征，必再四劝，勿妄杀、务存阴隲，故公全活甚众，淑人内助之力居多。及际平时，享有厚禄，荣膺诰封。虽居富贵，而薄于食奉。惟延师教子，賙恤贫乏，虽重费不惜。二子文武具备，淑人教戒所致也。故人叹母仪妇道，惟淑人克全之，乡党以为仪则。一日疾病，语信曰："子荷国恩，身膺重寄，忠爱之心能终始不渝，吾瞑目无憾矣。"言讫而逝。淑人生前元壬寅七月九日，卒大明正统十年正月十五日，享年八十有四。子二：长恕，袭父职，蚤卒；次镇守公也，咸孝友忠义。女四：长适千户马亮，次适千户常清，次适千户马真，幼适孙真。孙男二：昶、昂，克世其家也。孙女六：长善宁，在室；次善友，适指挥赵宗；次妙缘，适指挥刘曾；静明、寿长、玉寶，俱幼。呜呼！淑人生世德之家，遭太平之世。克相其夫，保有禄位，终以寿考，其荣至矣。是宜铭。铭曰：

柔惠之德出乎天性，克配名将积有餘庆；笃生令子忠孝贤良，守镇畿甸邦家之光。猗欤！淑人流芳千古，贞石有铭，永贲斯土。　正统十年、崴次乙丑，二月吉日，孤哀子陈信泣血立石，　求古生窦芳镌字。

注释：

淑人：古代命妇之制，为外命妇之号。夫荣妻贵，官员为官，朝廷视其品级高下，其妻亦有所封赠。宋始置，地位在郡夫人之下，硕人之上。明制，正从三品官员之妻封为淑人。

定边卫：《明史》四十一卷有载，洪武二十六年（1393）置，属行都司。永乐元年（1403）二月徙治北直通州，直隶后军都督府，而卫城遂虚。七年（1409）徙大同右卫来治。正统十四年（1449）又徙玉林卫来同治。

右族：亦称"右姓"，即豪门大族之意。

奉天靖难：此指燕王朱棣平定内乱之事。建文帝用齐泰、黄子澄之谋，削夺诸藩。燕王朱棣反，指齐、黄为奸臣，起兵入清君侧，号曰"靖难"。"靖难"即平定变乱之意，"奉天"即奉天之命、替天行之意。

阴骘：即阴德之意。骘，本为定意，阴骘即默定、暗助之意，后引申至此意。

猗欤：虚词，有赞美、赞叹之感情色彩。

按语：

张氏：据志，通州定边卫指挥使陈敬之妻，镇守通州署都指挥佥事陈信之嫡母。张氏法妙字淑贞，河南陈州人。生于元至正壬寅（二十二年，1362）七月九日，卒于明正统十年（1445）正月十五日，享年八十四岁。子二人，恕、信。女四人。陈母张氏为古代妇女之典范，丈夫从军，夫人做贤内助，儿子成材，俱为其功。子孙满堂，夫人高寿，均不辱淑人之封。

陈信：明杨行中《通州志略》载：陈信定边卫指挥升都指挥使佥事镇守通州。《日下旧闻考》载，正统间（1436—1449），粮储太监李德、镇守指挥陈信奏建新城护之。

本志书丹人与作状人均为李经。李经，明代有三位进士李经，但均非此人。前文云"郡守李侯经"，"侯"字也许为名字，也许为尊称，即"郡侯"之意。

明岳正母刘氏（馥）墓志

解题：

明天顺六年（1462）二月。2004年11月3日出土于永乐店镇坚村北原岳家坟处，今存区文物管理所。墓志高61厘米，宽63厘米，厚9厘米。盖篆"大明故安远将军轻车都尉同知府前卫指挥使司事岳公大人封太淑人镏氏祔葬墓志"，岳正撰文并书丹，彭时篆盖。志文小楷，兼有行、草书体，无首题。志石有锻铁条箍。志盖左上部麻蚀，志底左边箍处亦稍损。艾叶青石质。

录文：

（盖文）
大明故安远将↙军轻车都尉同↙知府军前卫指↙挥使司事岳公↙大人封太淑人↙镏氏祔葬墓志↙

（志文）
中宪大夫、太常寺少卿、兼翰林院学士、知制诰、安成彭时篆盖，吴郡顾祯镌。↙

天乎瞽哉！太夫人之殒，不肖孤正裔之也。正守官不良，得罪远配，家荡人散，狮虫断断。↙太夫人身留京师，怖袭忧危，日就憔冥，旋致大故。呜呼！妇女之行不出闺门，太夫人之葬，↙正不忍死以誌，谁其知之者？太夫人姓刘，讳馥，字蕙馥，世居莒之日照。我外王父讳长，生↙有异表，拳勇多智。元乱弃家，从豪杰往来东海上。天下既定，匿乡大姓家。大姓父韩丈人⏎壮之，妻以爱女，生三女，太夫人其中者。甫九歲，外王父携以诣京北至，笑曰："我田横也，尚⏎戴面行邪？"乃自刑死，外王母顷悸失措。太夫人能理大事，躬自為坟，坟土雅不毛。一旦，草⏎木昌茆，时以為異。我先君安远将军、轻车都尉、同知府军前卫指挥使司事府君，初娶于⏎马，再取于王。王夫人不乐于先姑氏，命先君更娶，诺之，以兵作不果。渡江得官，客于马夫⏎人家。马氏妪本先君从母，实居隣。太夫人悉其贤能，求為己女，归之岳氏，以继马夫人位，⏎成娣志也。自是佐先君至大官。建有家，生不肖兄弟，教以粗植，為妇称母者凡五十有六⏎年。以天顺五年十二月廿有一日弃代，得寿七十有六而已。初太夫人既生伯氏，能言，始⏎知有王夫人，故留南京　赐弟。洪熙之歲，先君　扈从北上。　⏎□顾问曰："尔挈家邪？"先君叩头曰："此非臣顾家时也。"　⏎□颔之，曰："当為尔致之。"宣德壬子，有旨舟迎。是秋至北京。明年，移居明照坊，赐第。甲寅，礼⏎丧先君。命正图进取。正统戊午，正辱有司荐，稿凡四举得及第，拜翰林编修。用推恩典，⏎封太夫人阶三品，曰太淑人，从先君爵也。天顺改元，正以修承乏内阁，既而外迁同'知钦州。自念太夫人已老，令远违膝下，增以离忧，告之宜实，言与泪进，咽不成辞。太夫人⏎神怡色畅，徐谕曰："止人臣之义，不当尔邪！"时六月十二日也。正辞去六日，黄华坊私第及⏎所积，夺于势家。又廿二日，逮繫诏狱。狱成，责戍镇夷。亲交讳误，僅奴逃散，举族苍黄，不⏎知所為。太夫人犹步与兄别，勉以大义，言不及情，且曰："吾老及此，殆佛书所谓业障。幸不⏎死，犹得见汝，汝第往。置吾，吾安。"而兄之养也，正时身亲三木，形残气惫，生理无望。太夫人⏎辞虽外壮，神实内伤。君子曰"处得其礼。"太夫人有子四人，已出者二，长即伯氏，名端，字元⏎方，孝友之闻无徇中表。娶吴郡陆氏，系下男孙曰坪；女孙曰德媛，适同郡进士王燈。季即⏎延裔太夫人者，名正，字季方，娶关中宋氏，次汝南周氏。周事太夫人颇勤劳，遗教称之。系⏎下男孙曰增、曰堂；女孙曰德媄、德娴、德娍、德熙（女、熙，左右结构）。其别子曰详，字仲方，仕為武德将军、正千⏎户，娶同郡杨氏，再康氏。王夫人出者，系下男孙曰培，娶陈氏，曰均；女孙曰德嫦，适顺弟子⏎员张维；曰德安。从子而换為己子者曰海，字舛方，哭太夫人最恸，娶上谷王氏，系下男孙⏎曰垣。诸孤而养為己女曰裕，适同郡萧臻；曰清，适千户陈瑄，寡而无子，归宗于家，能不辱⏎其夫；曰顺，适同郡吴斌；曰禧，适大理少卿、同郡翟敬，以正累，今左迁知惠州府。其诸外孙⏎ 不与也。正既被召，释遣，太夫人疾犹未深，冀得躬侍汤膳，少慰慈怀。讵意行李未启，属⏎ 圹已施，哭讣于关内，受遗于柩前，天地有穷，痛恨无极！曷哉天也！呜呼！輀绋就引，祔事有⏎ 期。乃以顽顿鄙辞，模拟盛德，加之愦耗，曷其能悉，掷笔长号，不知所云。⏎

天顺七年、岁次癸未，二月　日，　不肖孤正泣血谨述并书，孤端、详、海泣血刻石。⏎

注释：

彭时：安福人。字纯道。正统进士第一。授修撰。宪宗时累官吏部尚书，文渊阁大学士，进少保。立朝三十年，持正存大体，有古大臣风。卒谥文宪。有《可斋杂记》《彭文宪集》行世。

外王父：即外祖父。

田横：汉初人。韩信虏齐王广，横自立为王。高祖立，横与其徒属五百人入居海上。帝使人召之，半途自杀。以王礼葬横，其五百人在海中闻横死，皆自杀。史称"五百壮士"即此。志中刘长，亦避元乱，从豪杰居东海上，天下既定，携妻女入京，以田横自比，因自杀取义。

安远将军：古代散官名称。明置，为从三品加授之阶。

轻车都尉：古代勋官名称。唐始置，秩为第七转。明制轻车都尉为武勋之第六阶，秩从三品。

府军前卫指挥使：古代武官名称。明洪武中（1368—1398）置府君前卫，为上直亲军之一。永乐以后沿置，掌轮番带刀侍卫，统领幼军。以指挥使为主官，下辖千户所。

以兵作不果：由于战乱的原因而未能成行。

明照坊：明内城诸坊之一，其地大致在今东城区东四西南。

黄华坊：明内城诸坊之一，其地界与明照坊相近，大致在其东南。

按语：

志主刘氏，乃岳正生母，即刘馥（1387—1462），字蕙馥，刘长次女，八岁时随父母至南京，父自杀，母惊悸失措，其亲自葬父。后嫁与同知府军前卫指挥使司事，明宣德七年（1432）自南京移居北京，生二子，即岳端、岳正，孙女德媛、德媖、德娴、德嫆、德熙、德嫦。又抚教别子岳详、从子岳海，尚抚养四位失父孤女，即岳裕、岳清、岳顺、岳禧。正统三年（1438）受封太淑人。天顺五年（1461）十二月二十一日辞世，时年七十五岁，次年二月祔葬于岳家洼其夫之侧。文中赞述其母刘馥幼小临难从容，能理大事，且在嫁与岳家之后，佐助其夫恪尽职守，能至大官。尤其在儿被迫害贬任钦州生离时言与泪进，咽不成辞，其能神怡色畅，晓以大义；旋而在儿戴刑具远戍边荒之时，其送儿上路，勉以道义，言不及情，与岳母刺字送儿抗金之事，异事同德。

志文中所谓外王父，即岳正外祖父刘长，今山东日照县人。在元末兵乱时，从某部在东海活动，明朝建立，其隐匿乡下，娶韩氏生三女，后携一女到南京效仿秦末田横自杀。

岳正，《明史》有传。字季方，号蒙泉，通州人，正统十三年（1448）进士，任翰林院编修。天顺初，晋修撰，且颇受英宗赏识，擢任内阁大学士，指斥权奸，揭露弊政，以正朝纲，尤其抓住雷击承天门灾，替皇帝草拟罪己诏，揭露奸臣当道、乱纲秽政，举朝传诵。旋被迫害，贬任钦州（在今广西北海市库钦县），未行，复遭重害，入狱责杖，流放肃州（明为肃州卫，在今甘肃酒泉县）戍边。八年（1464），英宗死，宪宗立，获释回京，复职修撰，且充经筵讲官，给皇帝进讲书史，犹纂修《英宗实录》。成化元年（1465），因事被贬任兴化（明为兴化府，在今福建莆田县）。此间，其筑堤浚河，反腐倡廉，禁止囤积居奇，兴利除弊，坚持改革，五年任满，致仕还家。卒谥文肃。生前著有《类博稿》十卷行世，另有《深衣纂误》一卷。所画葡萄亦驰名遐迩。乃明代一位杰出良臣。"洪熙之岁，先君扈从北上"事乃指洪熙元年（1425），太子朱瞻基奉命据守南京，其父仁宗朱高炽病重，急召其回京，暗传其叔父、汉王朱高煦欲中途拦截，遂选捡忠诚勇将扈从北上京师，岳正父被选中得此重任。当太子问其带否家属，便叩头言"此非臣顾家时也！"

志文为志主之子岳正亲撰亲书，且以第一人的手法。作志时正处于他官场不顺之时，因此在家里期间，可以流露出他借母亲去世之事发泄对社会不满的情绪，就连书法也能表现出来，行、草、楷兼用，如非内心矛盾痛苦之极难以至此，尤其是明清时期的墓志书法大都比较严肃、拘谨，标准的楷书小字，行格间距分明，字法结构上也很少随意。当然，这些方面也反映了一位内阁大学士、翰林院编修的才华。另外，岳刘之门实为知书识礼之家，就连女眷也姓名具足。岳正同时也为别人写过墓志，如朝阳区出土的正统十四年（1449）《明赵杰宜人张香墓志铭》，撰文人即"赐进士及第翰林院编修承事郎燕山岳正"。

明岳正妻宋夫人墓志

解题：

明弘治辛亥（四年，1491）。2004年11月出土于永乐店镇坚村北原岳家坟处，后征集于文物管理所。墓志高53厘米，宽55厘米，厚8厘米。盖篆"岳母宋夫人之墓"，首题"岳母宋夫人墓志铭"。"赐进士出身、奉议大夫、左春坊左庶子兼翰林院侍讲学士，经筵官兼修国史"长沙李东阳撰文、书丹、篆盖，历阳王用镌刻。墓志底左上角残断，部分铭文缺失。汉白玉质。

录文：

（盖文）
岳母宋⏎ 夫人之⏎ 墓 ⏎
（志文）
岳母宋夫人墓志铭 ⏎
呜呼！悲夫！我外姑宋夫人之外舅蒙翁岳公无一息之胤，其伯氏处士公亦已寿⏎ 终，从子坪又客于外，<u>病且革</u>。家具萧然，无以共後事者，自脱簪买棺為月制。制甫毕，⏎而纩属矣。于是，<u>伯姒陆氏為治</u>，从子均、垣、墉，从孙千户林及标、楫、格、梁、柱辈相与⏎奔走，扶柩归潞县，祔于公墓。东阳谨著铭刻石，以内诸幽。呜呼！我蒙<u>翁</u>之盛德大节，⏎ 所以遗其家者，乃至此哉！夫人陕之咸宁人，世有显者。夫人生而庄重，通书能琴，精⏎ 女事。厥考前知州公，择婿得翁，曰：此天下士也！遂归之。时舅氏、府军指挥公家甚盛。」姑刘夫人，性严，奉养惟谨。正统末，翁进士及第，历编修、修撰，受知」英宗，以天顺初入内阁，言曹、石二家必反，因得祸，戍肃州。夫人实从居五年，宥还京师。」宪宗即阼，翁被」召，复為修撰，寻出知兴化府，夫人留京师。翁既致政，当成化壬辰卒。後二十年，夫人寿」七十有二乃卒，弘治辛亥七月二十日也。翁素笃孝友，夫人志协力相，不遗其忧。翁」竭节尽职，不复顾私，夫人贵不外溢，处难不内怼。翁重义博爱，恤人之孤，拯人之急，」日汲汲不暇，夫人惟所命，犹恐弗给。若恒事常职，未尝少有德色。及孀居独处，拮据」缀葺，矻矻终其身，而门阀屹立，族望不坠。居常谈翁所履历及闺闼间，语皆慷慨激」烈，得其义概，非有丈夫器识者，殆不及此！故公卿旧故多致礼敬，吾党小子皆有所」效法焉，夫人其贤哉！夫人生子四人，应元、祖授俱殇，增、堂皆慧而夭；女六人，德媖许」□天津右卫指挥事吕昂；德娴适朱昶（日、永，上下结构）；德熙（女、熙，左右结构）归东阳，為继室，後赠宜人。出周氏者」曰德娀，适故监察御史李经，赠孺人；德妘适中书舍人李弇（王、弇，左右结构），封孺人。出王氏者曰德」□，适顺天府学生李钺。六人者，夫人抚视如一，其五皆先卒，惟适弇（王、弇，左右结构）者独存。為外孙」一，惟东阳之子兆先而已。呜呼！吾妻之亡，兆先生甫四月，比夫人谓东阳曰："吾欲见」□□。□□有妇也。"乃聘于吾友潘君时用之仲女。潘与岳通家，时用又娶于翁之党」赵□□□□，实相成之。东阳繫」朝籍，不及□□，遣兆先执绋而行，以八月六日启殡，至十六日乃克葬。夫人以编修贵，」被」封曰孺人。今□□人者，致私敬也。铭曰：」

妇德不必同，惟厥从；福履不必隆，惟厥终。厥终伊何？寿则希有；厥从伊何？名以不朽。」呜呼！天乎竟何！」

赐进士出身、奉议大夫、左春坊左庶子兼翰林院侍讲学士，经筵官兼修国史、子婿长沙李东阳撰并书、篆。历阳王用锳。」

注释：

病且革：重病将死。病，重病；革，通"亟"，急之意。

纩属：即属纩，为临死之人试试有无呼吸。纩，丝绵絮类，质地较轻，遇气则动；属，连接、聚集，此有试放之意。

伯姒：古代指妯娌间年长者。

东阳：即李东阳，茶陵人（今湖南茶陵县），字宾之，号西涯，天顺进士。孝宗（朱祐樘）朝（弘治，1488—1505）官至文渊阁大学士，为官五十年，清节不渝。在宦官刘瑾专权时，李东阳潜移默御，保全许多忠臣良将，曾受到一些气节之士误解。死后谥文正。著有《怀麓堂集》《诗话》《燕对录》等书。

翁：妻之父，岳父。

按语：

宋夫人（1418—1491），陕西咸宁人。是明宣德年间（1426—1435）通州知州宋某之女。弘治辛亥（四年，1491）七月二十日卒，享年七十二岁，封孺人。生子四人，幼年俱卒。生女三人，德媖，许天津右卫指挥佥事吕昂。德娴，适朱昶。德熙，归东阳，为继室，后赠宜人。

此志文为李东阳所书撰，是第一人称的写法，同样也是感情洋溢。所不同的是，其妻岳德熙家近三十年来由衰转盛。但虽家道中兴，却人丁不旺，其岳父岳母大人"无一息之胤"，其所治丧之事，为其从子岳均、垣、墉及从孙岳林、标、楎、格、梁、柱等与其三女婿李东阳操办。此时的李东阳亦不无伤感之意，同时联系到自己夫人已逝，唯有独子。

李东阳毕竟是历史名人，明代著名文人学者，书法家。此志系出其手，为我们留下了精美的文字书法作品。由于他是志主的亲家，在为岳家记录了大量的家族史料之外，同时也多少有些东阳个人的资料，如其所娶继室为岳家之女，儿子为李兆先，娶潘时用长女。另外，由于岳家无后，所以留下的这三方墓志就显得弥足珍贵，他日如岳正墓志再出，即可齐全。此与岳正母刘夫人墓志相差三十年，岳家人员构成上，又添丁不少，如前志岳正女四人，德媖、德娴、德嵘、德熙，后志则多出德妘、德□，而李东阳娶德熙，德熙为宋夫人之女，亦早夭。

此志镌刻匠人"历阳王用"，乃明代成化、弘治年间经常出现在碑文墓志中的石匠艺人。门头沟区戒台寺内胡滢撰文的明成化九年（1473）"敕建马鞍山万寿大戒坛第一代开山大坛主僧录司左讲经孚公大师行实碑",朝阳区出土的蒋琬撰文的成化十六年(1480)"明故奉政大夫太医院使金谅墓志",海淀区出土的弘治四年(1491)"明故诰封太夫人安昌伯母孙氏之墓志铭",亦均于文末刻"历阳王用镌"五字。从成化九年到弘治四年,将近二十年的时间,此工匠王用也可谓老矣。

明岳正贰室周孺人墓志

解题：

明弘治癸亥（十六年，1503）。2004年11月出土于永乐店镇坚村北原岳家坟处，后征集于通州区文物管理所。一合，边长46厘米，厚7厘米。完整。盖篆"明故岳孺人周氏之墓"，首题"岳孺人周氏墓誌铭"，"太子太保、户部尚书、兼谨身殿大学士、知制诰、经筵、国史官、会典总裁、长沙李东阳"撰文，"顺天府丞、兼司经正字、侍经筵、预修国史玉牒、莱阳周文通"书丹，奉政大夫、尚宝司卿商河卢亨篆盖。汉白玉石质。

录文：

（盖文）
明故岳┘孺人周┘氏之墓┘
（志文）
岳孺人周氏墓誌铭　┘
太子太保、户部尚书、兼　谨身殿大学士、知　┘制诰、　经筵、　国史官、　会典总裁、长沙李东阳撰，　┘顺天府府丞、兼司经正字、侍　经筵、预修　国史玉牒、莱阳周文通书，┘奉政大夫、尚寶司卿、商河卢亨篆。┘
我外舅蒙泉岳翁有贰室周孺人者，後翁三十二年、年七十三而卒，是┘维弘治癸亥二月十九日。翁无子，宋夫人亦久逝。孺人尝生一子，曰祖┘授，周岁而夭；一女，适尚寶司卿李。孺人恒依其女以居，居起出入更┘相为命。

越二十餘年，病且笃，翁从子坪迓之归，留弗释。坪遣其子梁日再至，孺人幡然曰："归死于家，礼也！"乃强就昇盖至家，一日而属纩。时伯姒陆孺人年九十，哭之甚哀，曰："周氏有孝行，不可使遂泯。吾见士大夫家女妇死，例有铭，盍图之？"于是，坪及弁（王、弁，左右结构）奉状请于予。予于岳氏事，闻之稔矣。自吾妻之亡，惟孺人母子在。感念今昔，因为之怆然以悲。初翁为翰林编修，孺人寔归于岳，以佐宋夫人饋事翁。自内阁为权势所构，谪甘肃，宋夫人以法从戍。太夫人老且病，孺人与陆孺人侍汤药，亲为扶掖，顷刻不离侧，虽器亦手自浣拭。纫缉尽废，身无完衣。太夫人感之，病既革，口授遗教数百言，大半皆孺人事，令其孙婿庶吉士王澄书之以贻翁。翁述母德，所谓哭讣关内、受遗柩前者也。嗟夫！妇人之德视所从，从而能化，斯可以為善，汎观博访，固亦难乎其人。翁之盛德大节，著在天下，无容议已。予见孺人巽语和色，如恐伤人。宋夫人晚歲同寡，每引与並席，礼均兄弟，亦必有感之深者。故家风范宛然在目，而人事之凋落乃尔，悲夫！翁墓在顺天之潞县，其地曰岳家洼。宋夫人已合葬，今孺人亦祔，是歲三月十八日窆焉。铭曰：蒙翁之封，与名无穷；维千万年，孺人其永从之。

注释：

贰室：旧指侧室，妾。

谨身殿大学士：明代内阁大学士的官称之一，后改为建极殿大学士。明代仿宋制置大学士若干人，以殿阁为名。初设五阁，又增谨身。大学士以所系殿阁衔为正式官名，因其在宫城内的内阁办事，故称内阁大学士。他们替皇帝批答奏章，商承政务。官阶虽仅五品，在尚书、侍郎之下。但由于实权甚重，其加官常至一品，成为事实上的宰相。一般称为辅臣，俗称阁老。

周文通：明大臣，莱阳人，征仕郎中书舍人，与李东阳名重一时，二人亦常一起为他人作志。时《季成墓志》为李东阳篆盖，周文通书丹；正统时《曾鉴墓志》为李东阳撰文，周文通书丹。

尚宝司卿：古代官名。明太祖初设，设符玺郎，秩正七品。吴元年（1367）改尚宝司卿，秩正五品，员额一人，为尚宝司的长官。尚宝司，官署名，明置，亦称外尚宝司。掌宝玺、符牌、印章之用。

　　卢亨：商河（今山东商河县）人，成化进士。擢兵科给事中，官至太常寺尚宝司卿。性醇厚，未尝与人相忤，居谏垣十余年，多所建白。宦官刘瑾擅权，欲要卢亨往见，且诱以美官，亨不屈从，恳乞致仕归家。

　　纴缉：指缝缝补补之事。

　　巽语和色：谦逊委婉的言辞与表情。巽，通"逊"，谦逊之义。

　　窆：古时指葬时穿土下棺。

按语：

　　志文主要简述周孺人（1431—1503）生前孝敬长辈无微无至，以致身无完衣亦不失孝道而感动婆母口授遗教，录其美德风范以传流后世，因而在病逝之时感动上下而请志之。志文书法虽小楷，但颇显柳风，雄劲规整，堪称珍品。

　　志文中言岳正夫妇埋葬在顺天漷县岳家洼，其漷县原称漷阴县，因辽代帝后"捺钵文化"而于太平年间（1021—1031）析出潞县南部、武清县北部区域而建，治所在今漷县镇漷县村。元至元十三年（1276）漷阴县升置漷州，领武清、香河二县，州治初设在今张家湾镇西永和屯村之西砖渣地处，时称柳林，后迁治于今天天津市武清区河西务镇，顺帝时复迁治于今漷县村。明洪武十四年（1381），漷州降级称漷县。清顺治十六年（1659），漷县省入通州，县无。所谓岳家洼，原属辽时延芳淀范围，是辽金时期帝王游猎之所。元时，白河与卢沟河（东支乃今凉水河）交相泛滥，将延芳淀淤成几片水泊称飞放泊，而其余水面变为低洼易涝荒原，明初期实行大规模迁民屯田，漷县是重点移民地区，垦荒建村。亦有部分洼地赐予臣僚称官田，岳家洼便是朝廷所赐岳正家者，此耕地名称早已失传。见志可知。

　　岳氏家族的几方墓志，岳正母刘氏及岳正夫人宋氏墓志与此志相比来讲，前二志能为我们提供较多、较全面的家族史料。似乎本志重点在周夫人一支上。虽然只为一妇女，但由三位当朝名人李东阳、周文通、卢亨共同完成，可见其家族之显贵。人物事迹、志文内容无甚惊人之处，但毕竟亦为大学士李东阳所作，为后人留下了名家作品。

史载，李东阳是明天顺进士，孝宗朝官至文渊阁大学士。宋夫人志作于孝宗弘治辛亥，即四年（1491）；本志作于弘治癸亥，即十六年（1503）。前者云，"赐进士出身、奉议大夫、左春坊左庶子兼翰林院侍讲学士，经筵官兼修国史、子婿长沙李东阳"，后者为"太子太保、户部尚书、兼谨身殿大学士、知制诰、经筵、国史官、会典总裁、长沙李东阳"，体现了他的官阶衔职的变化，已进入三公与阁老之位。另外，李东阳虽为当朝达官、后世名人，其命运亦犹其岳父大人岳正"无一息之胤"相类似。《顺天府志》记"李东阳墓在城西畏吾村（即今魏公村）"。

乾隆时的《日下旧闻考》按："李东阳墓今无考。"所引《瓦釜漫记》"西涯（东阳号）墓在北京城外，其家族性渐微，至以墓前白石碑捣碎与贩盐者插和以卖。吁！可慨也！"民国时《老北京旅行指南》："李西涯墓，在西直门外极乐寺旁，昔名畏吾村，今已淹没。""嘉靖时，村中掘土，发现李氏墓志，翁方纲等为之建祠立碑。墓前有翁之诗碣，其后渐次荒芜，今已野草漫冢，仅存一石碑，上书'明李文忠公之墓'。"

又，东阳曾为通州写过《重修通州新城记》碑文。岳正也是由于贤能、仕途多舛、反腐倡廉、为民请命，卒谥文肃，受享专祠。祠址即在县文庙东侧。《日下旧闻考·京畿·通州》："岳文肃公正祠在文庙（此指漷县文庙）东，嘉靖十年敕建，春、秋二仲月上丁以少致祭。"考按"县旧治及儒学今废"，"岳正祠今圮"。

明戚斌墓志

解题：

明成化八年（1472）十二月卒，成化九年（1473）二月九日葬。1988年4月张家湾镇南火垡村东戚家坟出土，现存通州区博物馆内。长58厘米，宽58厘米，厚9厘米。盖篆"明故骠骑将军南京前军都督府都督佥事致仕戚公墓志铭"，首题"明故南京前军都督府致仕都督佥事戚公墓誌铭"，赐进士第、中宪大夫、鸿胪寺卿、前监察御史、新城杨瑄撰文，征仕郎、中书舍人、直文渊阁、预修国史、南阳蔚瑄书丹，朝列大夫、山东参议、直内阁、兼经筵、官上虞陈纲篆盖，大鸿胪署丞徐公亮克明作状。墓志较完整，志底右下角残。

录文：

（盖文）
明故骠骑将⏎ 军南京前军⏎ 都督府都督⏎ 佥事致仕戚⏎ 公墓志铭 ⏎
（志文）
明故南京前军都督府致仕都督佥事戚公墓誌铭 ⏎
赐进士第、中宪大夫、鸿胪寺卿、前监察御史、新城杨瑄撰文， ⏎ 徵仕郎、中书舍人、直 文渊阁、预修 国史、
南阳蔚瑄书丹， ⏎ 朝列大夫、山东参议、直 内阁、兼 经筵官、上虞陈纲篆盖。 ⏎
公讳斌，生于永乐乙酉八月廿二日，享年六十有八，成化壬辰十二⏎月一

日，殁于正寝。其子旺卜以明年二月九日，附葬于顺天府通州漷县新河里苍头屯先茔之次。大鸿胪寺丞徐公亮克明，其姻亲也，具公行实，请予铭其墓，义弗获辞。按状：公世為金山乔木鉅族。质直好义，志高行笃。精韬署，善骑射，而又攻儒书，乐与贤士大夫游。长大父，讳曲列儿，归附燕山右护卫，以武功陞正千户。次大父，讳察罕台，袭其职，殁于锋刃之馀。至公之父，讳贵，亦袭其职，克树勋庸，以年耄解任。公自代职，惓惓以先人建立功业為难，朝廷高爵厚禄為重，务竭迺力，以图报称。正统辛酉，思任发猖獗，朝廷遣兵除害。人皆曰山豀之峻，沙江之险，最难克服。公直抵巢穴，见其象阵，遂出奇计以破。众兵水陆夹攻，先获渠魁，後擒协从。旋归，陞指挥使。甲子，征毡帽山，陞都指挥佥事，把三十营总。己巳，虏寇侵犯京城。总兵孙镗知公才器超迈，以军政事闻，陞都指挥同知。彰义门大战，陞都指挥使。柳杨山截杀，陞是职，于中军都督府坐三千营管操。天顺戊寅，英庙授诰命，封配赵氏為夫人。生子一，即旺。娶李氏，封淑人；侧室张氏。女三：长适马昭，任金吾左卫指挥使；次适靖安伯长子和忠；次适後府都督长子杨潢。孙男三：长英，娶陈氏；次俊、傑。孙女二：长适左府都督长孙窦玺，次在室。己卯，转南京。成化丁亥，具疏乞归，以终天年。上嘉其贤，录其子旺為金吾右卫指挥使，盖以崇其功而世其禄也。公自乞归，以恬澹处己，以谨慎训子，未尝以私干于执政者。卒之日，上甚悼之，锡斋粮、麻布以厚其终。命礼部尚书邹幹致祭，工部官营葬，以荣其死。呜呼！公之為人，幼而学，壮而行，老而休。生蒙宠禄，殁受荣光，是宜為铭。铭曰：畀豪傑之雄才，发超迈之奇谋；遂建功而立业，将陞孙而封侯。上允疏以优归，邌邋疾而长遊；锡荣葬于高冈，昭令德于无休。

注释：

鸿胪寺卿：古代官名，為鸿胪寺主官，明制為正四品。鸿胪寺，官署名，掌朝会、宾客、吉凶仪礼之事。

金山乔木巨族：金山地区有枝有脉的大家族。金山，在辽宁。据《明一统志》载，山在开原西北三百五十里辽河北岸，又西北三十里曰东金山，又二十里曰西金山。

正统辛酉，思任发猖獗：傅维麟《明书》载，思任发，其先麓川酋思仑发也。国初思仑乞内附朝廷授以麓川宣慰，寻又改为孟养宣慰以刁某代之。正统初，宣慰使刁宾玉弱不能辑诸夷，思任遂拥众叛称曰法。法盖夷王号也。中国讹传为思任发云。……六年辛酉（1441）春，命定西伯蒋贵为征夷将军，兵部尚书王骥督军务，统京营及湖广、广西、川贵兵十二万征之。思任发逃往缅甸，王骥乃割思任所，略孟养地界缅甸购思任，缅甸斩思任首送军门。

孙镗：《明史》一百七十三有载。字振远，东胜州人。袭济阳卫指挥同知。用朱勇荐，进署指挥使。正统末，擢指挥佥事，充左参将，从总兵官徐恭讨叶宗留。败贼金华，复破之乌龙岭。英宗北狩，景帝召镗还，超擢都督佥事，典三千营。也先将入犯，进右都督，充总兵官，统京军一万御之紫荆关。将发，寇已入，遂营都城外。寇薄德胜门，为于谦等所却，转至西直门。镗与大战，斩其前锋数人，寇稍北，镗逐之，寇益兵围镗。会石亨兵至，寇乃退。

邹幹：《明史》一百五十二有载。字宗盛。仁宗监国，命为应天府学生。举正统四年（1439）进士。景帝初，由兵部郎中超擢本部右侍郎，以才为于谦所倚。也先入寇，九门皆闭。百姓避兵者，号城下求入，幹开门纳之。寻改礼部，兼庶子，考察山西官吏，黜布政使侯复以下五十余人。

按语：

戚斌，《明名人传》有传，但此书已佚。另据民国金士坚《通县志》，明戚斌墓在仓头村西南，墓前有石碑二。但石碑在"文革"期间被砸毁。据志，戚斌世为金山乔木巨族，蒙古族人。伯祖曲列儿，归附燕山右护卫，以武功升正千户。叔祖察罕台，袭其职。父戚贵，袭其职。正统辛酉（1441），思任发闹事，前往平息，升指挥使。甲子年（1444），征毡帽山，升都指挥佥事，把三十营总。己巳（1449），虏寇侵犯，总兵孙镗荐，升都指挥同知。彰仪门大战，有功，升都指挥使。柳杨山截杀，于中军都督府坐三千营管操。命礼部尚书邹幹致祭，工部官营葬。生于永乐乙酉（1405）八月二十二日，卒于成化壬辰（1472）十二月二日，享年六十八岁。志云葬"潞县新河里巷头屯先茔，"今于"张家湾镇南火垡村东戚家坟出土，"两者的不同说明了地理的沿革。又，其"己巳，虏寇侵犯""彰义门大战"事，客观地记录了明代的史实。

明戴芳墓志

解题：

明成化己亥（十五年，1479）冬十月一日卒，癸卯（十九年，1483）九月十二日葬。墓志高51厘米，宽49厘米，厚6.5厘米；盖长51厘米，宽50厘米，厚8厘米。篆盖"大明故戴处士墓志铭"，首题"明故戴处士墓誌铭"，赐进士出身、翰林院国史编修、承德郎、仁和汪澜撰文，徵仕郎、中书舍人、直文渊阁莱阳周文通书丹，中宪大夫、太常寺少卿、直内阁、会稽陈刚篆盖，秋官主事陈一夔作状。1995年6月梨园镇高楼金村出土，现存通州区博物馆，保存完好。

录文：

（盖文）
大明故┘戴处士┘墓志铭┘
（志文）
明故戴处士墓誌铭　┘
赐进士出身、翰林院 国史编修、承德郎、仁 和 汪澜撰，　┘　徵 仕 郎、中 书 舍 人 直文渊阁莱阳周文通书，　┘　中 宪 大 夫、太 常 寺 少卿、直内阁、会稽陈刚篆。　┘
成化己亥冬十月一日，处士戴公以疾卒于家。逾四年癸卯，其子昇自淮┘杨回，卜以是年九月十二日葬高力庄之原。介其友韩仲质，持秋官主事┘陈一夔所为事状，来乞铭。余素未知公，仲质与余相知久，又称其子昇之┘贤，不可辞。按状：公讳芳，字世芳，姓戴氏。其先淮安盐城三都望族，以赀雄于乡。祖子真，父廷玉，皆隐德弗耀。廷玉生子三人，公其季也。永乐初，取天下富民实京师，公之父廷玉与焉，遂占籍顺天府宛平县，居德胜関里第。公生而纯实，体貌魁伟，气识宏大。遭时多艰，门户日就衰薄。公念祖父以勤俭起家，欲复其故业。既长，克自树立，乃徙居通津张家湾，创业于中马头。不惮江湖之险，徃来南北贸易。辛勤数十年，业益饶裕，子孙于是遂家焉。公平居事亲孝，事兄友，教子弟以礼让，一门和气蔼如也。乡隣有不平者，公以理喻之，辄解散去。宗族姻党贫乏者，賙恤之，不少悋。疏财仗义，乐善好施之心拳拳焉。以此，内而隣里、亲族，外而商旅、賓友，莫不敬服，称為长者云。卒之日，惟以勤俭孝敬，遗训子姓，亦贤矣哉。距其生永乐丙戌六月十三日，享寿七十有四。配王氏，亦鉅族女，有淑行，克谨内助。生子男五：长即昇，乞铭者。次昶（曰、永，上下结构），次昱，皆克家。馀早卒。昇娶卢氏，昶（上下结构）娶高氏，昱娶马氏。女一，适陈鑑。孙男二：长辅，次铬，皆未冠。女一，适通州庠生蔡淮。鸣呼！公能振先业于不坠，延後嗣于无穷，其亦可铭也已。铭曰：

戴氏之先，世泽孔良；中更迁徙，盈缩匪常。公能树立，家业以昌；子孙蕃衍，不替其芳。吉壤肇茔，高力之庄；

勒铭坚珉，以永其藏。

注释：

处士：指未仕或不仕的士人。《汉书注》："处士谓不官于朝而居家者也。"

承德郎：文散官名，金代始置。明制承德郎为正六品升授之阶。

汪澜：明浙江仁和人，成化十四年（1478）二甲第八十七名进士。

征仕郎：亦作"征事郎"，文散官名，唐始置。明制以征事郎为从七品升授之阶。

周文通：明大臣，莱阳人，征仕郎中书舍人，与李东阳名重一时，二人亦常一起为他人作志。时《季成墓志》为李东阳篆盖，周文通书丹；正统时

《曾鉴墓志》为李东阳撰文，周文通书丹。

中宪大夫：文散官名，金代始置。明制中宪大夫为正四品升授之阶。

陈刚：明浙江钱塘人，天顺元年（1457）二甲第七十六名进士。

秋官主事：秋官，官署名。唐武后光宅元年（684）改置天地四时之官，以刑部为秋官。"秋官主事"实即"刑部主事"，为复古之称，古人所好。主事，官名。明代升主事之秩位从六品，与郎中、员外郎正式并列为六部司官，并且在部司中掌握实权。

陈一夔：字仲质。明江西金溪军籍，隆庆二年（1568）三甲第二百三十九名进士。

按语：

戴芳，据志，戴芳字世芳，祖籍淮安盐城三都人。明永乐初，随父迁顺天府宛平县，居德胜关里第。既长，克自树立，乃徙居通州张家湾，以船运为生。娶王氏，子五人，升、昶、昱、余早死。女一人。生于永乐丙戌（1406）六月，卒于成化己亥（1479）冬十月，终年七十四岁。成化癸卯（1483）九月葬于高力庄。

志文云"永乐初，取天下富民实京师"，此举与元初实富民于中心台附近建四合院有所雷同。但至于取多少富民、实京师何处尚待深入研究。

高力庄，墓志出土地点在梨园镇高楼金村，此村辖小高力庄等村，与墓志中记载葬地同。说明数百年来，村庄的名称没有改变。

明处士傅钦墓志

解题：

明弘治九年（1496）九月。1995 年三月出土于通州新城西门外南侧，2003 年 12 月征集于通州区文物管理所。墓志边长 54 厘米，厚 8 厘米。志盖篆"明故处士傅君墓志铭"，首题"明故处士傅君墓誌铭"，赐进士第、翰林院国史编修、乐平程楷撰文，征仕郎、中书舍人、直内殿、东吴杨金书丹，征仕郎、中书舍人、直内阁、余姚徐鹗篆盖。艾叶青石质。

录文：

（盖文）
明故处┘士傅君┘墓志铭┘
（志文）
明故处士傅君墓誌铭　┘
赐进士第、翰林院国史编修、　乐平程楷撰文，　┘徵仕郎、<u>中书舍人</u>、直内殿、东吴杨全书丹，　┘徵仕郎、中书舍人、直　内阁、餘姚徐鹗篆盖。　┘

弘治甲寅四月十有四日，处士傅君以疾卒。厥子浩既殓如礼，犹虑平┘生之德久而无闻，乃走　┘京师，求予文，用垂永久。予辞弗获，遂按状序而铭之。序曰：君姓傅，讳┘钦，其先本河南柘城县鉅族。曾祖成，妣任氏；祖聚，妣李氏；父讳受，妣┘杨氏。生君兄弟三人，伯铎，季镜，公其仲也。自幼仪容俊伟，器宇不凡，┘众咸期以远大。及长，适承家道丰亨之际，历练老成，卓然有立。贸易辛勤，筹划多中矩度。用是家益以裕，通州称富族，亦在屈指焉。天性孝、友，事父母曲尽其道，务欲得其懽心；遇兄弟甚友恭，凡饮食衣服相均始，喜厌後。求析居，禁弗能止，遂让祖产，别置数屋以居，尝亦顾恤弗厌。堂弟，通州百户，具礼待之若镜然。以抚爱教诲浩者施于姪。他如接亲朋以敬，御臧获有恩，未简傲于人。尤好善事，闻造桥梁、修道路者，捐貲以助。或有飢寒困急，求救于君，乐賙恤之。及卒，远近闻者莫不悲哀弗已，盖伤君子之永诀也。距其生，永乐甲辰六月初九日，享年七十有一。配胡氏，名家女，克尽妇道。子男一，即浩，善于幹蛊，足承父业。先娶冯氏、蒋氏、王氏，俱先卒；继娶石氏。女二：长适杨濬，次适王善，皆良家俊秀。孙男一，曰棋，王氏出。浩等卜以九年九月初三日，扶柩葬于新城西门外永贵屯之原。铭曰：

继父美善，植家孝友，仁惠众所嘉。呜呼！傅君今已矣，令名垂後永光华。

注释：

中书舍人：官名，晋初于中书省置舍人、通事各一人。明虽废中书省，但仍有中书舍人，属中书科，仅掌书写诰敕等事。

幹蛊：既善于矫正父母之过错，而又处事有才能，意即能子承父业。

按语：

傅钦，明永乐甲辰（二十二年，1424）6月9日生，弘治甲寅（七年，1494）四月十四日卒，享年七十一岁。配胡氏。

傅钦世系：曾祖傅成，曾祖妣任氏；祖傅聚，祖妣李氏；父傅受，妣杨氏。兄傅铎，弟傅镜。子傅浩，孙傅祺。

志文概述傅钦虽承厚业，但不骄纵，仍辛勤劳作，用心筹划，使家富著通州，且敬长爱弟，不计较家产，尤乐善好施，建桥修路等益民之事必捐资而助，周济贫急唯恐落后。又文中所言"永贵屯"地名，在《通州志》中有载，但具体位置不明，此志出土，可见证该村在通州新城西门外迤南杨庄一带。

明刘贵墓志

解题：

明正德元年（1506）九月十一日卒，正德二年（1507）三月初三日丙午葬。1995年五月通州区出土，现存通州区博物馆。志底长60厘米，宽60厘米，厚9厘米；志盖长60厘米，宽60厘米，厚10厘米。盖篆"明故武德将军神武中卫正千户刘公墓"，首题"大明诰封武德将军、神武中卫正千户刘公墓誌铭"，顺天府通州儒学学正、举人洪异撰文，顺天府通州儒学训导李进书丹，中书舍人陈瓒篆盖，通州幕僚梁忠行作状。

录文：

（盖文）
明故武德┘将军神武┘中卫正千┘户刘公墓┘
（志文）
大明诰封武德将军、神武中卫正千户刘公墓誌铭　┘
顺天府通州儒学学正、举人洪異撰文，　┘
中书舍人陈瓒篆盖，┘　顺天府通州儒学训导李进书丹。┘
公讳贵，字廷章，姓刘氏。自大父才兴公始，以勋阀世其家，為官族。其先山东济阳县┘之东孙井人，今济南诸刘其族也。大父才兴公生有奇志，為儿时嬉戏，常习骑射，操┘纵有法，父老異之。及长，倜傥饶智畧。洪武中，从　┘太宗文皇帝靖内难有功，封武德将军、神武中卫正千户，因家通州。传至公，三叶矣。父忠，┘袭祖职，母张氏，生公兄弟四人：曰英，曰雄，曰玉，公其长也。自幼岐嶷不凡，好读书，猎涉古典，虽出自将门，而不废礼度。美姿容，善笑语。与人交，谆谆曲有恩意，贤士大夫多乐与之处。或文字赠遗，极其许可。既嗣官，夙夜在公，亹亹罔敢逸豫。当道者咸器使之，事无大小，悉以委公。未踰年，擢视本所篆，军士皆讙呼鼓舞，相贺得人。先是，掌军政者率数年一更易，虽素负才望，亦鲜克终。公独以精勤明敏，受知上下，视篆数十年，无有能疵之者。成化间，剧贼彭刚聚徒数十人，劫掠村落，甚猖獗。公被檄追捕，设法获其魁首数人，众乃解散，镇守陈公尤称重焉。尝命督四卫军夫，修理州城，时积雨為灾，城堑楼楯废圮者殆半。公日夜往来巡视，不日告成功。镇守陈公亲迎劳之。平江伯以公能于官，命主砖廠。公洁己从事，甚得其懽心。後凡有所任使，必以公為劝。成化甲辰，北虏犯边。上命保国公选精锐往平之，公以强壮在选中。当行，喜曰："此大丈夫立功名时也。"遂跃马介行阵，虏闻官军至，先遁去，不战而返。公凡前后被指使，辄竭尽心力，未尝营己私，故能保全终始如此。年六十，即致官嗣子，不复闻外事。日与宾客娱乐，夜则张灯课子姪，读古人书，孜孜忘倦。尤重施与，乡里、亲戚贫无衣食者，輒周恤之；或寺观庙祠器皿废缺，必竭力营办。虽素在充裕，亦其性然。正德元年九月十有一日，卒于正寝，享年七十有八。娶钱氏，侧室董氏、王氏，有妇道。子男六人：长曰清，嗣公职，遇例陞指挥佥事，娶张氏；次曰澄，娶田氏；曰源，娶李氏；曰深，娶郭氏；曰潭，娶王氏；曰演，娶薛氏。女五人，皆归名宦。孙男七人：曰宦，娶韩氏，先公卒；曰宇，娶朱氏；曰寅，娶陶氏；曰宴，聘李氏；曰富，聘王氏；曰宸，曰孝孙，俱幼。孙女二人。曾孙男一人，曰恩；女二人，俱宦出也。兹以正德二年三月初三日丙午，卜葬于州城南永贵屯之原。其侄庠生淇曰："公墓宜有铭。"□以其亲通州幕僚梁忠行状来请铭。曰：

潞水在东，厥林孔丛；厝之者谁？刘侯之宗。侯族以望，侯爵以世；承继绵绵，与国同替。族以望华，爵以世扬；匪直承继，阀乃用张。亦既好文，亦既习武；自侯作之，□倡□子。□□苍苍，流水泱泱；维人之硕，维德之良。何以传之？有此铭章；何以芳之？山高水长。

注释：

武德将军：明沿元代武阶官之制，为正五品初授之阶。

太宗文皇帝：即明成祖朱棣（1360—1424），在位二十二年，年号永乐，庙号成祖，死后予谥"启天弘道高明肇运圣武神功纯仁至孝文皇帝"。

视本所篆：视篆，即为官视事。视，处理；篆，官印。本所，指志主承袭的祖职神武中卫千户所。

城堑楼楯：犹如说城池楼台。堑，池，指护城河；楯，栏杆横木。

平江伯：《明史》有传。陈瑄，字彦纯，合肥人。少从大将军幕，以射雁见称。屡从征南番、越巂、宁番等族。此文是指其后代继袭陈锐。成化初，分典三千营及团营。寻佩平蛮将军印，总制两广。移镇淮阳，总督漕运。建淮河口石及济宁分水南北二闸。筑隄疏泉，修举废坠。总漕十四年，章数十上。日本贡使买民男女数人以归，道淮安。锐留不遣，赎还其家。淮、扬饥疫，煮糜施药，多所存济。弘治六年（1493），河决张秋，奉敕塞治。还，增禄二百石，累加太傅兼太子太傅。火筛寇大同，锐以总兵佩将军印往援。既至，拥兵自守，为给事中御史所劾，夺禄闲住，其年卒。

保国公：《明史》有传。朱永，字景昌。天顺四年（1460），宣、大告警，命帅京军巡边。七年（1463）统三千营，寻兼神机营。宪宗立，改督团营，领三千营。成化元年（1465），荆、襄盗刘通作乱。命永与尚书白圭往讨，进师南漳，击斩九百有奇。其秋复进讨石龙、冯喜，论功，进侯。毛里孩犯边，命佩将军印，会彰武伯杨信御之。六年（1470）阿罗出寇延绥。复拜将军，偕者御史王越，都督刘玉、刘聚往讨，击败之苏家寨。论功，予世侯。十四年（1478）加太子太保。明年冬，拜靖虏将军，东伐，以中官汪直监督军务。还，进爵保国公。十九年（1483）秋，小王子入边，宣、大告急。以永为镇朔大将军。其冬，手敕加太傅、太子太师。弘治四年（1491）监修太庙成，进太师。

按语：

刘贵，《明史》等无传。据志，刘贵，字廷章。其先山东济阳县东孙井村人。祖父刘才兴，洪武年从太宗文皇帝靖难有功，封武德将军，神武中卫正千户，遂占籍通州。父刘忠，袭祖职。母张氏。刘家兄弟四人，贵为长兄。成化年，彭刚聚众劫掠，刘贵被檄追赶，获其魁首数人，众乃解散。镇守陈公尤称重。平江伯以公能于官，命主砖厂。成化甲辰（1484），北虏犯边，上命保国公选精锐往平之，公在选。年六十致仕。公生于宣德庚戌（1430）年，卒于正德元年（1506），享年七十八岁。娶钱氏、董氏、王氏。子六人，女五人。孙九人。正德二年（1507）三月三日葬于州城南永贵屯。

　　成化甲辰（二十年）北虏犯边：实指成化十九年（1483）八月，保国公朱永任镇朔大将军讨伐蒙古族小王子侵扰大同等地之事。成化二十年（1484）三月乙酉，兵部尚书张鹏等上奏，据《明宪宗成化实录》载："虏中逸归人言，瓦剌虏首充失欲与北小王子连好，俟秋高马肥，拥众入寇，不可不备"。上曰"虏贼欲乘机入寇，诚宜预备，子等其将原选听征严加训练。"令太监张善监督军务，定西侯蒋琬佩印充总兵官，宋祥监枪待报。往赴大同官府，与总督军务尚书余子复同担督各路军马剿杀。堪充右参将兵备御密云等处将官再各举以闻，现而兵部复举左军都督金事王义堪充右参将，东宁伯焦俊堪备御密云，俱从之。

明樊斌恭人张氏合葬墓志

解题：

明正德戊辰（三年，1508）季冬甲申卒。梨园镇将军坟村东出土，现存通州区博物馆。长60厘米，宽59厘米，厚9.5厘米。盖篆"明威将军神武中卫指挥佥事樊公恭人张氏合葬墓志铭"，首题"明威将军、神武中卫指挥佥事、樊公恭人、张氏合葬墓誌铭"，赐进士及第、翰林院编修、文林郎、经筵国史官、濮阳李廷相篆盖，赐进士及第翰林院编修、文林郎、经筵官、同修国史、余姚孙清撰文，赐进士出身、翰林院、国史馆编修、承事郎、北海翟銮书丹，洪君作状。墓志今存完好。

录文：

（盖文）

明威将军神⏎武中卫指挥⏎佥事樊公恭⏎人张氏合葬⏎墓志铭⏎

（志文）

明威将军、神武中卫指挥佥事、樊公恭人、张氏合葬墓誌铭　⏎

赐进士及第、翰林院编修、文林郎、　经筵官、同修　国史、餘姚孙清撰文，　⏎　赐进士及第、翰林院编修、文林郎、经筵国史官、濮阳李廷相篆盖，　⏎　赐进士出身、翰林院、国史舘编修、承事郎、北海翟銮书丹。⏎

樊明威之殁也，宜去其祖。其子靖，辛勤卜宅，乃得兆于通州城南东石乡之原。曰："宜⏎以吉伐后祗，盖既及廿载矣。"于是恭人张氏又殁，殁则及于兆。曰："宜并伐后祇之卜⏎吉者"，则為正德戊辰季冬之日甲申，诚若有待焉者，天也。夫葬之有兆也，则寄死之⏎归也速，朽贫之说不与也。然且及廿载而後定，又及恭人之殁，是皆有道人事，可勿⏎论而靖之奉慎，且不易矣。夫明威之先，尝自东安徙于保定也。其為明威，则自保定⏎以世官也。中徙為湖南之黄州，又内徙為京师，盖四徙而至通州。通州则自大父以⏎降也，樊氏之世远矣，至于明威之身而益显。上之人率以艰（"欷"字左旁、喜，左右结构）剧命樊将军，将军亦遂⏎以其命自上者自命而皆立办。初，督练卫卒，申令约束，人尽可用也。巡历御史以為⏎才，剡荐之。则司空方增漕仓，廉取徃役，明威应召，请便宜，事事尽规矩；期会储偫，具⏎具而人心和会，凡及万椷，以时趣毕。少司空刘公曰："御史言是也。非是，无可论才者。"⏎已而，署蕃牧，濬潞水，转输山陵，辄能取成法损益推行之。由是，上下之人以明威'為材吏。明威之言曰："吾不耕织，而坐受衣食之奉也，则农者、蚕者于我无校也；而商⏎贾又迁有无以供我，我又何校也。而不力事，又取戾為邪？"盖终其身自树，无方寸橛。⏎迫于公者，其赋受盖醇实，又捡饰以从，又受其则于先人，而又有张恭人之贤之相。⏎凡明威之趋于公，恭人曰："宜是以趋也，我能為若家也。"凡明威之以私自屏翳也，恭⏎人曰："是不屏翳且若累。"故论明威之成，必曰："贤恭人，贤恭人。"恭人故读古书也，又解⏎大义。天雷电以风，日月不集于辰，乡邻蹈于水火，则端委籍籍，籲愬曰："是宜是也。《傳》有之，孔子必变，被髪缨冠必救也。"生子靖、祀（立、巳，左右结构）、缯、竚。若指自提抱、卯弁，无不教也。甚则⏎课日业，觇所徃来，戚欣之。故靖竟以儒饰宦事，駸駸有阶之者也。其受于明威、恭人，有耳目习性矣。语曰："非此母不生此子，况又為之父也！"於虖！於虖！且合葬，靖奉州博⏎洪君状，来请铭。
状曰：樊明威斌，字德全，配张恭人。子男四人：靖其伯。女子三人：孟容、⏎仲容、季容，有家。孙男四人：衍、卫、衢、徵。孙女三人：宜贞、宜淳、宜柔。明威以弘治庚戌卒，⏎為五十一年。恭人之卒，乃六十有九年。靖泣曰：先将军脱乃得兆，先恭人得以正祔。⏎虽然，不文石无以壮玄宫，惟速畀之铭主臣。"主臣铭辞曰：⏎
卜兆以年，而兴从以迁，则莫不虔绍之德言；而既既其传，则罔或汩以下泉，吁嗟⏎新兆兮！⏎

注释：

孙清：明直隶武清卫籍，浙江余姚人。弘治十五年（1502）一甲第二名进士。

李廷相：见后《汪获鳞墓志》注。

翟銮：见大兴区《鲍淳墓志》条。

宜以吉伐后祇：应该将这个吉信告知土地神。伐，功劳，夸耀自己的功劳与才能也叫伐；后祇，土地神。

剡荐之：即举荐之。

材吏：即有才干的官吏。

校：计较。

取戾：犹如说获取安定。戾，安定。

屏翳：古代神灵名称。有五种说法：云神说，雨师说，天神使者说，雷师说，风师说。

按语：

樊斌，《明史》无传。字德全。其先自东安徙于保定。到樊斌这一代，迁至湖南，又徙至京师。弘治庚戌年（1490）卒，享年五十一岁。推其生年为正统五年（1440）。子四人，靖、竢、（左立，右曾）、竚。女子三人，孟容、仲容、季容。孙四人，衍、卫、衢、征。孙女三人，宜贞、宜淳、宜柔。此云"孙女三人，"而其子《樊靖志》云"有女四人"，说明樊斌此时樊靖幼女未生。

张氏：卒于正德戊辰（1508）季冬，享年六十九岁。推其生年为正统五年（1440）。葬于通州城南东石乡。

樊靖：樊斌长子，见本书《樊靖墓志》。

明樊靖墓志

解题：

　　明嘉靖乙巳（二十四年，1545）二月二十五日卒，四月八日葬。1995年5月，梨园镇将军坟村东出土，现存通州区博物馆。志、盖长和宽均70厘米，厚11厘米。盖篆"故明威将军指挥佥事南畦樊公墓志铭"，首题"故明威将军指挥佥事南畦樊公墓志铭"，赐进士出身、奉政大夫、礼部主客清吏司郎中、三河王楠篆盖，赐进士出身、左春坊、太子左司直、兼翰林院检讨、国史经筵官、永丰吕怀撰文，赐进士第、奉政大夫、光禄寺少卿、郡人李鐇书丹。墓志今存完好，边框有残损。

录文：

（盖文）
故明威将┘军指挥佥┘事南畦樊┘公墓志铭┘
（志文）
故明 威将 军指挥事南畦樊公墓誌铭　┘
赐进士出身、左春坊、太子左司直、兼翰林院检讨、　国史　经筵官、永丰吕怀撰文，　┘赐进士第、奉政大夫、光禄寺少卿、郡人李鐇书丹，　┘赐进士出身、奉政大夫、礼部主客清吏司郎中、三河王楠篆盖。　┘
故明威将军指挥佥事樊公卒，以是年四月八日厝州之城南田家务。其子副千户衍、庠生衔，┘持状乞予铭。泣曰：衍，武弁，何敢请？有寡姊宜贞者，日触柩大恸，责衍等曰："予父辛苦平生，自树┘微行，死不能丐明公数语以传，予曷以生为？"详宜贞平昔事公甚孝，盖故宣府前卫指挥黄章妻也。公能诗，尝通名于予。闻宜贞节孝，且重矜之，故为之铭。据状：公姓樊氏，讳靖，字世谧，别号南畦，世为顺天府东安县人。高祖讳兴，以戎籍显著，进阶明威将军、佥指挥使司事。初官燕山左卫，历保定、黄州，四徙至通州神武中卫。曾祖旺、祖斌，皆袭如其官。家世尚武。祖母张太恭人，贞顺有则，能强记列传、医卜、星命书。公为童时，便令诵小学、《孝经》；比长，遣从师治《易》，以胄子为郡庠生，兼治武举。弘治庚戌，廕袭祖职。明年，奉都宪唐公檄，同府判王伦，浚白龙港海口。伦闻丧，乃以所部民夫千数并属公。公督军民更番事事，旬日告竣。寻命掌卫事。篆文久湮，吏缘为奸，公奏更铸。凡卫、所公廨、仓库、门垣诸颓废，悉请修葺。时巡抚柳公荐公遵化守备，本兵荐公河南都司，公遂以武弁著名矣。正德戊辰，荣王之国，舟车、卫役以万计，桥梁、席殿、膳羞、储蓄，以至胶漆之材、饷劳之费称是。公奉简命，署通州分守，人为公危之。公夙夜殚竭心力，严督诸属，综理秩然，故自侍从以下无不服公才。能自为束约，地方赖无犯焉。宦幸瑾，间为所亲曰："樊分守有才器，事竣来见，当与实授耳。"公竟不住。辛未，流贼犯境，以盘阴王御史奏，命公领防守粮储事，分守黄玺，截杀要害。公为内应，一时安之。壬申，命公守备青州。甲戌，巡抚山东赵公以青州济宁有兵备樊靖、宗敏，皆有用之才，请以一补都司，一取京别用。奏下兵部，所司乃以公名左置，公竟得旨别用也。嘉靖初，武清盗起，公奉命以所部兵马剿截，贼闻风瓦解。适兵备张某衔（口、衔，左右结构）公抗礼，乃奏公缓师纵寇。事下，霸州兵备马龙马知其诬，勘报力争。事平，公宦情怠矣，遂鲜组归林泉，日赋诗饮酒为乐。垂白之年，目明耳聪，饮食如少壮。公以才受知当道，牲牷与有司出纳。凡节财阜民，未尝不留意，狱讼唯恐过刻。东郭旧无桥梁，春涨时有溺者。巡抚洪公谋之所司，咸以走沙不可为为对。公奋然曰："分守有四卫椿草之私，知州有四县协济之利。二弊革，桥固可建也。"洪如其言，桥成之，民利涉焉。公饬先茔，修谱系，立祠堂，创家塾，婚丧仪度，动遵文公家礼。凡舆马、声色、宴乐、博弈之事，一无所好。公□天顺壬午十月二十日寅时，距卒嘉靖乙巳二月二十五日亥时，年八十有四。人谓公寿本于盛德，不虚哉！娶戴氏，继陈氏、王氏、张氏。陈生女宜贞。张生衍，袭祖职，奉例裁减，授本卫左所副千户；女宜柔，适守备指挥同知张尧佐，先卒。贰室：钟生衔，郡庠增广生；卢生衔、衎；女宜详，适都督周璿。次子凤来，先卒；宜勤，适庠生丁伟。孙：邢、郓、郴、郎；孙女：金如、玉如、纯如、温如；外孙黄葵。外孙例不得书，书葵，以能孝于宜贞以及公也。铭曰：

才高剸纷，技长骁战；可与图安，可与制变。文之以诗书，兹樊公之为武弁；铭之者谁？太史氏院。　大明嘉靖乙巳夏四月朔日。

注释：

明威将军：武散官名，明制为正四品初授之阶。

指挥佥事：官名。指挥，军事编制单位，武官名。明代团营之制，十二团营每团营下辖三指挥使，每指挥使下辖五把总，每把总辖二指挥（统领五百人）。明京卫有都指挥佥事、各指挥佥事。此即属各指挥佥事之一，正四品秩。

左春坊：官署名。唐初沿隋制置门下坊，属东宫机构，相当于朝廷的门下省。龙朔二年（662）改门下坊为左春坊。明左春坊置大学士、左庶子、左谕德、左中允、左赞善、左司郎中、左清纪郎、左司谏。

吕怀：明江西永丰人，嘉靖十一年（1532）二甲第四十一名进士。

李錞：明顺天府通州官籍，浙江景宁人。嘉靖二年（1523）三甲第二百零六名进士。

王楠：《明进士题名碑》作"明直隶兴州后屯卫官籍"，《畿辅通志》作"直隶三河籍"，浙江会稽人。嘉靖十七年（1538）二甲第五十四名进士。

胄子：贵族的嫡长子。

荣王之国：荣王就藩，荣王之藩国。荣王，朱祐枢，明宪宗朱见深（成化皇帝）第十三子。正德戊辰（三年，1508），就藩湖南常德。

宦幸瑾：指被当朝皇帝宠幸的太监刘瑾。刘瑾（？—1510），明朝宦官。本姓谈，兴平（今属陕西）人。幼投刘姓太监冒姓为刘，并净身入宫。初侍武宗朱厚照于东宫。武宗即位，即得崇信，任其掌钟鼓司，为"八虎"之一。进为内宫太监，总督团营，掌司礼监。在东、西厂外加设内行厂，镇压异己。又引进私党，威福擅权。诱武宗微行私游，侵夺民田，扩建皇庄，人称"千岁"。后处死，磔市三日。

实授：古代官员任用类别之一。明清之制，凡正式任命实缺官员称为实授。有吏部始授即为实授者，亦可由试署改为实授。

垂白之年：指老年。垂白，白发下垂。

往往与有司出纳：出纳，财物的付出与收入；有司，具体办事的负责人。此句意为往往经手一些公家财物、资金往来之事。

按语：

樊靖：据志载，樊靖字世谧，别号南畦，祖籍顺天府东安县人。通州神武中卫，世袭明威将军指挥佥事。后任遵化守备，河南都司。正德壬申年（1512）守备青州。生于天顺壬午（1462）十月二十日，卒于嘉靖乙巳（1545）二月二十五日，享年八十四岁。嘉靖乙巳年四月葬通州城南田家务。子四人，衍、卫、衢、征。女四人，宜贞、宜柔、宜详、宜勤。孙四人，邢、郓、郴、鄢。孙女四人，金如、玉如、纯如、温如。外孙黄葵。

清吴存礼《通州志》载，樊靖字至安，神武中卫指挥，读书能诗，谙史事，有政声，时流贼寇山东增设守备于青州府本兵，推靖会到任，贼平。日与兵备导牛鸾诗简往来，有儒将风。未几，罢回，以田园自娱不复禄仕。本志载，嘉靖初，武清盗起，公奉命以所部兵马剿截，贼闻风瓦解。适兵备张某唧公抗礼，乃奏公缓师纵寇。事下，霸州兵备马龙马知其诬，勘报力争。事平，公宦情息矣，遂解组归林泉，日赋诗饮酒为乐。两志正可互补。

另外，志中还客观记载了志主樊靖曾巧拒奸宦刘瑾的利诱。"宦幸瑾，间爲所亲曰：'樊分守有才畧，事竣来见，当与实授耳。'公竟不往。"樊公亦曾为老百姓于州城南墙外造桥，桥成，民利涉。

志文中"祖斌……祖母张太恭人……"，与《樊斌恭人张氏合葬墓志》所述内容不符。从《樊斌恭人张氏合葬墓志》以及《樊靖墓志》中子女的名姓也可知，樊斌是其父，张恭人是其母。

明张琏墓志

解题：

明正德四年（1509）葬。1989年5月，台湖镇垜子村北岗子出土，现存通州区博物馆内。志长63厘米，宽63厘米，厚10厘米；盖长61厘米，宽61厘米，厚8厘米。盖篆"明故中顺大夫湖广按察司副使张公墓志铭"，首题"明故湖广按察司副使张公墓誌铭"，大中大夫、资治少尹、太仆寺卿、南昌杨立篆盖、赐进士第、中顺大夫、太常寺少卿、前翰林院国史检讨、经筵官、上蔡门人李逊学撰文，文华殿直奉训大夫、协正庶尹、鸿胪寺左少卿、渤海高岱书丹，城武县尹杨俊作状。墓志有多处细小划痕，右上残缺。

录文：

（盖文）
明故中顺┘大夫湖广┘按察司副┘使张公墓┘志铭　┘
（志文）
明故湖广按察司副使张公墓誌铭　┘
赐进士第、中顺大夫、太常寺少卿、前翰林院　国史检讨、　经筵官、上蔡门人李逊学撰，　┘文华殿直奉训大夫、协正庶尹、鸿胪寺左少卿、渤海高岱书丹，　┘大中大夫、资治少尹、太仆寺卿、南昌杨立篆盖。　┘
弘治拾捌年乙丑，贰月贰拾有叁日，予受业师张公先生以疾终于家。越四载，正德四年┘六月十三日，子达将营葬公于都城东永隆屯祖茔之侧。具城武县尹杨君俊所状公行┘实，泣请予铭。予自童卯时遊公门下，历三寒暑枯荣，春雨沾溉，恩惠久矣。犬马之怀，恒愧无地图报，而公遽罹凶变至此，情曷克堪。悲新感旧，自不容以不文辞。按状：公讳瑄，字宗器，别号困勉轩，世系河南河南府巩县石关保人。永乐初，大父傑从戎京师彭城卫，因占籍家焉。父宁，有隐德。母李氏，生三子，公其仲也。公赋性极颖敏，自弱冠治范经，即有文名振都下，远近抠趋请诲者无虚日。成化丁酉，领顺天府乡荐，连捷戊戌进士第，试政工部。是年，承命督修户部侍郎陕西刑公坟。事竣，其家馈谢，却不受，冰蘗之操已逆见于此矣。己亥，授山东青州临朐尹，得迎致父母就养，不胜有毛义之喜。莅官前後踰五载，公廉勤慎，清风洒浙，人谓卓、鲁复出，谅弗能过也。当道疏其贤，方移檄擢进中台。而厥尊甫先生告终，公哀号归窆。丁未，服阕，拜江西道监察御史，益明法意，究大体，虽细故，必求至当，不苟徇于物。同侪有窒而未通、疑而未决者，必于公求正可否。且击奸摧邪，虽权贵不少顾忌，风裁严峻，為缙绅推服。弘治庚戌，按治云中。及壬子，复按山海、古北口一带边关。所至划弊别蠹，风飞雷迅，骄将悍卒、黠民贪吏，咸惴惴焉，相戒屏息，若无所容立者。乙卯，荷纶命，擢山东按察副使，领敕备燕冀，受理军民词讼，兼屯田。文案填萃，而公随事处分，悉中肯綮。暇即训兵讲武，指授方畧，威慑夷房，边境晏然。己未冬，再丁母忧。壬戌起复，以前职改授湖广、沅州等处兵备。肃纲振纪，培善斥恶，视畴昔尤碸甸（石、匋，左右结构）有声。盖公剡历久而练事益精，故所至自能越人，无容议者。甲子，公偶感疾，即上章赋，归隐于都城西北隅，徜徉啸咏。甫两月，而疾增剧，竟不起。呜呼！痛哉！距其生正统己巳十月七日，享寿五十有七。公任御史时，得廷敕赠父如己官，母封太孺人。先娶宋氏，赠孺人。继娶贺氏，封孺人。再娶王氏，皆无嗣，以兄珣次子继後，即丐铭者。弟瑆，授本县医学训科。公平生孝友出天性，遇兄与弟极笃恩礼。虽伯叔、弟妹、子姪辈，俱赖抚育成立。与人交即布肝鬲，无毫髮机井。凡施為举措，皆夷旷若青天白日，辉辉乎照人耳目。众方望其当远到，而乃蹶于斯，岂其命也耶？是宜铭。铭曰：

业究书史，名跻甲科；文藻焕发，星芒列罗。初升内台，继董外宪；纲纪肃清，耄倪安晏。燕冀辽邈，湖湘森茫；奇勳遗泽，山高水长。才猷不群，寿考莫逮；士林孔悲，天道何在？都城之东，先坟之傍；蝶梦曷醒，鸿休愈光。我怀心丧，爰誌泉室；用告後人，期附史笔。

注释：

李逊学：《国朝献征录》载，字希贤，别号悔斋。成化丁未年（1487）进士，官至礼部尚书兼翰林院学士。

彭城卫：明代军事组织"卫所"中之"京卫"非亲卫而亦不隶于都督府之十五卫之一，属北平都司。明洪武三年（1370）八月设，置指挥使一人，秩正三品，指挥同知二人等。

葩经：指《诗经》。葩，有华丽、华美之意。韩愈《进学解》称"《诗》正而葩"，指《诗经》义正而词美，后遂称《诗经》为"葩经"。

抠趋请诲：犹若说前往拜访请教愿聆教诲。抠趋，"抠衣趋隅"之简，原为《礼记·曲礼上》之文。意为做客人家，入席要手提衣角自下而上，抠，手提之意。

领顺天府乡荐：指通过了顺天府乡试，即中了举人。

冰蘗之操：比喻身处贫寒而有高尚纯洁的操守。蘗，黄蘗，即黄栢，中药名，性苦寒。

卓、鲁：东汉时的卓茂、鲁恭，两人均以循吏见称。后世诗文中以卓鲁合称时，常用为能吏的典型。

厥尊甫先生：指他的父亲。厥，他的，指志主张链；尊甫，即尊父。

荷纶命：荷，承担，担负，接受；纶命，皇帝的诏令。

按察副使：即按察司副使。按察司为明代司法机构，三大司之一。全称提刑按察使司。属官有副使，正四品；佥事，正五品。负责各道兵备、提学、抚民、巡海、清军、驿传、水利、屯田、招练、监军事宜。

按语：

张琏，《明史》等无传。据志，字宗器，别号困勉轩。世系河南巩县石关保人。永乐初，祖父张杰从戎京师彭城卫，因占籍通州。父张宁，母李氏。成化丁酉（1477），领顺天府乡荐，连捷戊戌（1478）进士第，试政工部。承命督修户部侍郎陕西邢简坟。己亥（1479），授山东青州临朐尹。丁未（1487）服阙，拜江西道监察御史。后至云中、山海关、古北口一带边关。弘治乙卯（1495），擢山东按察副使。己未（1499）冬丁母忧。壬戌（1502）起复，以前职改授湖广、沅州等处兵备。生于正统己巳（1449）十月七日，弘治十八年（1505）乙丑二月十三日卒，享年五十七岁。正德四年（1509）六月十三日葬于城东永隆屯祖茔。赠其父按察副使，母封太孺人。其妻宋氏赠孺人，继妻贺氏封孺人。过继兄子张珣。

志文云"自弱冠治葩经"，可见其自幼对于《诗经》典籍有所研究。

成化戊戌（1478）承命督修户部侍郎邢公坟：邢公，即邢简。《国朝献征录》有传。字居敬，陕西咸宁人。登景泰甲戌（1454）进士第，授刑部主事，擢真定府知府，真定畿内剧郡番汉官军杂处勋戚豪右占据民田，哗讼纷沓。简处之有道，上下安之。以荐升浙江左参政寻转顺天府尹京邑，供亿繁重，简力为裁省，十去五六。升南京大理卿，寻征拜户部侍郎。至是端午侍驾，阅武于万岁山之阳，忽疾作，急扶归，抵家而卒。时成化十四年（1478）五月。简为人廉介有守，莅政强明。与人交，坦然绝无矫饰。卒之日囊无余资，士君子惜之者无间言。

永隆屯，虽不清其四至道里，但由其出土地台湖镇垛子村北岗子可知，此地当时应属永隆屯辖地。

明宁母朱氏墓志

解题：

明正德十一年（1516）三月十五日葬。1986年4月通州区城关镇永顺村委会所辖后窑村南出土，现存通州区博物馆内。志和盖均长、宽63厘米，厚10厘米。二十九行，满行三十二字。盖篆"明故甯母朱氏孺人墓志铭"，首题"明故甯母朱氏孺人墓誌銘"，光禄大夫、柱国、太子太保、户部尚书、兼武英殿大学士、知制诰国史、经筵官、京口靳贵撰文，赐进士出身、承事郎、刑科都给事中、信阳张云书丹，赐进士出身、文林郎、贵州道监察御史、邑人张钦篆盖，中书何景明作状。墓志今存完好。

录文：

（盖文）
明故甯┘母朱氏┘孺人墓┘志铭　┘
（志文）
明故甯母朱氏孺人墓誌銘　┘
光禄大夫、柱国、太子太保、户部尚书、兼　┘武英殿大学士、知　制诰国史、　经筵官、京口<u>靳贵</u>撰，　┘赐进士出身、承事郎、刑科都给事中、信阳张云书，　┘赐进士出身、文林郎、贵州道监察御史、邑人<u>张钦</u>篆。┘

正德六年辛未，盗起畿甸，遂入青、齐境，城守卒破，或弃而遁者不可数。德州，南北要┘衝也，而独免于患，盖知州事宁君河有捍卫之功焉。予闻而壮之，且自多。予识河于礼闱，取之，乃奇伟如是。今年春，河将葬其母孺人，特持中书何君景明状来乞铭。又知河之所以能立，亦由母之贤，训且励之者有素也。铭其可辞哉！按状：孺人姓朱氏，其先山西稷山人，国初，从戍定边卫，因家焉。父曰旺，母王氏。孺人年二十，归于溧水知县宁公贤为配。事舅姑曲尽孝敬，门内之事，经纪有法。溧水为士时，夜读书，孺人必以女红相之，率至夜分不倦，又时时蓄旨羞以俟供具。及登成化辛丑进士，令溧水者四年。既以御史召矣，而病乃不起。孺人见子河过哀，辄慰之曰："汝不忍汝父邪？毋徒以哀伤为也。汝恢汝父遗业，图惟显扬，则汝父虽死犹存也。斯其为不忍也大矣。"乃为延师，授以经义，而自理其家。曰："吾不以分汝志，使汝精其业可也。"见河慷慨多交游，常喜而供其所需。又谕之曰："吾不患汝交之不广，患汝不善交尔。"溧水有友主事杨奉春早死，而其父老无所于归。溧水心许殡之，而杨老之终也，顾及後于溧水。孺人召河谓曰："此汝父之志，弗可已也，汝卒殡焉。"河举弘治乙丑进士，授户部主事。会逆瑾用事，谪临漳知县。寻迁德州知州，复迁河南按察司佥事，兵备信阳，迎养孺人于官二年。孺人老，疾笃。河乃疏病，扶侍以还。孺人疾且革，犹语河曰："吾见汝父之成矣，又见汝之成矣。今汝子之成又可冀，吾死何恨？惟汝单嗣，莅家守身，毋失恩教，毋轻夜游，毋纵饮，毋忘故旧。吾殁之後，毋饭僧作佛事。"言竟乃绝。嗟乎！孺人之所以教其子者，谆谆皆义方语，而临绝之际，言不失正，尤为难能。《诗》所谓女士者，近之矣。河之成也，岂不宜哉！孺人卒正德十年十二月十二日，距其生正统十四年正月二十九日，享年六十有七。子一人，即河。孙五人：曰平、曰中、曰半、曰巾、曰千。以三月十五日，葬于通州进士坊迓道之原。河所至能举其官，中书君尤称其信阳之政，其言固不诬也。铭曰：

维识之卓，纳子于学；维守之确，起家于索。无成有终，坤道则然；维母德之全，获禄于天。母也有子，维母之似，为时吉士。

注释：

靳贵：《国朝献征录》有传。字充道，世家庐州，元朝末年躲避战乱，徙镇江。弘治庚戌（三年，1490）会试第二，廷试第一甲第三名及第，授翰林院编修。卒，谥文僖。有《戒菴文集》。

张钦：《明史》有传。字敬之，顺天通州人。正德六年（1511）进士。由行人授御史，巡视居庸诸关。

自多：自以为好。语出《吕氏春秋·谨听》，原文："少人，则说者持荣而不极，听者自多而不得。"高诱注："自多，自贤也。"

何君景明：即何景明，《明史》有传。字仲默，信阳人。弘治十一年（1498）举人。十五年（1502）中进士第，授中书舍人。

稷山：其地在今山西稷山县南。稷山，又名稷神山，俗呼稷王山，后稷始教稼穑之地。

定边卫：明代军事机构"卫所"之一，置，后改置大同右卫，又移玉林卫于此。故治在今山西右玉县西。

溧水：县名。元朝为溧水州。明朝属应天府。洪武二年（1369）降为县。在今江苏省溧阳县。

临漳：即临漳县，其地在今河南临漳县西南。

《诗》所谓女士者：《诗经·大雅·既醉》"厘尔女士"，其"女士"意谓在女流中而能有男人操守者，后来用作对女子的尊称。

按语：

文中"正德六年辛未，盗起畿甸"，即霸州农民刘六、刘七（刘晨）、杨虎、齐彦名、刘惠、赵燧等人于山东、河南、河北等地起事之事。可与《明实录》印证。《万历·通州志》有《江淮平乱碑》记述缴杀刘六、刘七等农民起事的经过。

志文云："会逆瑾用事，谪临漳知县。"贼宦刘瑾残害忠良之事于以可见一斑。

朱氏，据志，其先山西稷山人，国初从戍定边卫。父朱旺，母王氏。二十岁嫁于宁贤。生子一人即宁河。孙五人，平、中、半、巾、干。生于正统十四年（1449）正月二十九日，卒于正德十年（1515）十二月十二日，享年六十七岁。正德十一年（1516）三月十五日葬于通州进士坊。

宁河，字伯东，号石津。弘治乙丑（十八年，1505）进士。任户部主事。谪迁河南临漳县知县。治有政绩，升山东德州知州，随都御史马中锡抚处流贼，将就平，为中珰沮抑当路者。知其才，擢河南按察司佥事，兵备信阳。此段记载与墓志内容一致。时信阳为盗贼窟穴，河至发奸摘伏，虽闾里铢两之奸，皆无遁遗，一时大盗捕治殆尽，郡人称兵备信阳者前后无伦匹也。以疾告归，信阳人为建生祠祀之。《本朝分省人物考》有传。

　　朱氏孺人此志后部记"子一人，即河。孙五人：曰平、曰中、曰半、曰巾、曰千。""河"即"宁河"，"平"即"宁平"（参见后条）。依志载，朱氏卒于正德十年（乙亥，1515）十二月十二日，以三月十五日葬于通州进士坊迭道之原。显然，"三月十五日"即应指次年（十一年，丙子，1516）的此月日。而下一条其孙"宁平志"记宁平生弘治癸丑（六年，1493），得年三十九岁。生母张氏，先逝儿二十五年。继母仇氏、顾氏、刘氏，生弟八人，曰中，曰半；曰申、曰斗、曰车、曰牛；曰千、曰甲，尚稚。宁平卒于嘉靖辛卯（十年，1531）五月十七日，但葬于十七年（戊戌，1538）二月二十八日。前后两志所记两个葬日即1516年与1538年，相差近二十三年。所记宁平兄弟前五后八，他们分别是平、中、半、巾、千与平、中、半、申、斗、车、牛、千、甲。后比前多出申、斗、车、牛、甲五人，前比后多一人即"巾"。前"巾"与后"牛"，应有一笔误；后志之"曰千、曰甲，尚稚。"则无法理解了，尤其是"千"，二十三年前既已出生，为何尚云"稚"乎？

明宁平墓志

解题：

明嘉靖十七年（1538）二月二十八日葬。1987年5月，出土于永顺镇卢庄村北财政学校（一说城关镇永顺村委会所辖后窑村），现存通州区博物馆。志长宽均53厘米，厚10厘米；志盖长54厘米，宽50厘米，厚7厘米。二十九行，满行三十一字。首题"明故乡进士儿宁平墓誌铭"，盖篆"明故乡进士儿宁平墓志铭"。撰文、书丹、篆盖人均为宁河。青石质。志底左上角残缺，志盖右下角残缺。

录文：

（盖文）
明故乡┘ 进士儿┘ 宁平墓┘ 志铭 ┘
（志文）
明故乡进士儿宁平墓誌铭 ┘
儿讳平，字子衡，系出山西稷山县。从祖戎，占籍定边卫，因卜居通城内西北隅璧┘湖，遂以"璧湖"自号。六岁能围棋，其取舍于方罫间，若有神授之者。七岁而知名，当┘路少师西涯李公、邃庵杨公，召至京师，据枰对垒，与语终日，竟无一长语，崭然见┘头角。二公谓："宁氏有子矣"。冢宰乔公亦善奕者，时常简儿为平齐小友云。迺偕都┘御史陈公作伐，為山西右布政使汪公获麟婿。及长，就文事，不烦提命。治《诗》，迎刃┘缕解，微奥靡所不谙；作举子业，烺烺然，而自得其肯綮；百家、子史，无不辩博。

赋性慷慨不羁，喜谈论徃牒世蹟，海内名人魁士多乐与之游。与奕者无不敛手，而弈誉独光浃天下。正德九年，随予宦游汝南，适腔峒李公谢政，自江西至。儿喜曰："我欲斯人至矣。"留客新野三月。先秦、汉、唐诸大家诗文，究极殆尽。李公将成行，谓予曰："令器平子所得，其殆庶几乎！比有作，绝钩棘轧茁之体，而与世抹摋汉唐大家家法有默契焉。"嘉靖元年秋，应提学御史王公选，甚重器之，补州庠一日弟子员，以《书》领顺天府乡荐。癸未不利，复以《诗》就。丙戌、己丑，又不利，儿默默久之，曰："有是哉！有是哉！命也。"辛卯五月十五日，衣冠挟刺而出，体幹颀其，眉宇清丽，而飘然迥出风尘之表。予见而私喜曰："儿他日不知何如其远到也！"至夜分，醉归，遂痰迷不可药。十七日，卒于正寝。予意予祖、予父皆积学，能举进士第，而儿蕴藉倍倍矣，今若兹，果命邪？果安享荫下而不识艰辛邪？果予居官不通关节所致邪？皆不得而知也。夫功名外物，死生常理，无庸惜也。惜其父子之情未尽，而予衰老不得儿送之土也。呜呼！苦哉！痛哉！终天之恨可胜言哉！生弘治癸丑，得年三十九岁。生母张氏，先逝儿二十五年。继母仇氏、顾氏、刘氏，生弟八人，曰中，曰半，通庠生，中感寒疾，近卒；曰申、曰斗、曰车、曰牛，皆有向学望；曰千、曰甲，尚稚。子一人，曰目；女一人，曰兰姊。皆汪氏出也。有诗文及举业皆散失，不忍整齐以遗留焉。选于嘉靖十七年二月二十八日，将葬于蓟州西花乡许家台羊角山之阳。故忍痛含哀，掇拾儿之绪□□□铭之曰：

／有卒，嗟嗟吾儿，曷垢弗谡！靡赋弗臧，靡识弗蓄。臧衍□绵，蓄报弗／弟有子，以似以续，厥後克昌。惟儿是嘱，玄宫穆穆；青松／。

／奉／朝列大夫七□翁□□垂泣书。

注释：

乡进士：指经过乡试取中的举人。

稷山：县名。明朝属山西绛州。参见上篇。

长语：多余的话。

冢宰：此即吏部尚书。

汪公获麟：即汪获麟，字仁甫。见本书本章后条《汪获麟墓志》

百家：即指我国古代图书分类法所含的子类书籍，见下注。

子史：指子、史类书籍。我国古代图书四部分类法为经、史、子、集，第三部为子部，最初指先秦诸子百家的著作，包括哲学、政治、科技和艺术等类的书籍。第二部为史部，包括各种体裁的历史著作，如正史、别史、编年、纪事本末、杂史等。

令器：优秀的人才。

蕴藉倍倍：非常有涵养和学问。

按语：

此墓志系宁河为其子宁平所作。宁河见《宁母朱氏墓志》条。老父以第一人称写法，不无怨天忧人之语，如"果予居官不通关节所致耶？"宁平，据志，字子衡，祖籍山西稷山县。嘉靖元年（1522）举人。生于弘治癸丑（六年，1493），嘉靖辛卯（十年，1531）五月十七日卒，终年三十九岁。弟八人，曰中、半、申、斗、车、牛、千、甲。子一人，曰目。女一人，曰兰姊。娶妻汪氏，即本县汪获麟之女。嘉靖十七年（1538）二月二十八日葬于蓟州西花乡许家台羊角山。

志中有宁平七岁时，少师李西涯等人曾要其进京对弈之事。宁平生于弘治六年（1493），其七岁时应为弘治十三年（1500）。宁平实为棋界奇才，以棋会友，亦不论人之长幼老少，可得忘年之交。《明史》载："久之，（李东阳，号西涯）进太子少保、礼部尚书兼文渊阁大学士。"弘治十一年（1498），《明实录》作太子太保，杨一清撰《李东阳墓志》作太子少师，《国榷》卷四十三作太子少傅。此墓志与《李东阳墓志》一致，均作少师。

蓟州西花乡许家台羊角山：据现在《通州志》，城关镇永顺村委会所辖许家场在后窑村西一公里，此墓志出土地点在后窑村西，推断现在的许家场即为明代的许家台。蓟州西距顺天府一百公里，通州西距顺天府二十公里，此两个州县被宁河混为一谈。

另据《宁母朱氏墓志》可知，宁河之父宁贤，母朱氏。

明汪获麟妻孟氏墓志

解题：

明正德庚辰（十五年，1520）四月二十八日葬。1986年城关镇前上坡村南出土，现存通州区博物馆。墓志和盖均长、宽63厘米，厚10厘米。盖篆"大明封安人汪配孟氏之墓"，首题"封安人孟氏墓誌铭"，赐进士、资政大夫、礼部尚书、掌太常寺事、侍经筵官、保定刘恺篆盖，资善大夫、礼部尚书、前翰林院学士、经筵日讲官、同修国史、太仓毛澄撰文，赐进士、资政大夫、户部尚书、奉敕提督京通等处仓场、古雄侯观书丹，陕西右布政使许德新作状。

录文：

（盖文）
大明封┘安人汪┘配孟氏┘之墓　┘
（志文）
封安人孟氏墓誌铭　┘
资善大夫、礼部尚书、前翰林院学士、　┘经筵日讲官、同修国史、太仓毛澄譔，　┘赐进士、资政大夫、户部尚书、奉敕提督京通等处仓场、古雄侯观书，　┘赐进士、资政大夫、礼部尚书、掌太常寺事、侍　经筵官、保定刘恺篆。　┘
山西右布政使汪君仁甫，将葬其妻孟安人，以墓铭见属。仁甫，予同年。铭安人之墓，　┘予实宜。乃按其婿陕西右布政使许君德新之状叙而铭之。安人姓孟氏，顺天蓟州人，世有隐德。讳富、字思礼者，以出赀赈济锡冠带，是为安人之父。母于氏。安人生有令质，性贞言讷。在室时，诵《内训》诸篇，悉能通其义。壹是女红，出其手靡不精緻。父母並爱之。仁甫先腾骧左卫百户涵菴府君，与思礼翁相友善，两家子女甫数嵗，婚议已成，故安人归于汪。先是，涵菴丧其配胡。安人入门事涵菴暨继姑金，曲尽孝敬。已而金又逝，事再继姑戚，一如事前姑，无少异。盖屡私出奁具，易甘旨以献，唯恐其舅姑知也。礼遇族媦，不悋捐服饬，以周恤穷迫。仁甫言行少忿，正色直谏。及举进士，為刑部主事。安人以仁甫专治《易》，乃检《易·大象辞》有及刑狱事者，诵于侧，请力行之。仁甫考三载绩，安人获授敕命。论者曰："是无忝于制词矣。"舅姑终天年，居丧尽礼。凡祭奠必躬治饌具，未始一令婢妾代。自以屡孕不育，亟为仁甫置侧室。既得子，视如己出，昼夜不免于怀者餘三年。其子长，亦不自觉其非安人出也。仁甫为福建佥事，禦寇漳南，安人属以无妄杀。师旋，将士献俘，仁甫察其中有枉者，将为辩之。稿半，挠于他事，思弗克专，安人请谢事完稿。由是，诸被枉者皆得释。从仁甫历宦四方，所至密防内外，仆从使不得交通。遇仁甫出巡日，亲校诸子学业，稍违课程，辄加诃让，诸子畏若严师，久之学皆向成。初，涵菴没，仁甫未有子，弟世麒例得袭父职，為其有志举子业，冀以文显，故已其事者数年，后卒用安人言，俾世麒袭。寻中武举，陞署副千户，又以武功历陞指挥佥事。原世麒克臻兹故，虽由其兄仁甫之公，亦安人启之也。安人以正德庚辰正月二十日卒于晋藩官舍，距其生成化丙戌八月十有八日，得年五十有五。子男五：文腾，出侧室王氏；文騰、文胖、文腴、文胤，出侧室高氏。女一，亦王出，适儒士甯平。安人之卒也，仁甫时以朝正寓京师。讣至，使迎其丧还，遂以其年四月二十有八日，葬于都城东清安屯祖茔之次。铭曰：

女婦之难，维德逮下；《樛木》在《诗》，式徵王化。显显方伯，得是令妻；维其大者，不愧《螽斯》。子孙蛰蛰，母仪秩秩；教之诲之，以成以立。以仍以雲，罔匪厥勳；维德多有，尚考于文。

注释：

安人：古代命妇的一种封号，明清时六品官员之妻封安人。

侯观：《国朝列卿记》有传。字士宾，其先山东诸城人。永乐初（1403），曾祖占籍雄县。成化十四年（1478）中三甲第二百一十八名进士。官至户部尚书。嘉靖壬午年（元年，1522）卒。赠太子少保。

刘恺：《国朝列卿记》有传。直隶新安人，军籍。弘治庚戌（三年，1490）三甲第二百零一名进士。官至礼部尚书，加太子太保。

许君德新：汪获麟第三子文塍的岳父。

《易·大象辞》：按其原文："山下出泉，蒙。君子以果行育德。利用刑人，以正法也。"实为解释"蒙卦"卦爻之象用语。

交通：走通，上下串通，走后门。

晋藩：晋藩，当指泾简王封地，在忻州。王名朱祐橴，明宪宗朱见深第十二子。

清安屯：在州城东北十五公里。合今天永顺镇天桥湾一带。

《樛木》在《诗》：也即《诗经》有《樛木》篇，在《国风·周南》中。原文："南有樛木，葛蕾累之；乐只君子，福履绥之。南有樛木，葛蕾荒之；乐只君子，福履将之。南有樛木，葛蕾萦之；乐只君子，福履成之。"是一首祝贺君子得到好配偶的诗歌，在该墓志中自然是夸赞志主与其配偶的意思。

不愧《螽斯》：意思是不愧为《螽斯》所称颂的那样。《诗经·国风·周南·螽斯》原文："螽斯羽诜诜兮，宜尔子孙振振兮；螽斯羽薨薨兮，宜尔子孙绳绳兮；螽斯揖揖兮，宜尔子孙蛰蛰兮。"是一首称颂人子孙众多而又有贤德的诗歌。

按语：

孟氏，山西右布政使汪获麟之妻，孟富字恩礼之女。顺天蓟州人，生于成化丙戌（二年，1466）八月十八日，卒于正德庚辰（十五年，1520）正月二十日，终年五十五岁。正德庚辰（十五年，1520）四月葬于通县城东清安屯。据志，孟氏在室时诵《内则》诸篇，悉能通其意。又善女红。甫数岁，与汪家即定娃娃亲。过门后事舅姑及再继姑戚，曲尽其孝。其夫举进士，为刑部主事。孟氏乃检《易·大象辞》有及刑狱事者诵于侧，请力行之。孟屡孕不育，亟为仁甫置侧室。仁甫外任时，孟嘱以勿妄杀。

撰文人毛澄，为汪获鳞的同年。

明汪获麟墓志

解题：

明嘉靖庚寅（九年，1530）正月十日卒。现存通州区博物馆内。高 78 厘米，宽 78 厘米，厚 13 厘米。盖篆"明故中奉大夫山西布政使进阶资善大夫汪公墓誌铭"，首题"明故中奉大夫、山西布政使司右布政使、进阶资善大夫汪公墓誌铭"，赐进士及第、嘉议大夫、南京吏部右侍郎、前翰林院侍讲学士、经筵讲官、兼修国史、濮阳李廷相撰文，赐进士出身、嘉议大夫、通政使司通政使、侍经筵、前兵科都给事中、东瀛张瓒书丹，赐进士第、嘉议大夫、太常寺卿、掌鸿胪寺事、侍经筵、前贵州道监察御史、合肥魏境篆书，南京太仆少卿张君□□□经作状。

录文：

（盖文）
明故中奉大┘夫山西布政┘使司右布政┘使进阶资善┘大夫汪公墓┘誌铭┘

（志文）
明故中奉大夫、山西布政使司右布政使、进阶资善大夫汪公墓誌铭　┘
赐进士及第、嘉議大夫、南京吏部右侍郎、前翰林院侍讲学士、┘经筵讲官、兼　修国史、濮阳李廷相撰，　┘
赐进士出身、嘉议大夫、通政使司通政使、侍　┘经筵、前兵科都给事中、东瀛张瓒书，　┘

赐进士第、嘉议大夫、太常寺卿、掌鸿胪寺事、侍 ⏎ 经筵、前贵州道监察御史、合肥魏境篆。 ⏎

公讳获麟，字仁甫，初号薮东，後号潞澳，晚更号郊居。上世为河南颍川人。八世祖涓，为山阴助教，因家焉，故今为 ⏎ 浙之山阴人。自助教公已下，世遭兵燹，谱牒散佚，盖靡得而详矣。曾祖贵， ⏎ 国初卒于戎。祖友，以功嗣为通州卫百户，封昭信校尉。父海，以才调腾骧左卫；母胡，封安人。初，公将诞之夕，腾骧公 ⏎ 见一兽若麋然，鳞角峥耀，入室不见，已而公生。及生，果头骨隆起，神彩异常。昭信公见而奇之，因名曰获麟。且语 ⏎ 腾骧公曰："是儿必大吾门。"年甫十一，腾骧公即命习举子业。成化丁酉、庚子，以《春秋经》应顺天乡荐，连弗利。後闻 ⏎ 临清李循古先生精于《易》，乃改习焉。已复从黄门夏先生游学，益邃，同辈推服。癸卯，选充京卫武学生。弘治己酉， ⏎ 顺天府乡试中式。<u>癸丑，登毛澄榜进士</u>，观政户部。甲寅，授刑部贵州司主事。丁巳，丁腾骧公忧。庚申，服阕。改刑部 ⏎ 山西司。辛酉，晋本司署员外郎。壬戌，丁继母戚忧。甲子，服阕。改刑部广西司。乙丑，陞福建佥事。正德丁卯，入贺 ⏎ <u>万寿圣节</u>。己巳，陞河南右参议。壬申，陞山西副使，整饬雁门等关兵备。寻陞山西左参政。丙子，陞广东按察使。丁丑，陞 ⏎ 山西右布政使，阶中奉大夫。辛巳，以老疾乞归，于是公年六十矣。公为人老成端雅，言动弗苟。事腾骧公及母胡、 ⏎ 继母戚，皆以孝闻，乡党（尚，邑，左右结构。）重之。其在刑部，详于讯谳，慎于操持。<u>大司寇</u>闵公委勘章疏，声称籍甚。为员外时，持节 ⏎ 册封 ⏎ 唐府。清介之誉，蔼于缙绅。為金事时，漳南盗起，镇巡檄公募兵往平之，捷 闻，有织金文绮之赐，盖丁卯春也。明年， ⏎ 广寇进掠漳泉，势张甚。镇巡复檄公往，公至，则以知擒其魁宿，馀皆抚勤，地方洁清。是役也，凡斩一千二百余人， ⏎ 降五千七百餘人。韩御史上其功，例当进二等。会逆瑾擅权，鱼肉衣冠，而公又不为之地。事下兵部，但赐綵币白 ⏎ 金而已，人莫不为公诎，而公名乃益重矣。先是漳泉之扰也，南靖诸邑居民率多避乱府城。参政某都指挥某，疑 ⏎ 为贼与，恐其内应，悉捕繫之，将献俘焉。俄参政某，以它事去官，公即力辩于镇巡，且奏之 ⏎ 朝，竟皆释去，然瘐死者已三之一矣。又一侦事者，籍漳泉若干人主名，诬与贼通，或欲尽诛之。公廉知其枉，即取藉 ⏎ 焚之。曰："人命至重，况戕良民以快讐人邪？"用是，诸郡邑皆生祠。公曰："微公，我等无今日也。"為布政时，会 ⏎ <u>毅皇帝</u>西巡，诸权幸骄横，且需索亡虚时。镇巡委公供顿，公一一而办，上下称之。盖公素号有幹局，而又济之以勤，辅之以慎，故所在赫然有声。其活闽人无辜诖误之功，尤為卓伟。顾才未究而遂休，寿未至而遽卒。晚年虽以恩诏进阶资善大夫，论者犹以為未尽食其报云。公生于天顺壬午十一月一日，卒于嘉靖庚寅正月十日，年六十有九。元配孟，有贤行，先公十年卒。子五人，俱侧出。长文腾，州学生，娶尚寶卿刘君用陟之女；次文滕，娶宪贾君启之之女，卒；次文脭，娶都宪许公德新之女；次文腪，卒；次文胤，幼。女一人，嫁宁金宪伯东子举人平。孙女一，幼。兹文腾辈，将以公卒之年十一月初十日，合葬郡城西永贵屯之原。乃先事介南京太仆少卿张君伯含，衰经踵予门，持其所自為状，请予铭墓。公与予大人，曩為司寇，属相爱。而予又辱公知，铭恶可辞！铭曰：

维人之生，厥有攸徵；吁嗟汪公！麋兆其形。出為世瑞，厥立铿訇；处弗失已，与道而亨。潞河洋洋，天秘厥灵，百世之

下见铭／ 東吴杨镶书并篆 盖

注释：

李廷相：《国朝献征录》有传。自号蒲汀友，字之曰，梦弼。世为山东濮州人，锦衣卫籍。弘治十五年（1502）进士及第，一甲第三名。授翰林院编修。嘉靖乙酉（四年，1525）升南京吏部右侍郎。丁酉（十六年，1537）升户部尚书。卒，赠太子太保，谥文敏。

癸丑，登毛澄榜进士：毛澄，《明史》有传。字宪清，直隶崐山人。弘治六年（1493）癸丑科一甲一名。授修撰。预修《会典》成，进右谕德，直讲东宫。官至礼部尚书。赠少傅，谥文简。汪获麟为同年第二甲第十一名。

万寿圣节：皇帝的生日，此处指明武宗朱厚照，年号正德。

大司寇：官名。《周礼·秋官·大司寇》：主管刑狱，为六卿之一。明清时俗称刑部尚书为大司寇。

毅皇帝：此指明武宗皇帝朱厚照。因其死后谥号为"承天达道英肃睿哲昭德显功弘文思孝毅皇帝"，故名。

干局：具有办事、处理事务的能力和器识。即办事的才干和器局。

按语：

汪获麟，《明史》无传。此墓志可补史之缺。据志，汪获麟，字仁甫，号薮东、潞澳、郊居。前代为河南颖川人，后因八世祖汪涓做山阴助教，故为浙江之山阴人。成化癸卯（十九年，1483），选充京卫武禀生。弘治己酉（二年，1489），顺天府乡试中式。癸丑（六年，1493），登进士，观政户部。甲寅（七年，1494），授刑部贵州司主事。丁巳（十年，1497），丁父忧。庚申（十三年，1500），服阙，改刑部山西司。辛酉（十四年，1501），晋本司署员外郎。壬戌（十五年，1502），丁继母忧。甲子（十七年，1504），服阙，改刑部广西司。乙丑（十八年，1505），升山西副使，整饬雁门等关兵备。寻升山西左参政。正德丙子（十一年，1516），升广东按察使。丁丑（十二年，1517），升山西右布政使，阶中奉大夫。辛巳（十六年，1521），以老疾乞归。生于天顺壬午（六年，1462）十一月一日，卒于嘉靖庚寅（九年，1530）正月十日。葬城西永贵屯。清吴存礼《通县志》载，弘治二年（1489）己酉腾骧左卫籍，弘治六年（1493）癸丑刑部主事，历官山西左布政司。

"会逆瑾擅权"，其前《宁母朱氏志》亦有"会逆瑾用事"。"漳南盗起，镇巡檄公募兵往平之，捷。""其活闵人无辜诖误之功，尤爲卓伟。"这些事在其妻孟氏的墓志中亦有所反映。

都宪许公德新，本书本区前《汪获麟妻孟氏墓志》有"其姻陕西右布政使许公德新"，依本志汪第三子汪文塍岳父。

永贵屯：在《通州志》中有载，但具体位置不明。本书《明处士傅钦墓志》出土于通州新城西门外南侧，此志志主亦葬于永贵屯，可见证该村在通州新城西门外迤南杨庄一带。

明封杨孺人卫氏墓志

解题：

明嘉靖九年（1530）六月十四日。1984年4月马驹桥镇大松垡村东南出土，现存通州区博物馆。墓志、盖长和宽均64厘米，厚10厘米。盖篆"明故敕封杨孺人卫氏墓誌铭"，首题"明故敕封杨孺人卫氏墓誌铭"。书丹篆盖撰文人名不可辨识。此志风蚀磨损甚重，志文漫漶，缺字极多，右边及下边均有残缺。

录文：

（盖文）
明故　┘敕封杨孺┘人卫氏┘墓志铭┘
（志文）
明故敕封杨孺人卫氏墓誌铭　┘
徵仕郎、中书舍人、□┘赐进士出身、□┘奉政大夫、□┘
孺人姓卫氏，河□户部尚书紫泉杨公之冢嗣、今右军都督府┘州事永之□□
京师，殆不多见。孺人自幼□□□□┘□之教，信乎其然也。自于归以
来，□□┘□尝当者，靡不尽□□于□下以□□□□┘禀命□姑□□□□
┘□师儒门，凡有□□禀命□┘□可以□吾身□何□焉□□□┘□有女
必惟儒是求，□无他□□┘□天资之高，世有积德，□此令女，于此又可

□□┘／以来，病势转危，尪羸日□，谓汝□┘／没也，恐非／名亲□┘／祀以□□孺人曰：□□老求食之方也，彼□□耳，彼能□┘／日复日，月复月，／天千古□／二者□□其言之□耶可痛也。夫／┘有命，孺人与焉，何荣如之。┘□□下颁，虽在盖棺之後，而┘龙□赫赫，泉壤生辉，是又不幸中之一幸也。孺人生于弘治癸亥十一月二十六日亥时，卒于┘嘉靖庚寅六月十四日子时，享年二十有八。数雖難逃，而┘人□变／而／┘□之人不能不动念矣。子一，名文高，年甫十龄／一门□□□□┘□□□□然悲婉之态彻于内外□乎？何彼苍之／以是年□月┘日，附葬于都城东□□庄先茔之次。汝乔哀不自己，执状谓余曰：／┘愿□□以铭之，用垂不朽，墟墓有光矣。汝乔之父，家兄鉴之师也，安敢辞？谨据状以誌┘之。铭曰：　　┘

有德者寿，古人格言；今则反之，于何非天。嗟嗟孺人，性婉而奇；出自勳阀，夙有令仪。归于名┘□，□□纷华；克笃孝敬，志□□□。□□□姑，垂白在堂；回首思之，九泉不忘。又有□子，□□┘□□；天君云何，相□而歔。死生□□，□□□□；□□□□，□忍听杜鹃之啼血？┘

注释：

冢嗣：俗话说就是大儿子，但必须是正出的子辈后代。

尪羸：瘦小虚弱。

勋阀：俗话说大家贵族，但必须是有勋爵的门阀家族。

按语：

此志风蚀严重，以至读不成句。然仅据志可知者尚有数事，杨孺人卫氏为户部尚书杨紫泉公长子之妻，嫁入杨门以来唯儒是求，患病日重，羸弱不堪。死时年才二十八，生于明弘治癸亥（十六年，1503）十一月二十六日亥时，卒于嘉靖庚寅（九年，1530）六月十四日子时。附葬于都城东之祖茔。有子一人，杨文高，年才十几岁。

明王刚墓志

解题：

　　明嘉靖己亥（十八年，1539）朔七月初八日卒，嘉靖庚子（十九年，1540）二月二十一日葬。1995 年 5 月，梨园镇将军坟村东出土，现存通州区博物馆。盖原存今佚。墓志长 62 厘米，宽 62 厘米，厚 10 厘米。盖篆"明故恩荣定边卫指挥纯庵王公墓志铭，"首题"明故恩荣定边卫指挥佥事、纯庵王公墓志铭"，赐进士出身、承德郎、礼部祠祭清吏司郎中、前翰林院庶吉士、南昌蒙溪张鳌篆盖，赐进士出身、翰林院侍讲、校正国史御文、经筵、庐陵前冈胡经撰文，赐进士出身、翰林院右赞善兼检讨、预修列圣御文、丰城勿斋郭希颜书丹，大理评事章甫作状。墓志有多处擦痕。

录文：

（盖文）
明故恩荣定边卫指挥纯庵王公墓志铭
（正文）
明故恩荣定边卫指挥佥事、纯庵王公墓志铭┘
赐进士出身、翰林院侍讲、校正 ┘国史御文、 经筵、庐陵前冈胡经撰，┘ ┘赐进士出身、翰林院右赞善兼检讨、预修 ┘列圣御文、丰城勿斋郭希颜书，┘赐进士出身、承德郎、礼部祠祭清吏司郎中、前翰林院庶吉士、南昌蒙溪张鳌篆。┘

恩荣指挥佥事临晋王君克柔既卒期月，子佩持章大理评事甫状来速予铭。嘉靖庚子二月二十一日，将归葬新城西门外祖原。於乎！予尚忍铭吾克柔也哉！初正德时未遇春官，复庐陵过通州馆其家，实相好矣。未几，嘉靖己丑举进士，往来甚殷。克柔曰："何以教我？"都城乡先生悉友其德，复何言？公乃勤乃俭，振振家声，利用安身，一毫无苟。贸易南北，驾舟江湖。识者贫乏罔不周给，病者延以医，死者济以棺。若有过，受谏无难色。且笃好诗书，日亲贤士大夫，广求名公，集以训厥子，贤哉！予从南下过州中会克柔，蔼然故旧之情自是不相值者几十年。始知克柔例授厥官矣，立心如初，敦仁裁义，咸知其志之有在将用而未艾也。公去年自南来家，愈兴心益下，福履绥之，无乃昌厥后乎！予史事既闲，忽得克柔讣，伤悼不自禁，因而哀之。於乎！予尚忍铭吾克柔也哉！报者告以疾终卒于正寝，方卒时，厉子佩曰："汝其克家儿耶！愿务若吾风，朝夕勤学志远大。汝励之，庶吾死瞑目于地下！"於乎惜哉！公讳刚，字克柔，别号纯庵。性和厚，睦戚里，重友朋，抚群下以恩。籍山西临晋世族。父讳能，号拙山。后徙役顺天府通州定边卫。母李氏，生子刚。至正德甲戌，遇例荣以官。娶席氏，生女一，适通州卫官舍马芸。娶李氏，生子一，佩；生女一，未聘。李氏先公卒，复娶陈氏，生子一，剡（亻、剡，左右结构）。始四岁，佩业儒，受学于吏部文选司主事李大魁，遂入通州庠生。克柔卒，实以嘉靖己亥闰七月初八日巳时，距其生成化乙未十二月初四日申时，得年六十五而已。於乎惜哉！铭曰：

赋尔天德，毅然自强；泰而不骄，谦而弥光。於乎先生！铭存不朽，暇祉其永昌。

注释：

胡经：《国朝列卿记》一百三十八卷，字用甫，江西庐陵县人，嘉靖己丑（1529）进士。嘉靖二十年（1541）任四夷馆少卿。二十一年（1542）丁忧，闲住。

郭希颜：江西丰城人。明嘉靖十一年（1532）三甲第二百二十五名进士。

张鏊：《国朝列卿记》一百三十三卷有载，字济甫，江西南昌府南昌县人，嘉靖丙戌（1526）进士。改庶吉士。七年（1528）授礼部主事历员外郎郎中。二十年（1541）升浙江提学副使。二十□年升辽东苑马寺卿。二十□年升广东左参政进福建按察使。二十□年升福建右布政转左布政。三十年（1551）升南京太常寺卿。三十二年（1553）升南京大理寺卿。

按语：

王刚：《明史》等无传。据志，字克柔，别号纯菴。山西临晋人。随族人徙通州定边卫。母李氏。娶李氏，生一子，一女。甲戌（1514）年，遇例荣以官，娶席氏，时年三十九岁。生于成化乙未（1475）十二月四日，卒于嘉靖己亥（1539）七月八日，享年六十五岁。嘉靖庚子（1540）二月二十一日葬于新城西门外祖茔。

明杨仁墓志

解题：

明嘉靖己酉（二十八年，1549）二月卒，丁卯（隆庆元年，1567）五月葬。原址草场乡黄厂铺村，现存通州区城内新华大街文化局院内。墓志长宽均为56.5厘米，厚8厘米，盖佚。首题"昭勇将军坐营杨公之墓誌铭"，昌平庠生白石廖沂篆盖，赐进士出身、陕西布政使司参议、奉敕抚治商洛分守汉中等处地方、隆庆苏乾撰文，国子生谯山娄尧钦书丹。

录文：

昭勇将军坐营杨公之墓誌铭
赐进士出身、陕西布政司参议、奉　敕抚治商洛分守汉中等处地方、隆庆苏乾撰，　国子生、谯山娄尧钦书，　昌平庠生、白石廖沂篆。
呜呼！此诰封昭勇将军杨公墓誌铭也。公讳仁，字以德，别号似山。其先山後应昌府人。高祖以军功历陞金吾右卫，世袭指挥同知，遂占籍漷县，而世家京师焉。父名鼎者，成化己亥，征辽东有功，陞指挥使，亦世袭。公为应袭时，游京卫武庠，肆武举业，以弓马策署累居优等，会举中式。及袭职，奉　钦依练武营把总，公犹怏怏（角、央，左右结构）然曰："吾志在取科第，肯遽此止耶？"逾二年，适当开科之期，公挟艺而至，凡三试俱优，举第一。主司谓："武科中得此魁，吾辈其无愧矣。"遂梓公之文一道为式，时在正德庚辰岁夏四月也。录成，陞署都指挥佥事，推总督

□□漕运。在任四年，琅然有声，屡被旌举。然公以亲老远违，不遂奉侍，曰："吾不以□□□我之定省"。欲计归养，忽命下，廷臣推坐五军营，人以为天其从公之孝矣。及理戎务，不待声色，而号令肃然。事其亲，知分之所当為者，不知其力之不逮。弟有讳义者，先卒，遗其子幼，公爱如己出，曰："视此即吾弟也，宁忍薄耶。"事诸庶母，无间于所生；爱厥昆弟，亦无分彼此，不知者不知其有异也。居家不问长少，皆以恩遇。公犹长于书墨，政暇，竟日不释笔砚，以应人之求。尝捐俸资，刊《同年录》一帙传家，而手泽犹在焉。卒之日，闻者罔不悼惜。非公德泽入人之深，能如是乎？公大父讳福全，父尚在，所封皆如其官。先母王氏、母王氏，皆封淑人。弟三：次即义，同王出也；次曰礼，曰信，皆庶出。姪二：曰芝，即亡弟所遗者；曰芳，礼之子也。公配胡氏，早卒；继配廖氏，為长陵挥使廖公之女，而同年廖伯清之妹也，封淑人，尝预朝贺，颁金帛之赐。生女一，弥月而殁。公生扵弘治丙辰三月廿三日，卒扵嘉靖己西二月廿一日也。卒之后明年丁卯，五月十三日，卜葬扵潞之祖茔。因以为铭。铭曰：

允文允武，克承克终；名垂竹帛，人仰高风。好是懿德，千古攸同；永此芳誉，公永不穷。祖坟之东，建以幽宫；幽宫维何？公藏其中，庶将来其穹兮。

注释：

苏乾：直隶隆庆州人，明弘治十五年（1502）二甲第四名进士。

国子生：即在国子监读书的学生。国子监即国学，为当时国家最高学府。

庠生：实为秀才的别称。

应昌府：蒙古至元七年（1270）置，属中书省。治所在应昌县（今内蒙古克什克腾旗西达里诺尔湖西南四里）。至元七年，"帝从之，遂名其城为应昌府"。至元二十二年（1285），升为应昌路。应昌路故城遗址位于内蒙古自治区克什克腾旗达日罕乌拉苏木达里诺尔畔，又名鲁王城，是元代弘吉剌部所建的城郭。在元代，它与大宁路、全宁路同为塞北三大历史名城。

梓公之文一道为式：意即将杨仁考试的文章雕版印刷作为以后科考的范文。梓，古称雕版。

按语：

杨仁：《明史》等无传。据志载：杨仁字以德，号似山。其先山后应昌府人。高祖以军功获世袭指挥同知，遂占籍潎县，世家京师。其父杨鼎，在成化己亥（1479）征辽东有功，升指挥使，亦世袭。杨仁为应袭，成化辛丑（1481）中武举第一名。正德庚辰（1520）升署都指挥佥事。生于弘治丙辰（1496）三月，卒于嘉靖己酉（1549）二月。嘉靖丁卯（1567）五月葬于潎县。祖父杨福全。祖母王氏，母王氏，皆封淑人。弟三人，义、礼、信。侄二人，芝，义之子；芳，礼之子。杨仁娶胡氏，早卒。继娶廖氏，为长陵挥使廖庚之女，同生廖伯清之妹，封淑人。

成化己亥征辽东：即指成化十五年（1479）十月，明宪宗朱见深命太监汪直监督军务，抚宁侯朱永佩靖虏将军印充总后官讨伐建州女直事。据《明成化实录》载，成化己亥（1479）十月丙申，命朝鲜国王李哲（女字底）出兵夹击建州女直……曾未期岁，贼首伏当加等复纠丑类，侵犯我边。虽被官军驱逐出境，而未遭挫衄，……此贼冥顽弗悛，罪不当宥。已令监督总兵管官选领精兵，刻期征剿……（成化十六年，1480 年）二月壬申，朝鲜国王李哲遣陪臣鱼世谦等来献建州之捷。建州，在今吉林省敦化县；女直，即女真，满族的祖先。

明诰封东宁伯（焦文燿）太夫人张氏墓志

解题：

明万历甲戌（二年，1574）八月三十日卒，十一月二十五日葬。1984年4月徐辛庄镇岗子村西焦王坟出土，现存通州区博物馆。墓志、底均长77厘米、宽76厘米、厚16厘米。边框线刻云纹。盖篆"皇明诰封东宁伯太夫人张氏墓志铭"，首题"皇明诰封东宁伯太夫人张氏墓誌铭"，赐进士第、中宪大夫、前陕西等处提刑按察副使、奉敕整饬固原靖虏等处兵备、兼理粮饷、海滨刘效祖撰文，赐进士出身、中顺大夫、知太平府事、前户部贵州司郎中、广阳张大化书丹，中军都督府掌府军前卫事、武安侯、荥阳郑崐篆盖，高金吾作状。墓志今存完好。

录文：

（盖文）
皇明诰封┘东宁伯太┘夫人张氏┘墓志铭　┘
（志文）
皇明诰封东宁伯太夫人张氏墓誌铭　┘
赐进士第、中宪大夫、前陕西等处提刑按察副使、奉　┘敕整饬固原靖虏等处兵备、兼理粮饷、海濱刘效祖撰，　┘赐进士出身、中顺大夫、知太平府事、前户部贵州司郎中、广阳张大化书，　┘中军都督府掌府军前卫事、武安侯、荥阳郑崐篆。┘

夫人姓张氏，故建昌侯第二女，东宁伯谥庄僖焦公再继室也。建昌侯为昭圣皇太后介弟，贵幸倾朝。夫人年及笄，即望族无敢议委禽者。时焦公弱冠失偶，侯物色丝萝之好，知可托终身，遂以夫人归之。琴瑟在御，既翕且合，不袭宠灵，有骄佚心。即公受主上知遇，督营兵，视枢府，再镇湖襄，所至多贤声，皆夫人佐助于内、有雞鸣警戒之遗风焉。公不幸即世，夫人生文燿，始呱呱泣耳。且家政纷纶，剸割为难。夫人襄事後，一意总持之。昕夕拮据，罔惮服劳，视公在时，顾益周详，无缺事。年才五十三，秉夙厚无疾，忽膺痰疾，一跌遽不起。家人无小大，悲恸甚于丧公时。则以公虽丧，尚有夫人；夫人如亡，谁复能如夫人者？令公无後顾也。嗟乎！假令公地下有知，亦不愿夫人早從，何乃生者云乎！以是知夫人之不幸所繫于公家者非眇小矣。夫人生于嘉靖壬午四月十三日，卒于万曆甲戌八月三十日。生子一，即文燿，袭东宁伯，娶高氏，锦衣督象房事指挥凤女。餘：文炳，娶赵氏，忻城伯武女；文灿，娶张氏，安乡伯坤女；文光，娶谭氏，新宁伯功承姪女。俱侧室出。文炳早卒，女二：一适鸿胪寺丞刘相，一适英国公勳卫张元功，俱早卒。孙男一，梦旸，文炳出；孙女四，俱幼。文燿卜十一月廿五日，奉柩于东直关草寺庄，启庄僖公之窀合葬焉，间持事状，介高金吾丐余铭。余与有瓜葛，不得辞，乃述而铭之。铭曰：谁笃厥生，谁重厥迎？其生也荣；谁昇之才，谁播之灾？其死也哀。荣者其身，哀者其神，猗欤夫人。

注释：

刘效祖：生卒年不详。山东滨州人，寓居京都，字仲修。嘉靖庚戌（二十九年，1550）进士，累官副使，备兵固原。多政绩，坐内计罢职，年才四十。及解组归，辟"日涉园"，陶情觞咏。效祖以诗自豪，曾著《四镇三关志》十二卷，《春秋稿》二卷，有诗文集若干卷行世。

建昌侯：《明史》有传。即张延龄，孝敬皇后之弟。弘治十六年（1503）由侯进封建昌伯。嘉靖十二年（1533），有罪下狱。

昭圣皇太后：即明孝宗（朱祐樘）皇后孝康敬皇后张氏（？—1541）

父亲张峦，母金氏。成化二十三年（1487），以品行出众，被选为太子妃。孝宗即位，册立为皇后。同时追封其岳父张峦为昌国公，其弟张鹤龄为寿宁侯、张延龄建昌伯。弘治十八年（1505）孝宗卒，太子朱厚照即位，是为武宗，尊张后为皇太后。正德五年（1510），上徽号为"慈寿皇太后"。十六年（1521）武宗崩，因无子，迎立武宗堂弟朱厚熜为帝，即明世宗。世宗即位后，称张太后为为圣母，上尊号为"昭圣慈寿皇太后"。以故简称"昭圣皇太后"。

介弟：同父庶出之弟。

委禽：致送聘礼。委，致送；禽，指雁，古代订婚用的礼物。此处即指已定终身。

丝萝之好：菟丝与女萝均为蔓草，缠绕于草木，不易分开，故常用于比喻婚姻。

家政纷纶，剸割为难：意思是家族之中大事小情纷乱繁杂，难于剖判，左右为难。纷纶，纷繁之意；剸割，分割、剖判之意。

凤：即高凤。有《明故明威将军锦衣卫指挥佥事雪塘高凤墓志》出土，见《新中国出土墓志》三○六条。据载：高凤，字翔之，别号雪塘，其先顺天府霸州临津里人。明正德甲戌（九年，1514）生，万历丁亥（十五年，1587）卒。嘉靖丙申（十五年，1536）始承父（高恕）锦衣世袭百户，1538年继升副千户，1539年又升正千户，官至锦衣卫指挥佥事。出入禁庭三十余年，小心谨饬，尤雅好文墨，居家严而有礼。其叔高忠，明嘉靖年间司礼监太监，权重一时。海淀区二里沟有其家族墓地。

东直关草寺庄：现属徐辛庄镇草寺村，位于岗子村南。

按语：

东宁伯谥庄僖焦公：即焦栋。《明史》有传。嘉靖中，提督五军营，兼掌中府。逾十年，改总兵湖广。卒，赠太子太保，谥庄僖。传爵至明亡乃绝，为焦礼第四代孙。焦礼，《明史》有传。字尚节，蒙古人。英宗北狩，景帝命充左副总兵，守宁远。景泰四年（1453），进左都督。英宗复辟，以礼守边有功，世袭，封东宁伯。清吴存礼《通州志》载："明东宁伯墓，姓焦名亮，通州卫指挥。洪武间，累功封东宁伯，墓在城北安德乡。"按，焦礼卒后，直接将爵位传于其孙焦寿，而未传于其子焦亮，因而清代方志记载有误。

  张氏：建昌侯张延龄第二女，东宁伯谥庄僖焦栋继妻。生于嘉靖壬午（1522）四月十三日，卒于万历甲戌（1574）八月三十日，享年五十三岁。子焦文燿，袭东宁伯，娶锦衣督象房事指挥高凤女。侧室生文炳娶赵氏，忻城伯武女。文灿娶张氏，安乡伯坤女。文光娶谭氏，新宁伯功承侄女。女二，一适鸿胪寺丞刘相，一适英国公勋卫张元功。

  可见，通州焦王坟墓为明代东宁伯家族墓地，即焦氏家族，当地百姓不知，误将焦姓为封爵，于是村名遂为"焦王坟"了。

明李国泰墓志

解题：

明崇祯七年（1634）二月十日卒，四月十五日葬。1986年6月通州区张家湾镇大高力庄村北出土，现存通州区博物馆。志长、宽均71厘米；志厚13厘米，盖厚11厘米。边框线刻云纹。盖篆"明文林郎大理寺左寺左寺副儆隍李公墓志铭"，首题"明文林郎、大理寺左寺左寺副、儆隍李公墓誌铭"，"赐进士出身、湖广道监察御史、繁水眷年弟梁天□"撰文并书丹。墓志较完整。

录文：

（盖文）
明文林郎⏎ 大理寺左⏎ 寺左寺副⏎ 儆隍李公⏎ 墓志铭　⏎
（志文）
明文林郎、<u>大理寺左寺左寺副</u>、儆隍李公墓誌铭　⏎
赐进士出身、湖广道监察御史、<u>繁水眷年弟梁天□</u>顿首拜撰并书。　⏎
余乡同榜李儆隍父艰阕，癸酉冬，扶 将 补官，　⏎ 命下十日，卒于京。卒之先数日，犹慇慇宴会南北同年，诲弟侄以治生计。卒之日，贫无以殓，得南北诸同年 賵⏎ 赀助棺，五日始殓。嗟嗟！当今之时，有三年县令不能具一棺，其人品尚待问乎？儆隍髫年颖异，有大志，受⏎ 业于翔峰高师之门。

凡其所与遊者，皆海内名士，咸以大物期之。乙卯，果登乡荐，出闽中长庵周公之门，而主司则武进兰谷龚公、浙江昆阜杨公也。丙辰，罢南宫试，益奋发下帷，於书无所不读。凡三试，俱不获与兰省选。父三槐公曰："以季之才，何难一第？顾余耄矣，家仍壁立，河清难竢，可奈何？"徽隍不得已，遂以乙榜谒选，得繁水博士，时天启壬戌岁也。繁固才□，徽隍至，日进髦誉，课艺不辍，一切脩脯罔较也，薪水之餘，仍以恤寒士之不能婚葬者。乙丑，擢知金乡。值莲逆蹂躏後，疮痍载道，徽隍悉意抚循，不啻婴赤。仍严保甲，简丁壮，躬自训练，以备不虞。芃芊斯摧，鸿雁来集。俗善讼，徽隍痛为惩抑；间有烦肺石者，一秉公平处之，束矢不入也。邑多盗，捕盗者往往波及无辜。徽隍严鞫其确者，置于法，餘俱得解悬。至于狱囚、长吏多漠不加意。徽隍独恻然曰："古者罪人不孥先，何辜以废祀也？"察其无子而有室者，另创一室，间少接，以冀嗣。时有大盗谋越狱，合诸故盗。故盗曰："官实生我，安忍相累？"约竢入觐举发，语洩，谋解。民不忍欺类如此。邑递额设民马，以备三差，小民赔累奔命。徽隍捐俸市马二十匹，□厮喂养，以甦民困。又有竿夫之役，备不时之供，□□更苦。徽隍即行裁革，凡供应俱出橐金僱募，岁□省民赀数百金，而私囊罄矣。邑中节烈、孝友及骚雅遗踪，凡湮没未张者，悉为阐扬刻露，其最著无如巨卿文伯鸡黍一事；他若学宫、书院、城垣，无不整饬，黎然一新。乃复缮养济以恤孤，捐谷石以赈贫，列树以表□，书坊以志里，靡不出自己赀。犹念侯馆、行台内几筵、帷账之类，往往骚扰民间，一切捐赀取次增设，凡此皆病中规为，而橐橐益罄矣。间有餘俸，家族与共，媚党遍周。故旧知交，靡不厌欲而往，徽隍方呴呴然未有倦色也。犹善事父，父多异母子，徽隍抚之，倍加鼎造。庚午二月，以秩满擢大理寺右评事。将之任，曰："父老矣，恐介念诸幼弟。"遂尽出笼中物瓜分之，橐竟尽。先是病眇一目，己巳冬又伤膝。及至任，犹艰□履者久之。时平反倥偬，值溽暑，又增痔漏恙，医治终弗愈。辛未三月，转左寺副。六月，三槐公病，徽隍视疾，欲终养。俄而三槐公殁，徽隍哀而尽礼。守制日，贫甚，移居州中，出门乘敝舆，随一狼獝蠢仆，人不知其从大夫後也。且病日羸（羸），终年偃仰榻上，至药饵不能给买，怡然听之。癸酉九月，服阕强起，简尘笥中，止餘旧乌纱，其⏎青衫革履，皆假诸友者。及入都待⏎命，五月至明年上元後，⏎命始下，仍旧职。已择仲春之七日上任，而疾竟作，□日不起矣。嗟乎！儆陧少而颖，宜第；与人厚，宜寿；存心□，宜⏎无病。乃仅仅以乡榜入仕籍，贫病交困以之而殁。天乎其不可闻至此乎？其子请铭于余，谓余雅相契□，⏎知儆陧之素。噫！余何知？三十载相与，竣知其始终一孝友人耳，始终一贫病人已耳，始终一无负人之人⏎已耳！按谱：先係毘陵之暨阳人。自七世祖福广公，扈⏎文皇驾北迁，始藉武功，家潞河。福广公生贵，贵生仁，仁生遇，遇生凤，凤生封公镔，号三槐，以儆陧任金乡，恭遇⏎覃恩，封如儆陧秩。元配王氏，赠孺人；继赵氏；侧室齐氏、傅氏、朱氏，生八子。长即儆陧，齐氏出，讳国泰，字□□，儆⏎陧其号也。七岁能文，二十五登乡榜。配鲁氏，南□府照磨履筵公女，封孺人。生子二：长懋华，郡庠生，配□⏎氏，封刑部河南司郎中、原任山西五台县知县应科子庠生起鲸之女；次生华，聘顺义辛酉孝廉张□策⏎女也。儆陧生于万曆十九年辛卯三月初三日午时，卒于崇祯七年甲戌二月十日寅时。以卒之年四月⏎十五日，葬高力庄祖茔。于是含泪而為之铭。⏎

铭曰：昆陵发源，潞水产英；孝友天植，文章矞声。抚字龚、黄，交际雷、陈；晋司廷尉，狱无冤民。凭启其室，逍遥⏎此生；学则為己，仕则為人。坦易清真，永垂其铭。⏎

注释：

大理寺左寺左寺副：大理寺，官署名，掌司法。明清实行以刑部掌审判、大理寺管复核的制度。明制，大理寺有卿、左右少卿、左右寺丞。属官有左右寺正、寺副、左右评事。其特点是自少卿以下各分左右，故亦有左右寺之称，寺正以下分属左右寺。

繁水：古县名，在今河南郑州附近。

大物：大人物，大器。

脩脯罔较：不计较教课所得薪水的多少。脩脯，脩，即束修，干肉；

脯，肉脯。春秋战国时期，学生送给老师报酬多用干肉，后即泛指学生送给老师的礼物或酬金。

金乡：古地名，在今山东曲阜附近济宁市。

间有烦肺石者：此指或有来喊冤者。肺石：古代设于朝廷门外的赤石，民有不平，可击石鸣冤。以其石形如肺故名。

邑递：即县内的驿马传递设施。

巨卿文伯鸡黍一事：此即"鸡黍之交"的典故。汉明帝时（刘庄），两位应试的秀才，一位姓张名劭，字元伯；一位姓范名式，字巨卿。客栈中张劭救了范式一命，遂结为金兰之好。范欲拜见张母，张约设以鸡黍相款待。后范虽亡故，仍以阴魂来赴约。这段书生守信的故事被历代文人编入作品中广为流传。

毗陵之暨阳：古地名，在今江苏江阴附近。毗陵，古郡名。晋武帝太康二年（公元281年）分吴郡置毗陵郡，领有丹徒、曲阿、毗陵、无锡、暨阳等县。治在丹徒（今江苏丹徒县东南十八里）。在碑文中因为是追述往事，故采用古地名。

文皇：即文皇帝，指明成祖朱棣。朱棣死后，庙号成祖，谥号"后天弘道高明肇运圣武神功纯仁至孝文皇帝"，历史上亦简称"文皇"或"文皇帝"。

照磨：古代官员名称，即"照勘磨砺""照刷磨勘"，元代始置。在中书省下设立照磨一员，正八品，掌管磨勘和审计工作。明朝在各地继续强化照磨制度，在各省布政使司中，均设照磨一人，从八品；按察司中，设照磨一人，正九品；各府亦设照磨一人，从九品。

高力庄：旧名高丽庄，在通州城南二十里。现为张家湾镇辖村。

按语：

李国泰：清吴存礼《通州志》载，字仲开，号儆隍，张家湾人。幼敏颖嗜学，马经纶亟称其文，令其子健顺结为友。万历乙卯（四十三年，1615）举人，署南乐县教谕，教诸生为文，有法度。迁山东金乡县知县，迎养父及庶母诸弟，恩礼备至。子懋华娉雷起鲸女，马侍御经纶外孙也。崇祯己巳（1629），起鲸避兵，率家属南下，舆疾投之，国泰使迎道中。至县，而起鲸卒，时岁暮，为办丧事甚悉，迎雷氏家属入署中。明年春，为起鲸发丧，躬送北门外十数里哭之，使引柩抵家。迁大理寺评事。父卒，持丧归葬，为诸弟营居宅使与己等。国泰居官廉谨，又分散诸弟贫困益甚。迁寺正卒，庶母及诸弟以次皆卒。明末疫犬作，妻曾氏及子懋华、生华同时卒，遗一孙昷，懋华出。本志多记其大义疏财，以至于"卒之日，贫无以敛"。如其乙丑年（天启五年，1625）擢知金乡后捐己俸市马二十匹以供邑递之用，以甦民困。又有竿夫之役，凡供应俱出橐金雇募，而私囊罄矣。其他如修学宫书院等，亦靡不出己资。

本志的撰书人"梁天□"，应为"梁天奇"。《明进士题名碑》载，直隶南乐匠籍，万历四十七年（1619）三甲第二百六十六名进士。

明杭琮墓志

解题：

明弘治十四年（1501）。通州区台湖乡唐大庄村出土，现藏北京文物研究所。志盖缺，志底边长68厘米，首题"明故承事郎杭翁墓誌铭"，赐进士及第、右春坊右中允、侍皇太子讲读、经筵讲官、京口靳贵撰文，征仕郎、中书舍人、直内阁、太原乔宗书丹，中宪大夫、太常寺少卿、直文华殿、云间张骏篆盖，赵鹤作状。

录文：

明故承事郎杭翁墓誌铭┘
赐进士及第、<u>右春坊右中允</u>、侍┘皇太子讲读、 经筵讲官、京口<u>靳贵</u>撰，┘徵仕郎、中书舍人、直 内阁、太原乔宗书，┘中宪大夫、<u>太常寺少卿</u>、直 文华殿、云间张骏篆。┘
予尝闻寿工部宗鲁，徃时客死通州，其馆人悯焉，买棺敛之，若丧其私亲┘焉。又以其母、其孥之贫而不能家也，且厚其赙归之焉。心窃多其义，而未┘暇究其为谁何。比日，予门生赵户部鹤状其乡人杭翁事行，而介其子来┘请铭墓。予得而读之，乃知翁即其人也。呜呼！翁其不谓之倜儻尚义士哉！┘或谓宗鲁达官也，翁之為此，盖将以鼓誉于达官之畴，以自宠也，是恶得┘為义！夫君子与人為善，亦惟迹其已然者录之而已。不当逆计其心，而闭┘其进善之途也。且若而言，则有為而為义者，不之取将遂取，夫无所顾忌，而甘于不义者乎！是固不得以是病翁。翁，扬之泰州人也，讳琮，字廷瑞。厥考忠，幼携之来戍神武中卫，今故遂为通州张家湾人。翁居家孝友，伯仲协和，堂构靡懈。既裕矣，则又日出之以施予。自其宗姻、乡间，以及浮图、老子之徒，莫不赖焉。岁尝大疫，翁作百棺，以分葬其死而不能葬者。又尝有漕卒，失官银二铤，购得其半，以不足偿懼甚，欲觅死。翁见而怜之，即如数周之，卒赖以生。其平生所为，又多类此。以是观之，翁其义邪？非邪？有所为邪？无所为邪？抑或其锺于天者独然？故虽莫知其然，而适能契其然邪？然视彼积而不知散者贤则远矣。翁本习戎事，欲取功勋，数奇无所就。又耻于倖进，故惟以恩例授承事郎，获有章服。子一人曰辙，亦以恩例，今为神武中卫左所千户，配倪氏出也；孙一人曰熙。铭曰：

日维既望，月在丑仓；龙于时集，辛酉羖羖。新阡神所，授翁也藏；此非丘首，谁状翁者。盾之後其，人有文言；□苟翁寿，□十埶云。寿我作铭，诗翁弗朽。

注释：

承事郎：文散官名。明制以承事郎为正七品初授之阶。

右春坊右中允：官名。右春坊，唐朝相当于朝廷的中书省。中允，相当于朝廷的门下侍郎。明代于左右春坊均设中允，而别以左右，分别称为左春坊左中允与右春坊右中允。

靳贵：（1464—1520）字充遂，号戒庵，丹徒（今江苏省镇江市东南）人。弘治三年（1490），入北京中进士第，为一甲第三名。历官编修，累官至武英殿大学士。曾作《师俭堂》，以示子孙。正德十五年（1520）卒于官，谥文僖。有《戒庵文集》行于世。

太常寺：官署名，掌礼乐、郊庙、社稷之事。明初太常司置各祀祭署，后改司为寺。另有四夷馆，初隶翰林院，改隶本寺，又议谥定礼之事。置卿、少卿、典簿、博士等官。

神武中卫：明代的军事组织"京卫"之一，属五军都督府三十三卫之一。各卫置指挥使一人，秩正三品；指挥同知二人，秩从三品；指挥佥事四人，秩正四品等。

铤：古代指熔铸成条块状的金属，然大多指金银类，后来往往写作"锭"字。其大小称重有不同的等级，有时亦作为量词使用，相当于"块""条"等。

左所千户：卫所，明代军事机构，设于京师和全国各地，数府划为一个防区设卫，下设千户所和百户所。千户，明代卫所兵制，在卫之下设千户所，一千户为长官，驻于重要府州，统兵一千一百二十人，分为十个百户所，统隶于卫。有时某一千户所再分为左右千户所。千户所设正千户一人，秩正五品，副千户二人，秩从五品。

按语：

据志，杭琮，字廷瑞，泰州人。其父杭忠来戍神武中卫，遂占籍通县张家湾。公好义施财，岁尝大疫，做百棺以分葬其死而不能葬者。妻倪氏。子一人，杭辙，承事郎，神武中卫左所千户。孙一人，杭熙。

文章的作者靳贵本来并不认识志主杭琮，通过他门生赵鹤为他收集准备好的杭琮行状，他得知"杭翁"系"倜傥尚义之士"，并非"将以鼓誉于达官之畴以自宠也"者。同时他选择了杭翁生前的两个典型事例来说明：一个是买百棺葬人之事，一个是替漕卒偿还唆使官银之事。

志文中没有提到时间，但铭文中有"龙于时集，辛酉羲我"句，即可知葬时应为辛酉年，而撰文人靳贵生卒年为1464—1520，此间的辛酉年是明弘治十四年（1501）。

明杨近斋墓志盖

解题：

明代（1368—1644）。现存通州区博物馆内。仅存墓志盖。高79厘米，宽79厘米，厚15.5厘米。盖篆"杨近斋墓志"。

录文：

杨近斋墓志

注释：（略）

按语：（略）

清雷应禹墓志

解题：

清顺治十五年（1658）九月。2005年3月出土于梨园镇小街村南京津公路北侧，今存文物管理所。一合，志盖方形，边框饰以线刻缠枝，边长66厘米，厚11厘米。盖篆"皇清敕封文林郎刑科给事中加一级劼之雷墓"，首题"皇清敕封文林郎、刑科给事中、加一级雷公墓誌铭"，赐进士及第、翰林院修撰孙承恩撰文并书丹，赐进士出身、翰林院庶吉士王衔玉篆盖，宛陵刘光旸镌。汉白玉石质，今存完整。

录文：

（盖文）
皇清敕封⏎ 文林郎刑⏎ 科给事中⏎ 加一级劼⏎ 之雷墓⏎
（正文）
皇清敕封文林郎、刑科给事中、加一级雷公墓誌铭　⏎ 赐进士及第、翰林院脩撰孙承恩顿首拜撰並书丹，　⏎ 赐进士出身、翰林院庶吉士王亍玉顿首拜篆盖。　⏎
皇清顺治之十五年七月初十日，封给谏雷公劼之卒于京邸，公嗣礼垣左给⏎ 谏先生，将以九月初八日卜葬于州之梨原，礼也。雷之先阀阅重江右，自⏎ 显忠奋业于前明，威耀美于後，遂以世禄锡胙潞河，至公阅七世。公少奇⏎ 颖，嗜读书。顾先代皆以武功显，慨然欲光启之，廼专意举子业。及长，蜚声庠序间，固以纵横百家，轶迈流等矣。而公居恒深念，常若有以自下者。上事厥考乐山公暨杨太君，孺慕怡愉，历少壮无異。抚诸弟妹为尤挚，盖其所以体亲心者，虑无弗至焉。出而周旋族党间，终身不见矜容与忤色。以是学益工，德益邵，望亦益隆。执经环堵，恒十百辈。卜子之在西河，文中之居伊洛，不是过也。公既屡奇于省试，矻矻未尝倦。廼荐佑科给谏，先生擢魏科，登上第，以巖邑循良，最入为补阙，朝野荣之。而公年齿犹盛，获优游梓里间。与弟子故人慰劳畴昔，言笑晏然。旋以覃恩，封秩如给谏。夫非德厚流光，克昌厥後，故其躬享荣施、令闻不朽者欤！方公之失恃也，一弟两妹，伶仃孱弱，而公以砚田文战之餘经营嫁娶。嫁则丝缕簪笄，纤屑毕备；娶则室庐储积，生计咸周，即倾资壁立弗之顾。弟适有意外，公时当扃户，立奋身廷争以免归。夫以委曲详至如彼，慷慨激昂又如此，率皆人情所难有者。宜乎一时缙绅先生乐道之，即行路且為感叹也。公居家接子弟，衣冠肃穆，有柳石家风。而几筵拜跪，降色相承，虽至卑幼有加礼焉。盖公之贵不自荣，齿不自老，天性孝友，久而不衰，殆数十年如一日云。公讳应禹，字惕若，动之其号也。以明万历甲午七月十七日生。厥考乐山公讳景，母太君杨氏，与公同产弟一人应曾公。元配刘氏，郡庠刘公良臣女，生给谏先生，蚤卒。以给谏先生贵，赠太孺人。继室刘氏，郡庠刘公贤臣女，代前孺人抚给谏先生，以慈闻，复遘疾逝。再继室娄氏，子一龙，即给谏先生，娶中台张公女。孙男三：长潢，娶兵部武选司郎中余公岱舆女；次淳，聘郡庠王公养预女；次洵，幼未聘。女孙三：长诺户部陕西司员外郎温公仲青冢嗣贞达，次二並幼。公之卒也，命侍葬于先人之域黎原其地也。铭曰：欝彼高原，黎原之阡；长山西峙，白水东旋。莫為之源，曷濬厥泉？维泉斯长，以汇百川。後嗣弥昌，钟斯域焉。　宛陵刘光旸镌。

注释：

孙承恩：常熟人。原名曙，字扶桑。顺治十五年（1658）进士一甲第一名，授修撰。文工六朝，诗学温、李。数被顾问，从幸南海子。尝赐骑御马。未几卒。

雷公动之：（1594—1658）名应禹，字惕若，号动之，通州人。少颖嗜读，蜚声庠序，博通诸子百家，持之以恒。以覃恩，朝廷与封秩如其子刑科给事中。敬老抚幼，谦恭待下，贵不自荣，严于律己，故德卹望隆。卒葬通州梨园。

给谏：官名别称，给事中与谏议大夫的合称。明清罢谏议大夫，专用为给事中别称。即六科（吏、户、礼、兵、刑、工）之谏官，统称六科给事中。

阀阅：借指官宦人家在当地的地位和名次。古时仕宦人家常将自家的功名以门外立左右桩柱的形式对外公布，此则称之为阀阅。

江右：指长江下游以西地区，后来也称江西省为江右。

庠序：古代指地方所设的学校，与帝王的辟雍、诸侯的泮宫等大学相对而言。

环堵：四周土墙。此指室宇简陋。

卜子之在西河，文中之居伊洛：以两位古代著名教育家教授生徒众多来做对比。"卜子"指孔子弟子卜子夏，曾在西河讲学；"文中"即"文中子"，隋代王通之号，亦曾退居伊洛讲学授徒。西河，在今河南省。伊洛：位于河南的伊水和洛水。后来亦指宋代程颐、程颢的理学。由于二程讲学在伊洛之间，故称其学为"伊洛之学"，简称"伊洛"。

柳石家风：以两个古代著名的"五好"家庭做对比。柳指北周柳靖家，石指宋代石待旦家，此两家均以简要严谨著称于世。

按语：

志文叙中及雷氏墓地时有曰："长山西峙，白水东旋。"此句十分重要。"长山"指长条土岗，通州古来俗将土岗称为"山"，因通州地处北京小平原，一望平川，多河富水，百姓见到土岗突兀，则习称为山，诸如张家湾镇南火垡村西南战国、两汉墓群处，高出周围耕地两米余，则习称为之"山冈子"；同镇坨堤村西北角处、唐墓群处便称为"大山子"；同镇前青山村后辽代帝后游猎之呼鹰台意以此,将辽时清善村改称为青山村,诸如此类,不胜枚举。长长土岗必依俗称为"长山",从"峙"字分析可知,在清顺治十五年(1658)时,雷氏坟地西面长长土岗还很高。"白水"是指雷氏墓地东面之"白河",即今北运河故道,以两岸白沙不长青草故名。清嘉庆十三年(1808)之前,白河(古称枯水、潞水、潞河、自在河、潞沙、槽河等十余个名称)一直在小街村东流过,今上马头村就是由于明代运河码头设此故名。铭句指出在雷氏墓地之西有"长山",之东有"白河",所言与唐孙如玉、公孙封、李丕等墓志铭中所言"东有潞河通海,西有长城薴山""屹屹孤坟,长城之东""左潞水兮右长城"等所述极为一致,即"长山"就是"长城",而"长城"就是孙如玉墓志所言"齐时所置",即北齐土长城。此墓志与唐代墓志相隔近一千年,但均言至北齐土长城事,又为今通州旧城南门外窑厂村北齐土长城遗址增添一个例证。

此外,今梨园镇之梨园村在清初曾写作"黎原",为今人研究通州历史地理提供重要史料。

清张母杜太夫人墓志

解题：

　　清康熙己酉年（八年，1669）八月十四日。1973 年春，通州区张家湾镇张家湾村出土，今仍存张湾村。墓志、盖均长 76 厘米，宽 76 厘米，厚 11 厘米。盖篆"皇清诰封夫人张母杜太夫人墓志铭"，首题"皇清诰封夫人张母杜太夫人墓志铭"，赐进士出身、光禄大夫、经筵讲官、文渊阁大学士、兼吏部尚书、加三级陈廷敬撰文，赐进士出身、资政大夫、口部左侍郎、兼翰林院学士、加三级、门生王顼龄书丹，赐进士出身、资政大夫、兵部尚书、门生屠粹忠篆盖。墓志比较完整，但不够清晰。

录文：

（盖文）
皇清诰封┘ 夫人张母┘ 杜太夫人┘ 墓志铭　┘
（志文）
皇清诰封夫人张母杜太夫人墓志铭　┘
赐进士出身、光禄大夫、　经筵讲官、文渊阁大学士、兼吏部尚书、加三级陈廷敬薰拜┘ 撰，　┘ 赐进士出身、资政大夫、兵部尚书、门生屠粹忠顿首拜篆，　┘ 赐进士出身、资政大夫、口部左侍郎、兼翰林院学士、加三级、门生王顼龄顿首拜书。　┘
（以下漫漶不可读，仅可识"太夫人"，"相夫以敬，育子以"，"母杜太夫

人","大学士文端公长女","封夫人,公中顺治己丑科进士,初授","母夫人","配名门,一颦一笑俱有"等,故略)

注释:

陈廷敬:《清史稿》有传。山西泽州人。清顺治十五年(1658)进士,改庶吉士。康熙十五年(1676)擢内阁学士,充经筵讲官。十六年(1677)正月,改翰林院掌院学士,教习庶吉士。二十二年(1683),迁礼部右侍郎,寻转左。二十三年(1684)调吏部右侍郎,管理户部钱法。四十二年(1703)四月,授文渊阁大学士,兼吏部尚书。五十一年(1712)四月卒。一生颇有政绩。时纂辑《三朝圣训》《政治典训》《平定三逆方略》《一统志》《明史》等,充总裁官。

屠粹忠:《国朝耆献类证》载,鄞县屠纯甫粹忠,垂髫时读书里中。董氏大书"戊戌成名"四字于壁间后,果中顺治戊戌(1658)进士,累官至兵部尚书。先是圣祖以粹忠老年矍铄,御书"修龄堂"匾额赐之,又赐御临孟𫖯行书曰:"白鹿城头百万兵,碧油幢下一书生;如今始识为儒贵,卧听元戎报五更。"乃大司马之预兆也。

王顼龄:《清史稿》有传。江南华亭人。清康熙十五年(1676)进士授太常寺博士。十八年(1679)授编修,纂修《明史》。曾任吏部左侍郎。雍正三年(1725)卒。赐祭葬。谥文恭。

按语:

墓志完整,但字迹磨泐。大致上、下部断续犹可辨识,上部虽间或可辨,几乎无一成句。但由其"封夫人,公中顺治己丑科进士,初授"句可见,此"公"即张士甄本人。"顺治己丑"即顺治六年(1649),与其他文献所记张士甄中进士时间是一致的。那么,本墓志志主是张士甄之母,还是张士甄夫人呢?就值得研究了。

清张士甄墓志

解题:

清康熙三十年（1691）五月二十九日后。1973年春，出土于通州区张家湾镇张家湾村大队院内，今存于张家湾村。墓志、盖均长76厘米，宽73厘米，厚15厘米。盖篆书"皇清诰授资政大夫吏部尚书绣紫张公墓志铭"。墓志字迹模糊不清，首题字迹不清。

录文:

（盖文）
皇清诰授┘资政大夫┘吏部尚书┘绣紫张公┘墓志铭　┘
（墓志铭文漫漶不可读，故略）

注释:

诰授：清制五品以上官，覃恩予封者，本身之封曰诰授；曾祖父母、祖父母、父母及妻，存者曰诰封，殁者曰诰赠。

资政大夫：文散官名，金代始置。清制正二品概为资政大夫。

按语：

张士甄：顺天府人，清顺治六年（己丑，1649年）二甲第六十五名。

拓片字迹不清，原石已被破坏。亦可与《张母墓志》互参。《重建儒学碑》即为其所撰。《大清畿辅先哲传》有记载。张士甄，字绣紫，号铁冶，通州人。顺治六年（1649）进士，选庶吉士，授编修，累迁赞善。纂修《顺治大训》及《通鉴全书》。寻迁谕德。时世祖常进词臣，试满汉文义，士甄辄居前。十四年（1657），迁国子监祭酒，葺辟雍，饬条教，集六馆诸生月程而季课之。上幸太学，眷注益笃。明年，迁庶子，分校礼闱。十六年（1659），迁侍讲学士，主武会试。圣祖御极，擢国史院学士。康熙五年（1666），丁母忧。服阕，补内阁学士。十一年（1672），寻升礼部侍郎。丁父艰。十六年（1677），补前官。甫两月，改吏部侍郎。是年，诏举博学鸿辞，士甄所举皆名士有重望者。壬戌（1682），赐宴乾清宫，上首倡柏梁体诗，士甄以次属和，蒙赉文绮四、厩马一。继命祭恒、霍诸岳，值山右裁兵无所归之于路。士甄语巡抚善部署之，民用不扰。又以河东盐课积逋为商累，抚臣疏请，下廷议。士甄剀切指陈，竟豁免，商困以苏。二十三年（1684），晋刑部尚书。奏谳称平恕。乙丑（1685），主会试，榜发，呈前列十卷，温旨褒答之，前未有也。二十六年（1687），转礼部尚书，订太皇太后升遐礼。调吏部，以冢宰为六卿长，不徇己，不苟司，一持以正大，而临事必熟复者再。每启奏，敷陈明晰，如列眉指掌，本末该彻。上以此益重之。三十一年（1692），以老病致政。杜门课子，里中若不知有张太宰者。士甄历官四十余年，恪恭谦慎，当代推为巨人长者。三十二年（1693），卒，年七十。遗疏入，上痛惜之。清吴存礼《通州志》载：张士甄，字绣紫，号铁冶。汝济曾孙也。父，文焌。家世孝、友，好施与，以隐德闻。士甄登顺治己丑（1649）进士，选庶吉士，历官吏、礼、刑三部尚书。凡为会试同考、会试主考、武会试主考各一，皆称得人。纂修《圣训》及《明史》俱充副总裁。其在刑曹持法平允，务从宽典。在礼曹考据典故釐定加详。掌铨二载，谢请托疏壅滞，公慎，自矢士论归之。尝奉使祭恒、霍诸山，途遇山西裁兵散遣，无所归，令当事安插得所。又河东盐课积逋商人多赔累之苦，为请于朝豁免之。性谨饬谦和，与人交，蔼然可亲。至于奖荐人才，必真知确见，不肯轻徇也。致仕归。卒年七十。公举从《祀乡贤》。子五人：光镛，丁卯举人。光銮，戊午举人。光鋆，戊午副榜。光镠，廪生。光鳞，候补主事。

清李若桂曹氏夫妇买地砖

解题：（暂时缺乏资料）

清康熙九年（1670）正月。边长41厘米。

录文：（暂时无法核对原文）

注释：（略）

按语：（略）

清程衡墓莂

解题：

　　清康熙十八年（1679）岁次己未二月丙寅朔。1998年通州区永顺镇卢庄村出土，现存通州区博物馆。券长44厘米，宽42.5厘米，厚6.5厘米。首题"安镇祖穴永为执照"。墓莂完整，圭首，砖制，券文右行。

录文：

〔券文〕

维 ┘ 康熙十八年、岁次己未，二月丙寅朔、十三日戊寅，祭主孝男程之璋。今因 ┘ 先考奄逝以來，未卜造葬，今有風水喻聲看得本州北門外冰窖西張起 ┘ 敬民地一方。有父在日，于康熙八年十二月十三日，同官经纪韩相用银 ┘ 二百五十兩，买为永远给地四十亩。今内选一方，以为宅兆。择今特来开 ┘ 山、立向、立券、裁穴。本月十九日，鸣吠良辰，请 ┘ 皇清诰封资政大夫显考讳衡、字平世程公立祖，随 请 ┘ 皇清诰封夫人、显妣邓氏同享茔宅。考、妣陽年俱享鳌寿。此地宜坐壬山 ┘ 丙向，辛亥、辛巳分金，依龍于乾脉轉子宫，卜曰："数里来龙会水潮，合连三案 ┘ 喜迢迢；申子辰年生贵子，寅午戌岁若宫袍。子孙兴隆千载贵，人丁茂 ┘ 盛万年高。"今虔備云马金资九九之数，兼五彩信帛，致祭于 ┘ 皇天后土，恩赐与龙子岗中。左有青龙，右有白虎，前至朱雀，後至玄武；上指 ┘ 青天，下指黄泉，中穴系程公之墓，千秋百世，永护祯祥。

┘知见神、岁主之神， 代保神、功曹之神， 验地神、白鹤仙人， ┘书契神、青衣童子。 左鄰人东王公， 右鄰人西王母。 故氣邪┘精，不得干怃；里外存亡，悉皆安吉。急急如 ┘五帝使者女青律令。 券立二本：一本安立明堂，一本给付程公墓中。┘安镇祖穴，永為执照。┘

注释：

奄逝："死"之讳称。突然离去，没有思想准备就走了。

经纪：原意为经营料理、经营买卖，亦指其操办者为"经纪人"，简称"经纪"。

宅兆：坟茔的四界、四至。

开山：古代风水用语，是指新建房屋，或重新鼎建，应与"修山"相区别。"修山"是指原有房屋，打算在屋后修造。当然，此所修建之房应包括"阴宅"与"阳宅"。

立向：古代风水用语，新建或重建房屋，首先确定地基的方向和位置，应与"修向"相区别。"修向"是指在原有住房前面再增建房屋。亦应含阴阳两宅。

立券：古代风水用语，是指把自己的权利用契约的方式写下来。券，符契，契据，执照，即立下契据之意。当然此"房契"不仅对人，亦应对神。

裁穴：古代风水用语，选墓地吉兆，勘定墓穴，可以谓之"裁穴"。

耋寿：古代以六十岁以上称耋，亦有称九十岁者。后借以泛指长寿。

壬山丙向：壬，天干之一，五行属水，借以指北方；丙，天干之一，五行中属火，借以指南方。

云马：即"云香宝马"之简称，指绘制或印刷的神像等。纸、木、绸布等上绘祥云、神、佛等像，出于避讳，故名。又如月光马儿、风马旗等。

功曹：神名。道教以神庙府组织有各部功曹之神将，以为值年、值月、值日、值时司事，名曰当值功曹，亦称"四值功曹"。其职掌是专门记录天界真神的功劳，向玉皇大帝禀奏。另外，人间上奏天庭的表文，焚烧后也由他们呈递。

五帝：指天上的五方之帝。各说不一，其一，东方青帝阊开，字灵威仰；南方赤帝洞浮炎，字赤熛怒；西方白帝上金昌开，字燿魄宝；北方黑帝节灵会，字隐侯局；中央黄帝通班元氏，字含枢纽。其二，东方青帝灵威仰，南方赤帝赤熛怒，西方白帝白招矩，北方黑帝叶光纪，中央黄帝含枢纽等。

明堂：风水术语。指墓前地气聚合之处。

执照：凭据、证件。特指官府所发的凭证，授官之证书亦曰执照。此处指求神作证的凭据。

按语：

此券为孝子程之璋为其亡父程衡（字平世）和亡母邓氏所作。文中宅兆为本州北门外冰窖西，与今出土地相较，可知古今地名的沿革变化。另外，程衡在日，即清康熙八年（1669）十二月十三日，曾经通过同僚韩相的帮办买得张起敬民地 40 亩，用银 250 两，换算出每亩 6.25 两白银。说明当时通州的地价。但此仅为坟地，若为田价，尚不得而知。

另外，此券中说："券立二本：一本安立明堂，一本给付程公墓中。"本券出土于地下，当为"程公墓中"本。

清敕封太安人高（鑛）母汤太君墓志

解题：

　　清康熙四十四年（1705）二月九日卒，四月一日葬。1949年后通州区出土，现藏通州区博物馆。志盖佚。志长79厘米，宽79厘米，厚15厘米。首题"皇清敕封太安人高母汤太君墓志铭"，"赐进士出身、光禄大夫、经筵讲官、礼部尚书、兼翰林院学士□县侍生李振裕"撰文，"赐进士出身、中宪大夫、皇太子□官、詹事府少詹事、兼翰林院侍讲学士、年家眷侍生□会□"书丹，"赐进士及第、通奉大夫、礼部左侍郎加一级、年家眷侍生胡会恩"篆盖。上下分三列刻写，志文漫漶。

录文：

皇清敕封太安人高母湯太君墓誌┘銘　┘
賜進士出身、光禄大夫、　經筵講官、┘禮部尚書、兼翰林院學士□縣┘侍生李振裕撰文，　┘賜進士及第、通奉大夫、禮部左侍郎┘加一級、年家眷侍生胡會恩篆┘蓋，　┘賜進士出身、中憲大夫、　┘皇太子□官、詹事府少詹事、兼翰┘林院侍講學士、年家眷侍生□┘會□書丹。　┘
湯太安人，為翰林侍讀渭師高┘先生繼室。父諱國禎，江都人；母┘邱氏。年十六，來佐先生元配林┘宜人，以理內政。宜人無子，子姒┘之子鏗為長子。而太安人舉鑛、┘鋼、鐘、鈊四人。鑛仕六品官。癸未┘覃恩，太安人因得受┘敕封。鋼為諸生員，成人望。鐘殤。而鈊┘猶幼。女一，未寄，林宜人出。貴族□素□□□而大礼太安人甚称□太安子如一出。宜人无子，而太□太安人亦必不□□□。初，先生□以誹語得罪，時長子鑛□出済上，□晝夜馳归，被命介婦□□七□□□以刻門，起赴□□□□□禁廷□□□宜人君／□鄉外不克事，先生起居趨命，□太安人入內成，而朝夕侍先生。□因時二子寒燠衣食，當是時天□怒不可知，舉室皆倉遽。先生及□二子星趨漏殷，惴惴惶惶，刻無□寧□。彼退而服食器用无不當，□無以节勞苦，且□／子□□時□愈念姑息□之，則□□費過峻，又無以恤□□□□益傷先生心。嗚呼！太安□人處此亦以難矣。曆數十事無□恙，宜人□□□伯太安人□及□宜人□□□也。先生扈從出口□外，不□□宜人□宜人□□諸□子曰以女□□□吾言□汝父□□□□極能理家事，且生子衆□□□□□繼其即以繼我後，善□□□□□來日也。先生既□□太安人□□以宜人□□極广□□□而辭世□不及一引庭列□如其□不忍違其意，因集□□□□□□廟□為繼室。然太安人□果能善承宜人後，內外諸□無□鉅細，視宜人存日，尽尤備也。□先生素倜儻，周人困厄，賓客往□來，好為飲食燕會。太安人繼以□□□，不忧不給。及先生從閱口□外□餘次□□□馬飼粮資囊，□皆太安人小心所為度之□以□先生□□盡廢，公事休，家計益□不復顧。太安人則於□□中娶□二子婦，嫁兩女。長君鰥處十二□年，復為之置室。□侍先生之药□食，同□喜怒，惟恐偶拂病人意，□以不可解。如是者三年，而先生□終。不求以死死之，后哭泣辟踴，□自殯而葬。及解，無不中禮節。待□諸子加嚴肅曰："汝等念我艱苦，□固當爭自樹立。且胡不思乃父□志，以振興家道，毋替厥緒，并慰□先宜人勤勤懇懇教育不卷之□恩於地下也。"以故，諸子皆各有□成。方□昌□以娛色笑，而太安□人忽以寝疾告終。嗚呼！其可哀□也矣。太安人生於順治辛丑六□月二十六日子時，享年四十有□五。卒於康熙乙酉三月初九日□卯時。今於四月初一日，祔葬於□渭師先生之右。因紀其婦德，而□為之銘曰：□

語云極盛者難為繼，維渤海之┘坤儀乃後先而著美。余既悲淑┘德之去而不可留也，是用誌之┘青珉，以昭來祀。　┘（空一行）康熙歲次乙酉季春吉日。　┘

注释：

李振裕：《国朝耆献类征》有传。吉水李维饶先生，字振裕，清康熙九年庚戌（1670）三甲第二十名进士，官至礼部尚书。著有《白石山房集》。

胡会恩：浙江德清人，字孟纶，号苕山，幼从学于其叔父胡渭。康熙五年（1666）一甲第二名进士。官至刑部侍郎。以勤慎称，有《清芳堂集》。

渭师：即翰林侍读高渭师，志主高夫人之夫，高鑛之父。

未寄：未嫁。寄，托付之意。

寝疾：卧病。

子时："子"，为古代十二地支计时法之一，属地支第一位，用以计时，指夜半十一时至一时。

卯时："卯"为古代十二地支计时法之一，属地支第一位，用以计时，指清晨五时至七时。

按语：

此志亦斑驳陆离，字迹辨认艰难，以上所录亦未必准确。故仅据断烂所识作按如下。

汤太君：翰林侍读高渭师之继室。其父汤国祯，江都人。因高渭师原配林氏只生一女，过继兄子高鑛为长子。汤氏于十六岁嫁于高渭师。生子四人，鑛、钢、钟、钐。高鑛已作至六品官，高鐘早夭。癸未（康熙四十二年，1703），以覃恩得封安人。生于顺治辛丑（十八年，1661）年六月二十六日，卒于康熙乙酉（四十四年，1705）年二月九日。享年四十五岁。

清诰封宜人翰林院侍读渭师高公原配林夫人墓志

解题：

清代（1644—1911）。墓志边长75厘米。志底漫漶。

录文：（暂时无法核对原文）

注释：（略）

按语：（略）

前清李直轩先生墓志

解题：

　　民国十一年（1922）囗历三月榖旦。碑形，抹角方首失座。碑高170厘米，宽60厘米，厚10厘米。额篆"万古流芳"，首题"通县恩贡生李直轩先生墓志铭"，山西候补县知事、清拔贡生、子堉詹中撰文，山西候补县知事、清拔贡生、子堉詹中书丹。在通州区觅子店李辛庄李陵家门口半埋地下，仆倒。

录文：（暂时无法核对原文）

通县恩<u>贡生</u>李直轩先生墓志铭┘
山西候补县知事、清<u>拔贡</u>生、子堉詹中顿首拜撰并书。┘
先生讳永弼，号直轩，姓李氏。世居通县城东南李辛庄，┘
中华民国十一年囗历三月榖旦。（不全）┘

注释：

　　恩贡：科举制度中贡入国子监生员的一种。明清之制，凡遇国家庆典或皇帝即位颁布恩诏之年，以当贡者充之曰恩贡。根据府、州、县学岁贡常额，在本年加贡一次。实际上是以本年正贡作恩贡，次贡作岁贡。

　　拔贡：科举制度中贡入国子监生员的一种。选拔学行兼优的生员，进京考试,选优越者录用谓之拔贡。并规定:顺天府特贡六人,各省每府学贡二人,州、县学各贡一人。

塔幢部分

金延庆院圆照塔幢

解题：

金大定十八年（1178）立。原在甘棠乡贾前疃村场院，1984年运至通州区城内新华大街文化局院内。八棱等边。幢残高80厘米，宽20厘米，径40厘米。塔记首题"潞阴县清善村延庆院照公寿塔铭并序"，门人僧戒才撰书。首题"并序"及"门人僧戒才"，以小号字刻书。仅残存幢身一段，汉白玉石质。

录文：

潞阴县清善村延庆院照公寿塔铭并序，门人僧戒才。⏎
照公一日扶锡礼吾门，余□敬迓迎坐于文斋，从⏎容谓餘（余）曰："人之处世，生死大事，知所不免。吾年几⏎（以上第一面）乎知命，拟建寿幢（石、童，左右结构），為身洛（后）计。当為我作铭焉。"仆与⏎照公旧崴柳，又重其三。天性仁慈，垂髫之岁，天高⏎（以上第二面）意了，此真空故难它託請，略言生平之大概。照公，⏎香河县西北乡紫荆曲，俗姓侯氏。之考讳成义，之⏎之妣曹氏。渠处其秀，肇自龆年，不喜童志，乐缁素，⏎（以上第三面）父母从焉。年十有八岁，礼潞阴县清善村延庆院⏎聪慧大师為师，训名曰圆照，而复讲诵《四大部经》。⏎（以上第四面）日就月将，无时或怠，德业进修似有所。皇统二年，⏎恩受具。愚年三十有二，听《花严经》几于二载，成名⏎ 至四十有八。在县，请做管内监寺，请舍异众为於⏎（以上第五面）得化被，伏惟管内监寺其趣。会吾师化耆年，复众⏎ 差为寺之主，经营常住，功德颇有增羡焉。管领寺⏎（以上第六面）风，了无遗失。内众共推信，共雅有建寿幢（石、童，左右结构），以为先备。所以区⏎ 区来铭焉。仆曰："公之言然也。秉笔书此，亦□以为铭序也⏎ 钦。"铭曰：钦钦圆照，光我释门；絜然内刚，□然外温。大弘佛教，⏎（以上第七面）累受天恩； 说法雷吼， 听众云屯。慧日除昏， 至德遝被； 非言可论，⏎ 其名不朽。 其道常存， 阴魔元空， 隙驹任奔， 此无缝塔，永镇乾坤。⏎ 时大定十八年 月 日建， 法云奴实、弟奴戒行□□奴。⏎（以上第八面）

注释：

延庆院：清吴存礼《通县志》载：延庆寺，在白河东贾家疃，金天会间（1123—1137）建。延庆院遗址，辽时建在延芳淀中晾鹰台上，位于今张家湾镇后毒山村北。

缁素：指佛教僧徒与普通百姓。缁，僧徒衣缁，故代指僧众。但志中此词应作为偏义复词去理解，也即偏于"僧众"之意。

漷阴县：见本书本卷《□辽墓志》条注。

清善村：此地名今已不存，可与塔幢出土地点互相印证。

四大部经：佛教名数。禅林以华严、涅槃、宝积、般若四经为四大部经。依本书"房山区部分"之"涿州白带山云居寺东峰续镌成四大部经记"条，四大部佛经为《大华严经》《大涅槃经》《大宝积经》《大般若经》。

隙驹：亦称"白驹过隙"。语出《庄子·知北游》，用白色小马从窄缝前闪过，来形容时间过得极快。

按语：

大师俗姓侯，香河县西北乡紫荆曲人。父侯成义，母曹氏。十八岁出家于延庆院，拜聪慧大师为师。皇统二年（1142），三十二岁时受戒。四十八岁做管漷阴县内监寺。大定十八年（1178）其自建寿幢并请门人僧戒才为其撰写塔铭，时年六十八岁。

  其行文常有不通者，如"德业进修似有所。皇统二年"，很显然，"似有所"三字后定有缺字。亦有明显错字者，如开篇"从容谓馀""为身洛计"，显然是"从容谓余"与"为身后计"之误。

金行贵塔幢

解题：

　　金明昌二年（1191）立。在通州区城内新华大街文化局院内。八角不等边幢，高74厘米，一边14厘米，另一边19.5厘米。幢身正面居中刻"六字真言"，周环饰双线，上下并饰以线刻莲花。再下，以透视法线刻出锦铺幕幂供桌，桌上供法器、宝瓶、盆景等，桌垂绶带，带上有"法轮常转"四字。幢身下框线刻缠枝莲纹。幢刻音译汉文本《佛顶尊胜陀罗尼》及塔铭。幢文首题"佛顶尊胜陀罗尼"，记文首题"通州潞县马驹里崇教院前本州都纲大德塔铭"，请住当院讲经沙门即空撰文、书丹，门人智演、智清、智松、智果等建。汉白玉石质。

录文：

佛顶尊胜陀罗尼　↵
（汉文音译略，以上第二、三、四、五面。）
通州潞县马驹里崇教院前本州都纲大德塔铭　↵
请住当院讲经沙门即空撰并书。　↵
马驹清景，秀色凌空；结而像成，产此僧宝。都纲大德者，本潞县马↵驹西保人也。俗姓冯氏，考讳诜公，母名刘氏。师幼出家，礼当处崇↵教院当寺副员大德祥公為师，训名行贵。皇统三年，遇　恩得↵□□□花□性□□□公位殊，因语言端难名行具实，□那信重↵（以上第六面）□□□□□传

□而□□□□而品开本州所统僧尼暨唱议┘□□□□以人善慈和，谕後复请再上。前後為都纲五载有餘。久┘□□□□之尘□慕烟霞之物外，从那复诣奉院开讲，咸惬众意。┘至明昌元年春示微疾，至七月二十九日晚，知身是幻，悟世非坚，┘自□行取之□□□辞世之□颂□曰：□六十四年，于□□今日方┘□□□□□□□□人直姓曹，□不动。言讫灵怀经宿，至┘□十日寅时，端坐而化。春秋六十四，僧腊五十三。住名益大刹，近┘十□，马度大小门徒二十餘□。呜乎哀哉！僧宝殁而教海□，法主┘登而贤与别，即空忆师亡，□□□为乘及其志也。一多不立，加以┘（以上第七面）祖姓温厚，行德严身，铭师妙行之万一甚鄙蒙铭曰：　┘

至教东流，迹相承蹑；无忝于古，都纲允捷。初游性海，┘风澄镜澈；後宣经典，悬河翻雪。曲都纲籍，政声清

切；┘袖手崇教，禅河样月。将临行脚，辞世颂绝；玄路

坦然，┘端坐顿灭。　　二当院法弟、讲经沙门行福，　当院

住持沙门圆普。┘　明昌贰年三月三日，　门人智演、智清、智松、智果等建。┘（以上第八面）

注释：

　　法轮常转：佛教术语。佛之说法，能催破众生之恶，犹如轮王之轮宝，能碾摧山岳岩石，故谓之法轮。又，佛之说法不停滞于一人一处，辗转传人，如车轮然。

　　六字真言：即唵、嘛、呢、叭、咪、哄，为梵文译名。观世音菩萨的赞语，本意为"宝贝白莲花。"

按语：

　　根据幢文记载：僧，法号行贵，潞县马驹西保人，俗姓冯。其父名冯诜，其母刘氏。出家于崇教院。卒于明昌二年（1191），享年六十四岁，可推断其生于金天会六年（1128）。又文中有"春秋六十四，僧腊五十三"，可推断其在天眷二年（1139）出家，年方十二岁。

金宗主大师塔幢

解题：

金大安二年（1210）立。现存通州区文管所。残高 70 厘米。八棱不等边，大边 19 厘米，小边 10 厘米。三面刻塔记，五面刻悉昙体梵、汉文相间的经文。经文首题"佛顶尊胜陀罗尼"，塔记首题"大金国中都东通州西道院宗主大师塔记"，"□水□德升书丹"，高德用刊。汉白玉石质。

录文：

佛顶尊胜陀罗尼

（梵、汉经文略，占五面）

大金国中都东通州西道院　宗主大师塔记

师讳省诠，潞县南古村人也，俗姓王氏。自童幼间，志乐出家，礼龙兴寺僧惠广為师。三十嵗受具，遂迺躬亲师友，游历访安次于西道院匡宏為正。二十年间，□□□方未并□隐。大安元年十月二十一日身故，年六十一嵗。门人□济奴特慎　（以上第六面）选吉，钦修孝已，收其遗□于十院□茔，建□□一坐，以《最胜陀罗尼神咒》祚凭圣力，资荐觉灵；恒游祇树之园，远证菩提之果，祈之巅矣。琛公长□谓之讃曰：　（以上第七面）诠公大师，至性孤洁；行若冰□，□□秋月。镜智见前兮森罗齐现，发真归源兮佛眼谁窥？夜来数阵催花雨，匝地□风□衣□。　法弟智学、院主智深、智元、智举、弟子定严奴。　大安二年三月初

□□，水□德升书丹，高德用刊。 ⏎ （以上第八面）

注释：

宗主：佛教称谓，指禅宗之法师，亦指开宗之师。有时也泛指有才学的僧人，或广受人尊敬的僧人，亦称宗师。

按语：

据幢文，大师俗姓王，法名省诠，潞县南古村人。自幼出家于龙兴寺，拜惠广为师。三十岁受具足戒，居于西道院。大安元年（1209）圆寂，享年六十一岁。

佛顶尊胜陀罗尼幢

解题：

金、元（1115—1368）。在通州区城内新华大街文化局内。残存一段。失首失座。高 80 厘米，宽 20 厘米，径 42 厘米。首题"佛顶尊胜陀罗尼"。

录文：（暂时无法核对原文）

注释：（略）

按语：

视其规制，疑为金元时物。

残经幢

解题：

金、元（1115—1368）。在通州区城内新华大街文化局院内。残存一段。残高65厘米，八棱不等边，大边21厘米，小边12厘米，径34厘米。首题"千口千眼观自在菩萨摩诃广大圆满/"。

录文：（暂时无法核对原文）

注释：（略）

按语：

汉梵合文。汉文只有首题，梵文有悉昙和兰荼两种字体。还有线雕佛像，像下为悉昙体咒语，行文以兰荼体。疑为金元时物。

清强翁老和尚塔铭

解题：

　　清代。在通州区城内新华大街文化局内。字蚀其一部分。高 66 厘米，宽 50 厘米，厚 16 厘米。

录文：

第七代传临济宗

首题"关帝堂上十八 上 世下恒□强翁老和尚宝塔"。

注释：

　　堂上：僧侣职务，禅林方丈之住持。
　　上世下恒：指其辈分的排序。

按语：

　　塔铭呈龛形，四周饰火焰文，边框二龙戏珠，下为须弥座，束腰部饰联珠纹。估计原塔应为覆钵式。

附　录

通州创建更漏碑

元代至元十三年（1276）立。缺首失座，碑残左上及下部，残高80厘米，宽80厘米，厚14厘米。横篆书额"更▢"，首题"通州创建更漏记"，碑阴记人名及器物名称，多为元代职官名称。在孔庙址。

录文：

通州创建更漏记　┘
明时刻以定晨昏，正钟鼓以警视听，此为政之当▢┘邑犹然况通州据水路之要津为京师之东畿者▢┘早晚击柝者乱其节次朝列大夫永平张侯时中来▢┘有持是器来通州者古铜精制侯乃与僚佐定议▢参互考订数月而成至元丙子暮春十有九日置▢┘四曰天池次曰平次曰准置于木架架下设小铜▢┘准也最下一壶曰水海漏筹着于中影仪立其下▢┘之增减正其序也较之影仪若合符节明漏者以之▢┘藉补尉吏以候验春秋朝暮岂有毫厘之悖哉谨更▢┘政周官设挈壶氏之职后汉洛下闳等经度之而藏▢┘凡百四十分昼夜凡百刻以置于更筹之上实古今▢┘兴行然非张侯之用心僚佐之协赞则何以创建更▢┘柝举可谓知大体矣昔苏轼为钱塘守有天使自▢┘▢▢惟徐州守令心

颇奇之轼曰何也使者曰楼顾☒⏎ □□张侯其有见于此乎既□州之耆老刘德记

（碑阴略）

注释：（略）

按语：

此碑虽然断残，但碑阴除记写部分元代官吏名称外，尚客观地记录了一些只有在"更漏"处才使用的器物，即如碑文所说"更漏一应"。如：天池、壶、受水□、更漏、盛水桶、□水槛、倒水槛、添水盂、时牌、高卓（桌）、影仪、隔罗、铜铙、铁箕等，为我们研究古代"更漏"提供了素材。

通州庙学碑

清代。在孔庙址。

录文：

☒加一级前礼部左右侍郎内阁学士兼礼部侍郎内阁史院学士弘文院侍读学士國子監祭酒加一级左右春坊庶⏎ ☒科会试同考英等科武会试主考纂修⏎

☒级前本部左侍郎兼翰林院学士加一级内阁学士兼礼部侍郎翰林院侍读学士充⏎ ☒文院侍读国子监司□内秘书院编修加一级纂修⏎

☒正中篆额⏎

☒书丹⏎

通州事□□□内获上□下近说远来形之而动神之而宜⏎

是京师畿辅有地震之异城垣民居□以颓圮大成明论堂殿委诸草莽六□之□□□乡贤名宦诸贝勒為礫塲公下车⏎ □正朔望□谒圣庙周视而叹曰吾不忍坐视学宫之废而不仔□是后乎于是尽捐其失餘□同棄諸□□竭力□助□⏎ 二

□□戌五月告成之日□庙□然楼阁□然堂宇归然□□□□丹艧耀日公□同学□徒用□奠禮□□駭奔父□□↙□有记也以无忘我公之□予少游于学今虽仕宦犹□学之老博士弟子也其何□辞余□古者井田之制既定□□□↙□異者□□學於厚序移國學□□學諸□歲貢士於天子行同能耦則別之以□然後□□焉此□所謂工以納□□□↙□右□鄰長生於□塾冬民畢入婦久相夜夜績歌詠餘子在序室民之在野在邑無非學也無非教也豈惟是哉□□□↙□泮獻馘或以□友處乎內或以□□治於外亦皆鄉人之子弟由俊秀而升之者也學□而文武之道舉矣↙舜禹湯之盛而通學之復建適當其時可可不謂知所先後哉且公自蒞政以來不□棄吾民□□禮樂術以詩書均賦後↙□□蠹民者盡坐以法躬化理也訟庭自清竭誠感也甘澤屢降嘉禾遍生宜乎德被於□□而寵□於↙□先生之□政及所望於今者使歸而刻石焉↙□□

下马碑

　　清光绪八年（1882）立。抹角方首，斜方格纹，线刻圆圈纹底子。居中大字书"文武官员军民/"，下款"光绪八年"。白石质地，下残座失。在孔庙址。

琉球国郝通官墓碑

　　清光绪十四年（1888）立。方首失座。横额书"琉球国"，上款"光绪十四年戊子"，下款"十二月廿五日卒"，居中书"陈情郝通官王公大业墓"。上部横通断裂。青石质地。在孔庙址。

宝光寺碑

　　明正统五年（1440）正月刻。在通县次渠村。拓片身高178厘米，宽89厘米；额高46厘米，宽34厘米。□谦正书，额篆书。

崇觉寺碑

明正统十三年(1448)长至日。在马驹桥。拓片身高 201 厘米,宽 90 厘米;额高 53 厘米,宽 31 厘米。正书,额篆书。

宝光寺碑

明正统十四年(1449)正月。在次渠村。拓片阳碑身高 148 厘米,宽 77 厘米,额高 33 厘米,宽 27 厘米;阴高 147 厘米,宽 78 厘米。胡滢撰,黄养正正书并篆额。阴题名。

董恭及妻王氏(董昱之祖父母)诰封碑

明成化六年(1470)八月二十六日。在潞县村。拓片高 188 厘米,宽 75 厘米,正书。

观音寺碑

明正德八年(1513)三月。在铁锚寺。拓片身高 120 厘米,宽 66 厘米;额高 25 厘米,宽 19 厘米。刘逊正书。额篆书。

通运桥碑

明正德十三年(1518)夏月。在张家湾关帝庙内。拓片身高 98 厘米,宽 69 厘米;额高 31 厘米,宽 19 厘米。杨潭撰,刘永正书并篆额。额篆"重修通运桥记",首题同。

三官庙伟绩碑

明嘉靖二年（1523）四月。在通县。拓片身高 150 厘米，宽 78 厘米；额高 30 厘米，宽 23 厘米。正书，额篆书，李季等刻。

三官庙碑

同上。拓片碑身高 152 厘米，宽 77 厘米；额高 28 厘米，宽 22 厘米。黄表撰，王宗正书，茹鸣玉篆额。

通州鼓楼碑

嘉靖二十八年（1549）二月。在县城内。拓片身高 158 厘米，宽 83 厘米；额高 35 厘米，宽 28 厘米。郭檏撰，正书，额篆书。

重修朝真寺碑

明代（1368—1644）。缺首失座，残高 124 厘米，宽 70 厘米，厚 15 厘米。边框缠枝。首题"重修朝真寺记"，碑表剥蚀严重，仅可识"勾余□绪□校文"等，碑阴题名。据说此碑从南跨院挖出，可以见证该寺的历史久远。

大悲禅林碑

雍正八年（1730）七月。在大悲村。拓片高 114 厘米，宽 75 厘米。于成龙撰，李聘书。

张惟远及妻唐氏李氏（张允随之父母）诰封碑

雍正十年（1732）十二月四日。在张家坟。拓片高 187 厘米，宽 70 厘米。

张允随墓碑

乾隆十六年（1751）七月十三日。在徐辛庄张家坟。拓片高 198 厘米，宽 71 厘米。弘历撰，汉满合璧。

张允随墓碑

乾隆间（1736—1795）。在徐辛庄张家坟。拓片高 209 厘米，宽 73 厘米。陈宏谋撰，陈德华书并篆额。额失拓。

通州石道碑

雍正十一年（1733）十二月九日。在朝阳区八里桥。拓片高 270 厘米，宽 101 厘米。胤禛撰，汉满合璧。

傅森墓碑

乾隆三十二年（1767）七月十七日。在西集前东仪村。拓片高 195 厘米，宽 71 厘米。汉满合璧。

关帝庙碑

嘉庆二十一年（1816）九月。在永乐店。拓片高 190 厘米，宽 68 厘米。

解大智撰，杜力德书。

三官庙碑

嘉庆元年（1796）十一月。在土桥。拓片碑身高 120 厘米，宽 69 厘米；额高 20 厘米，宽 21 厘米。王珮撰并书，额篆书。

文孚墓碑

道光二十一年（1841）三月十一日。在土桥。拓片高 210 厘米，宽 69 厘米。宣宗旻宁撰，汉满合璧。

萧履中去思碑

同治元年（1862）三月中旬。在县城内鼓楼。拓片碑身高 114 厘米，宽 61 厘米；额高 31 厘米，宽 19 厘米。额篆书，首题大字双钩书。

惜字炉碑

光绪十年（1884）五月。在张家湾皇木厂。拓片高 65 厘米，宽 122 厘米。罗允猷撰。

通州公理会友殉道碑

光绪二十七年（1901）十月。在通县南门外。拓片碑身阳阴均高 137 厘米，宽 70 厘米；额阳高 24 厘米，宽 23 厘米，阴高宽均 24 厘米。张鸿文撰，谷兰生书，额阳阴均双钩题。阴刻殉道者题名。

鄂罗舜墓碑

清代刻。在土桥将军坟。拓片高 193 厘米，宽 65 厘米。汉满文合璧。

苏禄迈墓碑

清代刻。在同上。拓片高 190 厘米，宽 69 厘米。汉满文合璧。

汤啸秋政绩碑

民国五年（1916）八月一日。在县城内堂子胡同。拓片高 132 厘米，宽 70 厘米。

王振声及妻郝氏合葬志

民国十三年（1924）九月葬于通县。拓片志与盖长宽均 70 厘米。王式通撰，宝熙书，袁励准篆盖，李月亭刻。

伏魔大帝宫筑墙碑

民国二十八年（1939）三月三日。在通县大关庙内。拓片高 47 厘米，宽 85 厘米。潘適园撰，姚郁文书。

残幢

年代不详。仅余幢身一段，高 87 厘米，径 40 厘米。在通县文化局。

录文：

父母徙焉。年十有八岁，礼潞阴县清善村延庆院⏎聪慧大师为师，训名曰"圆照"

曹霑墓碑

清代，发现于张家湾。碑立式，较为随形，实为墓碣。石表粗糙，尚存斧凿痕迹。高 99 厘米，宽 36 厘米，厚 17 厘米。居中大字书"曹公讳霑墓"。

御制碑

清代。螭首龟趺，半埋地下，碑、座分离。高 362 厘米，宽 105 厘米，厚 20 厘米；座高约 60 厘米，宽约 120 厘米，长约 240 厘米。边框龙纹，满汉合璧，额篆"御制"，首行"朕惟朝宁推恩之典每眷老臣，国家"。在徐辛庄乡管头村村东头民宅前菜园子旁半埋。

仓神庙碑记

清代。方首座失，碑高 203 厘米。首行"公印元礼，字虞卿，金坛人也。以军机处存记"。在通州县城内西街一条无名胡同内，被嵌砌墙脚下，仅露出部分，亦无法量出全面尺寸，读出全部碑文。

新日下访碑录·顺义卷

顺义地区石刻文物简述

顺义区位于北京市东北部，城区距市中心 30 公里。东邻平谷，北连怀柔、密云，西接昌平、朝阳区，南界通州区、河北三河市。区境东西长 45 公里，南北宽 30 公里，总面积 1021 平方公里。地处燕山南麓，华北平原北端，属潮白河冲积扇下段。平原面积占 95.7%。顺义历史悠久，夏商周三代随北京地区属冀、幽、燕。西汉时，汉高祖五年（公元前 202）至十二年（公元前 195）置狐奴、安乐两县属渔阳。唐贞观二十二年（648），以内附契丹别帅析纥便部置归顺州，本为契丹松漠府弹汗州（松漠府在今辽宁省阜新、彰武一带），天宝元年（742）改称归化郡，乾元元年（758）复称归顺州，明朝于洪武元年（1368），降顺州为顺义县，属北平府，后为顺天府所辖。民国改顺天府为京兆特别区，嗣北京改称北平，顺义直属河北省。1948 年 12 月 8 日顺义县城解放。1949 年 8 月，顺义属河北省通州专署领导。建国后划归北京市，又设立顺义区。顺义历史悠久多变，区划所辖变换不定，早期的石刻文物并不多见，但是元代正是其一大特点，围绕着孔庙与白云观等古迹留下了一些重要石刻，如碑刻经幢等。明清两代则以牛栏山元圣宫为重点，只可惜历经"文革"等遭遇，使其断残严重，难有整碑。在调查的时候我们还发现，由于顺义缺少山区，故以平原石刻为主。村庄中的小学校，也往往就是原来的大庙。我们顺藤摸瓜，每次都会有收获。现在，区文委已将大部分石刻集中到文管所院内妥善保存。

元曹宣徽善行碑

解题：

元至元二十三年（1286）八月吉日立。碑螭首，座佚，青石质。高220厘米，宽64厘米，厚17厘米。圭形额隶阳刻"曹宣徽善行记"，首题"太中大夫同签宣徽院事曹公善行记"，正奉大夫、前枢密副使商挺撰文、书丹及篆额，贾蕙业刊刻。阴额无字，首题"顺州闲良官及坊市诸耆旧同立曹宣徽善行碑，凡九十餘人咸列名于後。"下刻九十余位立碑人姓名。原在顺义县学，1984年公布为县级文物保护单位，1999年移立顺义区文物管理所院内碑林。碑身保存较好，部分字迹漫漶。

录文：

<u>太中大夫同签宣徽院事曹公善行记</u>　┘
身名立而子道终，富贵完而乡行著，此皆人之善行，而有志者之所愿为也。夫人之将有用于斯世也，幼而学，学焉而有良┘知；壮而仕，仕焉而有良能。得志当时，适遭　昌运，获高爵，受重赏，义及于亲，利及于乡人，乡人称善。思所以没世而不┘忘者，是岂庸懦昏愚之所能为哉！若夫富而骄，贵而傲，殊绝骨肉、蔑弃义理，外观烜赫，绶若若而印纍纍，自以为得其所怜┘者，市童尔，识者何曾道之。今宣徽同签曹公异于是。公讳庭瑞，字国祥，顺州人。父讳广，兄讳庭玉，皆不仕。兄庭立以己未渡┘江功，为千夫长。公幼为州吏，迁府吏。至元六年，尚书省劄俾领应办公事，仍佩以银

符。十四年，选充宣徽院令史。无何，陞承┘事郎、院主事。十七年，迁奉议大夫、同签宣徽院事。寻加中顺大夫，再加中宪大夫，令为太中大夫，如故职也。公自为吏，已有┘幹局称。当其以应办之事委之也，┘万乘所至，其供给繁而远人于事者，而于时宁公调度有方，百色不扰，上官倚重焉，由是荐而留之。性孝友，志在为善，父┘母在，敬而养之；其殁也，卜宅兆而衣衾棺椁以礼葬之。岁时祭祀，惟洁惟丰，必会集长老，致敬致礼，使之属厌焉，未尝以富┘贵自居也。昆仲異财，公曰，居家佚，从军劳，我不敢与吾兄等，卒让于姪。兄有子，悯其孤而怜其材，言于当路者，举而官之。故┘人子弟，因公得禄者数人。至其寒者衣之，饥者食之；贫而无营，必贷钱以赢息使自养者，又多矣。十八年，┘上赐楮币五千缗，公拜谢而归。谓親戚曰："恩至渥矣，我不可以独有也。"分与幾半，是知公不以利为利，以义为利也。┘院有无俸吏，误帖多出官仓物，既而首其罪，或以罪重不准首，吏分其死，值中书省录囚，多所宽宥，公曰："此机不可失也。"即┘以吏罪白于省，先论多出之误，次论自首之情，以释之，得从末减。□吏拜而泣曰："非公宽慈，死且久矣"。又知公天禀之善，非┘良知、良能，不克为也。至有人被罗织是非，得失未辨之情，达难知之意，陈易匿之状，知无不为，必尽其心而後已者，岂止一┘乡之事而然乎！此特乡人之知者尔。乡人德公者众，耆老萧祐、刘庆祥□等率同辈九十餘人，介吾曹人枢密院经历史编□┘丐予文，将揭公之善于石。予既嘉公之为善，又嘉乡人能扬公之善，而亦不能违吾乡人之请，故择其善之可记者记之。公┘之行固善矣，犹将有所规焉。公能不以已至为有餘，而以未至为不足，作德之志，恒加强勉，苟日新而又日新。予虽老，尚堪┘为公再书特书而屡书之也。正奉大夫、前枢密副使商挺记并书及额。　大元至元廿三年八月吉日建。　贾蕙业刊。

(碑阴)

顺州闲良官及坊市诸耆旧同立曹宣徽善行碑，凡九十餘人咸列名于後：　┘前檀、顺二州万户所经历官萧祐、　前权顺州事刘庆祥、　前顺州吏目杨贇，　┘坊市耆老：　前顺州节使武德仁、　顺州州判刘、　王德元、　高守道、　冯瑄，　┘前顺州部税官赵德柔、　崔坚、　王茂才、　武仁德、王茂成、　　吏目李天瑞、　⏋梁德成、　常甫、　赵仲柔、　曹温、姜琼、　田德宽，　提控李浩、　⏋高政、王文、　冯温甫、　王天佐、陈温、张资禄、　⏋陈让、高兴、萧继柔、尹昇、刘守成、七奇、⏋刘仲玉、 蔺伯全、　纪德仁、　尹德禄、

张仲礼、　孙伯甫、　王守忠，　⏋提控李仲信、　成永福、　纪仁义、杨铎、　帖木儿、　李成、　蔡德元、　⏋刘德成、　张德林、　刘大渊、孙惠、　王仁义、　王德用、　⏋王德政、　史庆，

社长刘德用、　社长周元、　社长张成、　社长赵义，　坊正王德安、　⏋河频乡：　石璞、　王伯元、　赵文楚、　杨肃玉、　赵庆祥、　赵文济、⏋张永棣、　李伯通、　蔺忠、　蔺庆瑭、　张文信、　翟温、　⏋赵琛、　苏昶、　王子胤、　王永昌、　国仲仁，　⏋

崇义乡：　尹广、　刘煊、　洛德全、　王公恕、　崔永昌、　孙义、⏋孙琮、　李君祥、　⏋广平乡：　刘德义、　刘普顺、　米郁、　秦德宽、张思温，　⏋德信郷：　丁彦成、　李维、　刘德成、　王义、　高伯松、尹成，　⏋丰乐乡：　董子成、　张显。　⏋

注释：

太中大夫：元代文官四十二阶之一，位在从三品之首。

宣徽院：元代中央机构之一，掌管宫廷饮食、宴享宗戚、宾客等事。诸王、怯薛、怯怜口粮，蒙古万户、千户应纳差发，官牧孳畜的抽分和岁支饲料等事。设院事、同知、副使、金院、同金、院判等官。

中顺大夫：古代文散官名称。金始置，秩正五品下。元升为正四品，位在中宪大夫之下。

中宪大夫：古代文散官名称。金始置，秩正五品中。元升为正四品，位在中顺大夫之上。

吏分其死：指那个犯错误的"无俸吏"自己心里嘀咕着：这下肯定活不了了。

正奉大夫：元代文官四十二阶之一，位在从二品通奉大夫之下。

枢密副使：即枢密院副枢。元代为枢密院事（知院）的副官，即常务长官。元代枢密院为中央最高军事机构，主管宫禁、宿为、边防、驻军、征伐、举功转官、节制调度等事务。设枢密使、通知、副枢、佥院、同佥枢密院事、院判、参议等官。

　　商挺：《元史》有传。字孟卿，曹州济阴人。《元朝名臣事略》载："本姓殷氏，避宋讳改焉。国初，为东平行台幕官。入事潜邸，为京兆宣抚司郎中，就迁副使。中统元年（1260），改宣抚司为行中书省，遂佥行省事。至元元年（1264），入拜参知政事。六年（1269），同佥枢密院事。累迁副使。二十年（1283），复为枢密副使。寻以疾辞。二十五年（1288），薨，年八十。"

　　闲良官：即"贤良官"。

按语：

　　曹庭瑞，参照碑文，字国祥，世为顺州本地人氏，卒谥宣靖公。父曹广、兄曹庭玉皆未仕。然其兄曹庭玉己未年（1259）因渡长江时立功，被封千夫长。曹庭瑞初为州吏，迁府吏。至元六年（1269），尚书省札俾领应办公事。十四年（1277），选充宣徽院令史，升承事郎院主事。十七年（1280），迁奉议大夫，同签宣徽院事，寻加中顺大夫，后加太中大夫。此段史料《元史》失载，可补其阙。

　　碑由顺州闲（贤）良官及坊市诸耆旧萧祐、刘庆兴等率同辈九十余人同立。贤名镌于碑阴，分为六栏共列十八行，首列为前檀顺二州万户所经历官萧祐、前权顺州事刘庆祥、前顺州吏目杨斌。后列坊市耆老、河频乡、崇义乡、广平乡、德信乡、安乐乡各乡等名单。

　　碑文记述了曹庭瑞居官以干练称，居乡也不忘行善。有关曹公在乡行善之事，除此碑所述之外，尚有今存泰定四年（1327）《顺州庙学记》碑和至正九年（1349）《重修庙学记》碑，记述其修葺顺州庙学之事。子曹伟，官至工部尚书，继父志，造礼器置大成殿事载于《顺州孔子庙神门记》《顺州庙学碑记》。录文缺字按《重印不国顺义县志》补。

碑文第七行夺文三字,按文义补"徽院事"三字。第九至十六行因文字剥蚀夺字不等亦不能辨识。

顺州孔子庙神门记碑

解题：

元泰定元年（1324）撰文，至顺（1330）初刻立。青石质，圆联首，线刻云龙纹，座佚。边框线刻花草。高200厘米，宽74厘米，厚20厘米。额篆"顺州孔子庙神门记"，首行"天下通祀　孔子而王之"。州人蒲察晋作状，奉直大夫、典宾少监、礼部尚书马祖常撰文，中奉大夫、中书、参知政事王士熙书丹并篆额，顺州知州茌平梁宜谨识。原在顺义县学，1999年移立顺义区文物管理所院内碑林，碑保存基本完好。

录文：

天下通祀　孔子而王之，其庙门必三，然後为称。顺，今京辅股肱之郡已。庙而无门，以通神之送迎往来，以序入春秋祠官之位，无┘以限内外亵渎之禦，其于事　先圣先师之节文，视礼为爽焉。中书礼部侍郎曹伟为州著姓，独发镪二千五百贯，率乡之父老益┘合钱庀徒，请于州曰："愿新作　孔子庙门"。州大夫逊曰："兹官政也，士先有请，敢不儳焉以图成？┘于是审制以改位，树表以考室，下木┘上瓦，材良植密，文漆雕鎏，饰辨甚宜。未踰时而工告役具焉，涣乎其不问可知为王者之居矣。凡过而趋者必仰，舆者必式，而忿戾┘邪僻之徒，亦必油然而革心也。此岂非有大惠于民哉？始州在辽金之世，图籍不内属，而文献礼乐之习，虽夺于兵戈，然好古卓立┘之士，从容揖让。而为俎豆之容者，屡有其人焉。我　┘皇元立国燕土，而兹为四方首善之近地，涵濡　┘天下仁义之泽，被服先王诗书之教。自族党闾巷之人，咸务俏身以远耻，日笃于尊敬　孔氏而肄业于絃诵。哀其餘财，迺相　┘先圣先师妥灵之栖而门室之，以崇高庙貌之嚴。而郡博士弟子得朝夕正冠、抠衣游歌于其左右。彼有官者，又能因其俗美而侈，┘以为劝学迪德之方。噫！俱可为贤已也。泰定元年八月，州人蒲察晋以状来属祖常记之。按古谓作事必记，不腆之文何足以当哉？┘然嘉其士行之懿，可不为书之？若夫经营之岁月始末，廪给之出入多寡，斯贱事也不书。书其大者，以著州之为四方首善之倡，亦┘以示後之继者，俾有所观感而兴起于儒者之学也。侍郎以才请进，迺金紫光禄大夫、平章政事、顺国公子。顺公故有善行，碑在庙┘庑下，州人尤爱之。蒲察晋隐德不仕。州大夫同知州事祝献、监州□□刺沙云：明年三月廿四日，翰林待　制、奉直大夫、典宾少监马祖常记，　中奉大夫、中书、叅知政事王士熙书并题额。　　┘
右神门记，经五年未镵。宜，惜其事胜文佳，迺勒石寿世，庸示後学云。礼部侍郎曹伟，後拜工部尚书，　翰林待制焉。祖常今┘官礼部尚书。　同官顺州吏目玉琢，判官王显敬，同知结泰、王天祐、达鲁花赤黑厮。至顺初元六月上吉，知州茌平梁宜谨识。┘

注释：

爽：违背，此处指在"礼"上所出的差错。

鏪：文中指具体的银子或银锭，而非泛指的"钱"。

敢不儳焉以图成：此为化用《礼记·表记》之语，原文："子曰：君子庄敬日强，安肆日偷。君子不以一日使其躬儳焉，如不终日。"意思是作为君子呢，每天保持端庄恭敬就会越来越强，如果每天都很放肆就会越来越差劲儿。不能有一天让人看起来有猥琐的样子，这样的情况一天都不能有。"儳焉"，很猥琐、轻贱的样子。

凡过而趋者必仰，舆者必式："趋"，小步紧走，示敬之礼；舆，古代马拉轿车；式，同"轼"，车上的扶手板。意思是凡来（孔庙）之人一定要走着小碎步仰视着以表敬意，乘车来的人也一定要俯下身子。这仅仅是以古代典故来形容而已,实际就是表示敬贤之意。

抠衣游歌:意思是那些郡博士弟子们,在孔子面前(在孔庙)非常有礼貌地诵诗讴歌一番。抠衣,古代晚辈见到尊长时的一种礼节:在室内见尊长时,双手提着衣服角,直奔屋子的角落。"抠衣"为"抠衣趋隅"之省,语出《礼记·曲礼上》,原文:"毋践屦,勿踏席,抠衣趋隅,必慎唯喏"。

劝学迪德:《劝学》是先秦哲学家荀子(名况,字卿)的著作《荀子》的首篇文章,它系统地论述了学习的目的、意义、态度和方法。后来唐代的大书法家颜真卿亦有名篇佳作谓之《劝学》。

蒲察晋:在《重印民国顺义县志·人物志》中记其隐德不仕。蒲察为金代女真族贵族姓氏,《金史》卷五十五载:蒲察与徒单、唐括、裴满、石纥烈等姓为金代"黑号之姓",皆为贵族。天子娶后或公主下嫁多选其族。

不腆之文:不腆,不善,不丰厚,不富足。"不腆之文"是碑文作者马祖常对所作文章的自谦之语。

奉直大夫:古代文散官名称。宋大观二年(1108)置,秩正六品。元升为从五品,位在从五品之首。

马祖常:(1279—1338),字伯庸,雍古人,寓光州。元延祐二年(1315)进士,授翰林应奉,擢监察御史。至治间(1321—1323)累迁翰林待制。泰定元年(1324)参议中书省事,累迁南台中丞。顺帝(奇渥温阿速吉八)立,除徽政院同知兼知经筵事,改御史中丞。后至元四年(1338)卒,年六十,谥文贞。有《石田文集》十五卷行世。

中奉大夫:元代文官四十二阶之一,位在从二品之末。

参知政事:元代官职,属中书省,位在左、右丞相之下,作为宰相的副手参决政事。

王士熙:字继学,东平人,王构长子。元至治初为翰林待制,泰定四年(1327)累官中书参政。文宗(奇渥温图帖睦尔)立,流远州,翌年放还乡里。顺帝(即元惠宗,谥号顺皇帝)即位(1333),起为江东廉访使,后至元二年(1336)迁南台侍御史。至正二年(1342)升南台中丞,未几卒。有《王陌庵诗集》二卷。

按语：

据《重印民国顺义县志》载，碑原立于顺义孔庙外戟门三门下。据碑文记，此碑撰记于泰定元年（1324）八月，顺州人蒲察晋状请时任翰林待制的马祖常记述中书右丞曹廷瑞之子中书礼部侍郎曹伟于泰定元年出资修庙学，创神门、左右斋舍、庖库，购经史数万卷，造礼器二百三十件之事。碑未题刊刻年代，梁宜所撰《顺州庙学碑记》（碑佚，文存县志）中记"泰定甲子，宣靖公（曹庭瑞）之子工部尚书伟念继先志，发私帑币，而甲匠、提举司达鲁花赤郭伯达、耆士蒲察晋、柴惟允共赞之，同知州事祝献总其工，创神门、左右斋学"。由此可知此碑应立于泰定元年以后。该碑早年已佚，复于1997年出土。《重印民国顺义县志》记为《天下通祀碑记》，或许是其志书所定名，今据碑额题定新名。此据《日下旧闻考·京畿·顺义县》，录梁宜碑文于下，以备参考：

元梁宜顺州庙学记

宣圣庙未详建于何代，金明昌初（1190），提刑莱州刘仲洙降漕司钱五百千，同知州事著作郎状元瓜尔佳中孚继出俸金，乡进士马湘、窦鸣道相与翼佐。营葺殿庑，肖御史中丞孙郎康所寄曲阜石本圣贤像，俾绘塑之。凿井于圃，廪给生徒，欲构讲室未克，见泰和元年（1201）秘书少监李旸重修记。圣元南牧，遂毁于兵，独礼殿存焉。四庑垣墉，鞠为牧场。郡人中书右丞赠平章事顺国宣靖曹公庭瑞，以庙学久废为虑。迨至元辛未（八年，1271），知州郭干缮殿之摧漏，起东西两庑。殿后隙无数尺，宣靖公恳寺僧高其价，得袤五丈，广倍之。知州故福建道宣慰司都元帅段廷珪增塑邹、兖二公，貌七十子，更为明伦堂。泰定甲子（元年，1324），宣靖公之子工部尚书伟继念先志，发私帑楮币，而甲匠提举司达噜噶齐郭伯达、耆士富察晋柴唯允共赞之。创神门左右斋学掾居室，宾幕庖库靡不全备。仍甃巨井。丙寅（三年，1326），达噜噶齐今监察御史多罗台、知州王汝楫以其前阻隘巷，乃市地南撤，东西通达，上作棂星门。由是行道之人莫不叹美。丁卯（四年，1327），工部公于江浙造铜礼器二百三十事，复购经史若干卷。宜守是州刊加封大成，诏图十儒像，益弟子员，割钱千缗，规息以资朔望祭物。但关于祀事教典者，悉皆告完。

新修白云观碑

解题：

  元大德八年（1304）立。白色大理石质地。首、座俱佚，高225厘米，宽100厘米，厚25厘米。首题"新修白云观碑铭"，集贤学士、嘉议大夫宋渤撰文，云中马道真书丹并篆额，玄门大宗师玄逸真人张公霞作状，知观刘道定、何德兴、副观李道元等立石。碑阴刻人名及衔职，右上部大片剥落。碑损左上角，今存顺义区文管所内。

录文：

新修白云观碑铭　┙
集贤学士、嘉议大夫宋渤撰，　┙云中马道真书丹并篆额。　┙
大德八年春正月，玄门大宗师玄逸真人张公霞卿谓余言：吾有一弟子，道宽其名、张其姓者，居顺州之呼奴山，筑道馆号白云。其人能┙清苦，炼行精进，肄业严，符水厉神祝起人死，旁近民敬事之有年矣。往岁，　大丞相东平王尝有疡生体中，极病，众师医用药皆无效。┙人有言道宽者，遂召往治，以符水数日平愈。王大异，劳谢殊腆。白云观当太行之麓，四峰环碧如画。为大构，以祠　┙□清。古列仙有位，玄中师有堂，羽众有栖庑，庖湢有别舍。当云林胜概地，盖郁然一完区。始工于至元庚寅，毕事于大德甲辰。公幸为志┙□，以备异时废兴之厄，令嗣守人有攸考，敬具岁月，以请。谨按状云：道宽本农家子，东安州人，服田力穑，孝养父母，乡邻推其廛。壮岁□↵ □□□始夜，梦数伟人衣冠萧然如古列仙状。来教之曰："天时当有疫疠气，吾语汝灵符神祝，以救生民之厄。"复授以祝诸菓实法，令□↵者食之，可以立愈。慎之！慎之！又曰："去此之北有山，可以结汝修行缘"。既寤，周身恶疾，旬日皆去。无何疫兴，遂间出其法试之，如期而验。□↵去家著道士服，昼夜精进，惟以治疾救厄是念，久之，人果信。向寻踪迹前梦得呼奴山，遂择佳处定馆焉。复梦前仙人言若学道可无□↵，且名道宽。凡士录录无足取，必求天下名师事之。俄而，从之者弥众，请教者弥信。道宽毕忱致审，踵门而谒者屈指计，日令无告。呜呼！□↵念致诚，可以陨飞霜，可以洞坚石，故有以已所得至足之余者，以及人有以意至想周流黄宫者。以辅和以神视者名上医，投毒药者为↵名医，世咸用之，不以为诬。道宽所传，亦可谓奇术无疑也。玄逸公以真淳广博之行遇知　↵圣世，风旨所被、羽流覆冒如甘露卿云。故道宽执贽拜之，愿执弟子礼。师怜其诚悫，遂赐"通微大师"之号，仍撼其所以然，颂曰　↵

两闻混混，万有芸芸；各负所禀，欲奋厥神。匪纳范则，何变不出？故圣人作一寰之律；善淑者进之，悍愎者柔之。是训是刑，百方□↵之；尚虑疾病，辅以药饵。复虞寒饥，教之稼穑；神而明之，传永诸幽。砭灼之外，置科祝由；大较仁慈，济物盛德。人被其恩，不知不□；↵道宽□实，神人之心。已信守之，影响相寻；顺山呼奴，葱蒨绀宇。式瞻千年，神仙故府；我如丹青，新宫是铭。永俾嗣人，爰依百灵。↵

大元大德八年，岁次甲辰，五月甲寅朏十一日壬戌，知观刘道定、　何德兴，　副观李道元　等　立石。　玄门演道大宗师、辅元履道玄逸真人、掌管诸路道教事、商议集贤院道教事张　志仙。　燕山刘德忠

（碑阴）

／↵／余道元，↵／↵／何／杨道□□，↵／杨道用，↵／↵／↵
／↵／人／志、耿智、武益、沈嘉甫，↵／失／成／可／张娘娘，
↵／军／琪／，↵／↵／↵／进／尉、　檀州判官孟　
禄，　↵／同　知　檀　州　事　张　允中，↵／州　知州、
兼管　本州诸军奥鲁　劝农事姜　居政，↵／达　鲁花赤、兼　管本州诸

军奥鲁 劝农 事 赛哥，□□捕盗所司吏田得荣，
司吏：冯楫、蔺居仁、李璧、赵浩、许政、李显、
武彦忠、张翼、王叔贤、肖□□。□目□景
□都路顺州判官赵天瑞，□仕郎同知大都
路顺州事崔哈剌拔都，奉直大夫、大都路、顺州知州，
兼管本周诸军奥鲁劝农 事 段 庭 珪，武节将军、大都路顺州达鲁
花赤、兼管本州诸军奥鲁劝农事 脱欢沙，资德大夫进□中书右承（丞）、
大 司 农、签 宣 徽 院 事 曹 庭 瑞，□禄 大 夫、
大 司 徒 石蒙古女，□清 荣 禄 大 夫、大 司 徒、
兼 领 太 常 寺事兀都台，太 师、忠 显 东 平 王 夫 人
布 颜 忽 都，金 紫 光 禄 大 夫、太 师、东□书
石承（丞）相 安童。（以上碑上半部分）
（以下部分文字剥蚀，次序较乱，故略）

注释：

集贤学士：元代职官名称，即"集贤院学士"之省。集贤院，元代中央机构之一，主管提调学校、征求隐逸、召集贤良、吸收社会闲散人才，兼管道教、阴阳、占卜祭遁等事。下设大学士、学士、侍读学士、直学士、待制、修撰等官。集贤院仍下设国子监、国子学、兴文署等机构。故集贤学士为集贤院次官，大致官居二品。

嘉议大夫：元代职官名称。文官四十二阶之一，列正三品之末，位通议大夫之下。

道馆：道人、道士所居之处，又名道院。

符水厉神祝：一种能役使鬼神的符箓咒语。符水，道家用以治病驱邪的神水；厉神，役使神灵，"厉"有"鞭打"之意；祝，神咒，咒语，原指以言告神祈福。

疡：古代指痈疮、痈疽一类的外科疾病。

劳谢殊腆：犒劳与感谢的程度超出平常。劳，犒劳、慰劳之意；腆，丰厚之意。

间出其法：即偶尔常常地以此法进行试验之意。间出，原为交替迭出之意。

朏：农历指每月初三日。朏，新月初生的样子，后专指初三。

按语：

《日下旧闻考》："呼奴山白云观有元大德八年集贤学士宋渤碑。""宋渤《白云观记略》：真人张霞卿弟子张道宽居顺州之呼奴山白云道观。能以符水救人，大丞相东平王尝有疡生体中，医药罔效，道宽治以符水遂愈，王为之构观云。"关于"呼奴山"，又名"狐奴山"。《大清一统志》："汉置狐奴县，属渔阳郡，后汉因之，三国魏景初二年（238）废，晋复置，属燕国，后魏废。"《大明一统志》："呼奴山亦名狐奴山。"《昌平山水记》："县东北二十五里为狐奴山。"《顺义县志》："狐奴县旧城在县东北三十里狐奴山西麓。"《长安客话》："牛栏山与狐奴山相望。"可见"呼奴"之名源于"狐奴"，本为县名，县在山麓，县无山在而名存。

碑文所提到的"大丞相东平王"，此人很有可能就是当时的东平行台严实。严实，字武叔，长清人（生卒年不详），元朝初期任东平路行军万户，驻东平。五十九岁病死，追封鲁国公，谥武惠。由于其在位时施行了许多仁政，卒后亦为人们称赞。东平府，其地在今山东西部东平县。前至元时期（1264—1294），在当时的东平路地方行政最高长官严实父子的相继统治下，保持了长时期的稳定和繁荣，出现了"治为诸道第一"的景象。严忠济，字金芝（生卒年不详），严实次子，袭东平行军万户，并曾扩建庙学，代部民交纳赋税，为世人称赞。

碑阴题名密密麻麻，但碑面剥蚀亦较严重。大体上上少半部分是高官题名，因此在其行文布局上比较讲究，虽然人名不多，但却占了不少的碑面，分行书刻；下半部分，多记低级吏员、村民人众等，故分列书刻。仅从人名来看，还是汉人居多。

重修庙学碑

解题：

元至正己丑（九年，1349）闰七月立。碑青石质，螭首，座佚。高267厘米，宽89厘米，厚25厘米。额篆"重修庙学之记"，首题"重修庙学记"，奉训大夫、前监察御史张植撰文，中奉大夫、太史院使刘竦书丹并篆额。碑阴刻官吏及生员人名。原在顺义县学，1999年移立顺义区文物管理所院内碑林，碑身保存较好。

录文：

重修庙学记

奉训大夫、前监察御史张植撰，　中奉大夫、太史院使刘竦书并篆额。

至正戊子，孙公惟孝由常德推官为顺州尹，下车，伏谒　夫子庙庭及诸从祀庑序，致奠展诚。礼毕，因视正殿，则栋宇峻整，翼然如新；即睹两庑，则椽桷渐　弊，而几毁神像。意其始创，盖急尊缓卑而致然也。公大惧不任，以堕教基。洎升讲室，又则壁饰剥　澜，仰见瓦隙，仅足以庇风雨；出辞神门，亦皆楣柱倾欹，封扃罔密，不足以严瞻仰。公蹙然不宁，询　其学正完哲笃。并先达鲁花赤寄童，已捐俸以率。夫士民之财，莫不羡赢，以至土木茨灰之具，儗　直饩廪之资，莫不充裕。公慨然曰：先守既底法，今守当成其志。夫人效其劳，我享其逸，不兴是役　，则乌足以塞我之责，而禽民之望哉？于是聘匠僦夫，完旧益新，不烦呵叱，而绩以成。东西两庑，⌐自南而北，皆六十尺有奇，檐隅骞翔而列梲分齐也。大成之门，为楹者九，朱碧焜耀而周阿直方⌐也。门南二十步有奇，曰外神之门，则疏扇而丹漆，高崇而广廓也。庙之北讲堂南面，纵三楹、横四⌐楹，则窗户洞明，清寂邃深也。其构、其饰，率皆文不掩质，而既致且固。落成既有日矣，国子伴读史⌐惟允走求记于予，欲丽诸石，以将示来也。辞之勿克。既而谓之曰：今为守为令，佐⌐王兴化者，俱限以六事。而六事之要，惟学所系为尤重。孙公追先烈闵子之德，不苴斯任而知⌐政体，克改作以劳民，与监州<u>喜栢笃竦</u>、偕同知<u>孙约</u>、祷砂、判官<u>许让</u>，同寅共济，司吏张天佑、董⌐督，遂俾宇庑以侈，而吏民岁时祭祀之有其所；讲室复新，而师生朝夕肄业之有其君。曰；是而邑⌐里民感化怀义，皆愿读书励行，趋公治训，驯而风移俗易，农不堕业，讼息奸弥，宁不自兹斯乎！至正己丑秋闰七月吉日建。

（碑阴人名略）

注释：

奉训大夫：元代文官四十二阶之一，位在从五品之末。

监察御史：元代为御史台属官。御史台为中央最高监察机构，主管纠察百官善恶，政事得失。下辖察院。设监察御史三十二员，专司刺举官员功过，政事得失。

太使院：元代的中央机构之一，职掌天文历法。

刘竦：《元史》无传。由碑文可知刘竦曾官至中奉大夫、太使院使之职。可补史之缺。

孙公惟孝：据《重印民国顺义县志·行政志》载：在至正八年（1348）由常德推官为顺州尹，修学庑。所据为《黄志·张植·庙学碑》。可见民国县志对顺义职官的考证亦以本碑为依据。

完哲笃：同上载，至正八年（1348）任顺州学正。

达鲁花赤：蒙古语意为镇守者、制裁者、掌印者，转而为监临官之义，元代设此以监汉官，实为总辖官之职。既可以是监督地方行政的长官，又可以是地方政权的最高负责人。元朝规定,于路、府、州、县、录事司以及南方少数民族地区长官司均设达鲁花赤;兼管军民的安抚司多数也设此职,大多由蒙古人担任。

  寄童:同上载,至正间任顺州达鲁花赤。

  惟允:即柴惟允。按碑文,时任国子伴读史。

  喜栢笃竦:同上载,至正九年(1349)任顺州监州。

  孙约:同上载,至正九年(1349)任顺州州判。

  祷砂:同上载,至正间任顺州州判。

  许让:同上载,至正九年(1349)任顺州州判。

按语:

  顺义庙学,据《光绪顺天府志》载:"在县治西门内北小巷。"(实即孔庙、庙学旧址)《钦定日下旧闻考》载:"顺义县学在县治西,洪武八年(1375)重建。(《明一统志》)按:顺义县治,县学旧址在西门内北小巷,元改置通衢,即今址。明崇祯七年(1634)重修。本朝康熙十九年(1680)邑令邹琬重建。"由此可见,顺义县学在历史上曾重修了多次。此碑至正九年(1349)始立于顺义学宫西庑南。康熙《顺义县志》和《重印民国顺义县志》记,顺义庙学始建何年不详。但金明昌初年(1190),时任顺州知州提刑莱州刘仲洙、乡进士窦鸣道修葺殿庑,欲为讲室未克,岁久倾斜坍塌。此事见金泰和元年秘书少监李旸《重修记》中。后孔庙毁于兵火,礼殿仅存。元初,郡人中书右丞曹庭瑞重新修葺,并买寺院基地扩大庙学宅地。知州郭干也重修两庑,段廷圭更为明伦堂。泰定元年(1324),曹廷瑞之子工部尚书曹伟出资修拓,同知州事祝献董其工,规制略具。曹伟后造礼器二百三十件,购经史若干卷,藏于学宫,知州梁宜作《顺州庙学碑记》(碑已佚,黄成章《顺义县志》及《日下旧闻考》载有碑文)。至正三年(1343),王汝楫建棂星门。至正八年(1348),知州孙惟孝重修。即此碑所记内容。碑文前部分叙述孙惟孝任顺州尹之初,进夫子庙祭拜行礼后,见正殿虽栋宇峻整如新,两庑却破旧几毁,神像乃始创时容颜,又见讲室壁饰剥落,屋顶瓦隙仅能以避风雨，神门楣柱倾斜，窗扇隙松，不足以严瞻仰。所以率先捐俸修葺了东西两庑，粉饰窗棂。使庙学焕然一新。

从史料和碑刻看，顺义县学宫原是一座历史悠久、规模宏大的建筑群。后屡经战乱，多次重修。至民国初年，尚有大成殿、明伦堂、文昌阁、启圣殿、名宦祠、棂星门等建筑。可见其仅为孔庙而留存，未有县学之再续。民国十七年（1928），军阀混战，国民党第二十六师驻防宫内，任意摧毁，仅余空房遗址而已。民国十八年（1929），乡村师范成立，择定校址于此。建国后，仍为学校所用（教师进修学校、城关二中），但陆续拆建，旧迹因建楼而无存。现仅存《重修庙学记》与《曹庭瑞善行记》碑，保存在顺义文物管理所。

碑石中下部字迹漫漶不清，各行夺字不等。录文据《民国顺义县志·艺文志》所收碑文补录。

顺州官吏士庶衔名碑

解题：

元代（1271—1368）。碑螭首联首，座佚。通高 255 厘米，宽 89 厘米，厚 28 厘米。首题"顺州官吏"，阴额题"顺州官吏士庶衔名"。现藏顺义区文物管理所。碑基本完好，但碑阴右上部被水泥覆盖，整碑阳面皆被水泥磨蚀，字迹剥泐。

录文：

顺州官吏　┘
奉训大夫、大都路顺州达鲁花赤、兼管本州诸军奥鲁劝农事喜栢笃束（王、束，左右结构），　┘奉议大夫、大都路顺州知州、兼管本州诸军奥鲁劝农事孙惟孝，　┘忠翊校尉、大都路同知顺州事孙约，　┘
承事郎、大都路同知顺州事祷束（王、束，左右结构）砂，　┘敦武校尉、大都路顺州判官许让，　┘吏目李适、　三清观住持法师李天阳，　┘
儒学正完哲笃、　蒙古字学正宋弘道、　□提领／使高惟允□赞司□彬，　┘　司吏　赵义、邢居仁、王思政、魏忠、杜桂、周德真、　／仲／，┘
　贴书　徐敬祖、张恭、娄敬祖、马思、解仲礼 □琰／，　┘坊市士庶
敦武校尉左八作司提举郭庆寿、　承事郎前／都路照磨咬惟、　王明，┘
　庙学生员　┘　大都路左警巡院、儒学教谕萧克恭、张希道、／、张慎、

张昭、　李杰，⏎　房正礼、李国用、☐仲仁、王钦、贾德兴、张石、☐
王义、王德成、乃颜□，⏎　王瑶、夏英、石郁、郝珍、路子□、王超□、☐、
韩钦、☐国定、张伯□，⏎　坊市高舍儿、郝家滩李德、向阳张□友、刘家
庄□□山、☐孙荷都奇，⏎　沙浮里杨向家儿、成子王车儿、义府杨守
礼、☐，⏎　坊市社长　李俊、宗德裕、坊工杨守道、□居□、☐，⏎
　监造　司吏张天祐、首领　房成、王德成、□梁□☐，⏎　木匠蒋伯远、
□□、李成，塈匠张仲仁、闫得观，铁匠韩长□，石匠王义。⏎

（碑阴）

☐事耶阿☐事郎州官李□春、吏目齐荣寿、□前吏、　薛舜臣、　张思
敬，⏎☐钦祖、☐、李彦彤、杨文举、崔德温、白津、宋从善，⏎☐正
汉、☐、医学提领李让、惠民局良医郑恭、阴阳学政段义，⏎☐⏎☐刺
☐政义、攒典李彬，⏎⏎☐☐哈剌、刘行省孙刘弘道、同知房进、蒲察
晋、柴惟允、梁宝□、夏仲珪，⏎☐姜旺、李让□付使王荣、工部□差张
端、蒲察让、李德仁、
王德祥、李善，⏎☐董德祯，⏎☐善☐邹智亨、佐容□、齐铸、赵仲
让、侯思善、□□、张奉举、李忠、成亨，⏎☐王
仲□、王斌、柴英、李和、徐庆、徐文元、张居敬、雒文焕、　李中，⏎典史：
　王克恭、王世英、张荣、李东、幹野仙、胡
英、李庸、刘伯龄、刘源、张谅；⏎坊市 社长：　卢中进、曹
仁德、赵仲义，　坊正：　陈文瑞、李德、寇思义、米成；⏎河
濒乡里正：　石德进、冯智、杨德春、郎德羊，　社长：　韩钦、
赵显荣，⏎杨春、张德川、辛兴、张兴、张成；　崇义乡里正：洛子秀、张
钦、任彦通、田成，社长：　郝珍、邵成、高仲
礼、李国宝、孙宽；⏎孙德宽、尹敬祖、郭秀、柳仲和、石
德信、米智、耿信；⏎广平乡里正：　张焕、刘青、李德成、李德信、　社

长： 庞正卿、刘子胤、张德川、刘仲德、段德
用；┘ 德信乡里正： 眭中进、张贵、陈仁信、刘荣， 社长： 那
德贵、 任荣、何宽、宋仲达、杨君玉；┘ 丰乐乡里正： 马
泽、郑用、王庆、李德春， 社长： 王君祥、王伯达、吴进、高伯秀、杨和，
┘ 刘居敬、何泽、张玉、苏庆良、秦用；┘
仁智乡里正： 周仲敬、王智、何善、李资实， 社长： 周仲贤、王伟、
 俎子宁、刘寿卿、高聚， ┘ 乐宽、刘成；┘ 祇侯
领袖： 荣珍、柴资、张德坚、孙贤、李顺、李忠进、史德进；
┘ 弓手提控： 邓成、于德春、赵子胤、李成、李德义、李德
庆；┘ 李遂会真宫举师周进元、 三清观提举李天扬、前顺州道正张智
兴。┘（中空三行） 石匠提控魏德林、巩进。┘

注释：

忠翊校尉：古代武散官名。金始置，秩正八品下。元代沿置，升秩为正七品。

敦武校尉：古代武散官名。金始置，秩从正八品下。元代沿置，升秩为从七品。

吏目：古代吏名或官名。金始置，为衙署中的首领官，品秩为流外。掌案牍和管辖吏官，处理具体公事。元时设于中、下州，员额一至二人，仍为外流官。

儒学正：古代职官名称。元代在路与下州的儒学中均设学正，由教谕学录中选充。任满并经考试合格可升任府或上、中州教授。

提领：古代职官名称。元始置，取其"提调带领"之意。

提控：古代官吏名称。为宋、元时官名，或吏目的尊称。

提举：古代职官名称。原意是"管理"。宋代以后设主管专门事务的职官，即以"提举"命名。有"提举常平""提举市舶""提举学事"（宋）"医学提举"（元）"宝钞提举"（元、明）"盐课提举"（元、明、清）等官号，其官署称"司"。宋代另有"提举宫观"之名，为安置老病无能的大臣

及高级冗官闲员而设，坐食俸禄而不管事，称为"祠禄之官"。元代相沿，刘伯温为官元朝时，即曾出任浙江提举。

按语：

  碑文记载元代顺州官员及绅士姓名、职务、身份等。其中喜栢笃竦、孙惟孝、孙约、祷竦砂、许讓在张植所撰元至正九年（1349）的《重修庙学记》碑中都有记载（见前条）。也正由于此，此碑虽无年款，但所立时间应在元末惠宗时，也即1333—1370左右。本碑将达鲁花赤"喜栢笃竦"置于任顺州知州兼管本州诸军奥鲁劝农事的"孙惟孝"之前，说明元代达鲁花赤一职的重要性。除本碑所记喜栢笃竦曾任达鲁花赤外，在梁宜所撰《顺州庙学碑记》中还记有郭伯达曾任提举司达鲁花赤、盐察吏托刺台也任过达鲁花赤。其所说"奥鲁劝农事"，奥鲁为蒙古语，意即老小营，指征戍军人的家属所在。蒙古国时期，男丁充军出征，家口以千户为编制在后方或随军从事生产，经营畜牧和其他生产，供应前方，称为奥鲁。灭金以后，在江淮以北地区置奥鲁官，凡军户均由奥鲁官府直接统领，不受州县管辖。各路奥鲁官府受枢密院节制。至元元年（1264）以后，逐步改由地方路、府、州、县长官兼领诸军奥鲁。唯蒙古军和色目军仍保持单独奥鲁官。碑文开列的当时顺州所设官职除达鲁花赤、奥鲁劝农事外，还有忠翊校尉、敦武校尉、吏目、三清观主持、儒学正、蒙古学正、司吏、贴书等职，可见元代地方官设置是较为庞杂的。该碑是研究元代地方官职和顺州史的重要史料。另外，碑阴文记有"河濒乡""崇义乡""广平乡""德信乡""丰乐乡""仁智乡"等地名，迄今大多有所改变，但碑末记"李遂"字，在今仍无改变，这也为我们研究顺义地名沿革提供了第一手资料。

明李泰墓志

解题：

明正统元年（1436）六月二十六日。志长 45 厘米，宽 44 厘米；盖长 45 厘米，宽 39 厘米。志文正书 28 行，满行 28 字。盖文篆书三行，满行三字。盖篆"赠武德将军李公墓誌"，首题"赠武德将军李公墓誌铭"，吏部郎中兼翰林侍书程南云篆盖，翰林检讨王子璠撰文，松窗萧节之书丹。1999 年顺义区后沙峪镇东庄村出土，现藏顺义区文物管理所。志石已横通断为两块，每一行字致残缺一二字不等；盖右下部残缺。

录文：

[盖文]
赠武德⏎ 将军李⏎ 公墓誌⏎
[志文]
赠武德将军李公墓誌铭　　⏎
公讳泰，李姓。世为永清栾州乐庭县赵家庄之巨族，唐宋间累跻显⏎仕。父大公有隐德，母有㦤行。公性严明果断，不喜柔佞，务立功名，卓⏎然出众，不为同好。尝叹曰："大丈夫当以忠孝为志，遗芳竹帛，岂可以⏎私身安安，甘与草木同朽乎？"遂仗剑从军。洪武元年，拨永清右卫。屡⏎从征伐，必树功勋。虽囗戎囗存心仁爱，见人之饥，犹己饥之，必推食⏎以食之；见人之寒，犹己寒之，必解衣以衣之。汲汲然以有生同一己。至于寝食造次之间，未尝忘功名。或曰："以公之所积，当享厚报，奈何止于此乎？"公曰："某身虽不报，安知不在子孙乎？"洪武二十八年，以疾卒于正寝，藁葬于东庄。享年四十岁，生于丙申年十一月十七日。弟代其役，弟老，从子得代之。洪武三十二年，随太宗文皇帝平定内难，至齐眉山□战而亡，以功上特陞金吾左卫副千户。得无嗣，以公之適子宗和袭职，宗和，得之从弟也。宗和贤而能武，永乐十三年，选除府军前卫中右所。宣宗皇帝即位，选带刀侍卫，贵执金吾，人皆以为公之积累而徵也。宗和笃孝，而母夫人王氏生于元季庚子十二月十六日，卒于宣德三年三月十七日，享年六十九岁。以是年三月二十四日，卜葬于顺天府顺义县孙后里东庄之原。子一，即宗和也。女二：长适金吾卫百户宋真，次适士人陈大。宗和娶靳氏，卒。孙男三：曰源，曰浩，曰□；女孙二：长适本卫千户孟真男孟成。继陈氏，亦卒。孙女一。皆附葬于公之茔次。宗和以其穴卑下，正统元年六月二十六日，特改穴与母王氏合葬，以妻靳氏、陈氏附之，以成昭穆，以示永久。泣而请铭于墓。遂为之铭。铭曰：

人之于死，　患名不立；　子显名扬，　死□□恤。　东庄之原，有冢巍峩；　铭之于石，　千载不磨。

吏部郎中、兼翰林侍书程南云篆盖，　翰林检讨王子璠撰，　松窗萧节之书。皇明正统元年六月二十六日，孝子李贵泣血立。

注释：

太宗文皇帝：此指明成祖朱棣（1360—1424）。即位前为燕王，即位后改年号为洪武三十五年（1402）。次年改号为永乐。卒后定庙号成祖，予谥"启天弘道高明肇运圣武神功纯仁至孝文皇帝，"史亦称"太宗文皇帝"。

平定内难：指燕王朱棣发动的"靖难之变"。明建文帝（惠帝朱允炆）用齐泰、黄子澄之谋，削夺诸藩。燕王朱棣反，指齐、黄为奸臣，起兵入，清君侧，号曰"靖难"。建文四年（1402）六月，靖难兵入京师（今南京），帝不知所终，燕王称帝。

金吾左卫："卫所"为明代军队的基层编制，从京师到地方遍设"卫所"。数府划分为一个军事防区设卫，再下设千户所与百户所。京师驻军洪武时置有金吾前后卫，永乐时增金吾左右卫。

府军前卫：明代军事组织"京卫"所属上直二十六卫之一，明永乐中置。

宣宗皇帝：即明宣宗朱瞻基（1398—1435）。明仁宗（朱高炽）洪熙元年（1425）即位，次年改元"宣德"。卒后定庙号"宣宗"，予谥"宪天崇道英明神圣钦文昭武宽仁纯孝章皇帝"。

东庄：现后沙峪乡辖村，距县城西南九公里。

昭穆：古代殡葬制度，指家族墓地按照辈分所制定的位置序列。本来是宗法制度，宗庙次序，二世、四世、六世，位于始祖的左方（即东方），称"昭"；三世、五世、七世，位于右方（即西方），称"穆"。故一般称作"左昭右穆"。

程南云：明南城人。字青轩，号远斋。永乐间以能书征，预修《永乐大典》。累官太常卿。南云工诗文，善画梅竹，尤精篆隶，为时所尚。

按语：

按志载，李泰先世为永清栾州乐庭县赵家庄巨族。唐宋年间祖上已累跻显官。李泰，洪武元年（1368）任永清右卫，屡立战功，洪武二十八年（1395）卒。死后，弟代其役。弟年迈后，其子李得代其职。李得，实为李泰之侄。李得复于洪武三十二年（1399）随成祖朱棣平靖难之变，在眉山战役中阵亡，特追升为金吾左卫副千户。李得死后，因其无子，遂又以李泰之嫡子宗和袭职。宗和，永乐十三年（1415）除府军前卫中右所。宣宗皇帝继位后，选为带刀侍卫。志末述及李泰之子宗和，念其先父早在洪武二十八年

(1395)以疾卒于正寝,仅仅藁葬东庄,而母王氏于宣德三年(1428)葬东庄原,但由于穴位低下,故于正统元年(1436)特选新址迁窆合袝,并以宗和妻靳氏、继妻陈氏附葬。墓志为改葬时所作。

  志文记李泰卒于洪武二十八年(1395),享年四十岁。生于丙申年,即应为元至正十六年(1356)。因此可知李泰在世为虚龄四十,因以补碑文缺字"四"。第十四行"元季庚子",依上下文意应为元至正二十年(1360)。另,志文中所记李泰子为宗和,"子一,即宗和也。"但文末又称"孝子李贵泣血立",疑宗和、李贵实为一人之字、名的关系。或,志文记"(李泰)孙男三:曰源,曰浩,曰□",疑其缺字即"贵"字,然"源"与"浩"均为"氵"旁字,"李贵"与"李源""李浩"形成兄弟关系似乎也不合常理,且"李源"辈系孙辈关系。

明张寿墓志

解题：

明正统十二年（1447）二月二十六日卒。志长、宽均 57 厘米，盖长 58 厘米，残宽 42 厘米。志文正书 26 行，满行 28 字。盖文篆书 4 行，满行 4 字。盖篆"故武德将军锦衣卫正千户张侯墓志铭"，首题"故武德将军、锦衣卫正千户张侯墓志"，翰林检讨、征仕郎四明汪奉撰文，中书舍人、征仕郎、武林王琮书丹，中书舍人、从仕郎、南安王叔安篆盖。1999 年顺义区南法信乡焦各庄村出土，现藏顺义区文物管理所。志石左上角略有残缺，盖左半部残缺。

录文：

（盖文）

故武德将⤶ 军锦衣卫⤶ 正千户张⤶ 侯墓志铭⤶

（志文）

故武德将军、锦衣卫正千户张侯墓誌　⤶
翰林检讨、徵仕郎、四明汪奉撰文，⤶　中书舍人、徵仕郎、武林王琮书丹，⤶　中书舍人、从仕郎、南安王叔安篆盖。⤶
侯讳寿，字延龄，其先顺义人。大父仲原，积德好善，为乡里所重。父讳⤶
复，母孙氏。父勇敢有武略，洪武己卯，恭逢　⤶太宗皇帝平内难，仗剑而起,忻然归之。东征西伐,所至有功。阅四年,内难⏎既平,四方氐定,论功行赏,授以武德将军、锦衣卫正千户。未几,遽以⏎疾卒。侯尤有大志,具文武才,以嫡长继之。其莅职也,慨念先侯,才未⏎尽用,赍志而殁,奋力效忠,以图补报。于是扈⏎驾征北,沙漠以清。寻征武定等州,咸有异绩。归领所事,承上有道,抚下⏎有方,官僚仰成,戎士慑服。暇则纳贤下士,充广才识,有古名将之风。⏎朝廷以年劳⏎赐诰命,推⏎恩祖、父,其荣无加。讵意正享太平,一疾弗起。实正统丁卯二月戊午,年五十有一也。娶李氏、许氏,俱无子。再娶李氏,生女一。再娶侧室王氏、刘⏎氏,生男二,玘、琮;女一,适金吾右卫指挥同知倪侯贞。伯父智,娶严氏,⏎再娶栢氏。生男五:通、兴、林、恭、敬。弟宁,娶王氏,生男四:瑛、瑾、瑄、玹;女一,⏎在室。侯将葬于顺义县安乐里之原。其弟宁惧其潜德懿行岁久湮⏎没,无以暴白于世,来请铭,勒诸贞石,以垂不朽。呜呼!观侯之先侯,素⏎抱《七书》之略,身经百战之餘,创成世业。侯继承之,复克振饬,俾先侯⏎瞑目于地下。惜其年踰五旬,弗克大展其才、伸其志而止,可憾也!然⏎天祐吉人,不于其身,于其後昆,夫岂爽哉!铭曰:⏎

猗歟张侯,生际⏎时雍;抱负既硕,才略亦雄。正期年富,竭忠树功;胡啬其寿,倏焉告终!卜⏎日之吉,安厝幽宫;过者必式,孰不改容?⏎

注释:

从仕郎:古代文散官名称。金始置,从八品下;元升从七品,明为从七品初授之阶,清废。

侯讳寿:志文记"侯讳寿,字延龄",盖篆及首题均有"锦衣卫正千户张侯"字。实际"侯"非实指,乃尊称而已,犹如古称"千户侯""万户侯"。

洪武己卯:即洪武三十二年,实为建文元年(1399),但历史上已经改元了。由于燕王曾免"建文"年号之故。

太宗皇帝:即太宗文皇帝,明成祖朱棣,详见前注。

氏定：即"底定"，平定之义。"氏"通"底"。

赍志而殁：留下未完了的志愿就死了。赍，怀抱着。

安乐里：《北京市顺义县地名志》载，安乐县西汉时置，属渔阳郡，故城在今顺义城西南古城村北。东汉因之。三国魏属燕国，治在今顺义城西北衙门村（旧名安乐庄）。晋时因之，曾封蜀后主刘禅为安乐公。北魏，入潞县。今据墓志可知，今顺义区西的南法信乡焦各庄在明时仍称安乐里。

潜德懿行：美好的德行事迹。潜德，犹如说阴德，做好事不让人知；懿行，美德之行。

七书：此指武经《七书》，是古代武将所必读必研的七种兵书。北宋朝廷作为官书颁行的兵法丛书，是中国古代第一部军事教科丛书。它由《孙子兵法》《吴子兵法》《六韬》《司马法》《三略》《尉缭子》《李卫公问对》七部著名兵书汇编而成。

按语：

志载：志主张寿，字延龄，世为顺义人。其祖父张仲原居乡行善，其父张复，于"靖难之变"时随征。平定后于永乐元年（1403）论功行赏时，授以武德将军锦衣卫正千户。父卒，张寿以嫡长子继其职。永乐皇帝征北时，随征武定等州。朝廷以其劳苦，赐诰命推恩至祖父。于正统十二年（1447）二月二十六日卒，享年五十一岁。葬顺义县安乐里之原。

志中"恭逢太宗皇帝平内难"，实指燕王朱棣发动的"靖难之变"。所说"洪武己卯"亦即建文元年（1399），做志者以非正朔耻书"建文"年号。太宗皇帝（明太祖朱元璋）于洪武三十一年（1398）薨，孙朱允炆继位是为建文帝，于己卯年（1399）改年号为建文。朱允炆面临诸叔王拥兵分据要津，难以驾驭的局面，于是开始削藩，由此激起燕王举兵反叛。以清君侧诛杀齐泰、黄子澄为名，号其师为"靖难师"。并自署官职，免建文年号，乃称洪武三十二年，时在建文元年（1399）七月。

墓志另对张氏家族的世袭做了较详细的记述。从志主祖父张仲原计起，仲原生二子：智、复。张智为志主伯父，娶严氏，再娶栢氏，生五子：通、兴、林、恭、敬。张复为志主张寿之父，生二子：长即张寿，季为张宁。张寿娶李氏、许氏，再娶李氏，再娶侧室王氏、刘氏。育有一女二子，女适金吾右卫指挥同知倪贞；二子为张玘、张琮。但此时志主张寿之子尚小，暂时处理不了父亲的丧事。作为志主之弟的张宁恐"其潜德懿行久湮没，无以暴白于世，"故"来请铭，勒诸贞石，以垂不朽"。

真武庙重修碑

解题：

明成化十一年（1475）。拓片额高 30 厘米、宽 35 厘米；碑身高 138 厘米，宽 77 厘米。额篆"真武庙重修记"，首题"真武庙重修碑记"，奉议大夫、通政司右参议、前翰林院编修、广阳赵昂撰文，征仕郎、中书舍人、直内阁、金台刘韵书丹，将仕佐郎、工部文思院副使、东吴顾真篆额。今在文管所院内。

录文：

真武庙重修碑记

奉议大夫、通政司右参议、前翰林院编修、广阳赵昂撰文， 征仕郎、中书舍人、直内阁、金台刘韵书丹， 将仕佐郎、工部文思院副使、东吴顾真篆额。

顺天府顺义县洪胜里旧有真武庙，基址岁久倾圮，不足以为神栖。成化壬辰之秋， 钦差御马监太监王公允中，偕计石桥南马房长随洪福宗按临是邦，意谓 北极玄天上帝真武之神，道参元化，普福生民，功德无穷，万世永赖。慨然以修复为心，於是捐己 赀构治材，庀事僝工，辇石陶甓。即其旧址，悉撤而新之。正殿三间，崇深幽邃；门廊两庑，低昂称□。而栋宇翚飞，规模宏廓，巍巍乎高出云汉之表；衣冠像设、金碧辉煌，观者莫不起敬焉。经始┘于是年之八月，落成于成化甲午之九月。太监公复荐道士徐遇春为住持，以领庙事。其用心┘可谓虔矣，又谓兹庙之成不可无述，以传永久。乃具颠末来请余文以记之。余为神以玄流 之┘化天下一尊，不言而教，莫知其神，而功德之大不可备述。然其见于兹境者，尤为显著。顺义民┘尝遇水旱疾疫，祈祷禳禬，莫不应验，於是一邑之民蒙其惠不既多乎！往往欲其重葺而力有┘不足焉。太监公有见于此，而易故就新，扩充广大，使岁时祭□而祈其禦畜捍患，以福庇邑之┘人，其意固可嘉尚已。然非二公征文以道扬盛美，焉知异时不泯没於无闻乎？余□知太监公┘之贤，又足以见┘朝廷任用之得人也。《祭法》谓"能洁大菑捍大患则祀之"，若神之功德，法所当祭。而二公之重葺□┘意，是必有由然矣。余故并书之，使世之人知 ┘天子在上，百神效职，群□用合，而顺义之人□以惠其福泽者，有所自云。是为记。 ┘大明成化十一年、岁次乙未，十月吉旦立。 ┘

注释：

赵昂：明正统、天顺、景泰、成化、弘治时（1436—1505）人，主要为官于英宗、代宗时（1436—1464）。据朝阳区出土的明代大学士李东阳撰文的《明故通政使司右参议致仕进阶朝列大夫赵昂墓志铭》，先生讳昂，字伯颙，竹溪其所自号也。本凤阳寿州世族，父讳杰，母张氏，继母王氏。举正统甲子（九年，1444）乡贡，登乙丑（1445）进士第。天顺丁丑（元年，1457），英宗复辟，超擢通政使司右参议。甲申（天顺八年，1464）宪皇（明宪宗朱见深）即阼，出为瑞州府同知。己丑（成华五年，1469），上疏乞休，命复旧官致仕。其卒以庚申（弘治十三年，1500）九月十日，十月十日葬都城东安德乡之原。

将仕佐郎：古代官阶名称。明代为文官初授之阶，升授登仕佐郎。

工部文思院：古代官署名称。五代后梁置，旋改乾文院。明朝复称文思院，属工部都水司，主管进行舆辇、册宝、法物和各种器服所需金银犀玉、金彩绘素等装饰品之制造和供应事宜，设大使、副使领其事。

偕计：同"计偕"。举人赴京会试。源于汉代乡里举孝廉、秀才，派去寻才的官吏发现有这样的人后,该"人"与"吏"俱往"太常"受褒奖。《史记·儒林列传序》:"郡国县道邑有好文学、敬长上、肃政教、顺乡里、出入不悖所闻者,令相长丞上属所二千石,二千石谨察可者,当与计偕,诣太常,得受业如弟子。"司马贞索隐:"计,计吏也。偕,俱也。谓令与计吏俱诣太常也。"

北极玄天上帝真武之神:即玄天上帝,亦即真武帝。真武即北方之神玄武,北方七宿,其形如龟蛇,龟蛇即玄武。宋时避讳改"玄"为"真",称"真武帝"。玄天上帝又为主持兵事的剑仙之主,地位仅次于剑仙之祖广成剑仙。真武兴盛于宋代,至元代又被晋升为元圣仁威玄天上帝,明成祖时地位更加显赫。

《祭法》谓:《礼记·祭法》原文是:"夫圣王之制祭祀也,法施于民则祀之,以死勤事则祀之,以劳定国则祀之,能御大菑则祀之,能捍大患则祀之。"故此碑所引《祭法》文,实际只是按意来引用的,并没有按原文照录。

按语:

今牛栏山一中元圣宫遗址内尚有一通残碑,首题"重修真武▱",碑首残缺,碑残高 185 厘米,宽 83 厘米,厚 45 厘米。碑面下部字迹漫漶,阴为题名。2000 年左右,由牛栏山一中出资对元圣宫遗址进行了大修,并同时将宫内原有碑刻修复后立于二进院东侧,此碑亦在其列。读其文有"隆庆六年春之暮告成于……"字样。

明宪宗遣官谕祭李宾碑
明宪宗加赠李宾制命碑

解题：

谕祭碑：明成化二十一年（1485）。失首失座，高200厘米，宽84厘米。碑右残损，左大半尚存13行。文系明宪宗皇帝遣周洪谟、徐溥、张寿致祭李宾。

制命碑：明成化二十一年（1485）。青石质。碑石左半缺残，右半尚残存九行，字迹可辨。座佚。高222厘米，残宽89厘米，厚26厘米。上二碑原址在顺义区李桥（李家庄），现立于顺义区文物管理所院内碑林。

录文：

（遣官谕祭碑）

维　　　成化二十一年、岁次乙巳、七月甲申朔、初九日丁巳　　，皇帝遣太子少保、礼部尚书周洪谟，谕祭于致仕太子少保、都察院左都御史李宾　曰："卿发身贤科，擢官风纪，由太仆而超迁都宪，茂著才猷；改司马守备南都，益扬声誉，载正西台，载兼宫保。方隆倚任，偶乞休閒。乡园之乐未几，龙蛇之梦忽作。讣音来闻，良深嗟悼，爰念往劳，赠太子太保，遣官谕祭，命有司营葬事，用表始终之义。卿灵如在，尚其歆承。" ↲ 维 ↲ 成化二十一年、岁次乙巳，八月乙酉朔、三十日戊寅，↲ 皇帝遣礼部左侍郎兼翰林院学士徐溥，↲ 谕祭于致仕太子少保、都察院左都御史李宾 ↲ 曰："卿敭历内外，享有福祉，既克令终，夫复何憾？今临首七，特用赐祭。灵其有知，庶几格思。" ↲ 维 ↲ 成化二十一年、岁次乙巳，八月乙酉朔、十二日戊子，↲ 皇帝遣顺天府通判张寿，↲ 谕祭于致仕太子少保、都察院左都御史李宾 ↲ 曰："卿扬历内外，享有福祉，既克令终，夫复何憾？今临窀穸，特用赐祭。灵其有知，庶几格思。" ↲

（加赠制命碑）

奉 ↲ 天承运 ↲ 皇帝制曰：国家稽古为治，於大臣生既隆其禄秩，没必加之卹↲ 典，所以奖贤而报劳也。故致仕、太子少保、都察院左都御 ↲ 史李宾，以简重之资，通敏之才，发身贤科，擢司风纪。进长 ↲ 太仆，爰陟都台，寻迁司马，南都之机务是系；召赴京；朝 ↲ 端之宪纲是掌。恳陈休致，遂获優闲。正宜安享遐龄，胡遽 ↲ □□□□？爰念往劳，加赠太子太保，以□旌襃。呜呼！惟臣 ↲ □□□□□□□□□□□闲於存。↲

注释：

太子少保：古代官名，西晋始置。隋唐以后多仅为加官及赠官，太子少保为东宫六傅最低一级，明制列为正三品。

周洪谟：（1420—1491）《明史》有传，字尧弼，号箐斋，又号南皋子。四川长宁人。正统九年（1444）乡试第一，第二年登进士，授编修，博闻强记，善文词，熟当代典故，喜谈经济。景泰初疏劝帝亲经筵，勤听政，因陈时务十二事。宪宗（朱见深）时（1465—1487）复陈时务，言人君保国之道。累迁礼部尚书。弘治元年（1488），致仕归。闻有房警，力疾上安国御夷十事。四年（1491）卒，年七十二，谥文安。

都察院：明朝将"御史台"改为"都察院"。内设左右都御史、左右副都御史和佥都御史等。职司纠弹百官，等同御史大夫。其左、右都御史均为正二品之职。

都宪：此指都察院的位置。明代都察院为司法行政监察机构，参见上条。

太子太保：明朝中央官制中属东宫大臣，正二品阶，掌奉太子以观三公之道德而教谕。无定员、无专授。

徐溥：（1428—1499）《明史》有传，字时用，号谦斋，宜兴人。景泰五年（1454）进士，由编修累官华盖殿大学士。性凝重有度，居内阁十二年，从容辅导，爱护人才，屡遇大狱，及逮捕系言官，委曲调剂，安静守成，天下阴受其福。年七十二卒，谥文靖。有《谦斋文集》传世。

首七：旧时人死有七七四十九天之祭，"首七"即第一个七天，按礼要举行一定的活动。

今临窀穸：现在面临葬期。窀穸，古称墓穴。

都台：此亦指都察院。

南都：此指南京。当时为南北两京同治。

按语：

李宾，字廷用，号敬庵，世为畿内顺义人。明正统十年（1445）考取进士，授浙江道御史。十四年（1449）边警，募兵万余，军威遥震，虏遁去。升副都御史，提督永平、山海诸军。兴屯田之利，兵民交赖。英庙（即明英宗朱祁镇）复辟，诏为大理卿。时刑狱严刻，宾疏古失刑数事，直言不讳，朝论韪之。辛巳（1461）秋，曹钦谋不轨，攻东西长安门，纵火，宾率家人击之，扑灭长安门火。天顺八年（1464），官左都御史。刚简镇默，以伉直著名。指挥佥事门达，知东宫局丞王纶必柄用，预为结纳。无何，宪宗（朱见深）嗣位，纶败，达坐谪贵州都匀卫带俸差操。甫行，言官交章论其罪。宾疏言达恃恩蔑法，玩弄威权，文网苛细，大狱屡兴，侮托上旨，恣逞贪残。至宾前曰"公宜讯我"，遂引服。历升南京兵部尚书，令有司设常平仓，平江洋盐盗。南畿仍岁大饥，宾请令南畿浙江、江西、福建诸生及官员军民子孙纳粟送盐。姚夔言：太学乃育才之地，近者直省起送四十岁生员及纳草纳马者，动以万计，不胜其滥。且使天下以货为贤，士风日陋，请罢其议。报可。宾乞归，不从。进太子太保。卒于成化乙巳（1485）五月十六日，生于永乐丙申（1416）二月十七日，得年七十。谥襄敏。

《光绪顺天府志》载："少保李宾墓，在县南二十里李家庄。"顺义黄志载：李公卒于私第，上闻惊悼，诏赠太子太保，遣官谕祭。以成化二十一年（1485）八月十二日葬于祖茔东之新茔。《重印民国顺义县志》卷十五《金石志》载有李少保家族墓碑情况。记：《谕祭李少保母卢氏碑》，在小临清李公墓，天顺三年（1459）遣礼部侍郎邹干临祭；《谕祭李少保父容碑》，在小临清李公墓，天顺四年（1460）遣顺天府通判张瑄临祭；《诰封李少保祖父仁敬公制碑》，在小临清李公墓，天顺八年（1464）立；《诰封李少保祖总宪制碑》，在小临清李公墓，成化二十三年（1487）立。

明宪宗皇帝遣官谕祭碑，今残毁严重，主要在碑右半，录文所见框中字，今皆无存，是根据旧拓所补。

又，1984年顺义曾出土刘珝撰文、艾福篆盖、康永韶书丹明成化二十一年（1485）《赠太子太保都察院左都御史李公（宾）墓志铭》一件，兹据拓节录于下备参：

太子少保、资德大夫、都察院左都御史、致仕李公年七十，成化二十一年（1485）五月十六日，以疾卒于家。讣闻，上悼惜之，命缮部营葬事，礼官谕祭，赠太子太保。既而，翰林侍读商良臣，以公之族氏行履始末为状，予其子正等乞铭于予。予於公为旧知，讵可辞？公讳宾，字廷用，别号静庵，世为畿内顺义人。以正统乙丑（十年，1445）进士，授监察御史。凛凛有风裁，时称得体。观风两浙，声采益振。己巳（十四年，1449）边报急，遣公往探虏情。公知虏必南向，已而果然。乃复出招募义勇民壮，怀庆诸虏万余夫，用固腹心，以劳迁太仆卿，主马政。时兵务方殷，於公甚有赖。升都察院右副都御使，提督永平、山海诸处军，兼总粮储，公受命以忠义耀威武，以宽和抚善良。英宗复辟，首召为大理卿。丁外艰起复，曹钦谋逆，公戮力赴难。既平，升右都御使。寻升南京兵部尚书，参赞机务。适岁饥，人多逃亡，公急请发仓赈济，且广为方计，赖以全活者数万人。复令有司各设常平仓，为后备，人多利之。成化己丑（五年，1469），盈九载，献绩于京。上以公积劳有年，改左都御史，留掌院事，再兼太子少保。于时风纪振扬，奸贪敛迹。见荆襄流民啸聚，恐为大患，建白处置，地方赖以无虞，朝廷倚之。夫公自进士出身，为御史，甫三载而迁太仆卿，又三载而副都宪，大理卿，右都宪，兵部尚书，左都宪。二十五载凡七转，而皆超迁。视彼沉溺、资格鹿鹿无他能而卒之，以身名俱泯者，何啻万万！九载为成化丁酉（十三年，1477），公以老请者既再矣，始赐允，年才六十二。呜呼！士以恬退为贵，公之退，清论咸归之。自时而后，优游桑梓、放情山水间者又数年，至是卒。公少颖敏，九岁能属文。甫弱冠，补邑庠弟子员。当时有识者，尝指而谓曰"此子真远大器"，其信然哉！李姓自周柱下使，秦汉而下代有伟人。公之支族不可考，高祖大用，曾祖福寿，咸有士行，不仕。祖仁敬，父容，以太学上舍历知莱芜、五河、海宁凡三县，俱以公贵赠右都御使。祖妣聂氏，妣卢氏，配杨氏，俱夫人。杨先公卒二十有八年。子男五：长即正，东昌府知事；次贞，蚤世；杨出。次芝，生员；次兰，次蕙，侧室汪出。女二：一适羽林前卫都指挥同知王钦子琮，刘出；一未笄，汪出。孙男七：桓，生员；桢，义官；桂、樘、楷、相、楹。女二，皆适名族。曾孙男二：经、纶。以是年（1485）八月十二日葬公于祖茔东新陇之原，杨氏附焉。铭曰：（略）成化二十一年（1485）八月十二日安。

重修宝峰禅寺碑

解题：

明正德八年（1513）四月初八日立。碑首、座皆佚，碑身高 170 厘米，宽 70 厘米，厚 15 厘米。首题"重修寶峯禅寺记"，尚膳监金书太监尹辅，盘山上方寺沙门继洪撰文并书，曹通、曹森、杨铠镌碑。原址在顺义区赵各庄乡后王会村村东，今寺已毁，辟为碎石场。碑今移立顺义区文物管理所院内碑林。碑身保存较完整，碑身中间横向有绳索勒痕，下半部字迹漫漶不清。镌字匠曹通等。

录文：

重修寶峯禅寺记 ┘
盘山上方寺沙门继洪撰书。┘ <u>大功德主</u>：尚膳监金书太监尹辅、┘御马监太监李鉴，内官监太监李达，┘ 祖居顺天府通州三河县，去县北相去五十里许，有名山一座，☐东至龙山，西至虎山，┘ 南至大道，北至主山，四至分明，地土 ┘ 释教之兴，古来尚矣。自汉混之君，盛于武帝之时，立建诸寺，古迹灵踪，指点无穷。其山森麓 爽恺 ☐于原有古刹，寺曰寶峯，肇┘造始于唐宋之间，翔佛堂、僧室、舍利寶塔，金壁交辉，焕然鼎新。迄至元以来，寒暑迭更，屡经兵燹，烟尘披拂，前代佛宇、僧┘舍废尽，惟塔存焉。观其名额，"定光佛舍利之塔"。考其石刻，大元之年，爰有祖师明☐，本地人也。□明神鲜，夙彰善慧，早悟┘真空，三界罔拘，六尘无染。周遊湖海，往涖此席，驻锡而来，法门大振，缁素归心。况且本寺佛象　又将颓零，幸感赵府┘殿下，皆亲礼谒，建佛堂、僧室、钟榭、经龛，大作峥嵘，靡不悉备。冀神龙之扶护，资　┘社稷之久长。至宣德六年十月初一日，迁化荼（茶）毗，有门弟子倪明蒙师之惠，立建寺／中吕之月上旬吉┘日，有大檀越张奉，大敬释风，远钦道行，频驰清俸，宰觏寳刹，僧舍凋落，墙垣塌地，／又瞻鋆兴起湛心，吁┘诸檀友，各捐已资，协力同修。僧廊一十二间，蜡竿二根，砌瓷殿基，建立石记，光前／梁，日新月盛。┘人之入善远恶，亦有归矣。此刹肇于百年之前，重建迺继於百年之後，则法门大／精舍告成，┘後人继袭，当笃其所丕阐宗风，化人超悟，上以祝　┘皇图之巩固，下以祈民命之永昌；爰及作兴运工者，咸臻于仁寿之地。厥功懋我是为记。　┘御马监太监韩森、　张资、
钱辂、韩春、张玉、　庄富、吴顺、苏玉，本寺住持正全、圆福、宗诚，徒弟觉常、觉识、明朗、真富。　镌碑匠曹通、曹森、杨鎧。┘大明正德八年四月初八日立。　┘

注释：

大功德主：佛教术语。称做布施的人为功德主，"大"则为美称。

肇造：犹如说创建，始建。肇，开始。

缁素：指僧俗之人。缁，黑色，指黑衣，为僧众之服；素，白色，指白衣，常人之服。

赵府殿下：此应指分封于彰德（今河南安阳）的赵庄王朱祐棌。弘治十五年（1502）袭爵，正德十三年（1518）薨逝。成祖朱棣之五世孙。

中吕之月：即农历四月。古代由于乐律与记时之月份同为十二之数，故二者常相配使用，因此又把"乐律"用作"月律"，成为纪月之法。四月律中"中吕"，故又名"中吕月"。

按语：

宝峰禅寺位于顺义区赵各庄乡后王会村，村东碎石场即原寺庙遗址，现仅存此碑及"本然禅师圆寂之记"碑。据此碑载，宝峰禅寺始建于唐宋年间，而寺内定光佛舍利塔据史料记载则建于辽清宁三年（1057）。碑记，至明正德年间（1506—1521），"前代佛宇、僧舍废尽，惟塔存焉。观其名额，定光佛舍利之塔"。而"本然禅师圆寂之记"，碑因阴阳面字迹均泯灭不清，无法辨认，只首题和阴阳额可辩，首题"本然禅师圆寂之记"，阴额"慎终镌石遗迹像记"。碑亦不大，失座，碑高106厘米，宽55厘米，圆首。但可否推断，本然禅师即为本碑中所记的"考其石刻，大元之年，爰有祖师明□，本地人也。□明神鲜，夙彰善慧，早悟真空，三界罔拘，六尘无染。周遊湖海，往涖此席，驻锡而来"。如若是其人，本然禅师应迁化荼毗于明宣德六年（1431）十月初一日。倘此推断成立，"考其石"的"石"即应为"本然禅师圆寂之记"碑。而禅师之卒年当在宣德六年（1431）十月之前。另据文中"考其石刻，大元之年，……建佛堂、僧室、钟榭、经龛"。"此刹肇于百年之前，重建迺继於百年之後"等字句，落款又为正德八年（1513），可知前"大元之年"应为元代的后至元年（1335—1340）。另外，在其附近民居处有一石函之盖，其上线刻五方佛像，有辽代风格。如此则唐宋、辽、元、明各代均有可征。

第十一行"茶毗"应为"荼毗"之误，"荼毗"梵文音译，意译火化之意。

此碑原在采石场中，1996年实地考察时碑尚完好，后来不知何年何人竟然将碑拦腰制造通裂痕一道，致使字迹每行残缺一、二字不等，如二行缺"寺"字，四行缺"北"字，七行则缺"然鼎"二字，八行亦缺二字"刻大"等。今已征至文物部门妥善保存。

《本然禅师圆寂之碑》，方首抹角，失座。碑身高110厘米，宽55厘米，厚17厘米。碑面字迹模糊不清，阴阳俱有文字。额篆"本然禅师圆寂之记"，碑身前二行亦篆书，首题"大明国本然禅师□□□"，二行书"本然禅师圆寂碑记"，以下则字迹不辨。阴额篆"慎终镌石遗迹像记"，再下文字完全不能辨认。此碑后亦征集到文管所。

（东）普济寺重修碑

解题：

明嘉靖十六年（1537）三月吉日。碑身残断，螭首、座佚，仅存联首上半段。残高 195 厘米，宽 84 厘米，厚 21 厘米。额篆"普济寺重脩碑"，首题"普济寺重脩碑"，大明清凉入藏、通传虎林外史、香山朽庵宗林撰文，后军都督府会昌侯孙早书丹并篆额。原址在顺义区北王路村，现存顺义区文物管理所院内碑林。

录文：

普济寺重脩碑 ↵
赐绍毗卢佛位天下劝善净慈圆明临坛第 ☐，↵ 大明清凉入藏、通传虎林外史、香山朽庵 宗林 ☐，↵ 後 军 都 督 府 会 昌 侯 孙 早 ☐。↵

於戏！否而复泰，乃天地自然之理也，天地尚有否泰，况 ☐。↵ 寺者，始自唐皇东征，驾还至此，就僧庵宇脩建，荐拔阵亡 将 ☐↵ 锦秀峯道行因缘，时人敬重。闵寺之否，竭力新之。百馀年来 ☐↵ 众缘，重造殿宇，庄严佛像，髹彤间彩，金碧交辉，画壁八十四龛 ☐ 伽 ↵ 蓝、祖师之堂皆修完美，三门、方丈、幡盖、供器，凡寺之设，无一不显 新 ☐↵ 西至沟渠，北至李兴之产。寺有买到地土二十三亩，供给香灯，此皆▢↵会首汪鼎、石聪、刘宣等恐泯玄胜重修之绩，来徵予文以记之。予闻▢↵信之子，弘治十二年信送到寺，投礼大议净宣和尚为师，慈悲之心▢↵周，见死亡者，不拘人与禽兽，默念往生咒以荐之；见病苦者求访良药▢↵以观之；见懒惰者，以精进之道而教之。由是普济之心，人多爱敬，脩寺▢↵皆尚义，为善之道，咸有普济之情。助起玄胜，普济之心无极也。名之与▢↵亦无忝于前代高僧厥祖锦秀峯也。予故序其事而为铭之。铭曰：↵

昌平之州，　顺义之邑；　普济道场，　重辉金碧。佛殿三间，　坚固如▢；▢↵三门不小，两廊俱好；伽蓝祖师，俱无烦恼。居僧之房，周围有▢；▢↵粥饭之久，田土亦有；种之收之，二十三亩。寺东路幽，寺南水▢；▢↵普济之德，唐时赐额；阅历至今，普济无极。我劝寺僧，道在人▢；▢↵嘉靖十六年三月吉旦。　　↵

注释：

毗卢佛：佛名。毗卢舍那的略称，也译作毗卢遮那，实即密宗之大日如来，法身佛之别称。

唐皇东征：指唐太宗东征高丽一事。

荐拔：犹如说超度。

玄胜：犹如说玄都胜境。玄，道教的代称；胜，名胜。

投礼：往投认师，投奔某某和尚为自己的剃度师。

往生咒：佛教经咒之一。据说常念此咒，可以使死者超生投胎为人身。

按语：

普济寺在顺义区，原本有东、西两座。据记，均为唐代所建。原址在北、西王路村，近属高丽营辖村。此为东普济寺，明嘉靖十六年（1537）重修碑。北王路唐代已成村。该村曾为古御道经由之路，传唐文皇李世民东征高丽时归途经于此建寺，以追悼阵亡将士。碑中记："寺者，始自唐皇东征，驾还至此，就僧庵宇脩建。荐拔阵亡□。"故此地名高丽营，应有东征遗义。另外，后附铭文亦有"唐时赐额"字，说明"普济寺"名称的久远。今顺义区内尚有"开元寺""唐指山"等传亦为唐迹。其所记为"荐拔阵亡将士"，正好与宣武区唐所创"悯忠寺"初衷相同。

又，其撰文人"大明清凉入藏、通传虎林外史香山朽庵宗林"，虽然搞不清其具体情况，但由石景山区八大处二处办公区所存一残碑上的文字是否可有一定的提示呢？该碑同样作为撰文人的落款是"赐紫三藏沙门虎林外史"，该碑时间在明嘉靖十七年（1538）左右，与此碑相仿弗。而最有意思的是，该碑首句是"呜呼！否而复泰，天地之常道"，此碑首句系"於戏！否而复泰，乃天地自然之理也"，如此相似的语句和位置，如此接近的时间，再加上其落款同时都有"虎林外史"字，更证明二碑二撰文人均为一人了。

碑述："锦秀夆道行因缘，时人敬重。闵寺之否，竭力新之。百馀年／众缘，重造殿宇，庄严佛像，髹彤间彩，金碧交辉，画壁八十四龛／伽蓝、祖师之堂皆修完美，三门、方丈、幡盖、供器，凡寺之设，无一不显新／。"碑于四至记为："西至沟渠，北至李兴之产。寺有买到地上二十三亩，供给香灯。"可见寺在元时由高僧锦秀峰主持重修，但无人为此立碑记之。所以碑说"会首汪弼石、石聪、刘宣等恐泯玄胜重修之续，来徵予文以记之"。又说"亦无忝于前代高僧锦秀夆也。予故序其事而为铭之"。另据收录的康熙五十二年（1713）《重修普济寺碑记》："至正德、嘉靖间开始有重修碑□可考。"应即指此碑。故本碑虽立于明嘉靖十六年（1537），但所记为元代高僧锦秀峰重修普济寺之事。

另外，今碑已残下部，不知多少。但我们由碑末的铭文上却得到了帮助。铭文计四行，换四韵，即四首四言绝句式。按其规矩，每行应为32个字，但残碑今每行实仅余23字，下尚仍缺9字。实测拓片高104厘米，则其余尚缺约34厘米。故此碑碑面高应为104 + 34 = 138厘米左右。

重修真武庙碑

解题：（暂时没有资料）

明万历四年（1576）。首题"重修真武庙碑"。

录文：（暂时无法核对原文）

重脩真武┘圣王之治天下彰┘扵道之┘报恋是惧则┘圣祖再造中崇正┘王道若此而黎庶 玄帝庙者有年雨┘神警即有张君大银君┘计焉因是而恢鸠工┘之震望庶乎 神精恒有所會聚上则奠┘皇之永固下则祐黎献之康宁 有耻且格 个之风然入庙宇之脩窗 \ 不大哉因有请予者矛不获辞遂以为乐道人善之勸云其工具扵┘隆慶六年春之暮，告成扵万（历？）四年春之┘赐进士出身 承德郎┘钦差户部督运主┘进士 文林郎顺义县县丞顺义县典史┘钦差分守广┘

注释：

玄帝：即"玄天上帝"之简，道教对真武大帝的称呼。真武大帝亦为北方之神。

有耻且格：犹如说人知羞耻而且行为端正。格，风格、法式、标准。

承德郎：文散官名，金代始置。明制为正六品升授之阶。

文林郎：文阶官名，隋始置。明为正七品升授之阶。

典史：古代县一级官员名称。金元时设于县衙和录事司，员额各一人，掌衙署文书和管辖吏员，为衙署中的首领官。明代沿置，每县设典史一名，秩未入流，掌狱囚。

按语：

从残断的录文中可以推算得出，此是一件残缺下半段的碑刻，凡遇最关键的问题时，文字则戛然而止，故使我们的解读难以进行。所幸我们还知道，此次重修工程开始于明隆庆六年（1572）之春暮（3月），竣工于万历四年（1576）春。

明曹应魁墓志

解题：

明万历十八年（1590）十月十六日葬。志长66厘米，宽69厘米；盖长62厘米，宽68厘米。志文35行，满行40字；盖文5行，满行5字。盖篆"明昭勇将军、提督街道官校办事、管锦衣卫事、秀峰曹公墓志铭"，首题"明诰封昭勇将军、提督街道房官校办事、锦衣卫管卫事、都指挥佥事、秀峰曹公墓誌铭"，赐进士第、中顺大夫、通政使司左通政、东阳杜其骄撰文，赐进士出身、资善大夫、南京吏部尚书、姚江孙鑨书丹，赐进士出身、通议大夫、刑部右侍郎、前都察院左副都御史、协理院事、姚江邵陛篆盖，副帅姚龙作状。1999年顺义区后沙峪镇前沙峪村出土，现藏顺义区文物管理所，志石完好，盖右上断通裂。

录文：

（盖文）

明昭勇将军、╝提督街道官╝校办事、管锦╝衣卫事、秀峰╝曹公墓志铭╝

（志文）

明诰封昭勇将军、提督街道房官校辨（办）事、锦衣卫管卫事、都指挥佥事、秀峰曹公墓誌铭　╝

赐进士第、中顺大夫、通政使司左通政、东阳杜其骄撰，　╝赐进士出身、资善大夫、南京吏部尚书、姚江孙鑨书丹，　╝赐进士出身、通议大夫、刑部右侍郎、前都察院左副都御史、协理院事、姚江邵陛篆盖。
万历庚寅夏六月二十四日，大执金吾曹公卒。讣闻，天子遣官谕祭，僚友姻戚交错吊焉。其孤嗣德持副帅姚君龙状，稽颡泣血，恳予志铭其墓，曰："此先将军治命也。"余雅重公，而又辱在姻知，乌可辞？按状：公讳应魁，字士元，别号秀峰。世为辽左人。洪武间，其高伯祖完者都，以元佥院来归，赐今姓，授新安卫千户。高祖赤帖木儿，始调锦衣，以招巨酋使名王功，陛世袭都指挥佥事。异数宠荣，日碑不啻也。曾祖袭指挥同知，祖疾未任。父讳志，世其官，生公。公甫成童，袭正千户，毅然奋曰："大丈夫承祖、父荫，叨世及恩，可坐糜廪俸，一无所表见已邪？"日夜淬砺，以文肄武，精韬钤，闲骑射，声称藉甚。嘉靖壬戌，登武进士第，陛署指挥同知，管衣中所事，脱颖风云，始基于此。而养晦不自衒，敝衣羸马，宴如也。十年不调。至隆庆辛未，晋金南镇抚司事。万历乙亥，晋金大执金吾事，褎然列大臣矣。此虽大司马抡材以请，而帝心简注可知也。壬午，锡诰命，赠祖、父如其官。乙酉，慈宁宫成录功，赐金绮，陛指挥使。戊子，奉旨提督京师街道，阛阓肃清，公私不扰。秋九月，上阅寿宫录劳，陛都指挥佥事。自高祖以来，未续之阶，公克复之，而阶益崇，心益下，自视歉然，若弗克胜者。大都公禔身雅靖，治剧精详，而谦和恭慎之衷，溢之乎词色。盖礼、乐、诗、书之遗范，雅歌缓带之馀风也。是故，扈跸郊庙，夙夜弗遑，以勤诚著；再使湖湘，往返惟伤，以清谨称，古名司隶相辉映焉。巳丑，病脾在告。逾岁竟不起。环卫之士，莫不咨嗟叹息，以为失所仪刑云。呜呼！奋跡世胄，早掇巍科，志何锐也！身先缇校，叨列侍从，际何荣也！敭历三朝，宣武效忠，绩何懋也！虽勋庸未尽究，而据其生平，即勒之金石，耿耿不磨矣。公生于嘉靖癸巳年十月初十日，迄今卒，享年五十有八。配王氏，鸿胪卿樑仲女，先公卒；继配张氏，赠都督公迪女；侧室杨氏。子男一，即嗣德，杨出，性资敏秀，足世其家。聘郭氏，锦衣卫百户良辅女。女二，俱张出：长适陕西都司李学诗男武庠生世禄，次适锦衣卫指挥李贤男武庠生纯。嗣德卜十月十六日，葬公于东直门外北四十里沙峪屯祖茔之次，礼也。铭曰：辽水甸甸，豪杰挺生；识时翊运，归我皇明。奕叶元孙，克绳其武；豹变蛟腾，途亨仕膴。奉职蹇蹇，为　国爪牙；忠贞世焉，⌐宠秩宏加。⌐纶綍于昭，松楸有耀；窀穸攸绥，云仍永绍。⌐

注释：

杜其骄：据"明故鸿胪主簿鹤亭杜公配太宜人赵氏合葬墓志铭"等载，号华南，初为浙江东阳人，后占籍顺天府大兴。为隆庆二年（1568）三甲第二百六十名进士。历任通政使司左参议，升左通政。

孙鑨：《明史》有传。孙鑨，字文中。嘉靖三十五年（1556）中进士，授武库主事，历武选郎中。隆庆元年（1567），起任南京文选郎中。万历初，累迁光禄卿，历南京吏部尚书，寻改兵部，参赞机务。卒后，赠太子太保，谥清简。

邵陛：字世宗，号梅墩，浙江余姚人。隆庆二年（1568）进士，选庶吉士，授御史。历大理少卿，巡抚南赣、湖广，官至刑部侍郎。卒年六十。

大执金吾：实即指曹应魁"提督街道官校办事"一职，为复古之称。"大"为敬称。"执金吾"本为汉代官名，其职掌巡查京师。金吾，本为一种象征威严的木棒。

天子：系指明万历时的当朝皇帝神宗朱翊钧（1563—1620）。明穆宗朱载垕之第三子，母李氏。穆宗隆庆六年（1572）即位，改年号为"万历"，在位共四十八年。卒谥"范天合道哲肃敦简光文章武安仁止孝显皇帝"，定庙号为"神宗"。

治命：父亲的遗命。这是墓主曹应魁的儿子曹德称此为其父昭勇将军的遗命，故曰"此先将军治命也"。

元金院：即元朝的金院，但其仅为职称，系属不明，元时的宣政院、宣徽院、太常礼仪院、太医院等都设有此职。

日䃅：即金日䃅（前134—前86），汉武帝时宠臣。字翁叔，本为匈奴休屠王太子，武帝时归汉，赐姓金。其为人笃实忠诚，为武帝所信爱。武帝死，与霍光同受遗诏辅政。

成童：年龄稍大而又未到成年的儿童。有二说：八岁以上二十岁以下，十五岁以上二十岁以下。

抡材：本意为选择木材，后引申为选拔人才。

帝心简注：皇帝特别关注。简，选择，情实、诚恳。

褆身雅靖：犹如说正身清雅。褆身，衣服端正的样子；雅靖，义同雅静。

缇校：代指曹公手下的那些军兵们。缇，特指古代军服的颜色。

敫历：敫历：称扬，表扬。

按语：

曹应魁，字士元，别号秀峰。《明史》无传。志载曹氏先祖及本人的履历：先世辽东人。明洪武间（1368—1398），其高伯祖完哲都由任元金院归顺明朝，赐汉姓为曹，始姓曹，授新安卫千户。另有元至正九年（1349）顺义《重修庙学记碑》中，记有时任顺州学正的完哲笃，与本志中所记曹应魁之高伯祖之名同音，只"都"与"笃"字不同，不知是否为同一人。但《庙学碑》中的"完哲笃"活动年代在1348年，而曹应魁卒于1590年，两者相距二百四十二年，按五代计，每代约四十八年，按古人每二十年为一代，不合情理，故"完哲笃"与"完哲都"恐非一人。但志文记高伯祖与高祖均曾任元官职，故二者为一人亦有可能，或其辈分记载有误也未可知。高祖赤帖木儿，始任元朝锦衣，以招元时大部落酋长而立功，升世袭都指挥佥事。曾祖，袭指挥同知。父，曹志，袭同官。志主曹应魁，幼时已袭正千户。嘉靖四十一年（1562）登武进士第，升署指挥同知，管衣中所事。隆庆五年（1571），晋金南镇抚司事。万历三年（1575）晋金大执金吾事。万历十三年（1585），慈宁宫建成，録其功，赐金绮，升指挥使。万历十六年（1588），奉旨提督京师街道。同年九月，升都指挥佥事。墓志对志主生卒年代及葬地记述详尽。志主生于嘉靖十二年（1533），十月，卒于万历十七年（1589），享年五十八岁。葬于东直门外北四十里沙峪屯祖茔。从墓志所记，知志主曹应魁历明三朝为官。其祖上本为关外辽人，蒙古族人，元时进关后在当时的顺州任地方官，明朝建立后归顺，袭旧官，可以看出明初对少数民族的同化。

志文所记葬"沙峪屯祖茔",从墓志出土地点看在今前沙峪,现属后沙峪乡辖村。其得名来源,因地凹多沙,取名沙峪。元时称沙峪社,明代分为前后二村,始有前沙峪和后沙峪之分。看来"沙峪屯"的称呼,有可能是元末明初的说法,也有可能是在当时"沙峪社"或"前、后沙峪"所属的个称而已。

志文第十一行,"锡诰命,赠祖、父如其官",可见其祖、父之指挥同知,是因曹应魁功高而追赠,生时并未得享。

重修关帝祠碑

解题：

清康熙三十六年（1697）。碑首身一体，方首抹角线刻祥云，座佚。残高150厘米，宽70厘米，厚26厘米。额题"万古流芳"，首题"重修关帝祠记碑"。碑现存顺义区杨镇一中。碑身残存大部分，仆地。

录文：

重修关帝祠碑记

盖闻作□降祥，感格惟　神；崇祀荐馨，立祠在人。然创建于前而不易，□修□后而尤难。修于今而前人并永望于后，而期以常延君祚；若作于前而辍于后，□□难而罢其功。不惟无以昭报赛之典，亦且有以来尚世裔，冀不□不备之叹，矧　关帝尊神自汉代而下，中外胥钦，华夷瞻仰，缘德之巍矣。乃圣乃神乃文乃武，遂纯矣，惟忠惟义惟精惟一。故曰天之所覆，地之所载，日月所照，霜露所坠，□□血气者，莫不尊亲喜缘。顺义治东，庄名杨各，廊山带河，地灵人杰。西北隅地有　帝祠一所，其来旧矣，翼亦有年□，神签示灵，无求有应，辅商众寺，禋祀□□成言□祠此卑隘俎豆难容。崇祯庚午，众谋佥同，阔基泓模，经始方殷。偶尔胡兵□□，河西诸郡，盖历兵燹，□□河东村荷神云际现身，胡惧而北还，神之□□□ 如斯，□感而志力也，闻金轮攸兼为十方。始建殿庑山门戏楼□日落也， □人 谓地因 神 人而兴，山 而设，四方 圣座风雨□□廊，俾行人□月处士心阳。噫！□□循环，一时不□盖 □□□□而善此报于□时也。适□铺□□等俱系山右之人， 籍□□□行于是 之时，□□□庑殿之重辉，□诸 信□□跃乐从，鸠工庀材，□增于旧，粧金画栋，独盛于 新 助□克□□□□告竣，求□□予不辞， 神恩， 阴期于 。

注释：

感格惟神：只有神才能知道。感格，即感通。格，来，通。

崇祀荐馨：意思是敬天祭神。崇祀，推崇祀典；荐馨，上供祭品。馨，芳草香气远闻，借指供品。

常延君祚：祝福语，希望关帝永远赐福于民。

昭报赛之典：意谓重视祭祀大典。昭，有彰明、显示之意。报赛，古代农事毕所举行的祭祀仪式。

无求有应：限于四字句式，实即"无求而应"，或"有求必应"之意。

俎豆难容：夸张的说法，讲甚至都没有一块可以摆放供器的地方。

众谋佥同：大家的意见一致，相同。谋，想法，计谋；佥，全部，全都。

胡兵：此时在明末，胡兵应指蒙古也先之部。

按语：

碑记杨各庄关帝庙在清康熙年间重修事。《民国顺义县志》载："杨镇关帝庙，在镇西门外。殿两层，钟鼓分列，庙前有戏台一座。明崇祯间（1628—1644）重修"。本碑文记明崇祯间重修应在崇祯庚午年，即崇祯三年

（1630）。据另收录的清咸丰六年（1856）《关圣帝君庙碑文》（只残存中段）记："庙创自有明乎。"可见杨镇关帝庙创建年代应在明，但其具体时间则不得而知。

清阿世图诰封碑

解题：（暂时缺乏资料）

清康熙四十二年（1703）三月十八日。清圣祖爱新觉罗·玄烨撰文。

录文：

奉⏎天承运⏎皇帝制曰：<u>谊笃靖共</u>，入官必澄於敬。功归海迪，能仕而教之忠。爰沛国恩，用扬庭训。尔阿世⏎图乃<u>理藩院员外郎</u>保住之父，躬修士行，代启儒风。<u>抱璞自珍克毓，珪璋之秀折薪，能荷</u>⏎弥彰杞梓之良。兹以覃恩封尔为奉政大夫、理藩院员外郎，赐之诰命。於戏！贻令问於经⏎赢，义方久著。佩徽章於策府，礼秩加优。茂典丕承，荣名益劭。⏎康熙四十二年三月十八日。⏎

注释：

谊笃靖共：正直恭谨之意。谊，合乎常理；笃，忠实；靖共，恭谨。

理藩院员外郎：理藩院，清代官署名，由未入关前的蒙古衙门而来。综理内外蒙古、察哈尔、青海、西藏、新疆以及西南地区土司各少数民族事务；兼理部分与外国通商、交涉的事物，为六部以外的部级机构。初设承政一人，左、右参政各一人，副理事官八人，启心郎一人。后改承政为尚书，参政为侍郎，副理事官为员外郎。

抱璞自珍：犹如说"敝帚自珍"，但又稍有尊重之意。璞，未经雕琢的玉石。故此词更强调其"质朴"一面。

折薪能荷：可以砍柴上肩，意思是能够辨认木材的品质。薪，柴禾；荷，负担，背负。

按语：

从加封阿世图为奉正大夫、理藩院员外郎来看，阿世图为被追封的是正五品官员，将将够清制皇帝诰封的份儿。

（西） 普济寺重修碑

解题：

清康熙五十二年（1713）七月。汉白玉石质。首身一体，首、座皆佚，四周缠枝莲文饰。残高205厘米，宽98厘米，厚24厘米。首题"重修普濟寺碑记"，赐进士出身、敕授承德郎、翰林院编修、加一级、前内廷供奉、合太查慎行撰文并书丹，赐进士出身、诰授通奉大夫、经筵讲官、吏部右侍郎、加一级、兼翰林院掌院学士、仁和杨尹□篆额。原址在顺义区西王路村，现存顺义区文物管理所院内碑林，碑周边均有残缺。

录文：

重修普濟寺碑记　┘
赐进士出身、　敕授承德郎、翰林院编修、加一级、前内　廷供奉、合太查慎行撰并书，　┘赐进士出身、　诰授通奉大夫、　经筵讲官、吏部右侍郎、加一级、兼翰林院掌院学士、仁和杨君□篆额。　┘
溯夫佛教之盛，莫过南北朝。今京师之梵刹最古者，必昉于元魏周齐间。顾世远□征，其载在图经、□诸□版、确有┘年月可纪者，则隋开皇中之仁王塔、唐贞观中之悯忠寺也。顺义县在京师东北，府西□□王路村有寺曰普济，相┘传唐文皇东征归，道经此，命僧建普济道场，以度阵亡将士。则兹寺之刱，当与南□□时，□辽金元以来，□祇遇减┘劫则废，遇胜缘则兴。至正德、嘉靖间，始有重修碑□可考。自嘉靖丁酉迄今，一百七十餘年矣。

□善君子钱登弼 同弟登遇、登逵，乐善而好施，奉箕箒邵氏皈依三寶，覩佛宇之颓圮，慨然发愿，遂募工。□□经始于康熙四十九年 庚寅，讫工於五十二年癸巳。凡为殿者三，一奉释迦牟尼佛，东西各有配殿，奉夫□□□□□□时斋庑，四周像 设庄严，□□□整，法筵应供之器，斋寮庖湢之所，莫不备具。寺旁旧有东嶽庙，黄冠／移神座于 前殿焉。以是普济古刹，复焕然一新。约费三千缗有奇，出□募化者十之□□□□□□抑又□□□矣。余惟慈 氏□□□之信心□□为□六度之檀，以檀施为首。佛在世时，直欲□□□□念普济□□□可□人利物，虽躯 命□所不恤，何有于奉身之□。从其教者，始而坚其信心，既乃广其□□□□以至千万。□□□□□殚□是 真优檀波之□□者。窃歎□之居厚赀者，方可计锱铢吝□纳，□□□□□□檀越主欲一□□□□□□□□其 视钱氏兄弟，不亦□□□□乎哉！是为记。　 康熙五十二年、岁次癸巳，七月穀旦立。

注释：

查慎行：（1650—1727）初名嗣琏，字夏重，夏仲、他山、悔余、初白、查田，初白老人，初白庵主人。文学家，书法家，善行书。浙江海宁人。好游山水，所得一托于吟咏。康熙时以举人特赐进士，官编修，后告归家居。弟嗣庭狱起，尽室赴诏狱。世宗（爱新觉罗·胤禛）知其端谨，特放归。所著有《敬业堂集》《经史正讹》《人海记》等行世。

昉：始。

仁王塔：仁王，佛之尊称。佛号能仁，又为法王，故称仁王。此指今仍存之宣武区天宁寺塔，今存此塔虽为辽所建，但据说隋文帝遇阿罗汉所受佛舍利，令天下各州建一塔，此塔亦在其列。不过当时的塔仅为数米高之小塔而已。亦有可能，辽天宁寺塔是罩在隋小塔上而建的。

悯忠寺：即今之法源寺。唐时初建谓闵忠台、悯忠寺。

减劫：佛教术语。有增劫减劫之说，佛教讲住劫之中由人寿无量岁每百年减一岁，至人寿十岁，为第一之减劫；再由每百年增一岁，至人寿八万岁，更下至十岁为第二之减劫。余此类推，以至十九减劫。

法筵：佛教用语。犹如说法席，但非指传法之席，实指供案筵席之意。

按语：

本碑与前述明嘉靖十六年（1537）三月所立普济寺重修碑不在一处，前碑在北王路村的普济寺，又称为东普济寺。本碑立于西王路村的普济寺，则称为西普济寺。两寺相传都是唐王李世民东征高丽回途经此地，为超度阵亡将士做普济道场而建。碑述，自建寺以来，直至明正德年间才有重修碑可考。从嘉靖十六年（1537）立东普济寺碑，至立此碑时的清康熙五十二年（1713）又历一百七十余年。自康熙四十九年（1710），始有善男钱登弼、登遇、登逵兄弟乐善好施、奉箕帚。又有邵氏皈依三宝后，慨然发愿，募工修葺了正殿和东西配殿共三殿，正殿奉释迦牟尼佛，东西配殿亦各有所奉。竣工于康熙五十二年（1713）。碑文对钱氏兄弟等的修寺情况进行了详尽记述。

重修崇庆寺碑

清雍正元年（1723）九月刻。在牛栏山下坡屯。拓片身高 133 厘米，宽 74 厘米；额高 21 厘米，宽 17 厘米。额题"重修寺碑"，首题"重修崇庆寺碑记"，黄成章撰文，通果书丹。

录文：

重修崇庆寺碑记

最上之称名曰佛，乃西方大圣之徽号也。以其利济一切，无处不慈悲。故曰，佛自祥光现周朝，金身梦汉帝而后，其化流于中国，法教甚尊。以故通都大邑，名山胜地，无不修浮图建寺院以奉之。虽非鹫岭祇园，亦可作梵宫兜院，足见人事　佛惟谨之意矣。迨夫牛山之南，距店东里许所有禅林一所，大雄宝殿三间，名曰崇庆寺。□旁伽蓝、祖师殿之相配，天王、山门之护持。后有山行地势之包罗，前有茂槐奇柏之荫蔚。地接白河，路绕□□；七十二峰之云气西来，三万六顷之波声东去。巍然在望，甚属雄丽，而为　畿北之巨观。是寺之建，不□□□唐□□于炎宋盖古刹也。其初无迹可稽，所考者惟明天顺元年丁丑岁重修之碑志，自彼时历今□□□□百六十七年矣。其祖与师住持于此，延至于鸿喜。上承数传之世系，为三代之宗支；下衍五代之□起，以□□秀等之接续。于今法眷倍盛于前矣，但殿宇因经年之久远，兼地震之摇落，是以圮坏雕残。鸿喜与徒也，见庙若此，昼夜营心坚意。重修于上岁，已建大禅堂五间。迨于康熙五十九年，谋于刘善士，料估其材植，且施工而助造，而重修之役遂起。竭数载梵修之殷勤，兼募四方之善利，欲益从前所未有，并固在先之功程。庙貌定期坚久，圣像务摹真实。下及配殿、山门，修饬庄严，焕然维新。月台踊路，一齐整理。赖檀越之乐助，喜殿宇之□煌也。如许师徒聪慧立益也如此，可比法鼓雷鸣、天香雾积矣！岂非胜境乎？可作水鸟树花，山僧已堪悟道；蓝舆竹杖，高贤来此寻静之区。聊成数亩花宫，永为千年香火，□流芳于后裔。爰序文于今，兹遂将事之始末、僧行之世代，并喜舍之芳名，共铭于石，用垂悠久云。直隶古北口镇标中军游击兼管左营事加一级吴洪印， 管辖石匣密云营路等处地方事务游击加一级魏国玺， 石匣协标左营守备加一级许天捷、石匣营中军守备加一级马义， 原任顺义县知县　漕河营专城把总　姜云麟、　前任把总郭永平，　□□授通州知州　锦江黄成章撰文、　本　县　□　厅　丘弘谟正字。　大清雍正元年岁次癸卯季秋菊月　穀旦　书字人通果。

注释：

祥光现周朝：这是东汉明帝（刘庄）时期，佛教传入中国的故事。据记，汉明帝做了个梦，只见一个神人，浑身笼罩着金光（即祥光），头上一个光环，来至殿前。醒来后以问群臣，有蔡愔者告之，此为西方得道之人，是名为佛。随即派张骞等去西方寻佛。于是才有佛教的传入。

金身梦汉帝：参见上条注。

鹫岭祇园：泛指佛菩萨仙境。鹫岭，即鹫山、鹫峰、灵山、灵鹫山，佛所居处。《智度论》：耆阇崛山，即鹫头山，山顶似鹫，王舍城人因而名之。祇园，即祇树园、祇陀园，均为"祇树给孤独园"之简称。汉译则为"祇陀太子林"。

梵宫兜院：泛指佛寺庙宇。梵，古印度婆罗门教指不生不灭的、常住的、无差别相的、无所不在的最高境界或天神，也用来称呼同该教有关的事务。佛教沿用此语，用来称呼与佛教有关的事务。兜院，本指"兜率天"，依佛经说兜率天位于夜摩天之上三亿二万由旬处，充满光明，为释迦牟尼母摩耶夫人死后的居所，传说其一夜相当于人间四百年，弥勒佛亦居于此天之内院。

七十二峰之云气：总括形容南岳衡山七十二座山峰的一种云雾蒸腾的景色。这七十二座山峰散布在湖南衡阳、衡山、衡东、长沙、湘潭诸县，方圆八百里。南以衡阳四雁峰为首，北以长沙岳麓山为足，以祝融峰为中心，分布在祝融峰前者十六峰，峰后者十三峰，峰左者十二峰，峰右者十九峰，峰东者六峰，峰北四峰，峰南一峰。

三万六顷之波声：自古以来人们形容太湖的宽广和汹涌澎湃的样子，由于受对句的限制，将"三万六千顷"省为"三万六顷"。位于江苏的太湖在中国五大淡水湖中位列第三，由于其所处的古代中国的较为中心的位置，故名声很大。其烟波浩渺间，矗立着七十二峰。早在吴越春秋时期，便因湖光山色之美及地处长江三角洲的特殊地带而著称，至今独领风骚两千五百年。主要景点有灵岩山、天平山、邓尉山、东山、西山、穹窿山、上方山、花山、天池山、石公山、虞山、林屋洞、三山岛、石湖等。

炎宋：即指南北宋的宋朝（960—1279）。由于宋朝是得了"火德"之瑞而有天下，故历史上称其为"炎宋"。"炎"，即火。

蓝舆：即篮舆。大致为一种双人抬竹编轿椅，类似于今天在南方仍使用的滑竿儿。"篮舆"这个词最早出现于晋代的文献中，如《晋书·隐逸传》。

按语：

据碑载，寺之建，可能是唐，也可能是宋，但至少能确定的是明代天顺元年（1457）重修碑时，寺院已在之先了。

据旧拓可知，尚有另一《崇庆寺碑》，清乾隆五十七年（1792）十月一日立，亦在牛栏山下坡屯。拓片高 119 厘米，宽 53 厘米。杜梦鲸撰，王璧成书。虽然此二碑，我们在调查时并未亲眼见到，亦不知其今仍存否。但由于拓片清晰，地点明确，故列此充作一条。兹据旧拓将乾隆年《崇庆寺碑》录文于下，以备参考：

重庆寺之建，由来久矣。自宣德（1426—1435）以至天顺（1457—1464），及至大清雍正元年（1723），重修三次之后，迄今代远年湮，┘倾圮日甚，从无有过而问焉者。即闻有目击怆怀，亦束手无策，唯付诸有志未逮耳。乃岁在辛亥（乾隆五十六年，1791），有本寺僧人淑玮者，年近八旬，坐视不忍，而戮力重修。上自官长，下自商民，莫不嘉其志之坚且勇。于是修　大雄佛殿三楹，天王大殿三楹，东西配殿六楹，一年而告竣。嘻！异以屡废坠之区，偶成于僧人之手。画栋雕梁，非一朝一夕之事；竹苞松茂，岂群策群力之为？是果有所因而为之耶？抑亦自勉焉耳。彼云有志未逮者，何萎靡之甚也！不然，忍其颓败不蔽风雨，将俎豆无陈列之处，跪拜无升降之阶，不其重贻顺邑羞哉？故斯举也，为　朝廷光祀典，为桑梓□祈祷，为地方壮观瞻。淑玮之志信可嘉也夫，是以序。

镇守福建福宁府总督官、□理正蓝旗汉军副都统、恩赐工部左侍郎、加二级范宣恒，镇守古北口、提督全省直隶等处地方军务总兵官加四级庆成，□命尚书房、太仆寺太常寺卿、加二级、纪录二十四次顺海、镶黄旗满洲、钦取教习、己酉拔贡、原任河间府阜城县儒学教谕、加三级杜梦鲸撰文，原任直隶深州武强县儒学教谕、丁酉拔贡、加三级王璧成书，镶黄旗满洲管理、领催官、加一级穆隆阿，镶黄旗满洲笔帖式、管理哦啰嘶文教习、加二级都隆阿，□□提标前营、顺义营、杨各庄汛把总、加四级阎明泰，提标前营、顺义营、漕河汛把总、加三级、军功纪录一次贾兴贵，本镇王琨书字，大清乾隆五十七年（1792）、孟冬月吉日　穀旦。

广泉禅寺碑

解题：（暂时缺乏资料）

康熙五十七年（1718），道人张谡撰文。

录文：（暂时无法核对原文）

（碑阳）

☐／禅☐记

佛☐ ☐ ☐东度，祥光恩於周朝。感佛成道，无非积功累行；做官做宦，皆由修善存仁。☐ 京迄北隅，村名白浪河，系顺天府顺义县所辖。旧有广泉禅林，广（？）年多矣，毁坏☐ 甚。昔有心☐禅师驻锡，不忍坐☐观天。檀那张三聘，自康熙二十年☐赀化财，☐十方众善协力。至二十八年，复修佛大殿三间，地藏大殿三间，天王大殿三间，☐ ☐ ☐ ☐伽 蓝、祖师大殿各三间，厨库、禅堂、山门、围墙一概完全。欲立碑示后，不想中途而废。 至康熙四十年以后，渐渐渗漏不堪。☐薇住持道玉禅师发心积财募化。梁公讳 荣作，领至於四十六年重整大殿，伽蓝、祖师大殿，一应禅堂屡续俱各重整完成， 佛安人悦。至今五十七年正月内，忽然梁公目睹二碣未立，问端察由，因前善信未 得立碣示后，断却善念。今梁公诚心复作领袖，普化旧有资财人等重立二碣，以存善信，芳名传后於万古矣。今将善男、信女芳名刊镌于后。 康熙伍拾柒年、岁次戊戌孟春吉旦，住持释子道玉修， 道人张谡撰。

（碑阴）

顺天府昌平州顺意县地方白浪河各行居住施财人氏┘萧家行信女张门赵氏席意洪齐宗美、崔应魁、齐一敖、魏朝凤、齐宗印、齐宗玉、┘齐家行信士刘景文、王理顺、萧自立、刘惠、张福宪、许名行、许名常、齐文功、┘小南头信士齐齐二奇、柳从德、左现德、刘进财、邓添福、魏要名、季遇亭、赵德新┘张家行信士闫万祯、邓玉集、张文字、齐文科、齐文进、季遇季、刘抚、齐福宁┘齐万户、齐万芳、冯进科、赵思聪、张四维、齐门张氏、┘后营村信士张立智、陈启、李国用、赵重兴、李同钜、□□□、冯□李、┘张谡、汪进忠、毛国君、齐万金、徐启□（下略）┘

注释：

村名白浪河：白浪河村，今已无其名，但白浪河仍在，说明当时在白浪河边曾有白浪河村。其地属今之赵全营镇辖区。

檀那：佛教术语。梵文音译，施主之意。

碣：碑刻的一种。碑碣对称，大致分高曰碑、低曰碣，方曰碑、圆曰碣。但碑文中所提"二碣"，即用其泛指"碑"意，"二碣"也即"二碑"。

问端察由：打听事情的起因、缘由。端，缘由。

道人：道士，亦名道人，但习惯上道人并非均为道士，它是对道教神职人员的称呼。

按语：

从依稀难辨的碑文中，我们不难看出此次广泉禅林的修缮过程。由于村中旧有广泉禅寺，残毁较甚，曾有当时的驻锡师傅心□禅师，配合施主张三聘，于康熙二十年（1681）开始募资修缮，一直到二十八年（1689），修复了大殿、地藏殿、天王殿等建筑。原本就想立碑示后，结果半途而废。到康熙四十年（1701）后，建筑又出现了问题，住持道玉禅师发心，在梁公名荣作的带领下，于四十六年（1707）时又进行了一次重修，佛安人悦。直至五十七年（1718）时方立二碑纪念其事。

杨氏先茔碑

解题：

清雍正二年（1724）春二月。螭首，座佚。首高 102 厘米，宽 113 厘米，厚 27 厘米；碑高 305 厘米，宽 98 厘米，厚 25 厘米。首题"杨氏先茔记"，赐进士出身翰林院编修加一级特旨改授户科给事中今掌印王澍撰文并书丹、篆额。原址不详，现存顺义区文物管理所院内碑林。碑右下角损，碑面涂胶。

录文：（暂时无法核对原文）

杨氏先茔记 ┘ 京师近郊有地，曰枯柳树，土人以为佳哉。郁郁葱葱者，盖杨氏先茔也。杨氏之先世，域公佐元定┘入中国，至必新铁木儿公，归明成祖，有功，赐姓名为杨广。世袭金指，是为授姓之。（？）当是时以居宅黎。┘三至南山公，迁居枯柳树，遂卜居于此。南山公生子二人，次曰景春公。景春公生子二人，以袁儒赠中宪┘大夫，自前季入┘国朝，始移居京师。中宪公生子二人，皆仕。以次子尤显，赠如其官。长国玺，字玉林。小能枭我边鄙┘圣祖仁皇帝六师讨之，公輓运军储有功，┘敕授文林郎，江南定远知县。在官六载，著有茂绩，持服去，士民感德者，久而不忘。南宁有大工，公本刱修数百丈，在廷┘议其绩，以条议道用，未补官卒，人咸惜之。配苍氏，┘敕封孺人。次国琳，字仲璋。以随征喀尔旦功，由户部广东清吏司主事，历陞湖北德安府知府。玉去，谕归之。条议生┘子三人，长泽沛，以名诸生筮仕，初为江南金坛令，今补广东博罗，配黑氏，生子人。次泽浩，廪生候选州同知，配铁氏，生子三人。次泽澋，太学生。配金氏，生子一人。郡守生子八人，昆泽浤，康熙癸未科武进士。御前侍卫，历陞江西宁都营糸将。次泽溥，候选州同知。次泽清，候选知州。餘俱幼。谨案，古人之于墓也哉，礼记檀弓者尚矣。近则苏老泉之族谱亭，欧阳公之泷冈阡，陆渭南之记。大墓为子孙者，兢兢之。氏元明勲，代有门人，迄今仕宦，敭历中外者皆不队先绪。墓之有记，不其重哉。博罗君之令金坛也。美政不金坛人又友善尤详。大抵旧令尹之所难者，皆君所易，则其信于民，获乎止，而合于圣贤君子之道，以无忝中宪，参议两公之流风遗韵，概可知矣。古语云：芝草有根，醴泉有源。杨氏之根深源远，其发而为枝叶，流而为派，绝绝振振，正未有，记具墓门，以昭示来兹也，余何敢辞。雍正元年春二月十有九日赐进士出身翰林院编修加一级特旨改授户科给事中今掌印王澍撰文并书篆

注释：

枯柳树：枯柳树在今顺义区后沙峪乡，距县城西南约七公里。据传明初山西洪洞县移民在此定居，以村中有枯柳树而得名。旧属大兴县，1949年划归顺义县。

圣祖仁皇帝：即清圣祖爱新觉罗·玄烨（1654—1722）。顺治十八年（1661）即皇帝位，次年改号康熙。卒后定庙号为圣祖，予谥"合天弘运文武睿哲恭俭宽裕孝敬诚信功德大成仁皇帝"。

六师：也即六军。周制，天子有六军诸侯国有三军、二军、一军不等。一万二千五百人为一军。后亦作王师、皇家军队之泛称。

江南定远：元置定远州，后降为县，明清因之。在今安徽省定远县。

喀尔旦：亦作"噶尔丹"，准噶尔部族可汗。统一卫拉特四部后，率兵东侵喀尔喀。喀尔喀诸部亡走漠南，求救于清，清圣祖（爱新觉罗·玄烨）康熙二十九年（1690）亲征，将其击退。后又于康熙三十年（1691）、三十五年（1696）、三十七年（1698）连续三次亲征，将其打败。

湖北德安府：宋曰安州安陆郡，升为德安府。咸淳年间（1265—1274）徙治汉阳，今湖北汉阳县治。元初因之，寻还治安陆。清属湖北省，民国废。即今湖北安陆县治。

江西宁都：三国吴阳都县，故治在今江西宁都县南五十里白鹿营。隋初改县曰虔化。宋复曰宁都。元升为州，明仍为县。清升州，直隶江西。

王澍：字箬林。《清史列传》有载。康熙五十一年（1712）进士。改翰林院庶吉士，散馆授编修，充三朝国史、治河方略、御纂春秋三馆纂修官。在书法上极有造诣，论其书法者，称在米、黄、顾三家之上，其真书入率更之室，篆书承李斯。乾隆四年（1739）卒，年七十一岁。

按语：

碑记杨氏先茔在枯柳树，杨氏先祖为元代铁木儿氏，后归顺明成祖（朱棣）立功，赐姓名杨广。传至三代南山公时，迁居枯柳树。南山公生二子，其一子杨儒赠中宪大夫，于康熙末年入仕清廷，移居京师。中宪公生子二人，皆仕。中宪公杨儒长子杨国玺，字玉林。康熙年间随圣祖皇帝亲抚六师讨边鄙，负责押运军需储备而立功，敕授文林郎，在江南定远任知县六载。后以参议道用，但未补官而卒。配苍氏，敕封孺人。生三子，长泽沛，初为江南金坛令，后补广东博罗吏。次泽浩，廪生侯选州同知。次泽云，太学生。中宪公次子名国琳，字仲璋。以随征喀尔旦立功，由户部广东清吏司主事，历升湖北德安府知府。生子八人。长泽浤，康熙癸未（1703）科武进士。次泽溥，候选州同知。次泽清，候选知州。余俱幼。

灵迹院河神殿碑

解题：

清乾隆二年（1737）五月五日刻。在顺义县史家口。拓片碑身高 118 厘米，宽 68 厘米；额高 18 厘米，宽 16 厘米。刘学祖撰并正书，额双钩题"名垂千古"，首题"重修灵迹院河神殿碑记"。尾又刻"郑国玺书"。

录文：

重修灵迹院河神殿碑记　系山东登州府文登县　灵迹院河神香火地也。河来关外，由内地入海，环抱神京，千里安澜。牛栏山土人建祠其畔，奉为祈祷之所。而河神之灵应见于是地者，无不如响。一方之民，祈寒祷雨，岁时伏腊，登丰乐，奠庐居，咸伯神佑焉。余叔世显，来客是乡，得沾神庇，与土人共之。且其贸易关外，采山运木，皆沿流而达，转输便利，亦备知河神之造福于商民也。于雍正九年间，以神院年久，未免损坏，捐囊而重修之，殿宇焕然矣。今年夏五月五日，与神照开光之期，爰勒石以矢永久。俾此方之人，得时时恭奉，不忘神休云尔。　文林郎知密云县事昆明黄家正、　监生张锡德、　兵部候选南漕督运守府昆明李嗣琦、　生员戴□瑛施地八亩。　直隶提标前营顺义营守备加一级关中黄耀华、　直隶古北提标前营漕河营把总加一级西宁张文化。　赐进士出身奉政大夫刑部贵州司主事加二级前翰林院庶吉士刘学祖撰并书。　吏部候选县丞刘世显长子生员进达、次子重达，侄　赐同进士出身奉政大夫江南扬州府同知前户部福建司主事刘重选、丁酉举人候选知县刘重殷、赐进士出身文林郎山西平阳府汾西县知县前翰林院庶吉士刘孔昭，本院住持僧融缘、澄忠，侄孙壬子举人候选知县刘嘉生。大东庄郑国玺敬书，宽莲、乾隆二年岁次丁巳五月端阳 日 敬立。

注释：

河：此指黄河。

岁时伏腊：犹如说一年四季。岁时，举两边说中间，举特殊说一般；伏腊，伏日和腊日，约举两头之意。

伯神：河伯神，即黄河之神。中国传说中的黄河水神，原名冯夷，也作"冰夷"。在东晋葛洪的《抱朴子·释鬼篇》里说他过河时淹死了，就被天帝任命为河伯管理河川。

神照开光：开光不过是一种宗教仪式而已，开光有多种，根据宗教的不同分为佛教开光、道教开光、阴阳师开光、堂口开光。开光对于各个宗教来说是通过一种仪式来接引灵性和仙气帮助请宝人。碑文所说开光，应属道教开光的一种。神照开光，不过是强调它开光的灵应而已。

按语：

按县志、地名志等书介绍，"牛栏山北有一孤山名灵迹山，唐代建有灵迹院，俗称头陀寺"。据此则"灵迹院"名之由来，来自于"灵迹山"。但碑文却如是说："系山东登州府文登县灵迹院河神香火地也。"显系山东文登县供奉河神之灵迹院的下院。文云："余叔世显，来客是乡，得沾神庇，与土人共之。"此"余"与"叔"，系指撰文人"赐进士出身奉政大夫刑部贵州司主事加二级前翰林院庶吉士刘学祖"与"吏部候选县丞刘世显"，此"县"应即"顺义县"。另外参与助缘的几位官人，也都是刘世显的晚辈，如刘世显的长子生员进达、刘世显的次子重达，刘世显的侄子赐同进士出身、奉政大夫、江南扬州府同知、前户部福建司主事刘重选，侄子丁酉举人、候选知县刘重殷,侄子赐进士出身、文林郎、山西平阳府汾西县知县、前翰林院庶吉士刘孔昭,以及侄孙壬子举人、候选知县刘嘉生。

重修佛殿玉帝殿功成记载序碑

解题：

清乾隆十二年（1747）。碑首、座皆佚，残高 230 厘米，残宽 57 厘米，厚 25 厘米。首题"重修佛殿玉帝殿功成记载序"。今存顺义区牛栏山镇牛栏山一中元圣宫遗址，仆地，仅残存碑身右半部。碑身边框为富贵菊花拥簇的变形"寿"字。

录文：

重修佛殿玉帝殿功成记载序

京畿东北八十里有牛山镇店，寰区地介　京都古北通衢，为往来之孔路，而牛山镇店所观望者，有　元圣之宝寺，蔚然雄胜其居中，为　上帝金阙之御临。后殿有毘卢、　观音、　斗母三大佛圣之坐照，其为远近恭敬而仰赖者，众所式凭已久也。一自第二代住持普祥号广

瑞者，于雍正七年季春，利益焚修，多所构造，营筑重建　佛殿、禅堂，无下整齐合度，壮丽炜煌矣。自是而外，惟　玉帝殿尚未修建。及传之　三代、四代法孙心明号亮周者，善继祖志，磨尽心思，竭终岁之蓄储以造重大之鸿功。其斜工庀材，无不欲恰乎心意而后快，决不肯草率以轻其功程。辐辏经年，逮至乾隆十二年丁卯岁，值大通顺利之候，于是奋然起造，毅然兴作。外不募化分文，出独力而建此大业。凡所需砖石木植罔不加意留神，惟恐雕残敝损之不中。访良工而缮造之，延巧匠而塑画之，胥经

乎选择而后任焉。其兴工若是之慎欤，<u>蒸蒸乎</u>┙亦极费厥赀财，历厥勤瘁矣！及至本年六月，而殿宇屹然以告成，其焕然一新者，诚可为奉　圣之兜院、兴盛之明刹也！崔巍雄丽，华美藻┙彩，而　佛圣以云临，其为四民之托赖有地，远近之瞻仰是凭。积累经年而后建此胜概，呜乎！功德岂易云成哉！然而未易成者而竟成，志┙愿已遂，知不可无文以志兴□也。於是取其事之始终，与其功果之重大，而俗录之，以传流於<u>奕世</u>也可尔。　┙

<u>和亲王</u>　赐匾额 ／ ┙。

（以下暂失核对）

内阁中书汪德┙御前侍卫漕河汛把总苏宗典┙特授提标前营顺义营都司兼辖杨漕二汛张柏林中军把总钱达┙特授文林郎知顺义县事加三级纪录三次王恩进本县捕听陈仪┙本县贡生牛捷芳撰┙乾隆十二年次丁卯孟秋中浣穀旦立┙

注释：

元圣：指真武大帝，因其在元大德七年（1303）曾被朝廷加封为"元圣仁威玄天上帝"，成为北方最高神灵。

斗母：亦作"斗姥""斗姆"等。道教所信奉的女神，传说为北斗众星之母，故名。

式凭：犹如说以此为法式，以此为典型。式，榜样，法式，模范；凭，凭借，依凭。

蒸蒸乎：蒸蒸，同"烝烝"，众多、兴盛之意，此处用以形容建修的规模。

奕世：一代接着一代。奕，有重、累之意。

和亲王：此应指乾隆皇帝爱新觉罗·弘历的兄弟和恭亲王弘昼。

按语：

碑文所记佛殿、玉帝殿即元圣宫内殿宇。元圣宫位于顺义城正北十公里的牛栏山地区，是一座历史悠久、规模宏大但至今保存比较完好的古代庙宇。元末明初建成，具体时间不祥。旧称真武庙。明代万历丙子年（1576）重修。康熙五十五年（1716），知县黄成章因本寺前有真武像，后有玉皇像而直称圣讳，似有不尊之嫌，而改称元圣宫。庙坐北朝南，前立有一座木制牌楼，后有石狮一对，皆为明代遗物，殿四层，房四十间，有仪门、前殿、正殿、后殿、东西配殿等建筑。

碑文载：雍正七年（1729）春，第二代住持普祥"利益梵修，多所构造，营筑重建。"至乾隆十二年（1747）第四代住持周心明（号亮）"奋然起造"。史书对此无记载。"和亲王赐匾额"，和亲王应指世宗第五子，于雍正十一年封和亲王。据史料记载，清康熙十七年（1678），康熙帝十七子果毅亲王允礼来此宫时，曾赐"金光宝相"匾，并书录五言唐诗"清晨入古寺，初日照高林，"一首，题写"片石孤云窥色相，清石皎月照禅心"对联赠予和尚。

清诰赠班第曾祖父海色曾祖母敖尼特氏碑

解题：

　　清乾隆十八年（1753）立。碑螭首，龟趺。汉白玉石质。碑身高370厘米，宽110厘米，厚43厘米；龟趺高95厘米，宽115厘米，长295厘米。满汉合璧，汉文在前，满文在后。阴阳额题均为"诰封"，首行"奉"。碑阴无字。原址在顺义区后沙峪村，1998年5月征集到北京石刻艺术博物馆，作为馆藏。碑身残断为两截，已修复。

录文：

奉　┘天承运　┘皇帝制曰：国有爪牙之选，克宣力於旗常；朝颁纶绋之荣，必勤思于水木。用褒先世，以大追崇。尔海色乃都统固山额驸班第之曾祖父，树德务滋，发祥有自。敦诗说┘礼，克垂樽俎之猷；勇战敬官，早裕熊黑之略。兹以覃恩，特赠尔为光禄大夫，赐之诰命。於戏！懋功有赏，荣则溯于所生。庆典欣逢，恩不忘其自出。加兹宠轶，尚克┘钦承。┘制曰：令仪淑慎，启奕叶以凝休；懿则昭垂，溯芳型而锡祉，爰申嘉命，用表慈徽。尔都统固山额驸班第之曾祖母敖尼特氏，温恭有格，淑慎其仪；范著宜家，凤禀珩┘璜之训；仁能裕浚，丕昭礼法之仪。兹以覃恩，赠尔为一品夫人。於戏！紫纶贲宠，惟能历世而寝昌；彤管增辉，庶使光前面媲美。用承优渥，永席隆庥。┘

注释：

旗常：也做"旂常"，旗名。古代王用太常，诸侯用旂，用以作为纪功授勋的仪制。

固山额驸：皇帝的女婿，也即驸马。固山，满语，即清代八旗之"旗"；额驸，也是清代的官名，皇帝与皇后女儿的丈夫方称额驸。

班第（？—1753）：《清史稿》有传，蒙古镶黄旗人，姓博尔济吉特氏。康熙间（1662—1722），由官学生授内阁中书，迁钦天监五官正、理藩院堂主事、内阁侍读，授内阁侍读学士。雍正间（1723—1735），擢内阁学士、赴西藏宣谕、迁理藩院侍郎、命仍在学士上行走、赐孔雀翎。

光禄大夫：古代文官阶名，隋炀帝始置，以光禄大夫为文阶官，秩从一品。清升为正一品，遂成为文臣最高的阶官。

樊功有赏：指论捍卫国家之功而行赏。樊，樊篱，藩捍。

都统：宋代始设都统制，掌征战。清代将八旗最高驻防长官亦称都统，秩一品，置"固山额真"，汉名即"都统"，执掌一旗户口、生产、教养、训练。

按语：

按照清八旗诰敕制度，公、侯、伯及一品，俱封赠三代，诰命四轴。此碑即是清乾隆皇帝爱新觉罗·弘历为表彰班第功绩而追赠给其曾祖海色的诰赠碑。班第家族墓地在后沙峪村，位于县城西南十多公里处，因地势低洼多沙而得名。该村元代时称沙峪社，明代分为前、后两村。班氏家族墓地在该村北。《重印民国顺义县志》载，村北墓地原有乾隆十八年（1753）所立班第祖父巴雅尔图墓碑、班第父库鲁克墓碑、班第祖父巴雅尔图墓前石坊。班第之孙江苏巡抚裕谦墓也在此，裕歉1841年2月奉命为钦差大臣，英军进攻镇海，裕谦以身殉国，咸丰帝赐谥"靖节"。其墓占地一百五十亩，有汉白玉制成的高六米的三门五坊的牌楼及华表。本书所收录诰赠班第曾祖父

（海色公）祖母（敖尼特氏）制碑是清高宗皇帝于乾隆二十年（1755）为追赠班氏功劳，而于该村东建班氏墓茔所立之碑。墓前建有汉白玉三门牌坊，高两丈余，花样翻新，雕刻精巧。

县志记该碑为乾隆二十年（1755）立。

清谕祭福建提督马负书碑

解题：

　　清乾隆三十三年（1768）六月初三日。螭首龟趺，碑身两侧下部均有小框铭文，碑身正面边框云龙纹饰。保存完好。碑身高 390 厘米，宽 109 厘米，厚 42.5 厘米；龟趺高 100 厘米，宽 126 厘米，长 294 厘米。额篆"龙光宠赉"，首行"奉"，翰林院编修臣沈初、胡高望撰文，太子太保、东阁大学士、兼管礼部刑部尚书事、掌院刘统勋校文，都察院掌院左都御史观保、刑部直隶司主事张元观书丹。碑四面布字，碑阳乾隆皇帝诰命及谕祭文；碑阴为马负书碑文，首题"原任福建提督马负书碑文"；左右两侧下部线刻框内刻写撰文、校对、书丹者人名及职事官等人名。原址在顺义区后沙峪乡吉祥庄，现移立顺义区文物管理所院内碑林。

录文：

（碑阳）

奉　┘天承运　┘皇帝制曰：提封千里，资阃外之宏猷；统御三军，树师中之伟伐。膚功克奏，宠命宜申。尔原任福建提督┘马负书，智既深沈，才兼恢傑，夙时缓带，久宣简阅之劳。此日登坛，遂任节旄之寄。整威容于军垒，令┘肃凝霜；占喜气于戎行，恩均挟纩。爰贲宠纶，俾膺嘉奖。兹特加恩，追赠尔一级荣禄大夫，锡之诰命。┘於戏！式颁殊宠，用酬阀阅之勳；祇服徽章，聿表韬钤之略。长垂后裔，无替前劳。　┘乾隆三十二年十二月二十日。

谕祭文

皇帝谕祭於原任福建提督马负书之灵曰：国家隆专阃之司，任严镶鑰；臣子励匪躬之节，铭著旂常。惟敬慎罔间初终，斯恩礼不渝存殁。尔马负书宅心克谨，奉职维勤，入居执戟之班，出荷彖戎之任。尝经三辅，浹历八闽。既久阅乎边陲，令传刁斗；时申明乎训练，绩并楼船。熟环海之情形，用固建瓴之势；率连山之卒伍，长存聚米之筹。忽览遗章，遽深轸恻。呜呼！成劳未泯，人餘挟纩之恩，宠恤宜加，礼备饰终之典。灵其不寐，尚克歆承！乾隆三十三年六月初三日。

（碑阴）

原任福建提督马负书碑文

朕惟国家重念封疆，丕嘉勋绩，礼既隆於锡命，典特著於饰终。矧夫声望夙树於分麾，勤劳历宣於专阃？宜加纶綍，以慰屏藩。尔原任福建提督马负书，武服将诚，戎韬娴素。拜丹墀而鹄立，名贯胪传；卫紫禁而龙骧，职勤儤直。迨参戎于莱国，和门传讲武之谋；旋佐帅于黔陬，肃队表善兵之略。是用频颁節钺，统御熊罴。月抱涞河，军令明而琱弓夜偃；波恬闽海，行营静而玉帐晨开。期委任以方深，讵沦徂之遽告？谥曰"昭毅"，象厥生平。呜呼！贲恩光於常旅，寄重干城；勒贞石以鸾书，铭偕彝鼎。钦兹休命，式是后昆。乾隆三十三年五月十四日。

（碑左侧下书）

翰林院编修臣沈初恭撰，翰林院编修臣胡高望恭撰，掌院、太子太保、东阁大学士、兼管礼部刑部尚书事、臣刘统勋、都察院掌院、左都御史臣观保恭校，刑部直隶司主事、臣张元观书丹。

（碑右侧下书）

谕祭官、礼部左侍郎、仍兼太常寺卿、公中佐领、臣诺穆浑，礼部祠祭司主事、兼佐领、臣觉罗永恰，太常寺读祝官、臣扎尔杭阿，笔贴式臣隆保、玉柱、陀精额、伊勒图、徐本德、伍尔泰、扎拉丰阿、成格。

注释：

提督：古代武官名称。清沿明制，设提督军务总兵官，简称提督，设于重要省份。提督虽属于地方武职最高长官，但须受总督、巡抚的节制。

恩均挟纩：意思是大家都受到了皇家的恩惠。挟纩，穿上了丝棉衣服。挟，古指襟带，借指"穿"；纩，用来絮衣服的新丝绵。

谕祭文：是天子致臣属、妃嫔的祭辞。明徐师曾《文体明辨》："谕祭文者，天子遣使下祭之辞也。或施诸宗室妃嫔，以明亲亲；或施诸勋王大臣，以明贤贤而示臣始终之义。自古及今皆用之，盖王言之一体。"清吴曾祺《文体刍言》："凡遇大僚薨逝，天子命词臣撰拟祭文，而亲近之臣，恭代行礼，于是有谕祭文。"

沈初：浙江平湖人。乾隆二十七年（1762），圣驾南巡，召试一等，赐举人，授内阁中书。二十八年（1763）一甲第二名进士，授编修。三十一年（1766），散官一等。

胡高望：浙江仁和人。乾隆十八年（1753）举人。十九年（1754），考授中书。二十六年（1761），一甲二名进士，授职编修。

刘统勋：山东诸城人。刘墉之父。雍正二年进士（1724），改庶吉士，散馆授编修，入直南书房。乾隆二十一年（1756）六月谕曰："刑部尚书员缺，着刘统勋补授。"

观保：清满洲正白旗人，姓索绰络氏，字伯容，号补亭。乾隆进士，官至礼部尚书，左迁左都御史。以文章受知遇，屡典贡举，为词章耆旧。卒谥文恭，有《补亭诗稿》传世。

觉罗：即红带子。清制，尊努尔哈赤的父亲塔世克为显祖。凡显祖的直系子孙称为宗室，因系黄色带子而别称"黄带子"；显祖的伯叔兄弟的子孙属于旁支，则称为觉罗，因系红色带子而俗称"红带子"。

笔帖式：清代职官名称，满语文书官之称。清代于各部院衙门、八旗及外省督府衙门均置此官，掌理翻译满、汉章奏文书，秩七品至九品。

按语：

　　碑身左侧镌撰文人、校文人、书丹人官职及姓名，碑身右侧镌谕祭官官职及姓名。此种形式比较少见，再加上碑材选料，当朝权臣的书撰等，说明皇室对马公的重视。马负书（？—1768）《满汉名臣传》《台湾通志》等史籍载，汉军镶黄旗人，字羲祥，卒谥"昭毅"。乾隆元年（1736）丙辰科一甲一名（状元）武进士，授头等侍卫。五年（1740），授山东莱州营参将。七年（1742），迁胶州营副将。十一年（1746），擢登州镇总兵。十二年（1747），调任福建漳州镇总兵。十六年（1751）正月，调任广东琼州镇总兵。不久，又命令仍留原任。七月，调他出任金门镇总兵。八月，奉旨接任陈勇担任台湾镇挂印总兵官。是台湾清治时期受台湾道制约的台湾地区最高军事首长。而其后任是马龙图。乾隆十七年（1752）五月，马负书丁忧回籍。九月，他署古北口提督，直隶总兵。十月，署任福建陆路提督；十九年（1754），服阕，实授福建陆路提督。

　　而立此碑时，亦即马负书卒年（1768），马已为福建提督，其后短期再无升迁。马负书任职期间，在军队中享有威望，对当地士绅以礼相待，老百姓也感戴他的恩德。他曾经上奏欲惩治当地的恶霸；大旱之时偶降大雨，曾被人呼作"马公雨"；他还曾营制演习阵法，在野外随地成列；也曾提醒皇帝，要暂没安南枪械。虽然其上奏有理，制敌有方，但大多为皇帝误解，甚至防范。可以想见，马负书的一生比较坎坷，郁郁不得其志。墓碑所在地吉祥庄清代已建村，原为四处坟地，后发展为四个自然村，为包家坟、马家坟、后坟、小东坟。后包家坟、马家坟合并，称吉祥庄。也可能是马负书曾做过直隶总兵的缘故，他将墓地选在京城郊外。

　　碑右下侧记谕祭官等人名衔职，其首行"公中佐领"恐为"宫中佐领"之误。

清和硕和勤亲王碑

解题：

清乾隆三十七年（1772）四月。碑汉白玉质，保存完好。螭首龟趺，满汉合璧，边框云龙浮雕，两侧海水升龙。基座上海墁四块拼接，海水江崖，四角鱼、鳖、虾、蟹。碑身高 280 厘米，宽 124 厘米，厚 58 厘米；碑座高 120 厘米，宽 125 厘米，长 360 厘米。额题"敕建"，首题"和硕和勤亲王碑文"。碑今仍在原址顺义区城关乡（李桥乡）王家坟村村西。

录文：

和硕和勤亲王碑文：

朕惟玉牒分辉，情莫隆於敦本；金枝掩采，礼尤备於饰终。眷茅土之方新，列爵维崇屏翰；悯芝兰之早谢，贞珉式焕丝纶。爰举彝章，用光兆域。惟王赋姿明敏，禀气冲和，礼法能娴，树声华于绮岁；趋跄有度，供宿卫於直庐。迫乎晋秩亲藩，兼司旗务，恪恭应矩，承家法以无违；醇谨流褆，擅宗英而著美；行年方壮，何笃疾之难瘳！凶问忍传，每怆怀而莫释；雕筵叠荐，已申论祭之仪。翠碣常昭，载举易名之典；题碑有制，锡谥曰勤。於戏！瞻画翣以临风，悲深犹子；表松阡而勒石，休示方来。式慰尔灵，永垂勿替。乾隆三十七年四月。

（满文略）

注释：

和硕和勤亲王：名爱新觉罗·永璧。雍正皇帝爱新觉罗·胤禛之孙，和恭亲王弘昼第二子。生于雍正十一年（1733）六月十三日。乾隆二十一年（1756）初封不入八分辅国公，在乾清门行走。尔后授都统。乾隆三十五年（1770）袭和亲王。三十七年（1772）卒，享年四十岁，谥"勤"。其父弘昼为雍正帝第五子，乾隆帝胞亲弟。其子旻伦，封和勤郡王。

禀气冲和：为人冲淡不争，形容人的胸怀谦和、淡泊。

直庐：古代官员值宿所住的屋子。

醇谨流禔：恪守规矩，保证了安宁。醇谨，谨慎之极；禔，安宁之福。

翠碣常昭：指载名于碑碣，使后人永远能看得到。翠碣，泛指美石所刻之碑记。

画翣：棺材两侧的饰物。

犹子：侄子。

按语：

碑所在地名王家坟，清代建村。原仅为几户守坟人，后发展成村，称王爷坟，1949年后改称王家坟。墓在王家坟村西，坐北朝南。墓地原有牌楼一座，北行为宫门、享殿、月台、宝顶、碑亭等建筑。四周松柏环绕，绿树参天，占地近五十亩。民国初年，陵墓被盗，今仅存碑一座，并被公布为区级文物保护单位。

清晋赠太子太保原任刑部尚书杨廷璋碑

解题：

　　清乾隆三十八年（1773）。碑螭首龟趺，青石质。碑身高 375 厘米，宽 111 厘米，厚 49 厘米；龟趺高 95 厘米，宽 115 厘米，长 295 厘米。首题"晋赠太子太保原任刑部尚书杨廷璋碑文"，无额题。碑满汉合璧，满文在前，汉文在后。汉文正书存 8 行 317 字。碑阴无字。原在顺义县南法信村。现藏北京石刻艺术博物馆。碑身保存完好，龟趺首残损。

录文：

晋赠太子太保原任刑部尚书杨廷璋碑文　┘
朕惟礼崇耆艾，昭策府以酬庸；恩备荣哀，焕旍常而纪绩。惟贤、劳历著，叠进穹阶；斯锡赉用申，丕光文碣。尔太子太保刑部尚书杨┘廷璋，恪勤莅事，恭慎居官，早载笔於金吾，旋分曹於郎署；屯曹、虞部，班联雉正之司，象郡、桂林，秩绾铜符之绶。理黔苗而奏凯，偕粤┘属以敍功。饬纪整纲，观察重监司之寄；明刑弼教，澄清励廉镇之操。继由方伯之旬宣，迭任严疆之牧翰，建旌牙以涖抚，两浙风清，┘开幕府以总戎，七闽泽被。迨晋台垣，而地推禁近，犹留制府，而节镇边隅。会因过误左迁，仍予迴翔华省。惟首善在近几畿千里，┘知提┘倡之有方；而作朋适表瑞三班，信遭逢之非偶。再司比部，深春老成，实冀克永桑榆，何意遽伤凋谢，议受知之異数，爰核实以易名。┘於戯！职继清慎，惟勤官箴。尤要行见中外曰愨，諡典攸胙。聿光马鬣之封，载锡龙章之灿，以克永世，长有令闻。」乾隆三十八年月日。」

注释：

耆艾："耆""艾"都是对高寿者之称。古代以五十曰"艾"，六十曰"耆"。

策府：同"册府"，古代王宫藏书及档案之所。

酬庸：即报功、卖功。

穹阶：高位。

载笔：随身携带着书写工具，以备随时记录皇帝的言行，供编写起居注的档案，是文官的职责。

分曹于郎署：汉、唐尚书皆分曹治事，分曹等于说是分部。郎署是汉朝宫中郎官的宿止之处，当时的郎、郎中和郎中令、郎将都是皇帝的近卫武士，与后世的郎中不同。

屯曹：意为掌管屯田事务的官署，清代工部下设诸司中有"屯田清吏司"。

虞部：唐职官中有虞部郎中，所掌与清代上述清吏司相近。

雉正：即工正，相传为少昊氏时代官名。

象郡：为秦始皇所置南越郡之一，其地也在今广西与湖南南部，但与清代桂林无关，此处为文章对仗用典而设。

铜符：铜虎符。虎符之绶，清代府官铜印的雅称。

严疆之牧翰：指省级大员——封疆大吏。牧，汉代的州牧，其管辖范围约与明清之行省相似。翰，古通"榦"，柱子，骨干，以喻大臣。

七闽：指古代的闽人部落，其所属地包括福建省和浙江一部分，据说共有七族。

制府：总督的别称，谓其开府而总制军务，明代有"总制……等处军务"之官，称"总制"，后因嘉靖帝避"制"字，改称"总督"，

作朋：取《诗·鲁颂·閟宫》"三寿作朋，如冈如陵"意。原意是形容

周天子常常善待贤才之意,"三寿"指三卿、三公;"如冈如陵",形容关系好、情意坚固。"作朋"即代指"三寿"。

按语:

杨廷璋,《清史稿》有传,字奉峨,汉军镶黄旗人。世袭佐领。雍正间,由笔帖式授工部主事,迁员外、郎中,迁广西桂林府知府。乾隆二年(1737),迁左江道。十五年(1750),擢按察使。二十年(1755),迁湖南布政使。二十一年(1756),擢浙江巡抚。二十八年(1763)十月,加太子太保,十二月,授体仁阁大学士,仍留总督任。二十九年(1764)十二月,授工部尚书。三十年(1765),署两广总督。三十二年(1767)三月,授刑部尚书。三十三(1768)年正月,命紫禁城内骑马。八月,授直隶总督,加太子少保。三十六年(1771)十二月卒。三十七年(1772)正月,谕曰:赠太子太保,谥勤悫。有《玉亭余集》。

碑文以骈散体写成,用典多处,对杨廷璋一生的功绩进行了夸饰。其生平从杨廷璋于雍正七年之前,曾任笔帖式之职开始,时其品级低下,碑文用"早载笔于金吾"是为了说得冠冕些。雍正七年杨廷璋由笔帖式授工部主事,正六品,旋擢郎中,正五品。"分曹于郎署"即说此事。乾隆二年杨廷璋曾任广西左江道,清代封"道台"官的称呼为"观察",碑文以"整饬纪纲,观察重监司之寄"。对此进行了记述。乾隆十五年杨廷璋被擢为广西按察使,此官职全称为"提刑按察使司按察使",故"明刑弼教"便是其司职。文中"继由方伯之旬宣",方伯:本是周代的官名,明清以来,也多被用来称呼地方官中的府、道级官员。旬宣:旬同徇;宣,宣布王命,《诗·大雅·江汉》:"王命召虎,来旬来宣。文武受命,召公维翰",其《疏》即如此释。这里用以指杨廷璋于乾隆二十年任广西步政使之事。乾隆二十四年(1759)被授为闽浙总督,"开幕府以总戎"正是指此。乾隆二十八年杨廷璋加太子太保衔,又授为体任阁大学士,是"地推禁近"了。杨廷璋授大学士后仍带闽、浙总督衔,所以称其为"犹留制府"。碑文中还述"会因过误左遥,仍予迴翔华省",是指乾隆二十九年三月,福建水师提督密奏闽海关洋商贿赂一案，乾隆帝命尚书赫德为钦差大臣，带同侍郎裘曰修赴闽查办。经过两个月的调查，并未查实原密奏中所奏每年总督受贿一万，巡抚受贿八千的事实，只查出"总督杨廷璋令属员代买珍珠纪念等物，少发价银"一事。于是乾隆帝于五月二十四日下令"令解大学士任，从宽授以散秩大臣，令其自效"，而且很快又授予其正红旗汉军都统工部尚书之职。乾隆三十六年恰逢帝满六十岁，特别赐文武职九位七十岁以上的年老大臣饮宴赋诗，称"香山九老之会"，以示乐宠，杨廷璋在其列，正所谓"遭逢之非偶"。乾隆三十六年十月，杨廷璋再任刑部尚书，即碑文所称"再司比部"。

《北京市顺义县地名志》载，南法信村距顺义县城四公里，汉代已成村落，因法、信二姓在此居住而得名。另有传说此地最初叫南草地，清乾隆三十八年（1773），当朝刑部尚书、二品官杨廷璋寿终正寝时，其家族到处为他寻找合适的坟地，后人发现南草地草木茂盛，羊（杨）吃草，预示家族兴旺，因此，将杨廷璋的家族墓地选择在此。

朝阳庵戏楼碑

解题：

乾隆四十四年（1779）十月一日。拓片通高162厘米，宽64厘米。额阳文题"永垂不朽"，两侧饰以草龙；首题"朝阳庵□药王面前戏楼碑记"。洗心亭主人居士周岗梧撰文，王瑰书丹，住持普慧、普亮立碑。碑左下部分三列书刻会首、工匠、立碑等人名。在牛栏山药王庙遗址。

录文：

朝阳庵□药王面前戏楼碑记

天地吾知其至大也，以其覆载之莫外古今；吾知其至久也，以其绵亘之不息生民；吾知其至众也，以其广生之靡已。念自子开丑闢以来，配天地、贯古今、济生民，而矫矫寰区者卒鲜。一自药王特出，宏燮理、致中和，道德克配天地、继三皇、开十代，小补方直，贯古今，治龙虎，振乾坤，厚泽普济生民。是以大千世界，咸蒙调剂之变，负徒含生，同登仁寿之域。吾侪何以颂扬？或将为典胄而律吕失伦，将弗有替而离惪不嗣。翳惟是佛儒耀彩，优孟宣声，聊博观听耳。丝台不筑而在前奚处？楼不建而万物何将？用是，鸠工缮村（材？），昭翚飞鸟革之状；施丹布藿，展霞月□华之光。仅一小楼，聊依远岫。未敢诵摘星之句，亦淑放飞月之劝。俱歌阳春或讴白雪，仅□愚诚而邀神贶尔。是为记。　合会人等买香火地四亩,坐落庙后。⏎　本县洗心亭主人居士周岗梧撰,⏎　本镇　王瑰书;⏎　经理:吴邦利、艾宗儒、吴邦正;⏎　会首:张现龙、张仔果、商自兴、刘应禄、杨枝芳、淑　玮,⏎（以上第一列）巨　宽、李成桂、田九达、商自隆、杨舒麟、王富,⏎（以上第二列）木（匠）吴　铨、瓦匠马　魁、石（匠）刘文科,（空二行）住持普慧、普亮立。⏎（以上第三列）大清乾隆岁次己亥、阳月吉日。⏎

注释:

子开丑闢:即"子开天、丑闢地"之简,意思就是（自）开天辟地（以来）。按照道家的理论,惟初太始,道立于一。一生二,二生三,三生万物。子开天,丑闢地,寅会生人。那是非常繁杂的哲学理论,此不多论了。

宏燮理、致中和:此应即指药王救渡常人的本事,能够广泛地调理人们的生理,使之阴阳和合。该词实为《尚书·周官》"论道经邦,燮理阴阳"之衍生,宏,弘扬;燮,调和;理,治理;致,使之（如何）;中和,阴阳和合的结果就是"中和",《中庸》:"喜怒哀乐之未发,谓之中。发而皆中节,谓之和。"

翳惟是佛儒耀彩,优孟宣声,聊博观听耳:意思就是,无非是想让佛教与儒教两家各放异彩,好比是演员在放声唱戏,为了能让大家都爱听啊！优孟,生卒年待考。春秋时期（前770—前476）楚国宫廷艺人。以优伶为业,名孟,故得名。荆州人。从小善辩,擅长表演,常谈笑讽谏时事。

翚飞鸟革:也即"鸟革翚飞",如同鸟儿张开双翼,野鸡展翅飞翔一般。"革",鸟张翅;"翚",羽毛五彩的野鸡。旧时用来形容宫室的华丽。语出《诗经·小雅·斯干》:"如鸟斯革,如翚斯飞。"

阳月:旧时农历十月的别称。

按语:

恐怕夸大药王对人类的济世作用的文章,已经算是唯此为大了。上古时期的《尚书》中用来描写安邦治国的词语被加到药王的头上了，像"宏燮理、致中和"之类的；像那些赞美周公、孔子的词语也被加到药王头上了，如"配天地、贯古今、济生民"，"道德克配天地、继三皇、开十代"之类的；又如像"小补方直，贯古今，治龙虎，振乾坤，厚泽普济生民"。虽然多溢美之词，但毕竟系道家医家术语，不足为奇。文中最巧妙之处应在于，"翳惟是佛儒耀彩，优孟宣声，聊博观听耳"。本来碑文讲的就是药王庙戏楼修缮事，拿来古优孟作比，最恰当不过了。

重修元圣宫后殿东配殿碑

解题：（暂时缺乏资料）

　　丙午年，乾隆五十一年（1786）。"守尉加一级、纪录四次、灵保县加三级、纪录三次徐名驹"撰文，"宜興徐林沐手书丹"。

录文：（暂时无法核对）

　　重修元圣宫后殿东配殿碑记┘
┌\┐北有元圣宫焉。襟白水之潆纡，桃金山以几峙洵為召胜臣区迓┘ ┌\┐舊矣，顾莫为之先，虽美弗彰；莫为之後，虽盛弗傅（传？）。是剏始者難而踵修者尤不易。粤敌斯利之兴建扵秦道人詣普通人┘ ┌\┐存而稽之邑志，初名真武庙。康熙己亥蜀西黄成章斯邑，改為元圣宫，重立匾额，邑人遂永称焉。亦越广子後殿及东配┘ ┌\┐顷比而地当古北孔道，行人络绎无下，<u>興蔓草颓垣之感</u>。是尚得為<u>迓神庥</u>（庥？）资保障之福地乎！则更新之举，诚有不容┘ ┌\┐室通慧两门，慈光之普照，法云所為徧覆也，岂俟栋宇之蔽哉？虽然信之心而无以尊奉之，则虚县无薄，古时飞锡布金┘ ┌\┐為美，蓋崇广佛教，籍伸觉世之权也。審是而古刹之废興，所忘非浅鲜矣。余于丙午春量移兹邑，奔走事事┘ ┌\┐巍岁炜自殿而廊而寝，昔之倾圮夫者，俱潎焕烯新回羨。住持僧源湧避工费浩繁，毅然兴作而┘ ┌\┐于花雨是斤傅尔┘ 一级军功、纪录四次、寻常纪录二次贾永言，┘守尉加一级、纪录四次、灵保┘县加三级、纪录三次徐名驹撰，┘\正堂、加三级、纪录三次戴三公，┘\洁加一级、级录二次依兴阿，┘\当把总、加三级杨复恭\总、加三级、（纪?）录三次贾兴贵，┘\县京堂、加三级黄模，┘丙午闰亡（?）榖旦、宜兴徐林沐手书丹。┘

注释：

兴蔓草颓垣之感：犹如说触发了故国丘墟的感伤之情。

迓神庥：迎接神灵赐予的福善。迓，迎接；庥，蔽荫，保护。

按语：

该碑虽已断残，且字迹不完，但仅从留下的并不连续的文字中，我们尚且能够捋出一些头绪来的。如："稽之邑志，初名真武庙。康熙己亥蜀西黄成章斯邑，改为元圣宫，重立匾额，邑人遂永称焉。"说明该庙本即名"真武庙"，一直到清康熙己亥（五十八年，1719）黄成章来掌斯邑时改为"元圣宫"了，以后就长期地叫了起来。当然，"元圣"与"真武"同为一神，该"宫"与该"庙"也同为一处，只不过是叫法不同，似乎更显等级而已。但"真武庙"的创建，一定是在康熙己亥以前。文末落款的"丙午"，显然是乾隆五十一年的丙午，即1786年。

重修玉皇殿碑

解题：

　　清乾隆六十年（1795）九月穀旦立。碑从中部竖向分左右断为二，右侧额题部分被剔除，左侧额题残存"碑记"二字。高232厘米，残宽73厘米，厚26厘米。未修复，立于元圣宫二进院东侧。字迹较清晰。碑边框文饰为缠枝莲花。"丁酉科选拔贡生、原任直深州武强县教谕、加三级王璧成"撰文，"张永宽沐手书丹"。碑阴为题名。

录文：

　　　　重修玉皇殿碑记

玉皇者何？天也。天之有祀，由来舊矣。《舜典》曰"类于上帝"，《大雅》云"上帝居歆"，《祭法》曰"煙柴于秦壇"，祭天也。盖王者父事天明（民？）乃得祀之，下此罔敢干焉。及主（至？）後世浮屠氏興，始有玉皇之號，且创為祠宇，肖其形貌，男女减（臧？）获皆祷祝而拜祝之，而玉皇之庙遂徧扵天下。夫民在天中，若蜉蝣之竒，与天渺不相接。其获福也，曰此天之赐；其祸也，曰此天之罚。或伏而祈天，或仰而呼天，若是者何哉？盖惟皇上帝，降衷下民，人心各载一天也。皇矣上帝！临下有赫，天日鉴扵人心也，亦何人士莫不勧（懂？）忻而集事焉？则见其事，足见其心，是即心载之天，天鉴之心，动于中而不容已也。吾知人士之心释增美敬畏交深，惟玉皇是奉。若而日教扵善良者，胥由此矣。肢（故？）为之记。

丁西科选拔贡生、原任直深州武强县教谕、加三级王璧成撰，原任骁骑校积德，特授直骁骑义城守营都阃（督?）府军功一等加五级、纪录五次表定纲，署顺义县知县、加三级、纪录五次崔人纪，顺义县训导、候选知县、加三级、纪录三次戴三公，直候补吏目、管顺县典吏事、加二级陈鳯漩，提标前营顺义营河汛把总、加三级、军功纪录二次贾兴贵，直顺义营杨各庄汛司廰、加三级胡国良，

京都顺天府大兴县民籍施捨香火地壹顷伍拾愍，坐落怀河东高强都，乾隆六十年九月穀旦立，张永宽沐手书丹。

（碑阴人名略）

注释：

《舜典》曰类于上帝：此句应出于《尚书·周书》。原文："予小子夙夜祗惧，受命文考。类于上帝，宜于冢土。"

《大雅》云上帝居歆：此句出于《诗经·大雅·生民》。原文："于豆于登，其香始升；上帝居歆，胡臭亶时。"

《祭法》曰烟柴于秦坛：此句出于《礼记·祭法》。原文："燔柴于泰坛，祭天也。"

丁西科选拔贡生：清代科举之制，选拔州县学中优秀者贡入太学读书。

按语：

碑在元圣宫，说明元圣宫旧有玉皇殿。奉祀玉皇非必真武庙（元圣宫）中，类似碧霞元君者如石景山区原首钢山上的天主宫（实即玉皇殿），佛、道兼容的庙宇如慈善寺的玉皇阁等。碑文不长，但一直围绕着"玉皇上帝"，实际是在论述平民百姓与"上帝"的关系，或者说如何理解此"上帝"。他在阐明百姓们应该明白两个"天"的含义，即：对于皇帝，玉皇是天；对于百姓，皇帝是天。故作为普通老百姓，没必要"其获福也，曰此天之赐；其祸也，曰此天之罚"。而且他认为，祭天、祭玉皇那是帝王应该做的事情，

"盖王者父事天明（民？）乃得祀之"。所以他劝百姓不能盲目地去祭祀，当然他也希望当朝皇帝能够下体民心，不愧为"天"。如此则："盖惟皇上帝，降衷下民，人心各载一天也。皇矣上帝！临下有赫，天日鉴扵人心也，亦何人士莫不勧（懂？）忻而集事焉？"所以，在封建社会，一下子破除迷信，根本是不可能之事。但是像此碑文如此劝说百姓不可盲目地迷信，也不能不说是在思想意识上的一个进步。

重修龙王庙碑

解题：

　　清道光九年（1829）孟秋（7）月立。碑方首抹角联首，高163厘米，宽63厘米，厚22厘米。额题"万善同归"，碑面右残损严重，首题处字迹磨蚀，前缺数行，庠生吴文键撰文，张永富书丹。阴双钩额"因果不昧"，阴首行"今将众善捐钱刊列于左"，下分十一列刻写捐资商号及善信人名、钱数等。碑阳首平雕二龙戏珠、祥云衬底纹饰，阴首有丹凤朝阳、花卉衬底纹饰。今在顺义区文物管理所院内碑林。

录文：

（被挖二行）╝／高山／富□观此／╝龙王之所係，岂浅□□？此庙不知创自何代，修於何年，至大　清道光，<u>已有年所</u>。风调雨╝洒，栋宇之<u>杌陧</u>难堪；日照星临，神灵之安妥兴自？时有□□永庆，目□心伤。其□叩化，╝不数年而铢积寸累，共攒数百餘金。於是鸠工商议，将大殿三间、禅堂六间、耳房四间、╝山门、羣墙，倾者扶之，缺者补之，垩者葺之。及告峻之後，<u>又借丹青之手，以传色相之神</u>。╝凡　龙王金身以及门窗、供器，莫不彰 益 五色，焕然一新矣。於戏！不有前人之创建，何╝有今日之重修；不有今日之重修，何以永前人之创建？承先继後，虽非无量功德，□为╝国安神之一苦心也。况<u>引</u>善者□道，助善者商民，当功程圆满之时，正善德昭彰之□。故勒其姓名，刊其银两，以示因果不昧，永垂不朽云。　（中有二行字被刊挖，模糊不清）　善末：　张　禄、耿大有、赵天相、杨作、孟集昌、李成锦、李廷梅、吴惠泽、吴惠文、丁友德、段克俊、王希仁、杨国祥、李成美、李成芳、吴文钺、王廷弼、赵宏连、陈　炳、贾文洁、李成材、张　策。庠生吴文键撰文，张永富书丹，住持　孙永庆叩化。大清道光己丑、孟秋月立。

（碑阴）

今将众善捐钱刊列於左：

望京新店（横书）：李　秀共施钱，李廷贞一佰千；奶子：庄　宽捐钱七十五千；沙岭：种德堂五十千；红寺：白泽长二十五千、冀椶芳五十五千、曾师武二十八千、曾　立二十千；曾家庄（横书）：王良臣二十八千、曾　筠二十八千、赵　杰十八千、潘　立廿八千、阎逢泰三十千、刘　弼十五千；唐各庄（横书）：张善忠十五千、杨义广十五千、王礼乐十五千、雒君辅廿千、管鸣山十二千、董珮三十千、张　敬十二千、孙复旺十五千。（以上第一列）益盛号、广泰当、益茂号、广顺当、□来号、东新泰、益成当、万顺当、天成号、东益利，各施钱十五千；胡阳馆、张永盛、陈玉，各施钱□□□□；崇兴号、玉顺号、鸿芝堂、恒太和、积诚号、天福堂、太山楼，各施钱╱；（以上第二列）永祐昌、万兴隆、恒茂号、益昌号、谦和号、万盛号、永利号、丰盛号、三盛永、大兴号、永祥号、三顺号、西盐店、复兴号、恒美号、太山号、丰祐号、四兴号、增盛号、永发号、天亿号、公议号，各施钱六千；（以上第三列）益祥号、万利号、东盛号，各施钱六千；瑞丰号、太和楼、益兴楼、万庆余、□顺号、东义盛、张廷瑞、常富荣、永太号、义和号、天顺号、□宁堂、刘秉智、天合号、宏兴号、广兴号、永盛号、益新号，各施钱四千；（以上第四列）赵安泰、胡永□，各施钱十千；张日盛施钱十□千；马国用、崔泽广、王德福、赵□俊、贾永德、丁永安，各施钱十千；丁永亮、孙玉藩、□人蔚，各施钱廿千；□得福、孔　敬、刘汗忠，各施钱八千；樊　锦、耿天□，各施钱四千；（以上第五列）王致远、张凤池、王登魁、孙向义、孙起龙、□世瑞、李成文、张景安、李永成、李天□、冯世泰、陈 安、刘永和，各施钱六千；李塘、马逯、霍□成，各施钱十五千；李致谦施钱十八千；阎德功施钱廿千；（以上第六列）陈□□、徐□思，施钱廿千；王 成、刘 宽，各施钱九千；陈良弼七十五千；龚建倬五十千；李永发、刘文举、张发魁、杨 福十千；虞德煦、李维杰、任希禹、于得泓、吴文鉴、李 □，以上各施钱六千；张义祥一百贰拾千；┘（以上第七列）王得禄、杨魁山、赵国泰、虞 明、张旺，各施钱廿千；刘义常、朱孔阳、仇国镛、戴登魁、杨祐山、张士勇，各施钱拾贰千；王 瑚施钱八千；张廷栋施钱五十五千；张凤岐十五千；李永祥、张启元，施钱廿千；（以上第八列）张云昇（底注）施白灰一车；周德旺、胡廷贵、傅廷修、黄成祥、天兴木厂，（底注）各施钱七千；张廷相（底注）施钱十二千；原茂号、□和号，施钱十八千；陈国泰施钱廿千；王 馥施钱十千；彭良相、丁有志，施钱六千；武文明施钱十二千；孙立才施钱六千；孔传曾、陈昌泰，各施钱六千；┘（以上第九列）耿大有十千，赵天相廿千，李成芳廿千，张禄廿千，李成良卅千，丁有德廿千，李成材五十千，杨 作卅千，李成锦卅千，杨国祥二□□，吴惠文□十千，冯仁旺卅千，李天贵（底注）施钱十四千，胡永枝六千，、王士房六千，李成德六千，福太号十五千，雒永义六千，曾师德（底注）施钱一百廿千；┘（以上第十列）张 策卅千，赵宏连六十千，赵文洁十八千，吴文□□十千，孟集□□□千，张克□十□千，李廷梅六十千，□ 炳卅千，王廷□一十五千，王希□廿千，／卅千，□良策施钱八／；画作赵天忠卅千，木作张／，瓦作赵 成／，石作刘玉英六十千。（以上第十一列）

注释：

　　已有年所：犹如说已有些年头了。

　　杌陧难堪：形容建筑将要垮塌不安稳的样子。杌陧，不安定，摇晃。

叩化：指释家、道家之行乞化缘。叩，指叩头，行礼之一种；化，即化缘。

又借丹青之手，以传色相之神：意思是，又请画工画匠们来表现一下神灵的样子。我国古代绘画常用朱红色、青色，故称画为"丹青"。《汉书·苏武传》："竹帛所载，丹青所画。"民间称画工为"丹青师傅"。

引善者：首倡或提倡、发起做善事之人。然而此善事则专指对佛家的善事，此引善者亦多指有地位之人。

善末：相对于会首与引善人来讲，应指那些普通会众。

庠生：明清时称府、州、县学的生员为庠生。

道光己丑：即清道光九年，公元1829年。

按语：

碑文因前两行被刊挖，故龙王庙具体地点不详。按《重印民国顺义县志》寺庙志所列顺义县龙王庙有七，分别位于：县城北门外、珠堡村西北、牌楼村西、小店村北、良善庄、西下市、牛栏山碧霞宫。不知此碑为哪一龙王庙遗物。碑文记述了该龙王庙住持孙永庆用叩化多年所得修葺大殿、禅堂、耳房、山门、围墙，粉饰龙王金身、门窗、供器等。碑文后刊助善者姓名。碑阴镌所捐钱两数。碑阴文中客观著录了号、庄、铺、厂、楼、店、馆、堂、当等商业店铺六十多所，是研究清代顺义地区商业发展状况的非常重要的经济史料。

所录碑文二行"□永庆，目□心伤。其□叩化"，以末行所记"住持孙永庆叩化"推考，此处"□永庆"的□应为"孙"字。文末"善末"前亦有二行被挖，仅能识"东""西""又壹""壹东西"等字，估计应为"会首"等人名相关词语。

药王庙碑

解题：

　　清道光十一年（1831）九月。方首抹角，浮雕二龙戏珠，海水江崖。拓片通高226厘米，宽74厘米。额双钩题"名垂千古"，首行"盖闻古之以功德及於民，得祀而遍天下者惟勾龙与后稷为然"。王瑞成撰，艾宏恩书，额双钩题。碑面四框平雕宝相花卉，碑身自上约三分之一处横断。碑身右半记碑文，左半上部官员人名落款，下部总理、经理、助缘、会末等人名、商号名落款。在牛栏山南门井道胡同。

录文：

　　盖闻古之以功德及於民，得祀而遍天下者惟勾龙与后稷为然。然勾龙以土养人，后稷以谷养人，此养之常道。□如药王以方⌐术济天下，使天下之人无夭扎（折？）疵疠之忧，而咸跻于仁寿，其功德讵不伟欤！故勾龙与后稷，其位所不屋而坛，而药王得用王者⌐礼仪，巍然南面，而生冕旒辉煌，以临万众，而万众之人北面跪祭，进退诚敬，礼无敢慢，神威岂真赫奕哉？盖仰其宏德，思其伟功，⌐是以自唐讫今，人心感□，而远近香火不衰。顺义县北三十里名牛栏山，巨镇也。其南门外，旧有古刹一所，□□□□□□前殿⌐三楹，供奉药王，后又有毗卢殿三楹，供奉古佛。古佛□谊术不可考，要亦西夷之圣人。而僧寮之□□□□□□□□风雨飘摇，⌐兼旧制楹朴逼窄，不足以揭虔妥灵；而又梁桷赤白，残剥不治，神像之威□昧色闇。当□□夷庭□□故兹□□□□□之感，立意 重修，因旧基而更阔大之。於是，人各捐资，深宏庙宇。经营伊始，咸乐输将，遂因故以图对万众之□□□□□□□倍觉宏大， 较前之整饬，愈加精严矣，惟月若日工告□功大祠于庙，众善者临，莫不曰耿耿祖□庙貌维新，□□□□□妥神，乃相与请 辞於予而鑱之於石。辞曰：

药王徽号，建始於唐；其时医治，厥道孔彰。神术流传，久而弥光；民无疾□，□□万方。佛入中国，亦于唐始；神其遐昌，用传□骨，畀入大 内，为民祈福；佛其有灵，慈光普度。兹因旧址，厥制伊新；鸠工庀材，念起吾人。宏其祠宇，壮丽金身；民具瞻仰，造福无比。 署顺义县正堂、加十级、纪录十次李宣范、 特授顺义县右堂、加五级、纪录五次王家植、 特授顺义营都阃府、加十级、纪录十次福海、 顺义营司厅、军功一等、加八级、纪录三次刘廷贵、 特授漕河汛司厅、军功一等、加三级、纪录三次郭永安、署顺义县僧会司正堂、加七级、纪录五次广 德、 顺义县辛酉科拔贡、候选教谕王瑞成撰、 顺义县北牛栏山、南门外艾宏恩书。 大清道光辛卯年、菊月 穀旦立。 住持戒衲通显、 徒侄心宽。

总理：王 儼、赵廷正、广 德， 吴 锦、周世瑞、张 化。 经理：王贵昌、王殿魁、徐振儒。 （中空二行）护关助缘人：吴文广、王世淳、王希义。 会末：隆茂号、 义合号、 兴顺药铺、 万全忠、 □ 德， 隆源号、 恒盛号、 万方店、 吴文和、 □ □、 正兴号、 六合号、 太增店、 张福功、 王方仁， 德源当、 天顺居、 商永坦、 孙辉宗、 杨 林， 盐 店、 公盛长、 吴 锦、 梅月玉、 王龄昌、 和兴当、 俊成茶店、 王 儼、 商荣禄、 屈 宣， 永源号、 德义聚、 商永琎、 天德堂、 张国有、 德发号、 永顺宁、 天和店、 商荣显、 徐公杰、 丰聚号、 望升号、 天祥当铺、 万宝登、 张 伦， 广兴号、 四义号、 兴盛店。

注释：

勾龙：中国古代神祇名称，传说为土地之神，最初可能是实有其人，抽象化了的大地之神被尊为"后土皇地祇"，"后"有君主之义。然而后土与天帝相对应，则为总司土地的国家级大神了。但后来，在我国的地方乡里仍然也供奉着区域性的土地神，被称作"土地""土地公""土地爷""土地老"等。甚至还将一些已经去世的名人奉为当地的土地爷。

后稷：中国古代神祇名称，传说为五谷之神，最初可能是某人的尊称。稷，本为谷物之名；后，有君主之意。

仁寿：俗话说"仁者寿""仁者长寿"，泛指比一般人长寿而已。语出《论语·雍也》"知者动，仁者静；知者乐，仁者寿。"原本以"知（智）者""仁者"的特点对比，得出了"知者乐、仁者静"的结论，故后人往往喜谈"仁者寿"。

揭虔妥灵：对于神灵来讲，表示恭敬之意，以使神灵有所安妥。揭，显露，表示；虔，虔诚；妥，妥当，使之妥当，使安稳；灵，指神灵。

按语：

碑文云："后又有毗卢殿三楹，供奉古佛。"并推其"要亦西夷之圣人"，大概是出于撰文人不太熟悉佛教，或本为药王庙而借尊神，也可能是庙宇残破，佛像蒙尘，久无香火之续，致使人们已不知"古佛"的身世了。实际上毗卢殿内所供即应为"毗卢佛"。毗卢佛，即毗卢遮那佛，又名"卢舍那佛""大日如来"，由于翻译与派系的不同，而有种种称呼。

因碑文有"药王徽号，建始於唐"，"盖仰其宏德，思其伟功，是以自唐讫今，人心感□，而远近香火不衰"句，可初步断定该"药王"应为唐代道士孙思邈（581—682），其他能有"药王"之名者或先秦，或汉代，或南北朝等。由于孙思邈博通百家之学，尤好老庄，兼通佛典，修炼行医，隐居不仕，又擅长阴阳术数，神应无方，得享天年，在北宋崇宁二年（1103），被追封为"妙应真人"。又因其能广泛搜集民间验方、秘方，总结唐代以前的医学理论和医疗实践，加以分类记载，在医学和药物学方面做出很大贡献，又被后世尊为"药王"。今昌平区尚存一碑，碑面刻《海上方》整一百个药方。碑侧刻对联一副，赞孙真人，曰："世上本无必死病，人间多有大还丹。"

据旧拓可知，本县尚有另一《药王庙碑》，光绪八年（1882）十月立，在顺义县北向阳村。拓片阳阴均通高166厘米，宽62厘米。段玉田撰，杨正修、张维翰书，额双钩，谢宏智刻。阴刻捐资题名。

新修石道序碑

解题：

清道光二十四年（1844）六月立。碑联方首抹角，座佚。碑身高154厘米，宽61厘米，厚15厘米。额双钩题"万古流芳"，首题"新修石道序"，密邑庠生孔宗之撰并书，督工人李宏玉等十二人，段村穆稳平等三人同刻，杨各庄引善人傅宽等六人立。现存顺义区文物管理所。碑首平雕祥云、荷花、海水，碑身平雕卷草，碑基本完整。

录文：

新修石道序　↵

洵阳北治四拾里、张各庄北门外、厂门口村前街，有东西大道一条。斯道也，左穿巷口，右绕溪↵流，西达　神京，东通平邑。每当市集之日，而四方之人，莫不接踵于此，寔往来之通途也。迄今↵康家门西、　水晶宫东，溪水衝激，坍圮不平，驰驱有险阻之患，步履多坎陷（穴、臽，左右结构，）之忧。村中李君↵名有者，欲修此路，以整不平。故约请缙绅、富族、善士、仁人，取山间之巨石，修村内之大道。自癸↵卯春起工，经二旬而始竣焉。於是嘱予为序，予思善有同心，有以导之于前，始克继之于后。李↵君之于是道，善念方起，群志乐从，经营修补，迥異偏陂。车马往来，泯艰难之苦；担荷出入，率坦↵荡之休。《诗》云如砥，《书》曰荡平，岂有異乎然？莫为之记，虽善无徵；莫为之绪，虽美不恒。後之君子，↵覩是道者，废者兴之，则承承继继，而善事无疆矣！┘督工人：李宏玉、李 义、李 有、陈凤，┘李成善、陈美旺、胡文荣；┘密邑庠生孔宗之撰并书；段 村穆稳平、高君和、高君盛全刻；┘杨各庄<u>引善人</u>：傅 宽、王成章，峪口引善人：陆长富、陈颢惠、马德。┘时　┘龙飞道光贰拾四年、<u>菏（荷）月</u>榖旦立。┘

注释：

张各庄：位于县城正东 25 公里，东北距厂门口 0.6 公里。辽代已成聚落。始名张家庄，至明代何庄、核桃园、米家庄、南甲庄四小村并入后，更名为张各庄。清代与民国初年皆为集镇，又俗称张镇。

厂门口：即今在厂门口。现属张镇辖村。距县城 25.5 公里。明代为驻兵屯田重地。该村址为原养马场大门口，故名"廠门口"，后谐音改今称。旧属三河县。顺平公路贯村北。

平邑：指今平谷区。邑，为县的旧称。

二旬：实指二年。旬，有周匝、满之意。

《诗》曰如砥，《书》曰荡平：《诗经·小雅·大东》："周道如砥，其直如矢。"但《尚书》并无"荡平"之词。其实都是借以形容道路平坦之意。

密邑：指今密云县。

引善人：做功德人中之首事者。

荷月：指农历六月，荷花盛开之时故称。

按语：

从碑文记述所修石道为东西大道及所在位置看，今顺平公路与碑文所记位置大体相同。《顺义县地名志》载，顺平公路顺义段是西起后沙峪乡枯柳树村西，经南法信、大东庄，跨潮白河，穿俸伯、南彩、杨镇、沙峪等主要村镇，东止于厂门口村东。是由清时一条东西向大车道演变而来的。由此可见，碑记所修石道极有可能与今天的顺平公路古今重合。碑文记修路所在位置为张各庄北门外,张各庄、厂门口村地势呈西北高,东南低,无名河经村东流过,属蓟运河水系。旧时每逢雨季,河水冲击道路,使其坍塌,凹凸不平,常有隐患出现。故此,村民李有约请缙绅富族共修此路。"自癸卯春起工,经二旬而始竣焉"。癸卯为道光二十三年(1843),修路于该年春季开始,到次年竣工。碑于第二年(1844)荷月(七月)刻立。

  碑正文仅占碑身一半,余下一半作为落款,并且集中于下部。碑末时间落款字号稍大。

重修娘娘宫碑

解题：

　　清同治二年（1863）九月。碑方首联体，素方座，碑身高226厘米，宽72厘米，厚25身厘米；碑座露高22厘米，宽90厘米，厚55厘米。额双钩楷书"万古流芳"，首题"重修娘娘宫碑记"，"顺义县西北白各庄文生萧佩瑾"撰文，本村修生王重三书丹，三河县段村张兆富、朱震镌刻，住持戒衲僧广信号理义立。原址在忻州营村南，后移赵全营乡忻州营村果园内，今已征集到文管所。碑边框卷草文饰，身座分离，仆地，尚完整。

录文：

重修娘娘宫碑记　┘
从来建非常之功，必赖非常之人，而有非常之人，乃成非常之业。故自古及今，宏功大业，赖人以成之，赖神□之也。兹观顺义县西北，忻州营村南，旧有┘三教殿、娘娘殿、天齐殿、功曹殿各三间，阎王殿十间，马王、药王、张公、达摩、韦殿各一间，抱厦一间，东西配房六间，平房四间，钟鼓楼二间，戏楼一座，周围山┘门、羣墙数十丈。昔也催残凋落；今也，百废具兴，真有令人睹之不胜骇然者矣。也，庙则规模宏大，村则蕞尔微区。况其中殷實者无多，困之者有餘，即欲兼┘善其事，不夏夏乎难哉！设非有真心向善者出，何能致数工之成，焕然一新，若是其大乎？视其建修之初，阖村踊跃，协力同心，或衵目四方劝捐，或信女募化道粮，而村中无论贫富，又捃地捐资，诚以大厦难支，诸一木集腋，或可以或裘财。董事者鸠工庀材，孜孜勉勉，智力殚，恒成其半塗而废；劳瘁忘；务期其遹观，成虽当<u>或耘</u>、<u>或耔</u>，乃不因之而稍懈；即至<u>登麦</u>、<u>登榖</u>、志不因之而稍宽。积日而月，积月而岁，至于三五年之久，而始成此恢宏之事。于此，而知成之者人，佑之者神也。迄今历览其中，见其殿宇嵯峨、宫墙缭绕、金粧彩饰、庙貌维新。不惟吾人乐道不已，即名卿大夫遊览于斯，亦必心旷神怡，以为诚哉此盛，京北之奇观也。且此庙地基广大宽平，蔚然深秀，前有众水之来朝，后有群山之环抱，左凹右凸，形势天成。虽无茂林修竹，而有翠柏苍松，更加之暮鼓晨钟，经声佛号，泛泛乎宜人。<u>倚欤休哉</u>！又诚为一邨之佳境也。第宏工既成，大业告竣，倘不成文铭石，不几使神之德，人之善，湮没而弗彰乎。于是勒石誌名，庶几俾义士仁人永垂不朽云尔。顺义县西北白各庄文生萧佩瑾拜撰，本村佾生王重三拜题。今将庙内香火地亩座落数目载清：庙前地一，叁拾亩：东至西庙香火地，西至西庙香火地，南至道，北至庙；庙后地一，十亩：东至王姓，西至王姓，南至庙，北至金家园；庙东地十六亩：南至本庙地，北至顶头地，东至翟姓，西至庙；庙西地二亩：南至本庙地，东至庙，西至王姓；□□一段，四亩：东至顶头地，西至横头地，南至任姓，北至王姓。庙寺又有砖瓦窑一座会末王大德王福成王登王举闫万寶王□雷国旺王大发张明海王报刘发宋金喜随□□刘明王大君（三河县段村鐫字人朱震、张兆富二位施钱廿五吊）住持戒衲僧宝信号理义□，大清同治贰年九月拾日敬立。

注释：

天齐殿：指供奉三清之神的殿宇，也称三清殿。三清，指居于三清天、三清境的三位尊神。即：天宝君（元始天尊）、灵宝君（太上道君，灵宝天尊）与神宝君（道德天尊，太上老君）。

功曹殿：指供奉四值功曹的殿宇。功曹，神名。道教以神庙府组织置有各部功曹之神将，以为值年、值月、值日、值时司事，名曰当值功曹，亦称"四值功曹"。

蕞尔微区：形容小小的区域，自谦之词。蕞尔，笑的样子。

或耘、或耔：或者在耕耘时，或是在收获时。

登麦、登谷：或者麦子熟了，或是谷子该收获了。

倚欤休哉：祝福语。"倚欤"，虚词；"休"，有美善、喜庆之意。

按语：

忻州营村位于顺义区西北十三公里，现隶属赵全营乡辖内。娘娘宫原址在村南即今苹果园中。明万历年间（1573—1620）建，同治二年（1863）重修，是当时本乡最大庙宇。惜原有建筑毁于1947年，今已荡然无存，仅留此碑卧于林中。

碑记宫中有三教殿、娘娘殿、天齐殿、功曹殿各三间，阎王殿十间，马王、药王、张公、达摩、韦驮殿各一间，抱厦一间，东西配房六间，平房四间，钟鼓楼二间，戏楼一座，周围山门、群墙数十丈。可见当时的规模，虽然各殿宇体量并不大，但五脏俱全。

据旧拓可知，另有一《娘娘宫碑》，嘉庆元年（1796）十月一日立，在牛栏山。拓片碑身高119厘米，宽68厘米；额高25厘米，宽23厘米。王璧成撰，直琮书，额双钩题。读其碑文，或许与本碑没有关系，仅仅同为"娘娘宫"而已。

施立义地碑

解题：

  清光绪二年（1876）岁次丙子。碑方首抹角，座佚，身首一体，残高138厘米，宽72厘米，厚16厘米。额篆"万古流芳"，首题"施立义地碑文"，赐进士出身福建道监察御史郭从☐撰文，钦加同知衔癸卯科举人拣选知县☐书丹。阴额篆"永垂不朽"，首行"计开义地四至"。今存顺义区杨镇一中。碑首内浅浮雕凤凰祥云，碑身边框卷草文饰。残存首及身上部。

录文：

施立义地碑文

盖闻善莫大于阴隲，谊莫重夫同乡，捨地则土设，非情殷桑梓，谁能恤彼莱芜耶。昔关帝庙前，原有山西义地，奈年久塚多，几无隙地，今率益字号于庙之西南，且得刘进义荣、刘黑後计价东钱伍佰吊，立为山西义地，且于地内如为经理，庶安厝☐得所也。依从可託诚义举也，凡我同乡存殁，地咸得，敢以为文，勒之于石。匪特王公暨益字号之界分，亦得日後有据矣。赐进士出身福建道监察御史☐钦加同知衔癸卯科举人、拣选☐。大清光绪二年岁次丙子月。

（碑阴）

计开义地四至，东至本庙地，南至水坑，西至孙姓地，北至道，地契归庙中收存，以後历年钱粮亦归庙中住持，交纳。长盛号丰同乡隆顺当，松茂，永祥号协󠀁谨将众善士暨山▨益茂号󠀁、益诚当󠀁善士山西汾州府汾阳󠀁萃益当、󠀁益盛号󠀁山主沙岭郝种德堂▨󠀁外有益新号于道光一十八年买得赵永清地基壹▨󠀁三丈，北宽六丈，业经放与庙中。兹亦并勒石，以为▨󠀁收存历年钱粮，归庙中住持交纳。󠀁

注释：

阴骘：即阴德。意谓暗中默默地帮助别人。

非情殷桑梓，谁能恤彼莱芜：桑梓，桑树与梓树为古时住宅旁常栽的树木，后遂用以喻故乡；莱芜，古县名，今属山东。春秋时齐灵公灭莱，莱人流播于此，邑落荒无，故以莱芜为名。此句之意谓，如果大家不是在怀念故乡，谁还能再钟情于莱芜之地呢。

福建道监察御史：官名。明清监察御史属都察院，设监察御史若干名。其职掌为分察百僚，巡按郡县，纠视刑狱，肃整朝仪等。清代按地域分道为十五，如京畿道、河南道等。而且各道除稽核各该省的刑名外，并稽查在京各衙门事物，如：福建道，稽查太常寺；四川道，稽查銮仪卫等。各道监察御史，秩从五品，以满、汉御史中资深者各一人掌印，其官衔则称"掌某某道监察御史"，其下置监察御史满、汉一至三人。

拣选知县：清代举人在会试外的入仕途径之一。其制：举人会试三科，准其拣选知县。后改为直隶与近省举人会试三科不中者拣选知县。但至乾隆间（1736—1795），拣选渐成虚名，仅可表明其身份而已。

按语：

杨镇西门外原有关帝庙一座。碑记："关帝庙前原有山西义地。"据此推断碑应为杨镇西门外关帝庙前山西义地施立碑。从碑阳残存字迹看，清光绪二年（1876）汾阳府商号——益字号等于关帝庙西南施钱立山西义地。碑阴记述了义地四至及所施钱两的商号。对研究清末经济有重要的参考价值。后条所收为该关帝庙的碑文，于以可知在咸丰三年（1853）修庙时曾为益茂号投资，同为"益"字号，虽未言明该号老板为何许人也，通过本碑即已得答案了，记山西。

关帝庙残碑
关圣帝君庙碑
关帝庙庙产四至碑

解题：

清嘉庆六年（1801）后三十余年。此碑仅余下段，四框平雕卷草纹。"□河阳癸卯科□拣选知县郝瀛"撰文，山右汾邑刘庆长书丹。

清咸丰六年（1856）四月。碑首、座佚，身残，残高58厘米，宽75厘米，厚19厘米。碑身仅存中段大约三分之一。残断仅余碑身上部，边框为平雕卷草纹。首题"关圣帝君庙碑文"。现存顺义区杨镇一中。

民国时期（1912—1949）。碑身首一体，方首抹角带祥云卷草文饰。碑身仆地，座佚。高152厘米、宽55厘米、厚15厘米。额题双钩"以昭来兹"，首行"地之坐落四至开记于后"。末记"住持源亮，徒慈舟、侄聚舟，孙荣喜、来喜、长喜"。此碑阴朝上，故下录仅为碑阴文字。现存顺义区杨镇一中。

录文：

□各庄镇┘□闾阎稼穑，莫不备蒙福佑，揆诸浩气贯干乾坤，忠义□┘□庆六年重修后，迄今三十余载，虽不至瓦废垣颓，屋□┘□非一日之可成，粉垩□霞，赖四方之协力，众会首等募┘□修马□□□赐十聚□董其事，五年重修⏎ /̄戏楼，以益来当其□事，□荷⏎ /̄有威不致泯□。众善敬以勒诸碑阴，诞告同心□兹景⏎（空一行）/̄河阳癸卯科/̄拣选知县郝　瀛撰文，⏎　山右汾邑刘庆长书丹。

⏎ /̄□□当、□□当、大成号、益盛当、益□号⏎ 经理：王佶传、武□永、□清矩、李微辞、张习礼。⏎

关圣帝君庙碑文⏎

/̄神威赫奕，德著千秋，庙貌峩峩，祀崇百世。杨/̄⏎ /̄庙，创自有明，洎乎我⏎ /̄修葺，庄严壮丽，威感尘寰。凡属廛市生涯，关|/̄⏎ 月，/̄又岂徒一镇一区知所佩戴哉？忆自嘉庆|/̄ /̄像而风雨漂摇。当事绸缪于始，特翚飞焕彩，/̄⏎ /̄捐资并议以支年者为领袖，于咸丰三年重/̄⏎ /̄金装神像，以益茂号董其事。六年，彩画/̄ /̄竣斯役，规模仍旧，俎豆常新，惟康惟保，迄/̄⏎（中空九行）/̄咸丰六年、岁次丙辰孟夏　/̄。⏎

地之坐落四至开记于后：　⏎ 一段四十三亩，坐落杜家庄，东至石头，西至石头，南至道，北至道南北陇。⏎（中空一行）一段十二亩，坐落杜家庄西北龙王沟，东至李家地，西至石头，南至道，北⏎至道南北陇。⏎（中空一行）一段二十亩，坐落徐家庄南短八教，东至赵家横头，西至道，南至石头，北⏎至石头东西陇。　共契纸三张，庙内住持收存。　⏎　住持源亮，徒慈　舟、⏎ 侄聚　舟，⏎ 孙荣　喜、⏎ 来　喜、⏎ 长　喜。⏎

注释：

闾阎：唐代以前，以二十五家为一闾，"阎"则指里巷之门。借以泛指百姓。

关圣帝君：道教神名，又称荡魔真君、伏魔大帝等。它是道教奉祀的重要护法天神，民间信仰极为普遍。关帝信仰是由古代著名武将关羽的形象衍化而来的，关羽为三国蜀国大将。

赫奕：犹如赫赫，形容威武显耀的样子。

庙貌：指庙宇与神像。

绸缪：即未雨绸缪之简。事情未到来之前已做好了应付的准备了。

翚飞焕彩：形容宫殿建筑壮丽的样子。翚飞，原指鸟类鼓翼疾飞，后用来形容古建檐角飞扬似鸟振翅。

按语：

以上为三碑合条。通过对第一碑"☐庆六年重修后，迄今三十余载，"可知本段残碑应立于道光年间（1821—1850），重点是道光十年（1830）到二十三年（1843）间。从其"☐河阳癸卯科☐拣选知县郝瀛撰文"分析，距其最近的"癸卯"系应为道光二十三年（1843），故碑立应在撰文人之"癸卯科"之前。第二段残碑则很明确，首题"关圣帝君庙碑文"，庙"创自有明"，碑虽有些剥蚀，文字脱落，但仍断续可读。如其"忆自嘉庆☐☐☐像而风雨漂摇，当事绸缪於始"，结合第一碑，显然是在清嘉庆年间（1796—1820）关庙重修后，又久历岁月，破烂需再修了。又，"于咸丰三年（注：1853）重☐☐金装神像，以益茂号董其事。"咸丰三年对关庙加以修缮，装饰像塑，并由企业"益茂号"来董理其事。而至"咸丰六年（注：1856）"竣工立碑。此"益茂号"则证实了第一碑的"益☐号"为同一商号名称。第三段残碑为碑阴录文，按碑所记，该庙址在杜家庄。庄今名杜庄，属顺义区杨镇辖村。民国时称杜各庄。《民国顺义县志》记，福善寺、关帝庙在杜各庄。疑该碑为福善寺或为关帝庙遗物。以后者可能性最大，故录以备参。

杨镇西门外原有关帝庙一座。按《民国顺义县志》记，关帝庙曾在崇祯年间（1628—1644）重修，康熙三十六年（1697）《重修关帝祠记碑》亦曾记此，说明该寺明已建庙。本碑文记"庙创自有明"，又因其地点也在杨镇，因此疑碑为杨镇关帝庙旧物。假如推断成立,按碑记杨镇关帝庙在咸丰三年(1853)又进行了重修,并于咸丰六年(1856)立此碑以记。可见杨镇关帝庙曾在明崇祯三年(1630)、清康熙三十六年、清咸丰三年共进行三次重修。

民国顺义县知事汤啸秋德政碑

解题：

中华民国四年（1915）六月十日。碑方首，高128厘米，宽52厘米。额题双钩"永垂不朽"，首题"顺义县知事渝城汤公铭鼐德政纪念碑"。"李□□、赵自如"撰文。

录文：

顺义县知事渝城汤公铭鼐德政纪念碑

粤自化行俗美，生建杜稔之祠；讼理政平，食配浚仪之社。此固歌功颂德之纪念有然，抑亦循吏殊勋有以致之也。吾邑县署旧有票签名目，每传票一张，索取规费银二三两至十余两不等，以诉讼人之贫富，定票费数之多寡。门丁索诸差役，名为票规，差役索诸原、被，谓之饭账。诉讼之人往往一案未完，而家室已不堪其扰。累弊害垂二百余年，虽历任贤令尹所不能免。甲寅夏四月，县长啸秋汤父台治顺以来，勤询疾苦，行政以实惠，司法以哀矜，固已造福吾民、惠洽元元矣。至票规一项，莅任伊始，即行严谕革除，并裁汰差役一百二十余名。二百余年之积弊，一旦廓清，俾斯民出水火而登衽席，吾民既感弊害之剔除，复恐日后之再行发现也。爰恭录革除票规原文，勒碑志之，以示久远，亦即颂德歌功、建祠配社之意，以作纪念云尔。顺义县合境绅民等（吴荣瑞、单□贤、杜玉珑、孙兆祥、赵受恩、武殿镛、赵学曾、王尚文、□西江、孙□□、杨毓存、□宪章）敬立。李□□、赵自如撰┘中华民国四年六月十号榖旦。

注释：

知事：官名。民国元年（1912）北洋政府规定县行政长官一律改称知事。

渝城：应即今之巴县。

杜轸之祠：杜轸，晋蜀郡成都人，字超宗。其父杜雄，为绵竹令。杜轸师事谯周，博览经书，州辟不就，为郡功曹使。晋武帝即位后，任其为建宁县令，他"导以德政，风化大行，夷夏悦服"。当时邓艾至成都，轸秩满将归，群蛮追送，赂遗甚多，轸一无所受，去如初至。又除池阳令，为雍州十一郡最。百姓为立祠，得罪者无怨言。

浚仪之社：浚仪，古地名。西汉所置县名，治所在今河南开封市。但实际此为"浚仪渠"之简称。此渠为古狼汤渠分黄河水东流至浚仪县境一段的别称。东汉明帝命王景与将作谒者王吴共同主持修作浚仪渠，吴用景焉（加土旁）流法，水乃不复为害，为王景全面治河的前奏。

按语：

顺义县署仍在原县治位置，即今西门一带铁道桥附近路北。县治又是在原顺州基础上改扩建的。《日下旧闻考·京畿·顺义县》所引的几条史料讲明了它的方位，如：《畿辅公署志》"顺义县署在城内正北，明洪武初建。"《顺义县志》"旧治堂，康熙十八年地震废，五十五年邑令黄成章修葺，乾隆十年重修。"《明一统志》"顺义学在县治西，洪武八年重建。"

此碑之立为民国四年（1915）六月，实际上汤公啸秋于当年七月已就任通州，可见立碑是合县乡绅们为纪念汤公而已。在通州仅十月，亦获百姓称颂，同时也于县城内堂子胡同立碑一通。其曰"率以地方财力兴举地方公益"，应该说是当时的一位地方行政长官的比较明智之举。此据拓录文于下以备考证：

汤明府政绩碑记

汤公啸秋，政界之实行家也。於民国四年七月来权县篆，翌年夏调署宛平。计公知吾县事，仅十阅月，准以期月已可之例于斯，甚短时间。虽具宣圣资，固亦不能大有造于兹邑也。而公竭智殚精，为政如理家事，遇盘根错节处，不惮艰险，不辞劳怨，务达其目的而后已。且所规画，率以地方财力兴举地方公益，更有捐廉为之者。故始虽或谤国侨，已乃讴思召伯。其尤足多者，利害关系，隐示机宜，俾巨患泯于无形，嗣后众蒙其福而不知谁实为之。属公隐德，无庸露布。兹仅胪公政绩，勒之贞珉，庶继公宰吾邑者，有所观感、嘉惠吾民欤！是为记。中华民国五年八月吉日，通县绅商士民恭颂。仅将政绩胪列于后。

窦燕山先生故里碑

解题：

  清咸丰三年（1853）初刻，民国四年（1915）复刻重立。方首失座，通高127厘米，宽55厘米，厚18厘米。居中双钩大字书"窦燕山先生故里"，上款"咸丰癸丑夏至"，下款"仿县令古滇尹佩璫题"。邑禀王树桐仿题。碑阴额双钩题"万古流芳"，碑身刻捐资人名及捐钱数量。

录文：

咸丰癸丑夏至　┘窦燕山先生故里　┘仿县令古滇尹佩璫题
（碑阴捐资人名及钱数略）

注释：

  窦燕山，为五代后周时（951—960）渔阳人，名禹钧，燕山为其别字。《三字经》"窦燕山，有义方，教五子，名俱扬。"《范文正别集》："禹钧五子：仪、俨、侃、偁、僖。仪至礼部尚书，俨礼部侍郎，皆为翰林学士；侃左补阙，偁左谏议大夫、参知政事，僖起居郎。"

按语：

　　相传今顺义区李遂镇辖村窦各庄为窦燕山故里，故有咸丰三年（1853）县令尹佩仓书故里碑立于县城北关桥东，该碑于光绪十九年（1893）水害时冲毁折断。民国初时，邑绅集议重立，由邑廪王树桐摹书，即为此碑。《宋史》记其为渔阳人。窦禹钧与其兄禹锡以词学并称于世。唐天佑末年起家幽州掾。范仲淹在《窦谏议阴德碑》中云："窦禹钧，范阳人，为左谏议大夫致仕。诸子进士登第，义风家法，为一时标表。"《三字经》中有"教五子，名俱扬"，即指此人。《元一统志》："窦谏议禹钧教五子（仪、俨、侃、偁、僖）俱至显官（礼部侍郎、尚书、翰林学士等，时号"窦氏五龙"），时人荣之。有诗曰：'燕山窦十郎，教子有义方；灵椿一株老，丹桂五枝芳'。冢在宛平县西二十里。"仅记其冢在宛平县西。大典本《顺天府志》也云："窦禹钧公享年八十二岁""葬于城西二十里玉河乡之鲁郭村。"但据此二条，则应在今石景山鲁谷一带，似乎无征。但换一种方法考虑一下也有道理，即窦燕山生时大部分活动是在顺义一带（即渔阳），晚年移居鲁谷，或择葬鲁谷不是没有可能的。鲁谷村之大慈寺，据传其前身为"五花院"，而"五花院"即窦燕山之"义塾"。故该故里碑之存在，可视为补缺证史的实物史料。又，《日下旧闻考·京畿·涿州》引《涿州志》云："窦禹钧墓在州西团柳村。"《长安客话》："今涿州西二十里有禹钧墓，人呼为十郎冢。"《考按》："《州志》，今团柳村北有河形，旧名康河。北岸上有荒丘，微有甃形，空缺处望之不尽。其后有小穴，以挖石投之，锵然有声。土人呼为十郎冢。今考墓前石碣，为明正统时太监窦吉祥墓，惟碣文内称吉祥为宋学士仪九世孙，葬于康河之阳、祖茔之次云。"如此则涿州"十郎冢"为窦禹钧长子窦仪的九世孙窦吉祥的墓不假，但其旁之"祖茔"是否即有窦燕山—禹钧之墓则不敢肯定了。由于是"土人"呼为"十郎冢"，因为墓主窦吉祥是明时人，又是禹钧之后，后人附会为窦禹钧墓是完全有可能的。又《旧闻考·京畿·良乡县》："周窦禹钧墓在县西北十五里豆家庄。"又收录范仲淹《窦谏议阴德碑》，兹转录于下备考：

窦禹钧，范阳人，为左谏议大夫致仕。诸子进士登第，义风家法，为一时标表。冯道赠禹钧诗曰："燕山窦十郎，教子有义方；灵椿一株老，丹桂五枝芳。"人多传诵。禹钧生五子：长曰仪，次俨、侃、偁、僖。仪至礼部侍郎、尚书，俨为翰林学士，侃右补阙，偁右谏议大夫、参知政事，僖起居郎。初，禹钧家甚丰，年三十无子，夜梦亡祖、亡父谓之曰："汝早修行，缘汝无子，又寿不永。"禹钧诺。均为人素长着，先有家仆盗用房廊钱二百千，仆虑事觉，有女年十二三，自写一券系臂上，云求卖此女以偿所负。自是远逃。禹钧见女契，甚哀怜之，即焚券留女，嘱其妻善视之。及笄，以二百千择良配，得所归。仆闻之，还归感泣，诉前罪，禹钧不问。父子于是图禹钧像，晨夕以祝公寿。尝于元夕往延寿寺，忽于佛殿后得金三十两，银二百两，持归，明日诣寺候失物主。须臾一人涕泣至，公问所因，具以实告。曰："父犯罪至大辟，至亲戚处贷得金银若干，将以赎父罪。昨暮以相知治酒，昏忽失去。今父罪不赎矣。"公遂与之同归，还以旧物，仍加赠焉。其同宗及外姻甚多贫困者，有丧不能葬，公为出金葬之，凡二十七人。亲旧孤遗有女未能嫁者，公为嫁之，凡二十八人。或与公有一日之雅，遇其窘困，则择其子弟可委者，随多寡贷以金帛，俾之兴贩自给。由公而活者数十家。以至四方贤士赖公举人者，不可胜数。每视岁之所入，除伏腊外皆以济人之饥。居惟素俭，器无金玉之饰，家无衣帛之妾。於宅南建书院四十间，聚书数千卷，礼文行之儒居师席。远方寒士贫无所就师友无供需者，公咸资之。无问识与不识，有志于学者，听其自至。故子弟闻见益广，凡四方之士由公门登贵仕者，前后接踵，来拜公前，必命左右扶公坐受其礼。及公之亡，有持心丧以报公德。先是，公梦亡父后十年，复语公曰："以汝有阴德，特延三纪之寿，赐五子各显荣。"公享年八十二岁，沐浴别亲戚，谈笑而终。五子八孙，皆通显于朝。后之教子必曰"燕山窦十郎"云。

邵康节先生故里碑

解题：

　　中华民国四年（1915）孟秋月吉日建。碑方首，碑座佚失。通高 126 厘米，宽 55 厘米，厚 18 厘米。咸丰癸丑（三年，1853）夏至初立，民国四年（1915）复立。居中双钩大字书"邵康节先生故里"，上款"咸丰癸丑夏至"，下款"仿县令古滇尹佩璁题"，邑廪王树桐仿题。碑阴额题双钩"永垂不朽"，首题"重立先贤古碑及兴修北门洞石道记"，县立高等小学校校长优廪生李梦云撰文，前任卢龙、平山、赤峰、本县等处高等正教员、廪生王树桐书丹，发起人城乡绅民吴崇瑞等立。现存顺义区文物管理所。青石质，碑身从中断裂，但较完整。

录文：

咸丰癸丑夏至　┘邵康节先生故里　┘　仿县令古滇尹佩璁题　┘
（碑阴）
重立先贤古碑及兴修北门洞石道记　┘
盖闻保存古蹟，<u>逸德</u>于以昭明；平治坦途，交通赖之便利。此近年┘所以下保存建筑之令，而诗人所以有<u>赞美周道之平</u>也。顺义北┘关外，旧有两碑，前清咸丰癸丑，<u>邑令</u>古滇尹佩璁公所立，各题　┘窦燕山、邵康节先生故里。惟此碑于光绪十九年，河水涨发，被沙淹没。暨┘中华民国四年春，北门外居民疏河筑路，掘见残碑，缺焉不完，字┘迹模糊，不能详辨。城乡绅民等往来此间，目击情形，既歉先贤古　蹟之淹没不彰，复覩北门石道之颓废失修，爰公议捐资，兴修北　门石道，俾便行人，并照刊旧碑原文，重立新碑于此，以垂久远。除　工料费用禀县立案及捐资姓名古碑另刊外，谨将重立缘起勒　誌碑后，此亦昭明逸德，便利交通之意云尔。　县立高等小学校校长优廪生李梦云撰文，　前任卢龙、平山、赤峯、本县等处高等正教员、廪生王树桐书丹，　发起人：城乡绅民（吴崇瑞、赵精一、张荣锦、秦怀仁、谢锡鼙、张凤山、刘福林、张鹤鸣、李永茂、吴国栋、张致祥、孙化、赵津、许增、王树桐、卓昌麟）敬立。　中华民国四年孟秋月吉日建。

注释：

逸德：即美德。

赞美周道之平：《诗经·小雅·大东》："周道如砥，其直如矢。"砥，磨刀石；矢，带杆的箭镞。此句借用典故来赞美新修的道路。

邑令：邑，旧时为县的别称。邑令，即县令、县长的别称。

按语：

此碑记述了民国四年（1915）乡绅捐资重立窦燕山、邵康节两先贤故里碑及修路事。《重印民国顺义县志》载："窦、邵两先贤故里碑，在治北关桥东，咸丰二年邑令尹佩瑺书"。治北关桥东即北门外龙王庙所在地，北门外龙王庙址在今北兴东胡同北。又载："龙王庙在北门外，前临野水，岸植嘉树，踞顺牛大道。窦、邵两先贤故里碑、毅军马队统领张殿如上将功德碑均在此。""光绪十九年白水涨暴，冲仆折坏。""民国初，邑绅鉴于尹公原碑偃仆折崩，不忍漠视，集议重立，购石由邑廪王树桐摹书。现北关龙王庙前屹立者，是碑也。"《重立先贤古碑及兴修北门洞石道记》所记即为以上事。另，民国六年（1917），县知事唐玉书题窦、邵两先贤故里碑立于县府前。可见窦、邵两先贤故里碑先后三次仆立于两地。

清《黄志》谓：邵康节先生故里在衙门村，旧名安乐里。在小中河西岸。《尚书·禹贡》：冀州之域，舜置二十一牧之一。汉为安乐县地。三国魏徙安乐县治与此，称安乐。封蜀后主刘禅为公国即此地。隋称安乐城。辽、金称安乐村。明初称安乐庄。明永乐年间（1403—1424）在此设良牧署。因旧县衙在此，明万历年间（1573—1620）改今名。《宋史》：邵雍（1011—1077），共城（今河南辉县）人，居洛阳三十余年。《黄志》：邵雍，范阳安乐乡人。邵雍，北宋哲学家。字尧夫，谥号康节，自号安乐先生、伊川翁，后人称百源先生。其先范阳（今河北涿县）人，幼随父迁共城。少有志，读书苏门山百源上。仁宗嘉祐（1056—1063）及神宗熙宁（1068—1077）中，先后被召授官，皆不赴。创"先天学"，以为万物皆由"太极"演化而成。著有《观物篇》《先天图》《伊川击壤集》《皇极经世》等。

民国顺义县知事唐保森德政碑

解题：（暂无资料）

民国五年（1916）后。署顺义县知事唐玉书撰文。

录文：（暂时无法核对原文）

　　顺义县知事唐保森德政碑

春风渐被而万彙昭苏，大河长流而千里滋润，是知含太和之元气者，其惠每不周导；不尽之灵源者，其泽无或竭，天地好生自具生成之妙用焉。仁人施惠，宜有惠济之常经焉。彼呕煦以示恩，濡沫以为德，乌足云慈善之大业，胞与之宏量。惟我　县长唐公寶森，性秉春和，心怀渊塞，廿载读书，志存匡济，三辅课最绩，著循良粤，以民国四年来蒞顺义。其为政也，蠲烦苛，崇福利，蒲鞭示教人不忍欺，蓝舆出行，民乐亲近。时未经乎期年，政已成。夫三月育才兴学，万家起弦诵之声：教稼敦耕，四野遍桑麻之影。化鸱鹗而为鸾凤，德足感人，卖刀剑以买犊牛，威能历俗。邑无夜吠之犬，市无晨饮之羊。固已宏播仁风，覃敷惠泽，追踪蒲密，迈迹龚黄矣。顾公猨恫瘝在抱，疾苦勤谘，本一夫不获之心，谋各得其所之术，悉心规划，苦口倡劝，乃於民国五年成立慈善会。是会也，储多财，则子息可以动用，置恒产，则来源不虞其穷，良田数顷，义粟常盈，佳果成林，仁浆可湢。公则手订章程，上之大府，亲书缘起，勒诸贞珉。计自立会以来，种痘以保赤子，施棺以歛露骸。凿地而出甘泉，则井养无穷，为粥以待苦饿，则丰凶有备。虽博施济⏎众，古圣擾病其难而量力程功，吾民胥受其赐，与人以为善，油然生善慈之心博爱之，谓仁欢如跻仁寿之域。凡⏎此小民所乐利，尽出仁君之陶成，恢恢乎，德与八风而俱翔；滔滔乎，泽并四渎而永纪。<u>汉任延公田周急差同此，</u>⏎<u>利民之怀郑国侨乘舆济人</u>，岂识夫为政之道也乎。绅商等仰一路之福星，昭临下邑，戴万家之生佛，普济群伦，⏎纵所受其生，於天不谢，而好行其德，使民难忘，感若召父之深仁，愿上封人之三祝，爰作颂曰：西⏎山巍巍，白河洋洋。君子之泽，既博且长。乐只君子，岂弟慈祥。民⏎之父母，国之循良。愿我慈善会兮有其举而莫⏎或废，祝我贤使君兮多福多寿，子孙炽而昌。⏎

顺义县慈善会现有产业列後⏎一係署北地拾肆亩伍分，县署西地贰拾肆亩肆分，工房壹间，□部□□事赎地赎房□⏎一署西地为甜水井壹口，凿拾柒丈捌尺得甜水壹丈贰尺，底用木桶壹丈伍尺，上砌砖□⏎一开用银贰百贰拾贰元，荐□□作法路同住人及□不取分但同在园地以内故应□⏎一署西地内葡萄玖拾株，由京购运用银贰百贰拾伍元，农商部试验场颁布作法多压嫩□⏎□□□伍拾元，此地既有水井应即逐年做照。署北地住高庙住持，永远承种，如压葡萄□⏎一所盖土房玖间，砌藕池贰处，共用银壹百伍拾元，又修碑并澡堂石，俱添石施，□租地共用□⏎一北门外窑坑东荒地拾叁亩，由慈善会恳为稻田，永远租种。款交各地主，租银每亩壹元伍角。□⏎一北门外窑坑西荒地拾伍亩，由慈善会恳为旱地，永远租种。款交各地主，租银每亩壹元⏎一大孙各庄荒地叁拾壹亩，分三起价买，均□新契老契共用价银叁百肆拾柒元。又买地□一席市□□□用银贰百，又南门内旧井上官庙旧井各用银捌拾元，共叁百陆拾元。□⏎一施种□□茶 □□萍□后种竹薪金杂用共用银陆拾元，□办做比一上息成□⏎一施银又每具贰元捌角，肆尺、叁尺、贰尺伍寸若干均每具壹元叁角□⏎一施银贰百。元叁角叁分，囘契据交本会首事收存，管董除续办各项□⏎其竟浅近言之，盖即损己益人之譬喻耳。若某某等⏎非皆能扬己以利人者乎，是不可不嘉奖之也。故特亲书姓氏，刊立丰碑，以风同群而诏後世，後有续捐者续刊登焉。庶几此碑为⏎众多慈善家集合场乎，则顺义慈善事业所至，未有量也。署顺义县知事唐玉书序。⏎

注释：

太和之元气：古指阴阳会和、冲和的元气。

常经：规矩、准绳、规则。

蒲鞭示教：用对人体没有任何伤害的鞭子来惩罚犯了错误之人，仅仅是告诫而已。蒲，一种水生植物，可以制席，且嫩蒲可食。

蓝舆出行：犹如说轻车简从。"蓝舆"亦作"篮舆"，竹轿。

恫瘝在抱：表示官员对百姓疾苦的关怀。恫瘝，亦作"恫矜"，恫为痛，瘝为病。

丰凶有备：指在丰收之年与歉收之年均事先有所准备。

汉任延公田周急差同此，利民之怀郑侨国乘舆济：以两位古代乐于助人官吏的惠民政绩的典故，来表扬顺义县知事唐宝森的德政。东汉任延，字长孙，南阳人。更始元年（公元 23 年）拜会稽都尉，时年十九。省诸卒，令耕公田，以周穷急。说的是任延让自己的手下的隶卒们耕耘公田，并以收获的粮食来周济那些穷困之人。春秋时郑国子产（？—前 522 年），即公孙侨，字子产，又字子美，还有叫东里子产、郑子产的，姓公孙，著名政治家。郑简公十二年（前 554 年）为卿，二十三年（前 543 年）子产执政，共二十一年，郑国大治，国势由弱变强，国人称颂，诸侯宾服。战国《孟子·离娄下》："子产听郑国之政，以其乘舆济人于溱、洧。"《古今图书集·开封府成》："南关桥在新郑县南门处溱洧河上，子产乘舆济人即此处。"在其附近有明高拱《郑大夫子产祠碑记》，清《子产乘舆济人处》碑。

按语：

顺义县城亦有将近上千年的历史，据《日下旧闻考·京畿·顺义县》"前代州治为小城，方二里许，四隅角楼遗迹尚存。至元二年（注：1265），节度使刘瑜建大厅并长廊。二十八年，知州大兴王居正于厅左右沟捕盗所吏目幕次复构架阁库祗候直舍。大德七年（注：1303），知州钜野段廷珪作后廨并东西房。皇庆初,知州大兴梁彦义起仪门,高三丈余。翰林学士清河元明善为之记。其驿馆,至元十八年州倅李让创焉。"又《元明善顺州仪门记》:"古者诸侯三门,皋门、应门、路门。今之州准古伯、子、男之国作仪门,礼也。温榆水之阳有古城焉,曰顺州,隶大都路。地沃而民淳。国家罢兵百年,涵濡抚育,生殖日繁,蔚为饶郡。郡城据亢爽地,郡廨特当其亢,亢有故仪门址。至大四年(注:1311),知州事梁君彦义始来,明年百废次第举,民用大和。乃谋诸监郡,将建岑楼于址,佥曰休哉。民皆子趋以献工。肇事于皇庆元年(1312)秋七月,毕工于二年夏六月。登其上,北望则红螺峻极,虽五十里外若接阑槛。东北曰黍谷,邹衍吹律之山也。潮、潞二水会于白潊,经城东而南注,吴船来集通元桥下。其西南则天都霄汉,觚棱金爵,隐然郁葱佳气之间。群情大悦。咸曰'是不可不著兴建之岁月'。予太史也,书必稽之典礼,俾知今之州准古诸侯之国,不为不重,行作制备而从民志,则太史喜为之书。"从以上记载看,"亢有故仪门址",早于至大四年,可见是在旧基上所建,故顺州城的营建,或许还早于元代呢。然而顺义县署或者稍晚,《畿辅公署志》"顺义县署在城内正北,明洪武初建"。《顺义县志》"旧治堂,康熙十八年(注:1679)地震废。五十五年,邑令黄成章修葺。乾隆十年(注:1745)修"。

此碑记唐宝森氏自民国四年(1915)任顺义县长以来所作出的政绩,如"蠲烦苛,崇福利","种痘以保赤子,施棺以歛露骸"等。同时他还亲手经办建立了慈善会,并积累了一定的产业。其产业情况,刻于碑阴公布于众。

重修牛栏山元圣宫大佛殿真武殿钟楼禅堂碑

解题：（暂时缺乏资料）

中华民国二十四年（1935）九月岁次乙亥仲秋月穀旦立。碑首残缺。残高183厘米、宽81厘米、厚25厘米。边框文饰为暗八仙。碑阴题名。"光绪癸□科举人国立北京大学文学士张念祖"撰文，"清宣统已（己）酉科拔贡生蒋日新"书丹。

录文：（暂时无法核对原文）

  重修牛栏山元圣宫大佛殿真武殿钟楼禅堂碑

呼龙咒钵，仰大力法王；佛髹金终，檀修越士。呼嶽神而无语，移树空思；携鹿女而難行，踏花徒羡。牛栏山元圣宫，燕京壯之寶刹也。中兮（分？）玉皇帝、大佛、真武各殿，九天（天？）正枢之位，声臭俱无；三霄朗玄武之精，招摇在上。禅参证果，祝释迦之慈悲；帝祀伏魔，懔春秋之忠义。惟以旁风上雨、丹垩消沉，几虞折栋崩榱、华严剥落，紝共和癸亥之修饰，继道光乙未之工程，隆仪同赫赫明堂，祀典重皇皇上帝。安排锡杖，和尚竟颜夭（天？）之功；妆点金身，壮缪受信士之拜。而玉皇殿、關帝殿外宜重修者尚多，纵一隅轮埔少雀穿，奈全宇飘零，材湏鸠庀。岁在甲子，住持比丘隆惠深识铸凝有术，佛亦如仙，力求挹注，多方儒能，助墨兮八功之水，积十分之金；梵蓮未落而重开，法鼓沉而更震。大佛寶殿、东西禅堂，将扵是年依次告成。奈何四郊烽火，刀斗咸惊，遂教三界香花铎钟滞响，无传

（傅）说版築之暇，负卫荆完（？）之心。工废半途，事期異日。迨夫军聲载恰，值政局维新；少梁蕭衍皈佛之诚，颂唐武宗毀寺之说。微特造塔之合无日，将为山之覆簣霍功。幸赖寺僧礼迦叶之神，燦紗莲之舌；布金满地，不令钱散青蚨。雨華自天（天？），依舊紆马白马；庸愁百人，票裂仍期九级台高。知信教可以自由，岂皈依遂为迷信？时逢戌岁，工集丁男；喜上人之有志竟成，幸开士之当仁不让。又宜虎贲伐竞，因戒马而起；张皇纵云，象教深雏，制潭龙而谈清静。收畚而事，偶中断勒碑而工阻观成。时当二十四年之春，钟叩一百八杵之响，页（真？）武殿、钟楼各工始获告竣。星光北朗蛇通灵，佛子西来蒲牢奮吼。莊严七寶，不同宣榭；災餘飞舞，万花尽识。灵光造久，倘非心坚似鋷，安能指点成金？能托钵而门自持钱而社兹西竺寶与捧云瞻日而同尊，匪惟北斗七星。偕白虎朱雀而並耀沙弥，紆堂之卷参佛；因绿（缘？）阁黎、古殿之钟，发人警醒。武圣气伸，忠烈乱消；吴魏烽烟，诸神连佑。承平声静，渔阳鼓敬。礼效五十三参之拜，日日兹布；施镌七十二座之碑，人人署號。光绪癸口科举人国立北京大学文学士张念祖撰文，清宣统已（己）酉科拔贡生蒋日新书丹。↵
勤掙军陸军第二旅旅长；↵
长江上澈总司令王汝勤、河南省辉县县长；↵
李晋、三河北十九中学校校长王成三、王作毅军第一绪步队第五营营长季青山；↵
万，永寿镇长吴国栋，顺邑僧会司本修率徒觉、印、亭，孙昌、波、安，曾孙隆、辉、惠、思，玄孙能、寶、徹；↵
陆军第八师长陆军朱兵上；↵
京北備队总稽查长；↵
中华民国二十四年九月次乙亥仲秋月毂旦立。↵

注释：

大力法王：虽然后世对"法王"有许多的应用和解释，比如"菩萨""阎魔王"、元明对藏传佛教各派领袖的封号等，但此处还是以最初原意为宜，即对"佛"的称呼，"法王"意即"一教之主（王）"，"大力"也是对佛的尊称，法力无边之意。

鹿女：佛经传说故事中的主人公，见《杂宝藏经·鹿女夫人缘》。讲的是很久以前的古印度有个叫婆罗奈的小国，其中有座仙山。当时有一位出家人在此修行，常常在大石头上便溺，有些男人的"精气"就留在石头上了。有个雌鹿经过来舔食，之后就怀了身孕。月足时母鹿又来到仙人的地方，生下了一个端庄漂亮的女孩，只是腿脚长得像鹿一样。仙人把她养大，女孩儿凡走过的足迹，皆步步生莲花。

共和：实际上是"民主共和"的简称，而"民主共和"又是借以指代"中华民国"，也即是"民国"，用来纪年。

壮缪：即"关壮缪"的简称，"关壮缪"即"关壮穆"。也即三国时蜀汉大将关羽，字云长，死后被追谥为"壮穆侯"，故有此称。当然，卒后的关羽，被历代逐渐神化，宋朝以后历代帝王对其屡加封号，此不多论。

版筑：实际上是先秦人的一种建筑工艺，确切的说就是一种筑墙技术，今人俗称"干打垒"。筑墙时，先用两板（木板）等距离相夹，板间所留的距离正是筑墙所需的厚度。再设法使其固定，如板外以斜柱支撑，板间以横柱相衔等。然后以泥土等灌进板间夯实，最后再撤下柱、板，一堵墙就算筑完了。碑文此处是使用了《孟子·告子下》的"傅说举于版筑之间"的典故。

梁萧衍皈佛：南朝梁武帝虔心皈依佛门的典故。萧衍（464—549），汉相国萧何第二十五代孙，父萧顺之，母张尚柔。齐中兴二年（502）逼禅于齐和帝萧宝融。在位凡四十七年，先后有年号天监、普通、大通、中大通、大同、中大同、太清等七个。太清三年（549）被侯景饿死于净居殿，终年八十六岁，庙号高祖，谥号武皇帝。他在位时曾四次舍身建康同泰寺，每次都是被大臣们劝回或"赎"回。这四次分别是普通八年（527）、大通三年（529）、大同十二年（546）与太清元年（547）。

唐武宗毁寺：历史上"会昌法难"的故事。唐武宗李炎（814—846），唐穆宗李恒第五子，母韦氏。唐文宗李昂开成五年（840）即位，次年改元"会昌"，在位凡六年，终年三十三岁，庙号武宗，谥号"至道昭肃孝皇帝"。武宗在位时，任用李德裕为相，做了一些改革工作。崇信道教，在大明宫修筑望仙台，拜道士赵归真为师，并于会昌五年（845）下令拆毁天下佛寺，没收大量寺院土地。历史上称之为"会昌法难"，与北魏太武帝和北周武帝的灭佛活动合称"三武灭佛"或"三武之厄"。

开士：即菩萨。因为菩萨能明解一切真理，开导众生悟入佛门，故有此尊称。后来"开士"也用为高僧的尊号，在本碑文中就是此种用法。

钟扣一百八杵之响：为了与上句"时当二十四年之春"形成上下对句，而采用旧时春节人们在寺庙里撞钟一百零八下以求一年吉利的习俗。

蒲牢奋吼：实际是以佛钟敲响来比喻佛子们的正常佛事活动，意思是寺庙建成，和尚师傅们的念经、诵佛、上课、坐禅一切都正常了。据说，蒲牢是龙的第三（一说为"四"）个儿子，平生好鸣吼，最怕鲸鱼，每遇鲸鱼，则大吼不止。于是人们把它的形象铸为钟钮，又将敲钟的木杵斫作鲸鱼，以期撞钟之声响彻云霄。而和尚撞钟又是法事之常，故用"蒲牢奋吼"来借指寺庙中的正常"佛事活动"。

五十三参之拜：这是以"善财童子先后参拜五十三位善知识"的佛经故事，来比喻佛子居士们的虔心礼佛。据《华严经·入法界品》载，善财童子最初从文殊菩萨处发菩提心，次第南行，先后向菩萨、佛母、比丘、比丘尼、优婆塞、天神、地神、主夜神、王者、城主、长者、居士、童子、天女、童女、外道、婆罗门等五十三位善知识参访请教，并依教奉行，终于获证善果。

七十二座之碑：为了与"礼效五十三参之拜"形成上下对句，故此云"施镌七十二座之碑"，并非实际镌刻了七十二座碑。

按语：

"道光乙未之工程"，指道光十五年的1835年；"紝共和癸亥之修饰，"系指民国十二年的1923年。"岁在甲子，"应指民国十三年的1924年，"时逢戌岁"，应指民国二十三年之"甲戌"岁即1934年。

慈善会缘起碑

解题：（资料暂缺）

民国时期。

录文：

慈善会缘起碑

顺义慈善事业，私人行为则多有之，集合众人之行为，则从来未有。非人难集，实款集也。去年城隍庙首事言授廷告余曰，城内外幼孩多藁葬，无大小狗辄食之，监押犯无棺者亦然，群犬争食，狼藉于道，过者侧恻然，不忍赌也，是宜施棺。顺义城无甜水，唯西关外有之。然一井不足供众食，是养生之具也，又宜修井。夫生养死葬人群之大事，自顾力不足，愿捐五百元，倡立慈善会。余嘉其志而许志，特选正绅谢耕田、李梦云等十余人经理其事。今年杨各庄村正武殿铺与博宅庄头李得隆、佃户郭永春等相继来言曰，博宅有地八倾六十亩，遵部章卖佃除还欠外，尚余壹千壹一百余元，博宅现无人，恐其群争也，愿以此款附入慈善会。余又准为立案，合此二款，共得壹千陆百柒拾余元。因与会董谢君等谋，所以保存扩充之，于是收赎县属西北官地四拾亩，升科纳粮购置葡萄玖拾余株，就地压条，逐年分栽。盖房玖间，收买壹间，以便看守。买大孙各庄荒地柒拾壹亩，租北关外荒地贰拾捌亩，均次第，垦为稻田，此则慈善会之不动产，期得岁入以扩充慈善事业者也。于署西、于席市新开甜水井各一口。于南门内迄西、于上关庙⏎就苦水井加凿十余丈，皆得甜水各壹口。于城隍庙长存放大小棺肆拾具，分陆尺、肆尺、叁尺、贰二尺伍寸四种，各拾具，任城乡领取，⏎不取分文。缺则补足其数。于城镇施种牛痘数百名。此则连年用款之事，即实地施行慈善之事，所望会董及全县绅耆逐渐推广，⏎力谋进行者也。世尝谓佛家舍身渡世之说为不足征言，余亦谓然。然就??

注释：

藁葬：亦作"槀葬""稾葬"。草草埋葬之意。

正武殿：应即真武殿。

庄头：可以理解为"庄户之首"，也许就是村长之类的别称。

压条：葡萄种植法之一。大意就是：选择主干上的枝条，直接埋入地下，使其生根，即可新生为葡萄藤。

按语：

按前条"顺义县知事唐保森德政碑"，"乃於民国五年（1916）成立慈善会。是会也，储多财，则子息可以动用，置恒产，则来源不虞其穷，良田数顷，义粟常盈，佳果成林，仁浆可挹。公则手订章程，上之大府，亲书缘起，勒诸贞珉。"此"公"即指唐公唐保森，明言该"慈善会"即唐所首创，但读此碑之"慈善会"，讲其成立缘起似乎与唐某人无任何关系。故可知所谓"慈善会"乃公称，而非特称或具称。

城隍庙香火地碑

解题：

清乾隆五十七年（1792）二月。方首抹角，浮雕仙草，额双钩题"昭示来许"，首行"城隍庙香火地一段"，拓片高137厘米，宽60厘米。碑框左、右、下平雕缠枝纹饰。

录文：

（碑阴）
城隍庙香火地一段，三顷三十三亩零，坐落四至开列于后： ⏌计开：⏌坐落大营村东， ⏌东至沙、 西至沙、 南至三官庙香火地、 北至沙。 ⏌缔兴寺於乾隆四十八年修补，亦系城隍庙僧人带管，回首等即将修补余赀⏌置得马邦彦喜地一段二十亩，坐落石门村家东，以为寺内永远香火。前者⏌勒碑无力，今因城隍庙香火地勒碑，故并志此。 ⏌当年回首：王俊凯、童廷梁， ⏌（以上第一列）万 德、张文华、茹开运、谢大钧， ⏌（以上第二列）王化成、王文亮、李兴旺、马克惠， ⏌（以上第三列）童 焕、万法禹、康 安、张 湛，⏌（以上第四列）于成麟、张玉钧、张 孝、王良臣。⏌（以上第五列）乾 隆 五 十 九 年 二 月 吉 日 立，⏌ 住持僧世浩。⏌

辽广大圆满无碍大悲心陀罗尼经幢

辽乾统五年（1105）三月建。顶座具缺，仅余幢身。残高150厘米，八棱不等边，17厘米、14厘米。幢身上框饰卷草纹。首题"广大圆满无碍大悲心陀罗尼"，汉文音译，大兴善寺三教沙门不空奉诏译。题记与落款均以小号字刻书于第七、八面，"石匠蓟州陈师彦，当村张□□书"。幢第八面下刻书题记一则，字迹潦草，刻工简易。今在文管所院内。

录文：

圣千手千眼观自在菩萨摩诃萨　大兴善寺三藏沙门　不空　奉　诏译。┘广大圆满无碍大悲心陀罗尼曰：　┘
（汉文音译略，占八面）
奉为亡过先灵特建大悲心宝幢，　出家男讲经沙门□□□建。┘祖翁失名。亡考张守宁，母魏氏；兄士安，妻王氏；弟士奇，妻王氏敬文。┘女药哥，见在妊等，敬仙、敬祥、魏哥、刘儿、悉妇等，郝氏、孙氏、王氏、杨氏，┘墙哥、贵哥。　┘维乾统五年、岁次乙酉，三月朔日、戊戌廿四日、癸时建。十刘。┘（以上小字刻于第八面下部）石匠蓟州陈师彦，　当村张□□凡书。　┘（以上小字刻于第七面下部）

注释：

大悲心宝幢：即刻有《大悲心经》的经幢。《大悲心经》系《千手千眼大悲心陀罗尼经》的简称，而其全称则应为《千手千眼观世音菩萨广大圆满无碍大悲心陀罗尼经》。

祖翁：即祖父。据清人考证，古时山东某地土语有管祖父、祖母叫祖翁、祖婆的。

癸时：古人的又一种纪时方法，但由于我们不知其当日的干支情况，故也不得而知其"癸时"为何时了。

按语：

此件经幢，并非一件纯粹的经幢，而是兼有刻经与为亡过先人安灵、为现世亲人祈福作用的。

元回光信公灵塔幢

元至正八年（1348）法孙瑞岩、王纲同立石立。塔幢仅余幢身，八面刻，高122厘米，大边宽16厘米，小边宽13厘米。前经后记，第一面分两行刻塔额"特赐宣授洞奥兴福开山祖师讲主回光信公灵塔"，下以线刻四抹对开门、附耳香炉香烟缭绕，幢身八面上下线刻缠枝纹框饰。首题"时大元宣授洞奥兴福大师讲三学传戒沙门大广济寺开山祖师回光之灵塔铭"，"囗圆融通辩大师绿庭路易州在囗大兴隆寺住持讲三学沙门翠囗智信囗囗囗书丹"，石匠张仲仁镌。今该幢存顺义区文管所院内，保存完好。

录文：

（塔额）
特赐宣授洞奥兴福开山⏎祖师讲主回光信公灵塔⏎（以上第一面）
（幢文）
<u>佛说观自在菩萨施甘露咒真言曰：</u>　　⏎
囊谟啰怛娜怛啰夜野，囊谟阿哩也缚（口、缚，左右结构）鲁（口、鲁，左右结构）枳帝，湿缚（口、缚，左右结构）鲁（口、鲁，左右结构）野冒地，萨怛缚（口、缚，左右结构）野摩贺，萨怛缚（口、缚，左右结构）野摩⏎贺，迦鲁（口、鲁，左右结构）尼（扌、尼，左右结构）迦野怛你，也他唵，度宁（宁、页，左右结构）、度宁（宁、页，左右结构）、迦度宁（宁、页，左右结构）、娑嚩贺。　满愿真言曰：唵阿卢（口、卢，左右结构）迦萨萨嚩贺。⏎（以上第二面）

时大元宣授洞奥兴福大师讲三学传戒沙门大广济寺开山祖师回光之灵塔铭

☐圆融通辩大师绿庭路易州在☐大兴隆寺住持讲三学沙门翠☐智信☐☐☐书丹。

盖闻天列星辰而著象，地生万物而滋荣。三教化道，惟异契真未始作也。古圣人尚然☐☐，后代门徒斩新拈出。故我祖师信公者，乃顺州温阳郡、河濒乡、奉伯村、蔺温之子也。母曰杨氏。生儿聪敏，容貌秀丽。始于韶龀之岁，不与童戏，语出超群，父母观瞻似宝，六亲视之如珠。（以上第三面）耆艾喟然嗟之，叹曰："俗业无缘，空门有分。"随乃礼到通州净安寺开山住持传法祖师万松和尚为师，落发披缁，训讳"从信"。每日侍巾洒扫，朝暮习诵经文。弱冠，三教尽穷通；授具，群书皆备览。遍讲肆参访名师道业，成隆安嗣法开演奥指，雅尚性宗之造，阐扬论文，优通治要（以上第四面）之精。度徒具于万指，飰僧素亿百千。雾灵修道，开人天之正路；隆安葺阁，湧珍宝神鬼通。诣五台，手内焚香，纤毫无损。所住名蓝，遍刹倾心，僧俗求戒于当时，道风远布于元国。睿智☐☐特赐法号曰"宣授洞奥兴福大师"，道号"回光"，金字戒本，锦襽法衣，自尔戒光不坠，持纪☐☐☐师力也。☐☐☐☐七僧不惑，余迄于至元二十三年九月中示☐微疾，（以上第五面）辞众曰："吾☐☐☐风烛虽传，幻化色身，岂能久矣！"言讫命☐谢，余时徒众香☐☐☐则曰☐舁棺举函盈满路。荼毘氤氲流舍利，瑞彩飘飘布烟霞。门徒分骨于六处，时常放光于图侧，示迹颇多。尘☐舌弗尽，爰有法孙祥瑞岩受衣在意前座下勤策，向广济寺内佛像殿堂悉摧残，绘彩、粧銮皆完备。师既德厚，不可不彰；☐非玉珉，高行泯匿。立石标题，令其流芳。余无折中之才，有惭博达之耻。恭命难违，故以陋词而云乎哉！（以上第六面）

圣人治世，　教殊同源；　洞奥仁师，　特赐锦襽。
隆安葺阁，　蓝坛助缘；　净安广济，　凡事周圆。
雾灵墀路，　大道通焉；　手内焚香，　志在台山。
度徒万指，　火里生莲；　六旬有七，　辞众涅槃。
六处建塔，　舍利光鲜；　唯有法身，　寂寂玄玄。（以上第七面）

特赐宣授普明净慧大师、讲经律论沙门、大都大崇国寺住持孙峰学吉祥；┘特赐宣授圆通妙辩大师、讲经沙门、通州大净安寺住持炼霞明吉祥，法派提举思福，提点思澄，副寺惟珍、惟通、惟道，尚座惟果、惟定；┘大都路顺州河濒乡北采、大广济寺住持、讲经沙门瑞岩祥吉祥，法派 提点惟裕、惟荣，寺主惟诠，外库惟聪、惟洪、惟元，前寺主福备。┘ 至正八年、岁次戊子，丁巳月乙酉日，法孙瑞岩、 王纲同立石， 石匠张仲仁镌。 ┘
（以上第八面）

注释：

佛说观自在菩萨施甘露咒真言：即《佛说甘露经陀罗尼》，唐于阗国沙门实叉难陀译，今亦简称为《施甘露真言》，又名《观自在菩萨甘露真言》。

耆艾：泛指老年人。古代以五十为艾，六十为耆。

弱冠：古人二十岁行冠礼，以示成年，但体犹未壮，还比较年少，故称"弱"。冠，指代成年。后来用作男人二十岁的代称。

授具：佛教术语。同"受具"，为"受具足戒"或"受具戒"的简称。具足戒，指比丘所受之二百五十戒，比丘尼所受之五百戒。"授""受"，一表接受，一表授予，无论是作为施事方的师父用"授"字，还是作为受事方的徒弟用"受"字，表示"受具足戒"的事情是一样的。

按语：

由幢文的叙述来看，回光大师的一生可谓复杂，其道行可谓高深，其称号可谓荣耀，其弟子可谓众多，其幼年时可谓与众不同，其弱冠时可谓三教穷通，其成功时可谓道风远布于远国。他于至元二十三年（1286）九月辞世，终年六十七岁。荼蕊之后，弟子们为他在六处建灵塔，此塔为其仅见。

清善友为御马监监丞张胜所建幢

清道光丁酉（十七年，1837）年七月。仅余幢身，八棱，大小边，高153厘米，大边18厘米，小边16厘米。廪膳生吴维泗书丹，首面额书"善友人等，伏为御马监兔北马房信官左监丞张胜重建"。今在顺义区文管所院内存放。

录文：

善友人等，伏为 ┘ 御马监兔北马房信官左 监丞 ┘ 张胜重建。┘（以上第一面）慈济真人庙谨发虔心，每月各施微赀，以供香 ┘ 火之用。后有愿者，任续入之。┘谨以会中善友姓名刻后：┘ 李祥、 朱祥、 李山、 高宁、 张翔，┘（以上第二面）张逸、 蔺聪、胡宽、 闫刚、 赵洪，┘ 崔维、 岳敬、 唐太、 李春、 高宽，┘ 王成、 王敏、 王瓒、 王亮、 王满，┘（以上第三面）李武、 荀聪、 赵俊、 王贤、 马福，┘ 武乐、 陈云、 张纪、 张绩、 张宁，┘ 张光、 张林、 纪征、 刘和、 朱明，┘ 杨聪、 陈乐、 胡大纪、 张刚。┘（以上第四面）（第五面空无字）道光丁酉年、七月穀旦，施主等因古来碑扁字迹残蚀殆尽，谨将庙中旧有之香火房地勒志於后：┘ 庙后房基地一块，东西宽三丈五尺，南北长与庙之前院垿，内有土房四间；┘ 地一段，（以下至行末均被铲挖） ┘ 地一段，拾亩，坐落井上庄东北；┘ 地一段，伍亩，坐落沟东庄西北；┘ 地一段，肆亩，坐落庙正北，东至冯姓地，西至草栏沟，南至河，北至冯姓地。（以上第六面）发心供养香火信女：张妙秀、葛妙玉、胡惠梅、韩惠明、乔妙才、徐妙金、许妙秀、王喜玉、马善增、杨会福、张妙玉、苗四姐、胡妙玉、王善玉、尹妙海。（以上第七面上半段）道光二十五年，置地一段，坐落庙北，东西宽十三丈，南北长十四丈；东至周姓，西至庙地，东北角至周姓，西北角至庙地，南至庙。（以上第七面下半段）地一段，贰亩，坐落庙前；南至戏台，北至张姓坟地，西至河，东至道。地一段，五亩，坐落庙北，东至周姓，西至顺道，南、北至道。地一段，坐落龙王庙，西、南、北长拾叁丈三尺，东西宽伍丈捌尺。地一段，伍亩，坐落庙西，东南边一半至候（侯?）姓坟地，北半至河，西至香火地，南至孙姓坟，北至李姓坟，内有陈姓坟一块。（以上第八面上半段）善末：武锡秩、吴丈钺、吴文鉴、杨国瑞、吴惠保、陈炳，（以上第一列）吴守德、陈继堂、吴维汉、虞德江（火、工，左右结构）、赵国泰、张禄，（以上第二列）李万年、虞文华、崔林玉、陈禄。（以上第三列）<u>廪膳生</u>吴维泗书丹，住持僧广灯月。（以上第八面）

注释：

信官：最初用作官员祷祝神灵时表示虔诚的自称，但后来用为佛教称谓，亦表示普通或略有身份的信徒。其"官"字之用，犹如"羊官（倌）""大官人""郎官""堂官（倌）"之类的。

廪膳生：科举制度中生员名目之一。通常简称廪生。童生应试，例须请廪具保，称作廪保。明府、州、县学生员最初每月都给廪膳，补助生活。名额有定数。清沿其制，经岁、科两试一等前列者，方能取得廪名义。名额因州、县大小而异，每年发廪饩银四两。

按语：

此幢是以一个坟幢的形式出现，但实际它又应该是一件记载庙宇产业四至的石刻。幢主为"御马监兔北马房信官左监丞张胜",从其"慈济真人庙谨发虔心"来看,此庙即"慈济真人庙"。关于慈济真人,我国福建一带有此民间信仰。保生大帝,亦称为"大道公"。公俗姓吴,讳本,字垂基,号云衷;他是一位医德高尚、医学高明的医生,同时又是一位道行高深的道长,所以人们也称之为"真人"。但由于百里不同俗的原因,怀疑此处的"慈济真人庙",很可能只是一处药王庙,其"药王"或为扁鹊,或为华佗,或为孙思邈。

附 录

元圣宫残碑

中华民国十二年岁次癸亥（1923）冬月榖旦立。碑仅存左侧。高243厘米，残宽40厘米，厚22厘米。钟玉和书丹，王荣绶撰文。碑阴题名。额题"流芳"。

元圣宫残碑

丙午闰七月榖旦。碑首残缺，碑身左右残断为二，已修复立于元圣宫二进院东。残高170厘米，残宽94厘米，厚32厘米。宜兴徐霖 书丹。首行"□北有元圣宫……"。碑阴题名。边框云纹文饰。

元圣宫残碑

碑只残存下半部分，残高53厘米，宽87厘米，厚25厘米。首题"□其旧基原有九天真武殿在前后，"□卯科举人黄成章撰。

元圣宫残碑

碑只残存下半部分，残高90厘米，宽60厘米，厚33厘米。边框缠枝莲，首行"狮伏而惠□□缘古今莫传信不诬也"。

元圣宫残碑

　　碑已残，仅存左半，上亦缺。方联首，顶部残，浮雕二龙戏珠。碑残高235厘米，残宽35厘米，厚25厘米。额题"□□碑记"，张永宽沐手书丹，时乾隆六十年（1795）九月榖旦立。边框缠枝莲，碑面记施舍钱财人官职数量。

元圣宫残碑（重修□□戏楼碑）

　　碑残失首及座，仅存下段。残高92厘米，宽74厘米，厚18厘米。首行"□各庄镇"，洵阳癸卯科举人挑二等拣选知县郝瀛撰文，山右汾邑刘庆长书丹，□庆以后。后附刻"会首 益来当、祥聚当、天成号、益成当、益茂号，经理人 王信传、武学永、降清枢、王征麟、张□礼。"

明赠武德将军李公（泰）墓志

　　明正统元年（1436）六月二十六日。志长45，宽44厘米；盖长45，宽39厘米。志断为两块。1999年后沙峪镇东庄村出土。现藏区文管所。

王氏先茔碑

　　明正德（1506—1521）□□年六月二十日。在顺义县北东丰乐村西。拓片通高110厘米，宽48厘米。贾咏正书，额篆书。立碑年号仅存一"正"字。考书人贾咏系弘治丙申科进士，碑当立于正德年间。

　　明赠武德将军李公（泰）墓志明故都督金事东轩马公暨配淑人孙氏合葬墓志铭

　　明嘉靖四十三年（1564）八月三日。志、盖均长78厘米、宽77厘米。

1949年后顺义区出土，今藏石刻馆。

本然禅师圆寂之碑

方抹首失座，高110厘米，宽55厘米，厚17厘米。额篆"□□□□□碑记"，首题"本然禅师圆寂之记"，阴额"慎终镌石遗迹像记"。原在赵各庄乡后王会村村东碎石场中，后征集到文管所。

关帝庙碑

清康熙十八年（1679）五月。在牛栏山孙各庄。拓片高155厘米，通宽103厘米。李济民撰。碑系旧经幢改刻。

崇庆寺碑

清雍正元年（1723）九月。在牛山下坡屯。拓片碑身高133厘米，宽74厘米；额高21厘米，宽17厘米。黄成章撰，通果书。

崇庆寺碑

清乾隆五十七年（1792）十月一日。碑在牛栏山下坡屯。拓片高119厘米，宽53厘米。杜梦鲸撰，王璧成书。

娘娘宫碑

清嘉庆元年（1796）十月一日。在牛栏山。拓片碑身高119厘米，宽68厘米；额高25厘米，宽23厘米。王璧成撰，直琮书，额双钩题。

范建中谕祭碑

嘉庆六年（1801）四月十二日。在太平街南。拓片高 214 厘米，宽 98 厘米。汉满合璧。

范建中墓碑

嘉庆六年（1801）四月十五日。在同上。拓片高 210 厘米，宽 97 厘米。仁宗颙琰撰，汉满合璧。

顺义县修路碑

嘉庆十二年（1807）。在牛山北门外。拓片联额通高 98 厘米，宽 50 厘米。尾附刻十五年重修道路题款。

广生娘娘庙碑

嘉庆二十年（1815）十一月。在东大街。拓片通高 111 厘米，宽 61 厘米。额双钩题。

同逸庵碑

清咸丰四年（1854）七月。在县西门外庄头村。拓片碑身高 117 厘米，宽 64 厘米；额高 24 厘米，宽 20 厘米。吴绍棠撰并书。

璧昌谕祭碑

咸丰五年（1855）四月十七日。在县东南平各庄东河南村。拓片高 223

厘米，宽 83 厘米。汉满合璧。

府君庙碑

清同治三年（1864）五月。在县北门外。拓片通高 150 厘米，宽 60 厘米。赵怡晋书，额双钩题。

九圣祠碑

同治六年（1867）五月。在胡各庄。拓片通高 135 厘米，宽 65 厘米。许清瑞撰并行书，额双钩题。

顺义县告示碑

同治七年（1868）六月二十二日。在县城。拓片高 82 厘米，宽 35 厘米。

崇福寺碑

清光绪三年（1877）十月。在县东门外小东庄。拓片碑身高 128 厘米，宽 62 厘米；额高宽均 23 厘米。史文颖撰，史伟书。

顺义营碑

光绪五年（1879）闰三月。在县城内东大街。拓片通高 143 厘米，宽 53 厘米。额双钩。碑记似非全文，当有碑阳，此本失拓。

捐资碑

清光绪五年（1879）嘉平月下浣穀旦。碑首、身、座相离，右上残缺。残高 120 厘米，宽 64 厘米。额书"福□善□"，范阳郡庠生孙大庆余甫撰，慈恩寺住持僧清真书丹。在板桥乡河庄村河庄小学校内作房基。

药王庙碑

光绪八年（1882）十月。在县北向阳村。拓片阳阴均通高 166 厘米，宽 62 厘米。段玉田撰，杨正修、张维翰书，额双钩，谢宏智刻。阴刻捐资题名。

三教寺碑

光绪十一年（1885）九月。在西石门村。拓片通高 168 厘米，宽 56 厘米。张文通撰，吴振江书，额双钩。

关帝庙碑

光绪十六年（1890）九月。在牛栏山北门外。拓片通高 154 厘米，宽 58 厘米。张席珍撰，王雱嵩时书，额双钩题。

九圣庵碑

光绪十八年（1892）五月中浣。在县东门外小东庄。拓片联额通高 180 厘米，宽 69 厘米。刘作睿撰，史伟书。

牛栏山西街修道碑

光绪二十二年(1896)六月十五日。在顺义。拓片联额通高162厘米,宽63厘米。孙守先撰,邵秉乾行书,蒙国玉刻。额阳文双钩题。

公田碑

同上七月二十五日。在牛栏山西北相各庄庙。拓片联额通高158厘米,宽57厘米。杨萃林撰并书,额双钩题。

碧霞宫碑

光绪二十九年(1903)十一月。在牛栏山。拓片通高160厘米,宽59厘米。尚文元撰并书,额双钩题。

朝阳观碑

光绪三十年(1904)二月。在向阳村。拓片通高130厘米,宽56厘米。王树桐撰并书,额双钩题。碑断裂,左下角缺。

范我躬及妻赵氏墓碑

清代(1644—1911)刻。在顺义太平街村。拓片碑身高111厘米,宽50厘米;额高24厘米,宽18厘米。额篆书。

诰封武功大夫碑

清代(1644—1911)。螭首联首,下部残,残高185厘米,宽80厘米,厚 15 厘米。汉白玉质地。额篆"皇清",碑身居中书诰封武功大夫、夫人显考、妣／,原在赵全营村公路南果园前,后征集到文管所。据说此碑与范承勋有关。

捐资碑

晚清。方首雕二龙戏珠。碑身与座分离,碑高 180 厘米,宽 66 厘米,厚 20 厘米;座饰花卉龙纹,高 83 厘米,宽 62 厘米,厚 34 厘米。额书"万善同归",首行"兹因顺义县乾隅白浪河",在板桥乡河庄村和庄小学内。

李葆恂墓表

民国四年(1915)八月七日。在顺义。拓片通高 116 厘米,宽 69 厘米。陈三立撰,陈曾则书,额篆书。

顺义县告示碑

民国十三年(1924)三月。在牛栏山。拓片阳通高 144 厘米,宽 54 厘米;阴通高 143 厘米,宽 55 厘米。商恩崇书,额双钩题。阳刻正月二十九日告示,阴题捐款题名。

孚佑宫碑

民国二十五年(1936)十月十五日。在牛栏山下坡屯。拓片通高 230 厘米,宽 62 厘米。李维瀛撰,许德魁书,额双钩题,史万山、史文山刻。

孚佑宫塑像碑

民国二十六年(1937)十月二十三日。在同上。拓片高 160 厘米,宽 65

厘米。李维瀚撰，张璜书，史万山、史文山刻。尾题名。

崇福寺碑

民国二十九年（1940）三月记。在县东门外小东庄。拓片碑身高 125 厘米，宽 60 厘米；额高 25 厘米，宽 22 厘米。李梦云撰，谢恩良书。尾题名。

李月楼德政碑

民国（1912—1949）年间。在县城内。拓片高 136 厘米，宽 56 厘米。

跋　尾

将近十年，终于交稿了。从有这个动机开始就已经十年了，最后的审批立项确实是近几年的事情。按照北京市社科规划办及局科研处要求，四年前即应结稿了，但由于需要大量电脑造字的原因，数十万字的书稿拿到出版社后，录文越排越错，校对起来也很困难。作为课题组长的我于是暗下决心：重做录文，增补注释，增减条目，完善解题，逐条按语。又如，书的容量大幅增加了，原定每部 30 万字，现在第一部增幅即逾 100 万字了，并拟分三册出版。第一册收录了房山区石刻立项 106 条；第二册收录了大兴、通州、顺义三区石刻立项 170 条；第三册收录了石景山、门头沟二区石刻立项 186 条。去年已将第一册正式出版，此次出版系第三册。

最后，在付梓前我们竭诚地感谢曾经帮助过我们的同行、同人们。他们分别是：

北京市哲学社科规划领导小组办公室原主任王新华先生

北京市哲学社科规划领导小组办公室李建平副主任

北京市文物局科研法规处王有泉处长

北京石刻艺术博物馆前馆长韩永

北京石刻艺术博物馆前党支部书记马法柱

北京石刻艺术博物馆前党支部书记萧纪龙

北京石刻艺术博物馆前馆长高景春

北京石刻艺术博物馆前党支部记陈晓和

社会与文物历史界知名学者徐自强、赵其昌、刘之光、吴梦麟、孔祥星、施安昌、韩锐等感谢为本书提供帮助的文物界同行毛洪祥、刘丽玲、李春山、周良、李建林、段忠谦、曹彦生、陈康、刘义全、包世轩、薛宝华、陈亚洲（特别要提出的是，陈康先生与周良先生分别提供了他们对石景山区及通州区的研究成果，作为本书的研究素材）。北京燕山出版社的编辑李满意、王梦楠、元伟为此付出了辛勤劳动，在此一并致以谢忱。

《新日下访碑录》课题小组

2015 年 12 月